Dirk Kinet

GESCHICHTE ISRAELS

Dirk Kinet

Geschichte Israels

echter

Die Deutsche Bibliothek – CIP-Einheitsaufnahme

Kinet, Dirk:
Geschichte Israels / Dirk Kinet. – Würzburg : Echter, 2001
(Die neue Echter Bibel : Ergänzungsband zum Alten Testament ; 2)
ISBN 3-429-02315-7

Druck und Bindung: Friedrich Pustet GmbH & Co. KG, Regensburg
ISBN 3-429-02315-7

Inhalt

B. Die Königreiche Israel und Juda (1000–331 v. Chr.)

C. Anhang: Traditionen über die Vorgeschichte Israels

–✗ allgem. Charakt.: Fam.gesch., Sagen
Abgrenzg v anderen Vö (Kanaan
– Patriarch. ni histor.!
– histor. Kern: Hgtümer, Offenbarungsträger gemacht
spätere Israel betrachtet die 3
als Begründer d eigenen Gesch. + Reli
– KSfä = so nicht geschehen, Konstru aus Zeit d Land-
nahme? polit., relig. Motive (Bundes-
lade erst nach u. nach, seit David) betont
"Mose-Schar" m. Exodus u. JHWH für Israel
wichtig

Einleitung: Methodische Fragen

1. Die Quellen für eine »Geschichte Israels«

Jede Geschichtsdarstellung ist nur aufgrund der schriftlichen Überlieferungen und der materiellen Spuren rekonstruierbar, die die Vergangenheit hinterlassen hat. Jeder Versuch, Geschichte darzustellen, ist zudem mit der Subjektivität des Betrachters behaftet, manchmal auch belastet; denn er sichtet und wertet das zur Verfügung stehende Material, ordnet und systematisiert. Das führt zu einer interpretativen Darstellung, die niemals Anspruch auf eine exakte und umfassende »*Objektivität*« erheben kann.
Noch schwieriger erscheint es, eine »Geschichte Israels« zu schreiben. Eine der Hauptquellen für diese Geschichte – streckenweise ist sie sogar die einzige uns zur Verfügung stehende Quelle – bildet das AT, das für Juden wie für Christen ein Buch mit verschiedenartigsten Glaubens- und Lebenserfahrungen ist. Es hat ein gewachsenes religiöses Selbstverständnis als verbindliches Dokument festgehalten. Diese bunte Sammlung von Schriften, die ganz verschiedenartige Lebensbereiche widerspiegelt, hat ihre eigene komplizierte Entstehungsgeschichte, die bei einer Auswertung als historische Quelle immer zu berücksichtigen ist. Letztendlich ist für den überwiegenden Teil des AT der lange Prozeß der Schriftwerdung, Sammlung und Verbreitung nicht vor dem 1. Jh. n.Chr. abgeschlossen worden. Außerdem ist grundsätzlich davon auszugehen, daß die atl. Texte keine historiographischen Interessen im modern-kritischen Sinne aufweisen, auch dann nicht, wenn Fakten aus der Geschichte berichtet werden. Diese Texte sind immer auf dem Hintergrund ihrer theologischen Voraussetzungen und des kerygmatischen Charakters zu verstehen; dem Historiker bleibt somit eine Tendenzkritik nicht erspart[1]. Der heutige Historiker muß damit leben, daß es eine manchmal unüberbrückbare Diskrepanz zwischen seiner Fragestellung und der Intention – und damit der Aussagekraft – der meisten seiner Quellen gibt. So sind die atl. Texte nur sehr bedingt als historische Quellen für den Zeitraum der in ihr enthaltenen Überlieferungen und Erfahrungen zu gebrauchen.
Neben dem AT stehen uns in beschränktem Umfang auch außerbiblische literarische Quellen zur Verfügung, spärlich deshalb, weil die Welt des Vorderen Orients nur am Rande von der Existenz und der Eigengeschichte der Staaten Israel und Juda Notiz genommen hat. Allerdings müssen auch die meisten außerbiblischen Quellen, so spärlich sie auch fließen mögen, genau-

[1] Garbini nennt diese theologischen Voraussetzungen schlichtweg »Ideologie«. Vgl. G. Garbini, History & Ideology in Ancient Israel. London 1988, XIV f. Vgl. auch die Kritik von F. Hesse, Kerygma oder geschichtliche Wirklichkeit? Kritische Fragen zu Gerhard von Rads »Theologie des Alten Testaments«, Teil I, in: ZThK 57 (1960) 17–26.

so kritisch angegangen werden. Es handelt sich bei diesen Texten meist um Siegesberichte oder Bauinschriften, die den betreffenden Herrscher und dessen Leistungen bzw. die Gottheit verherrlichen. Ihnen steht damit *a priori* nur selten eine größere Glaubwürdigkeit zu als den vom israelitischen Glauben geprägten atl. Texten. Dennoch können gerade sie oft dazu beitragen, den religionsgeschichtlichen, kulturgeschichtlichen und politischen Horizont der atl. Zeit aufzuhellen und kritisch zu ergänzen.

Noch schlechter bestellt ist es mit den materiellen Spuren, die die *Archäologie* in Palästina ans Licht gebracht hat. Oft haben die archäologischen Befunde eine eher negative kritische Funktion, weil jeder Geschichtsentwurf zunächst einmal an deren Ergebnissen gemessen und verifiziert werden muß. Die archäologischen Spuren selbst sind oft zu mehrdeutig, um aus sich allein sichere Ansätze für einen umfassenden Geschichtsentwurf und eine Kenntnis konkreter Einzelfakten liefern zu können. Als höchst problematisch erweist sich auch eine komplementäre Ergänzung und gegenseitige Bestätigung der gesicherten Ergebnisse archäologischer Daten und bibelwissenschaftlicher Resultate. Beide Disziplinen haben ihren eigenen methodischen Ansatz und können sich nicht gegenseitig bestätigen. Daher sollte man nicht mehr von »*biblischer*«, sondern von »*syrisch-palästinischer Archäologie*«[2] reden; denn nur eine wissenschaftlich betriebene Archäologie des für Israel relevanten Siedlungsgebiets in Palästina-Syrien könnte Bausteine für eine Siedlungsgeschichte liefern. Für die Frühgeschichte Israels erweist sich jedoch die Archäologie als die wichtigste zuverlässige Quelle. Die Archäologie in Palästina stützt sich auf systematisch betriebene Ausgrabungen an ausgewählten Stellen und auf Oberflächenforschungen (*survey*). Die Ausgrabungen erlauben im günstigsten Fall eine Beschreibung der Siedlungsschichten (sog. *strata*). Vor allem mit Hilfe der in den *strata* vorhandenen Keramik ist eine genaue Datierung sowie die Festlegung der Abfolge dieser Schichten möglich. Problematisch und oft umstritten bleibt jedoch die Verknüpfung solcher archäologischer Daten mit politischen Ereignissen bzw. soziologisch bedingten Situationen, die im AT beschrieben werden.

Eine wertvolle Ergänzung zur Rekonstruktion der Frühgeschichte Israels kann außerdem eine *soziokulturelle Anthropologie* bieten, die aus vergleichbaren, allerdings selten zeitgleichen Völkerschaften, Parallelen und Verstehensmodelle für die Entstehung Israels beibringen kann.

[2] Vgl. T. L. Thompson, The Origin Tradition of Ancient Israel. I. The Literary Formation of Genesis and Exodus 1–23, (JSOT, Supplement Series, 55), Sheffield 1987, 27; W. Dever, Recent Archaeological Discoveries and Biblical Research. Seattle & London 1990.

2. Das Subjekt einer »Geschichte Israels«

Ein Problem beim Entwurf einer Geschichte Israels ist die Frage, was unter Israel zu verstehen ist. Hier wird Israel begriffen als Volk und politisches Gebilde, das in Palästina des 12. Jh. v. Chr. allenfalls in einer Art Vorstufe existierte. Unter David und Salomo (1004 – 926 v. Chr.) wurden – nach biblischen Überlieferungen – verschiedene Stämmeverbände und kleinere Nachbarvölker unter einer gemeinsamen Herrschaft geeint. Gleich danach jedoch zerbrach das entstandene politische, heterogene Gebilde in zwei eigenständige Staaten und existierte als Süd- (»Juda«) und Nordreich (»Israel«) weiter. Nach dem Untergang des Nordreiches 721 v. Chr. wird auch der Südstaat Juda als Israel bezeichnet, und »Israel« wird schließlich über das babylonische Exil hinaus als übergeordneter Begriff für die Jahwegläubigen in Palästina und die Gemeinden in der Diaspora weiterverwendet. Erst im Exil und nach ihm entsteht ein staatliches Gebilde, das man wegen des Zusammengehörigkeitsgefühls und der Abgrenzung gegen die Nachbarvölker als eine Art Nationalstaat mit dem Namen Israel bezeichnen kann.

Der Name »Israel« bezieht sich dementsprechend zunächst auf die verschiedenen, locker untereinander sich verbindenden Einzelstämme, die vor der Staatsgründung und während des Königtums um 1000 v. Chr. das politische Gebilde Israel und Juda vorbereitet und möglich gemacht haben. Da dieses Israel allerdings weder eine strikte Kohärenz mit dem staatlichen Gebilde des späteren vereinigten Königreiches unter David und Salomo noch mit dem Einzelstaat des Nordreiches Israel aufwies, ist der Begriff »Israel« nur unter Berücksichtigung dieser Konstellation zu sehen und von daher für den Zeitraum vor der »Staatsgründung« besser zu vermeiden.

Die geographische Lage von Syrien-Palästina zwischen den beiden Fluß-Hochkulturlandschaften Ägypten und Mesopotamien drängte diesem Gebiet geradezu eine Brückenfunktion auf. Die Grenzen dieses dritten Kulturraumes im Vorderen Orient waren durch das Mittelmeer im Westen, die Negebwüste im Süden und die syrisch-arabische Wüste im Osten festgelegt, wobei die Übergänge vom Kulturland zum Wüsten- und Steppengebiet zumeist fließend sind. Die geographische Abgrenzung Palästinas, im AT meist »Kanaan« oder »Land Israel« genannt, des eigentlichen Schauplatzes der Geschichte Israels, ist schwieriger vorzunehmen: Im Norden könnte man sie aus historischen Gründen östlich vom Jordan am Yarmuk-Fluß enden lassen, westlich vom Jordan auf der Höhe der *Nahr el-Liṭānī* (Leontes-Fluß). Die südliche Grenze verläuft dann fließend im Bereich des südlichen Negeb. Im Osten gehören auch die ostjordanischen Gebiete, die in der Eisenzeit von den Staaten Ammon, Moab und Edom beherrscht wurden, zu Palästina. Der Name Palästina selbst ist eine gräzisierte Form des aramäischen *Pelišta´* (hebr. *Pelištim*), womit ursprünglich das engere Siedlungsgebiet der Philister bezeichnet wurde. Erst die Römer haben nach dem 2. Jüdischen Aufstand (132–135 n.Chr.) die bereits bestehende Provinz *Iudaea* in

Palaestina umbenannt und über das philistäische Kerngebiet hinaus auch die westjordanischen Gebiete dazu gerechnet. Im Verlauf verschiedener verwaltungstechnischer Maßnahmen gehörten später auch die ostjordanischen Gebiete (Teile der älteren römischen *provincia Arabia*) dazu.

3. Die historisch-kritische Erforschung der Geschichte Israels

Die historisch-kritische Forschung und die überlieferungsgeschichtlichen Studien sorgten im Anfang des 20. Jh. zunächst für einen rigorosen Abbau des traditionellen, von den atl. Sagen vermittelten Geschichtsbildes der Frühzeit Israels. Israel wird frühestens im 11. Jh. v. Chr. eine greifbare historische Größe, und so ist naturgemäß nicht zu erwarten, daß diese Größe in ihrer Entstehungsphase irgendwelche zeitgenössische Dokumente hinterlassen hat und von seinen Nachbarn wahrgenommen worden ist; dafür hat Israel um so mehr spätere Reflexionen und Idealisierungen, deren historischer Wert zweifelhaft ist, überliefert. Der feste geschichtliche Boden, auf dem der Historiker sich bewegt, hat sich im Laufe der Forschungsgeschichte ständig auf spätere Zeiten verschoben. Hielt man früher die Patriarchen-Überlieferungen für eine historisch zuverlässige und mit dem Umfeld Israels kompatible Grundlage[3], so ließ M. Noth[4] seine Geschichte Israels erst mit der Amphiktyonie in der Richterzeit beginnen, während viele moderne Historiker frühestens mit der Königszeit unter David und Salomo den festen historischen Boden entdecken können[5]. Die neuesten Untersuchungen lassen ahnen, daß hier noch weiter nach unten korrigiert werden muß[6] und daß manche erst die Zeit im und um das Exil als die Epoche ansehen, in der umfassende Versuche unternommen wurden, »*Geschichte*« zu schreiben[7]. Allerdings geschah dies mit der erklärten Absicht, der Exilsge-

[3] Vgl. J. Bright, Geschichte Israels. Düsseldorf 1966, 62: »Der einzig sichere und richtige Weg ist eine ausgewogene Untersuchung der Traditionen vor dem Hintergrund der Welt jener Zeit. Dann kann man im Licht der gewonnenen Erkennntnis so positive Aussagen machen, wie das Material es erlaubt...Vieles wird dunkel bleiben. Doch es ist noch genug übrig, um zu zeigen, daß die Patriarchenüberlieferungen in der Geschichte fest verankert sind.«

[4] M. Noth, Geschichte Israels. Göttingen ^{6}1966, 54: »Geschichtlich wirklich erfaßbar ist die Gesamtheit ›Israel‹, nach der atl. Überlieferung ein Verband von zwölf einzelnen Stämmen, erst als eine auf dem Boden des palästinischen Kulturlandes lebende Größe.«

[5] J.A. Soggin, Storia d'Israele, (Biblioteca di cultura religiosa, 44), Brescia 1984; J. M. Miller – J. H. Hayes, A History of Ancient Israel and Judah. Philadelphia 1986.

[6] So enthält das Textmaterial über David durchaus Überlieferungen (z.B. die David-Goliat-Geschichte), die hinsichtlich ihrer historischen Glaubwürdigkeit wesentlich nicht andersartig zu interpretieren sind als andere unhistorische Sagen (wie etwa die Samson-Delila-Erzählung). Dementsprechend geht J. W. Flanagan, David's Social Drama. A Hologram of Israel's Early Iron Age (The Social World of Biblical Antiquity Series, Band 7), Sheffield 1988, 9, davon aus, daß die Davidzeit einen geschichtlichen Abschnitt darstellt, der vergleichsweise wenig solide »historische« Information liefert; er bezeichnet die gesamte biblische Davidüberlieferung als einen historisch kaum auswertbaren »Davidischen Mythos«.

[7] Vgl. P.R. Davies, In Search of »Ancient Israel«, (JSOT, SS 148), Sheffield 1992. Er bestreitet rundweg die Existenz eines davidischen Reiches. Erst im Laufe des 8. Jh.s entwickelt sich

meinde die eigene theologische Sicht auf die geschichtliche Vergangenheit und das, was man als das Proprium »Israels« betrachtete, der nichtexilierten Landbevölkerung aufzuoktroyieren. Das in Israel überlieferte Sagenmaterial kann im Einzelfall durchaus für alt gehalten werden, weil es mitunter alte Traditionselemente birgt, doch ist es eben nur in Literaturwerken überliefert, die erst in der Zeit des Exils und danach entstanden und dementsprechend gestaltet sind, so daß ihre historische Relevanz für die betreffende Zeit fragwürdig erscheint. Ihre ausgesprochen theologische und sozialisierende Intention ist kaum dazu angetan, sie als verläßliche Bauelemente einer historischen Rekonstruktion im modern kritisch-historischen Sinne zu deuten.

4. Das Aufkommen eines geschichtlichen Interesses an der eigenen Vergangenheit

Ein genuines Volksbewußtsein kann nur dann entstehen, wenn ein Volk sich in seinem Selbstverständnis als eigenständig versteht. Irgendwann werden sich Menschen, die an sich durchaus verschiedener Art und Herkunft sein können, gewisser Gemeinsamkeiten bewußt; dies kann irgendein entscheidendes historisches Ereignis sein (z.B. eine akute Bedrohung durch einen gemeinsamen Feind, der zum vereinten Handeln zwingt; eine entscheidende Kampfhandlung, an der mehrere beteiligt waren, usw.), eine gemeinsame Sprache und Kultur oder auch die Verehrung der gleichen Götter. Es kann hinzukommen, daß man diese Zusammengehörigkeit pflegen möchte, in der Folge art- und wesensfremde Elemente abstößt und sich als eigenständige, von anderen zu unterscheidende Gruppe versteht. Dieser komplizierte Prozeß der Assimilation und Dissimilation hinterließ im Altertum meistens keine literarischen Spuren. Die Erinnerungen an diesen Prozeß wurden jedoch häufig in Überlieferungen gefaßt, die manchmal über Jahrhunderte weitergereicht, mit aktualisierten Erfahrungen angereichert und im Sonderfall irgendwann auch schriftlich festgehalten wurden. Damit ist die Frage nach der Herkunft, nach dem Wann und Wohin des eigenen Volkes verbunden, eine Frage, die Israel sich erst als gewachsene geschichtliche Größe gestellt hat.

Daß Israel sich den Fragen nach der eigenen Vergangenheit überhaupt stellte und die Anfänge seiner Volkwerdung in den historischen Ablauf der pro-

allmählich ein unabhängiger judäischer Staat. Der israelitische Staat entwickelte sich erst ab dem 9. Jh.; die assyrische Herrschaft provozierte eine judäische Identität. Alle Rückprojizierungen auf frühere Zeiten sind ein literarisches Produkt der persischen und hellenistischen Zeit. Ähnlich T.L. Thompson, Early History of the Israelite People. From the Written and Archaeological Sources (Studies in the History of the Ancient Near East, IV), Leiden 1992; ders., The Mythic Past. London 1999, der die atl. Angaben über die Vor- und Frühgeschichte »Israels« als Elaborate aus hellenistischer (!) Zeit betrachtet.

fangeschichtlichen Ereignisse einbettete, ist an sich schon bemerkenswert. Man kann feststellen, daß Israels Fragen nach der eigenen Vergangenheit – und vor allem die verschiedenen Antworten, die es selbst auf diese Frage zu geben versucht hat –, bei etlichen Autoren atl. Texte Interesse fand: sowohl der Pentateuch wie auch die atl. Bücher über die Frühgeschichte Israels (Jos, Ri) bezeugen die Herausforderung, die in dieser Fragestellung liegt. Israel weiß, daß es nicht immer in seinem jetzigen Land gewohnt hat. Es weiß darum, daß seine Geschichte, die erst im Lande Kanaan greifbar wird, einen historischen Anfang hatte, daß es als Neuling auf der politischen Weltbühne erschienen ist. Es differenziert durchaus zwischen der Entstehung der Welt, den Anfängen der Menschheit und dem auf der Weltbühne kaum bemerkten Anfang des eigenen Volkes Israel. Es faßt seine eigene Geschichte als einen Teil – wenn auch als einen ganz besonderen – der großen Menschheits- und Weltgeschichte auf. In der priesterschriftlichen[8] Völkertafel Gen 10, einer Priesterlehre, die das historisch-geographische Weltbild des 7./6. Jh. v. Chr. vermitteln will, ist Israel nicht einmal ausdrücklich erwähnt[9]. Die Anfänge der Menschheitsgeschichte führen von Adam und Noach nicht geradlinig weiter zu Abraham, sondern münden zunächst in eine breitgefächerte Völkergemeinschaft, in der Israel erst später einen bescheidenen Neuanfang markieren wird. Damit werden die Anfänge der eigenen völkischen Existenz nicht in einen mythischen vor- und außergeschichtlichen Ursprungszustand zurückprojiziert. Israel leitet seine Geschichte nicht von einer mythischen Göttergenealogie ab; vielmehr versuchte es, die konkreten geschichtlichen Wurzeln seiner Existenz aufzuweisen.

5. Das Sagenmaterial im Alten Testament

Israel spricht über seine eigene Vergangenheit nicht mit Hilfe mythischen Erzählmaterials, sondern kleidet diese Vergangenheit in die Form der *Sagen* ein, die selbst wiederum auch in knappen Notizen oder genealogischen Listen verdichtet werden können. Von Gott werden konkrete Menschen aus Fleisch und Blut berufen, die als Stammväter des Volkes und als Idealgestalten dem Volk Israel eine spätere eigenständige Existenz ermöglicht haben. Der historische Wert atl. Sagen ist genau zu untersuchen. Sicher ist eine Sage oder sind Sagenkränze nicht mit Geschichte in unserem Sinne gleichzustellen, sie stellen für uns historische Dokumente im weitesten Sinne dar. Ihren Wert bekommen sie dadurch, daß sie unser einziges Material sind, das sich über diese Zeit ausläßt. Es erweist sich aber als schier unmög-

[8] Im Text ist auch der Einfluß von J bemerkbar!

[9] Nach G. von Rad, Das erste Buch Mose. Genesis (ATD 2/4), Göttingen [9]1972, 110 verbirgt sich Israel unter dem neutralen Namen Arpachschad. Dagegen z.B. M. Görg, s.v. Arpachschad in: NBL, Lfg. I, Zürich 1988, Sp. 175f. Israel wird später genealogisch unter dem Ahnherrn Sem eingeordnet (Gen 11,10–26).

lich, genau nachzuprüfen, welcher historische Kern in den atl. Sagen verborgen sein kann. Man hat gemeint, daß zumindest die Fragen, die Anlaß gar mancher Sagen sind, durchaus für den Historiker bedeutsam sein können. Sagen wären dann nicht immer bloße Phantasieprodukte, sondern hätten oft ihr erzählerisches Material um eine historische Gestalt oder Gegebenheit gewoben[10]. Diesen »Anlaß« möglichst genau zu bestimmen und ihn vom interpretierenden und erweiternden Beiwerk der späteren Generationen zu trennen, ist allerdings eine sehr subjektive und kontrovers beurteilte Arbeit. Dementsprechend ist eine Sage nur insoweit als historische Quelle einzusetzen, als sie etwas aussagt über die Auffassungen und die Vorstellungswelt der Verfasser, die sie schriftlich niedergelegt haben. Sagen werden dann nur als Beiwerk zur Darstellung und Erklärung des Selbstverständnisses eingesetzt und haben einen zeitgeschichtlichen Wert, der sich fast ausschließlich auf die Abfassungszeit bezieht. Für eine Rekonstruktion der Frühgeschichte Israels sollte deshalb das atl. Traditionsmaterial, insbesondere die Sagen, getrennt behandelt und nicht als historische Quelle eingesetzt werden[11].

Wenn auch die spätere Theologie Israel als das auserwählte Volk in der Mitte aller Völker dieser Welt sehen mag (vgl. z.B. Ez 5,5) und seine besondere Rolle in der Völkergemeinschaft herauszustellen versucht hat, so fällt doch auf, daß Israel in seiner Geschichtsreflexion die eigene Vergangenheit nicht zu verklären und auf mythische Wurzeln zurückzuführen versucht. Doch läßt die Quellenlage für die vorstaatliche Zeit Israels nicht zu, einen absolut abgesicherten geschichtlichen Entwurf der Geschichte Israels in dieser Epoche zu erstellen. Das AT ist für diesen historischen Abschnitt nahezu die einzige uns verfügbare Quelle, aber gerade dieses Faktum stellt den Historiker vor fast unlösbare Aufgaben. Die atl. Angaben – sie sind für diese Zeit allerdings reichlich vorhanden – stellen keine zeitgenössischen Berichte oder Versuche einer an der faktischen Geschichte interessierten Berichterstattung über reale Gegebenheiten dar. Die atl. Berichte erweisen sich deutlich als Überlieferungen späterer Zeit, die das Erzählte ganz im Dienst ihrer Theologie und von den Voraussetzungen ihrer eigenen, späteren Zeit heraus interpretieren und weitergeben. Sie wollen vor allem ihre jeweils aktuelle Geschichte verstehen und deuten. Gewiß spielen auf diesem Hintergrund die Überlieferungen über die Anfänge Israels eine wichtige Rolle. Die Zeit, über die berichtet wird, hat selbst noch keine historischen Werke hervorgebracht; allenfalls haben sich Traditionen im Zusammenhang mit bestimmten Gestalten und Ereignissen gebildet, die lange zunächst mündlich weitertradiert worden sind, später von nachkommenden Genera-

[10] So z.B. H. Donner, Geschichte, Band 1. Göttingen 1984, 24f.

[11] Konsequent ausgeschlossen von der geschichtlichen Forschung werden diese Themen bei T. L. Thompson, The Origin Tradition of Ancient Israel. I. The Literary Formation of Genesis and Exodus 1–23, (JSOT, SS, 55), Sheffield 1987, 26f.; N.P. Lemche, Ancient Israel. A New History of Israelite Society. Sheffield 1988.

tionen aufgegriffen und in den Dienst ihrer eigenen Theologie und Geschichtsdeutung gestellt wurden. Auch Israels Umwelt verrät nichts über das werdende Israel. Zu unbedeutend und unauffällig, unbemerkt von der großen Völkerwelt, muß sich dieser Anfang abgespielt haben. So gibt es keine zeitgenössischen Dokumente der Nachbarvölker, die Details der Volkwerdung Israels verraten könnten. Hier können allenfalls einige außerbiblischen Angaben die Umwelt erhellen, in der Israels Existenz möglich wurde und sich verwirklichte. Das alles hat dazu veranlaßt, die Frühgeschichte Israels als Teil der Frühgeschichte des gesamten palästinisch-syrischen Raumes zu betrachten und nur allgemeine Aussagen über die eigenständige Frühgeschichte Israels zu machen.

6. Die verschiedenen Geschichtswerke im Alten Testament

Das AT umfaßt mehrere Geschichtswerke (das dtr und das chronistische Geschichtswerk, die Makkabäerbücher). Das Wesen und die Intention dieser Werke sind in ihrem je eigenen Verstehenshorizont zu definieren. Sie haben grundsätzlich wenig mit den Zielen moderner Geschichtsschreibung zu tun. Sie beabsichtigten generell, die »Geschichte« des Volkes Israel im Lichte des überlieferten Jahweglaubens ihrer jeweiligen Zeit darzustellen. Sie interessieren sich nicht für die Frage: Was ist da oder dort in Wirklichkeit geschehen?, sondern fragen: Wie ist das, was an Ereignissen überliefert wird, vom Glauben her zu interpretieren? Daher ist die »israelitische Geschichtsschreibung« sehr selektiv. Sie interessiert sich z.B. nur am Rande für die Alltagsgeschichte, die wirtschaftliche oder soziale Geschichte des Volkes. Außerdem sind die schriftlichen Berichte über die Vergangenheit meist viel später anzusetzen als die Fakten selbst. Zudem sind die Texte auch als »elitär« in dem Sinne zu bezeichnen, daß sie von Ausnahmegestalten, höheren Bildungsschichten oder privilegierten Klassen (Priester, Propheten, Hofbeamte) geschrieben wurden[12].

7. Die Einbindung der Geschichte Israels in die Geschichte des Vorderen Orients

Selbstverständlich ist eine Geschichte Israels nicht isoliert von der seiner Nachbarvölker zu betrachten. Die Großkulturen in Israels Nachbarschaft, das Mit- und vor allem das Gegeneinander der sich immer wieder entwickelnden kleineren Staatswesen im Nahbereich Israels haben das politische Geschick und die religiöse Entwicklung und Entfaltung Israels nicht nur oft begleitet, sondern auch wesentlich mitbestimmt. So wenig von einer

[12] So neuerdings W.G. Dever, Recent Archaeological Discoveries and Biblical Research. Seattle 1990, 7.

religiösen Isolation Israels die Rede sein kann – Israels Religionsgeschichte ist weitgehend eine Geschichte der Auseinandersetzung mit den bodenständigen und von außen aufgezwungenen Einflüssen –, so wenig kann auch die profane Geschichte Israels ohne die Einbeziehung der geschichtlichen Voraussetzungen und Implikationen des Vorderen Orients beschrieben werden. Eher ist die Geschichte Israels als eine Partikulargeschichte im Rahmen der großen vorderorientalischen Strömungen und Bewegungen aufzufassen.

A. Der Prozeß der Volkwerdung (1200–1000 v. Chr.)

I. PALÄSTINA UND DER VORDERE ORIENT IN DER MITTEL- UND SPÄT-BRONZEZEIT (2000–1200 V.CHR.)

1. DIE QUELLENLAGE

Für das vorisraelitische, kanaanäische Palästina stehen als wichtigste außerbiblische Quellen zur Verfügung[13]:
1. Die ägyptischen Ächtungstexte, vorwiegend aus der 12. Dynastie[14]; 2. Die verschiedenen Expeditionsberichte und Städtelisten der ägyptischen Pharaonen der 18.–20. Dynastie[15]; 3. Die Amarna-Korrespondenz[16]; 4. Die Lebensgeschichte des Sinuhe (um 1962 v. Chr.)[17] und der Reisebericht des

[13] Die wichtigsten Textzusammenfassungen in Übersetzung findet man bei H. Greßmann, Altorientalische Texte zum AT. Berlin & Leipzig ²1926; J.B. Pritchard. Ancient Near Eastern Texts relating to the OT (= ANET). Princeton ³1974; K. Galling, Textbuch zur Geschichte Israels (= TGI). Tübingen ³1979; A. Jepsen (Hrsg.), Von Sinuhe bis Nebukadnezar. Stuttgart & München ²1976; W. Beyerlin, Religionsgeschichtliches Textbuch zum AT, (ATD, Ergänzungsband 1), Göttingen 1975; Texte aus der Umwelt des Alten Testaments (= TUAT), Band I. Hrsg. von O. Kaiser. Gütersloh 1982f.

[14] Vgl. K. Sethe, Die Ächtung feindlicher Fürsten, Völker und Dinge auf ägyptischen Tongefäßscherben des Mittleren Reiches, (APAW, Phil.-Hist. Klasse 5), Berlin 1926; G. Posener, Princes et Pays d'Asie et de Nubie. Textes Hiératiques sur des Figurines d'envoûtement de Moyen Empire. Brussel 1940. Gemeint sind damit auf Gefäßen (die ältere Textgruppe von K. Sethe) oder Tonfigürchen (die jüngere Textgruppe von Posener) geschriebene Namen der den Ägyptern feindlichen Fürsten und Ortschaften. Diese wurden im realsymbolischen Ritus zerbrochen. Die von K. Sethe herausgegebenen Scherben sind wahrscheinlich um eine Generation älter als die Figuren von G. Posener. Vgl. dazu W. Helck, Die Beziehungen Ägyptens zu Vorderasien. Wiesbaden ²1971, 44.

[15] J. Simons, Handbook for the Study of Egyptian Topographical Lists relating to Western Asia. Leiden 1937; A. Jirku, Die ägyptischen Listen palästinensischer und syrischer Ortsnamen. Leipzig 1937; E. Edel, Die Ortsnamenlisten aus dem Totentempel Amenophis' III. Bonn 1966; Historische Dokumente bei J.H. Breasted, Ancient Records of Egypt. Historical Documents. 5 Bände. London 1906/7. Nachdruck 1962; M. Lichtheim, Ancient Egyptian Literature. Vol. II: The New Kingdom. Berkeley 1976.

[16] J.A. Knudtzon, Die El-Amarna-Tafeln. 1915 (Nachdruck: 1964); A.F. Rainey, El Amarna Tablets: 359–379, (AOAT, Band 8), Kevelaer ²1978; Les Lettres d'El-Amarna. Correspondance diplomatique du pharaon. Traduction de W.L. Moran, (Littératures Anciennes du Proche-Orient, 13), Paris 1987.

[17] E. Edel, in: K. Galling, TGI², 1–12 (Sinuhe) und 41–48 (Wen-Amun); E. Blumenthal (Hrsg.), Altägyptische Reiseerzählungen. Die Lebensgeschichte des Sinuhe. Der Reisebericht des Wen-Amun, (Reclams Universal-Bibliothek, Band 928), Leipzig 1982; R. Koch, Die Erzählung des Sinuhe, (Bibliotheca Aegyptiaca, 17), Brussel 1990; E. Hornung, Gesänge vom Nil. Zürich & München 1990, 31–51 (Sinuhe) und 53–60 (Wen-Amun).

Wen-Amun (um 1076 v. Chr.)[18]; 5. Die Texte aus Ugarit[19] (Rās eš-Šamra an der nordsyrischen Küste, vorwiegend aus dem 14.–12. Jh. v. Chr.) und Ebla[20] *(Tell Mardiḫ*, Mittelsyrien, aus dem 3. Jt. v. Chr.); 6. Die Keilschrifttexte von Schicht IV aus *Alalaḫ*[21] (Tell Aṭšāne, Nordsyrien; Stratum IV) aus dem 15. Jh. v. Chr.

Das atl. Quellenmaterial kommt für eine zuverlässig und wissenschaftlich verantwortbare Rekonstruktion dieser Epoche nur nach Prüfung und Abwägung ihrer spezifischen Interessen in Betracht.

2. Die politische Situation des Vorderen Orients in der Mittel- und Spät-Bronzezeit (2000–1200 v. Chr.)

2.1. Die Situation im Umfeld Palästinas

Die Hochkulturen in Ägypten, Mesopotamien und Kleinasien bilden den geschichtlichen Großraum, in dessen Rahmen sich das relative Eigenleben von Palästina-Syrien im 2. Jt. v. Chr. abspielt. Es war den verschiedensten politischen und kulturellen Einflüssen ausgesetzt und somit prädestiniert, zwischen diesen Hochkulturen eine Brückenfunktion zu erfüllen sowie kulturelle Synthesen zu entwickeln. Größere politische Gebilde hatten in dem Übergangsland zwischen den Hochkulturen kaum eine reale Chance und konnten sich allenfalls nur dann etablieren, wenn die großen Hochkulturen selbst Perioden der inneren Schwäche erlebten oder sich gegenseitig durch ein Gleichgewicht der Kräfte neutralisierten.

Die Mittel-Bronzezeit (2000–1600 v. Chr.) ist ein Zeitalter großer gesellschaftlicher und politischer Umwälzungen. In Ägypten entsteht mit dem Mittleren Reich und vor allem mit der kraftvollen 12. Dynastie (1991–1785) eine politische Macht, die sich nach dem verhängnisvollen Einbruch der 1. Zwischenzeit (um 2155–2040) und der Anlaufzeit der 11. Dynastie (2134–1991) politisch und geistig erholt und das Land zu einer großen zwei-

[18] K. Galling, TGI², 41–48; M. Lichtheim, Ancient Egyptian Literature. A Book of Readings. Volume II: The New Kingdom. Berkeley/Los Angeles/London 1976, 224–230; E. Hornung, Meisterwerke Altägyptischer Dichtung. Zürich 1978, 39–45.

[19] Vgl. C. Virolleaud & J. Nougayrol, Le Palais Royal d'Ugarit, Bände 2–6. Paris 1955–1970; A. Herdner, Corpus des Tablettes en cunéiformes alphabétiques découvertes à Ras Shamra-Ugarit de 1920 à 1939. 2 Bde. Paris 1963; C.H. Gordon, Ugaritic Textbook, (AnOr, 38), Roma 1965; M. Dietrich, O. Loretz & J. Sanmartin, Die Keilalphabetischen Texte aus Ugarit. Teil I: Transkription, (AOAT, 24/1), Kevelaer 1976. Die (leider inzwischen veraltete) deutsche Übersetzung der wichtigsten Texte bei J. Aistleitner, Die mythologischen und kultischen Texte aus Ras-Schamra. Budapest 1964, und A. Jirku, Kanaanäische Mythen und Epen aus Ras-Schamra-Ugarit. Gütersloh 1962.

[20] Die Veröffentlichung der Texte und Spezialstudien dazu erscheinen u.a. in der Zeitschrift Studi eblaiti (seit 1979).

[21] D.J. Wiseman, The Alalakh Tablets. London 1953; ders., in: JCS 8 (1954) 1–30; 123 (1959) 19–33.50–62.124–129.

ten Blütezeit führt. Mit Amenemhat I. (1991–1962) fängt Ägypten an, sich wieder an den großen Idealen des Alten Reiches zu orientieren.
Die 13. Dynastie (um 1785–1650) erfährt jedoch eine erneute Schwächung der Zentralgewalt; außerdem werden Ägyptens Grenzen unsicher. Die von Amenemhat I. errichtete Befestigungslinie im Ostdelta wird durchlässig, und es ist mit einem kontinuierlichen Eindringen semitischer Wanderstämme zu rechnen, die sich vorwiegend im Ostdelta ansiedeln. Asiatische Sklaven und Freigelassene vergrößern noch das Kontingent der Ausländer im Lande. Aus dem Kreise dieser asiatischen Einwanderer können in der 13. Dynastie einige Truppenführer in Lischt und in anderen Orten Oberägyptens die politische Macht an sich reißen. Im Delta verselbständigen sich die semitischen Einwanderer. Sie werden unabhängig von der Zentralverwaltung. Verschiedene Lokalfürsten regieren dort gleichzeitig. Der Zerfall des Einheitsreiches wird im 17. Jh. v. Chr. vollends sichtbar, als Ausläufer einer Völkerwanderung in Vorderasien auch das Delta erreichen: Ihre Anführer haben die Ägypter *ḥq3w ḫ3swt*, »*Herrscher der Fremdländer*« genannt[22]; sie sind als »*Hyksos*« in die Geschichte eingegangen. Diese Hyksos sind kaum als eine einheitlich-geschlossene Volksgruppe zu betrachten, sondern sie stellten eine offenbar westsemitische Herrenschicht dar, die vor allem mit Hilfe neuer Waffentechniken und Kampfmethoden[23] die politische Führung in Syrien und Palästina übernommen hatte. Um 1650 v. Chr. begannen sie, das Delta zu kontrollieren. Diese neue Führungsschicht führte zu einer besonders engen Bindung zwischen Ägypten und Vorderasien[24]; die bis dahin sorgsam gehütete Isolation Ägyptens war damit aufgehoben.
In Theben regte sich der erste öffentliche Widerstand gegen die Fremdherrscher. Kamose (1555–1551) gelingt es, die Kräfte der Hyksos zu binden. Ihre Hauptstadt Auaris kann er jedoch noch nicht erobern. Aber Ägypten erholt sich vom Schock der sog. Zweiten Zwischenzeit, und mit der mit einem neuen Selbstbewußtsein ausgestatteten 18. Dynastie (1552–1306) gelingt es Ägypten, ein drittes Mal kraftvoll die Geschicke des Vorderen Orients mitzubestimmen. Es scheint so, daß die Schmach der Fremdherrschaft die Pharaonen des Landes dazu getrieben hat, sich nicht mehr auf eine Selbstverteidigung zu konzentrieren, sondern erstmals bleibend-aktiv im Ausland tätig zu werden und dort eine kontinuierliche Machtposition anzustreben, so daß man sogar erstmals von imperialistischen Tendenzen Ägyptens reden kann. Unter Thutmosis I. (1506–1494) stoßen die Ägypter weit über die syrisch-palästinische Landbrücke bis zum Eufrat vor[25]! Aber auch mit diesem neuen Vorstoß geht es Ägypten nicht darum, fremde Gebiete bleibend dem Reich einzuverleiben. Ägypten begnügt sich damit, über die

[22] Ein im Mittleren Reich geläufige Bezeichnung für Beduinenhäuptlinge.
[23] U. a. die von Pferden gezogenen Streitwagen und ein neuer Typ von Bogen.
[24] Königliche und private Skarabäen der Hyksos-Zeit wurden an den meisten Grabungsorten Syriens und Palästinas gefunden.
[25] Vgl. die Felsstele bei der Insel Tombos (südlich des 3. Nil-Kataraktes). Siehe dazu K. Sethe, Urkunden der 18. Dynastie. Berlin 1984, 2, 82ff.

unterworfenen Gebiete eine lockere Oberhoheit zu konstituieren, die vor allem dies bewirkt, daß die syrisch-palästinischen Kleinfürsten als Vasallen weiter regieren können, so lange sie ihre regelmäßigen Tributleistungen erfüllen und die Oberhoheit Ägyptens anerkennen. Das war ein anfälliges System. Denn sobald die ägyptische Außenpolitik nicht mehr in der Lage oder gewillt war, das Gebiet wirksam zu kontrollieren, geriet diese Ordnung ins Wanken. So unter Hatschepsut (1490–1468), die nicht das gleiche Interesse an einer wirksamen Außenpolitik zeigte, sich mehr auf die Außenhandelsbeziehungen konzentrierte und eine rege Bautätigkeit entfaltete. Ihr Nachfolger Thutmosis III. (1490–1436) fand zur außenpolitischen Initiative zurück. Schon 1468 führte sein erster Feldzug nach Palästina, wo er bei Megiddo eine Koalition kanaanäischer und syrischer Stadtfürsten unter der Führung des Fürsten von Qadesch am Orontes[26] schlug. Thutmosis III. erschien seitdem jedes Jahr aufs neue in Syrien-Palästina, unterwarf die wichtigsten Stadtstaaten (Qadesch am Orontes, Qatna, Ḥalab/Aleppo) und überschritt sogar den Eufrat bei Karkemisch. Die Hafenstädte an der palästinischen Küste (Gaza, Aschkelon, Jafo und Dor) ließ er als Flottenstützpunkte ausbauen. Größere Landstriche übereignete er einigen ägyptischen Tempeln und ihrer Priesterschaft. Kleinere ägyptische Garnisonen wurden im Landesinneren – wie z.B. in Bet-Schean – stationiert.
Thutmosis' größter politischer Kontrahent war das Reich Mitanni-Hanigalbat[27], das schon im 16. Jh. v. Chr. von der Schwäche des Hetiterreiches profitiert und seinen Einfluß nach Nord- und Mittelsyrien ausgedehnt hatte. Unter seinem König Schauschtatar (Mitte des 15. Jh.s) erreichte Mitanni den Höhepunkt seiner Macht. Thutmosis III. mußte sich mit Mitanni arrangieren und schloß einen Friedensvertrag, der die Gebietsansprüche beider Reiche regelte.
Die ägyptische Präsenz schwächte sich nach Thutmosis III. kontinuierlich ab. Unter Amenophis II. (1438–1412) hatte es Ägypten – mitverschuldet durch das unzuverlässige Bündnisverhalten der palästinisch-syrischen Vasallen – zunehmend schwerer, sich militärisch in Vorderasien zu behaupten. Unter Thutmosis IV. (1412–1402) wurde die Grenzziehung zwischen den Einflußbereichen Mitannis und Ägyptens zuungunsten Ägyptens leicht korrigiert. Amenophis III. (1402–1364), der die sog. Amarna-Zeit einläutet, unternimmt erst gar keine Feldzüge nach Vorderasien. Mehr und mehr verläßt er sich auf die bloßen Treuebekundungen, Tributzahlungen und Dienstleistungen der Kleinfürsten. Ihm gelang es zwar, mitannische Prinzessinnen in seinen Harem aufzunehmen und damit der aufstrebenden

[26] *Tell Nebi Mendo*. Den Bericht über die Kriegshandlungen ließ Thutmosis III. an den Wänden des sog. »Annalensaales« im Amun-Tempel von Karnak anbringen. Vgl. BAR, II, § 391–443; ANET, 234–238; K. Galling, TGI², 14–20; M. Lichtheim, Ancient Egyptian Literature. Vol. II: The New Kingdom. Berkeley 1976, 29–35.

[27] Die Hauptstadt Waššukanni (wahrscheinlich am oberen Ḫabūr) wurde bis heute nicht lokalisiert. Zur Geschichte der Hurriter s. G. Wilhelm, Grundzüge der Geschichte und Kultur der Hurriter. Darmstadt 1982.

Macht der Hetiter entgegenzuwirken, aber unter seinem Nachfolger Amenophis IV. Echnaton (1364–1347) brach schließlich das völlige Chaos herein. Ganz konzentriert auf sein religiöses Reformwerk vernachlässigte Echnaton die Außenpolitik sträflich. Während Mitanni zu dieser Zeit seine Macht weitgehend eingebüßt hatte, waren mit dem hetitischen Neuen Reich und dem Mittelassyrischen Reich gleich zwei gefährliche neue Machtblöcke entstanden, die bald für Ägypten bedrohlich wurden. Der hetitische König Schuppiluliuma I. (1370–1336) besiegte Mitanni und eroberte die Hauptstadt Waschukanni. Somit reichte der hetitische Einfluß bis zum Libanon und nach Südsyrien, wodurch die Hetiter zu politischen Nachbarn Ägyptens wurden. Weiter östlich war Assyrien unter Aššur-uballit I. (1364–1328) wieder zu einem eigenständigen Staat geworden, der seinen Einfluß auf das ehemalige Territorium von Mitanni ausgedehnt hatte und Babylon, das damals vom Gebirgsvolk der Kassiten beherrscht wurde, kontrollierte.

Die turbulenten Ereignisse dieser Zeit wurden mosaikartig festgehalten in der diplomatischen Korrespondenz, die im Archiv von Tell el-Amarna aufgefunden wurde. Es handelt sich um die in akkadischer Sprache und Keilschrift festgehaltene Korrespondenz der Könige von Mitanni, des Hetiterreiches, Assyriens, Babyloniens und den syrisch-palästinischen Kleinfürsten mit den Pharaonen Amenophis III. und IV. Gerade die Briefe der Kleinfürsten zeigen, mit welch chaotischen Verhältnissen man in dieser Zeit zu rechnen hatte. Eine wirksame ägyptische militärische und politische Präsenz fehlte, den Intrigen verschiedener Kleinfürsten waren offensichtlich keine Grenzen gesetzt. Treue Vasallen wie z.B. in Byblos fühlten sich von Ägypten im Stich gelassen. Andere verstanden es, den Ägyptern mit schmeichelnden Worten ihre angebliche Vasallentreue glaubhaft zu machen, wobei sie doch nur ihre eigenen Machtinteressen vorantrieben. Erst der General Haremhab, später Nachfolger auf dem pharaonischen Thron (1334–1306), konnte dieser Zeit der inneren und äußeren Schwäche Ägyptens ein Ende setzen. Er warf das Steuer nicht nur im religiösen Bereich wieder herum, indem er den Reichsgott Amun in seine ehemalige Vorrangstellung zurückversetzte. Auch politisch versuchte er, die verlorengegangenen Gebiete im Ausland wiederzugewinnen. Sethos I. (1304–1290) und Ramses II. (1290–1224) gelang es endlich, Ägypten für kurze Zeit im Vorderen Orient wieder zu einem außenpolitisch bedeutenden Faktor zu machen. Die internationale Lage hatte sich indessen grundlegend verändert. Das Hetiterreich war zur dominierenden Macht geworden. Es versuchte auf Kosten des ägyptischen Einflußbereiches zu expandieren. Sethos I. konnte die ägyptischen Interessen wenigstens noch in Palästina verteidigen. 1285 fand die große Schlacht bei Qadesch am Orontes statt, bei der Ramses II. gegen den Hetiter Muwatalli kämpfte. Keiner der Kontrahenten ging aus dieser Schlacht als eindeutiger Sieger hervor. 1270 kam es zum Friedensvertrag zwischen Ramses II. und dem Hetiterkönig Murschili III. Die neu festgelegten Grenzziehungen sorgten für eine kurze Periode der Ruhe. Um 1200 bricht das mühsam erkämpfte Gleichgewicht jedoch zusammen, als die sog.

Seevölker[28] in zwei zeitlich und stammesverschiedenen Angriffswellen (zur Zeit des Ramses II. und Merenptah bzw. Ramses III.) über das Mittelmeer nach Kleinasien eindringen, wo sie das Hetiterreich, Zypern und anschließend viele kleine Stadtstaaten am Mittelmeer (u.a. Ugarit) und im syrischen Binnenland erobern und zerstören[29]. Damit finden im ausgehenden 13. Jh. v. Chr. umwälzende Veränderungen im Großreichsystem des Vorderen Orients statt.
Die Seevölker waren ethnisch keine homogene Gruppe. Sie werden in den ägyptischen Quellen differenziert als *Lukka, Širdana, Danuna, Akawaša, Turša, Šekleš* aufgezählt. Ihre Herkunft ist bis heute nicht eindeutig geklärt. Man nimmt an, daß sie vorwiegend aus der ägäischen Inselwelt oder von der Süd- und Westküste Anatoliens kamen und u.a. auch die Inseln oder Landstriche besetzten, mit deren heutigen Namen sie in Verbindung gebracht werden.
Merenptah (1224–1204), Nachfolger von Ramses II., gelingt es in seinem 5. Regierungsjahr, die Seevölkergruppen, die sich mit den Libyern verbündet hatten, gerade noch vom ägyptischen Delta fernzuhalten[30]. Ramses III. (1184–1153) schließlich mußte in mehreren Kämpfen[31] die Gefahr noch einmal abwehren. Damit vermochte er die Seevölker, die jetzt als Philister (*Plšt*), *Tjeker*, *Wašaš* und *Danuna* erscheinen, zwar vom ägyptischen Territorium fernzuhalten, Ägyptens Oberhoheit über Palästina konnte jedoch unter seinen Nachfolgern nicht mehr aufrecht erhalten werden. Das ganze vorderasiatische Einflußgebiet ging Ägypten allmählich verloren. Damit – und zugleich auch durch die vorausgegangene Zerstörung des Hetiterreiches[32] – entstand ein machtpolitisches Vakuum, das von neuen Völkern aufgefüllt wurde: von den Philistern und von aramäischen Völkergruppen.

[28] Der Name stammt aus dem ägyptischen Sprachgebrauch, der diese Völkergruppen, deren Herkunft man nicht kannte, vom ägyptischen mythischen Weltbild her als »Völker vom Ozean«, »vom syrischen Meer« oder »von den Inseln inmitten des Meeres« bezeichnete. Vgl. dazu W. Helck, Die Beziehungen Ägyptens und Vorderasiens zur Ägäis bis ins 7. Jahrhundert v. Chr. Darmstadt 1979, 132; R. Stadelmann, s.v. Seevölker, in: LdÄ, Band V. Wiesbaden 1984, 814–822; T. & M. Dothan, People of the Sea: The Search for the Philistines. New York & Toronto 1992; D. B., Redford Egypt, Canaan, and Israel in Ancient Times. Princeton, New Jersey 1992, 241–256.

[29] Die Spuren der Zerstörungen lassen sich von Ugarit über Qatna, Qadesch, Hazor (Schicht XIII), Megiddo (zwischen Schichten VII A und VI B), Tell Abū Hawām (Schicht V), Jaffa, Bet Schemesch (Ende von Schicht IV B), Geser (Zerstörung von Schicht V), Aschdod (Schicht XIV), Tell Dēr-ʿAllā, Aschkelon und Tell Ğemme, Tell Bēt Mirsim (Schicht C) und Tell eš-Šerīʿa verfolgen.

[30] Vgl. seine Inschrift im Cachette-Hof von Karnak. Siehe dazu K. A. Kitchen, Ramesside Inscriptions. IV. Oxford 1983, 2–12.19–22.

[31] Vgl. die berühmte Darstellung der Seeschlacht an der Nilmündung auf dem Mittelteil der nördlichen Tempel-Außenwand in Medinet Habu. Siehe dazu R. Stadelmann, s.v. Seevölker, in: LdÄ, Band V. Wiesbaden 1984, 817f.

[32] Siehe dazu die Texte aus Medinet Habu. K. A. Kitchen, Ramesside Inscriptions, V. Oxford 1983, 25,4. Medinet Habu. The Epigraphic Survey. I, (Oriental Institute Publications, 8), Chicago 1930, Tf. 28, 51; Tf. 46, 16ff.; weiter Papyrus Harris I, in dem Ramses III. die besiegten Philister in seinen Festungen ansiedelte.

Die Herkunft der Philister ist bis heute umstritten. Als Untergruppe der Seevölker stammen auch sie aus der ägäischen Inselwelt[33]. Früher nahm man allgemein aufgrund der Reliefs und Inschriften an der nördlichen Tempel-Außenwand von Medinet Habu an, daß die Philister inschriftlich erstmals unter Ramses III. erwähnt wurden: in seinem 8. Regierungsjahr (1177) hätte Ramses III. eine Koalition der Plšt und Tjeker an der phönikischen Küste oder in Nordpalästina besiegt. Aufgrund archäologischer Funde ist jedoch damit zu rechnen, daß die Schlacht im 8. Regierungsjahr des Ramses III. nur die erste Phase einer längeren militärischen Auseinandersetzung bildete und daß die Philister sich nicht vor 1100 v. Chr. in der südpalästinischen Küstenebene ansiedelten, wo sie alten ägyptischen Reichsbesitz übernahmen[34]. Die Philister bildeten aus den neu eroberten Städten eine Pentapolis (Gaza, Aschkelon, Aschdod, Ekron und Gat) und benutzten diese bald als Ausgangspunkt für territoriale Expansionen in das zentralpalästinische Gebirge. Sie kamen damit unausweichlich in direkten Konflikt mit den ebenfalls sich expandierenden Gruppen, die sich später im israelitischen Verband zusammenschließen. Es ist anzunehmen, daß die Bezeichnung »Philister« im ausgehenden 11. Jh. für eine Mischbevölkerung an der Mittelmeerküste Palästinas verwendet wurde, die nur zu einem Bruchteil aus ursprünglich »fremden«, philistäischen Elementen bestand[35]. Nachdem 1996 in Ekron (*Tell Miqne*) die erste vollständig erhaltene Inschrift in einem Tempelbereich gefunden wurde[36] – datiert werden Inschrift und Tempelge-

[33] Das AT bringt sie in Verbindung mit der Insel Kreta (Kaftor, vgl. ägypt.: *Kftjw*). Vgl. dazu Dtn 2,23; Am 9,7; Jer 47,4; Gen 10,14//1 Chr 1,12 (Textemendation). Vgl. weiter noch 1 Sam 30,14; Zef 2,5; Ez 25,15 und die Bezeichnung »Kreti und Plethi« für die ausländischen Söldner Davids. S. dazu T. & M. Dothan, People of the Sea: The Search for the Philistines. New York & Toronto 1992; I. Finkelstein, The Date of the Settlement of the Philistines in Canaan, in: Tel Aviv 22 (1995) 213–239; C.S. Ehrlich, The Philistines in Transition, (StHCANET, vol. X), Leiden 1996, 6–21.

[34] Es ist dann unwahrscheinlich, daß die Initiative dieser Siedlungspolitik von den Ägyptern ausging, die mit dieser Art der Zwangsansiedlung der philistäischen Militärkolonnen einen Pufferstaat gegen weitere andrängende Seevölkergruppen errichten wollten. Vgl. dazu vor allem R. Stadelmann, in: Saeculum 19 (1968) 156ff. und W. Helck, Die Beziehungen Ägyptens und Vorderasiens zur Ägäis bis ins 7. Jahrhundert v. Chr., Darmstadt 1979, 141; M. Bietak, in: J. Amitai (Hrsg.), Biblical Archaeology Today: Proceedings of the International Congress on Biblical Archaeology. Jerusalem, April 1984. Jerusalem 1985; J. Weinstein, The Collapse of the Egyptian Empire in the Southern Levant, in: W.A. Ward & M. Sharp-Joukowsky (Hrsg.), The Crisis Years: the 12th Century B.C. From Beyond the Danube to the Tigris. Dubuque, Iowa 1992, 142–150; L.E. Stager, The Impact of the Sea Peoples in Canaan (1185–1050 BCE), in: T.E. Levy (Hrsg.), The Archaeology of Society in the Holy Land. London 1995, 332–348; I. Finkelstein, The Date of the Settlement of the Philistines in Canaan, in: Tel Aviv 22 (1995) 213–239.

[35] Vgl. G.L. Kelm & A. Mazar, Timnah. A Biblical City in the Sorek Valley. Winona Lake, IN 1995,93, die für Timnah (*Tell Bāṭāš*) eine philistäische aristokratische Oberschicht annehmen, die über kanaanäische Untertanen geherrscht habe. Vgl. weiter C. S. Ehrlich, The Philistines in Transition, (StHCANET, vol. X), Leiden 1996, 12.

[36] Vgl. S. Gitin, T. Dothan & J. Naveh, A Royal Dedicatory Inscription from Ekron, in: IEJ 47 (1997) 1–16.

bäude in das erste Drittel des 7. Jh. v. Chr. –, liegt eine erste eigenständige Informationsquelle über die religiösen Anschauungen der Philister vor.

2.2. *Palästina-Syrien*

In der Spät-Bronzezeit gab es in Syrien-Palästina keine politische Gruppe mehr, die das Vordringen expansiver Großreiche hätte verhindern können. Das ethnisch heterogene, politisch in zahlreiche Kleinstaaten und Stammesbereiche aufgesplitterte Gebilde (»*Polyzentrismus*«) wurde zu einer leichten Beute der Großmächte (Hetiter und Ägypter). In diesem Gebiet kam es zu einer demographischen und sozialen Krise, die mit einer Verarmung der bäuerlichen Bevölkerung verbunden war[37]. Das verstärkte Auftreten der sog. *Ḫapiru* – die Bezeichnung wird anschließend im nächsten Kap. erklärt und präzisiert – dürfte in diesen Zusammenhang zu stellen sein. Koalitionen syrisch-palästinischer Fürsten gegen die Fremdherrschaft hatten jeweils nur kurzen Bestand. Eine Überwindung des Polyzentrismus lag weder im hetitischen noch im ägyptischen Interesse. Der Verlust der politischen Selbständigkeit hatte die wirtschaftliche und kulturelle Blüte Syrien-Palästinas aber nicht beeinträchtigt. Sie wurde vor allem in jenen Zentren deutlich, die als Küstenorte Seehandel betrieben oder an wichtigen Handelsstraßen lagen.

Der Übergang zur frühen Eisenzeit bedeutete dann den Eintritt in eine neue Phase der Geschichte. Der Zusammenbruch der hetitischen Herrschaft und der Rückgang des ägyptischen Einflusses stärkten die polyzentristischen Tendenzen. Es entstand eine Vielzahl kleiner, miteinander rivalisierender Staaten. In Palästina vollzog sich bei mehreren (halb)nomadischen Gruppen vereinzelt ein Übergang zur seßhaften Lebensweise und zur Staatenbildung. Im inschriftlichen Material wie auch im archäologischen Befund spiegeln sich demographische Probleme, wie etwa ein Rückzug von Siedlungen aus den Regenfeldbaugebieten, sowie die Ausbreitung einer neuen Bevölkerung, insbesondere der Aramäer, wider[38]. Interne (demographische, produktionsbedingte, politische) und externe (Zuwanderungen, insbesondere von aramäischen Gruppen) Faktoren, aber auch folgenreiche technische Neuerungen (Eisen als Werkstoff für Geräte, Kamele als Lasttiere) sind als Triebkräfte der Veränderungen nach 1200 v. Chr. anzusehen.

[37] Noch deutlicher ist dieses Phänomen im kassitischen Babylonien festzustellen. Vgl. M. Liverani, Antico Oriente. Storia, Società, Economica. Roma 1988.

[38] Die Rolle der sog. Seevölker sollte in diesem historischen Prozeß nicht überschätzt werden. Auch wenn man der These von W. Helck, Die Beziehungen Ägyptens und Vorderasiens zur Ägäis bis ins 7. Jh. v.u.Z. Darmstadt 1979, 132ff. nicht folgt, in den »Seevölkern« nur Piraten zu sehen, so darf man sie doch zweifellos nicht Verursacher der Krise am Ende des 2. Jts. betrachten. Interesse verdienen in diesem Zusammenhang vielleicht die Perioden größerer Trockenheit, wie sie jetzt für den mesopotamischen Raum postuliert werden, s. J. Neumann & S. Parpola, in: JNES 46 (1987) 162–182. Sie könnten auf die Ausbreitung der Aramäer Einfluß gehabt haben.

Die aramäischen Volksgruppen bilden ein ähnlich komplexes Konglomerat wie die Seevölker. Inschriftlich ist der Name »Aramu« erstmals unter Tiglat-Pileser I. (1115–1076) als Untergruppe der Achlamäer bezeugt[39], die schon seit dem 14. Jh. die Sicherheit Obermesopotamiens und der Nachbarländer bedrohten und von verschiedenen assyrischen Königen bekämpft wurden[40]. Ab dem 13. Jh. v. Chr. müssen sich aber verschiedene Nomadengruppen aus den Steppen- und Wüstenregionen allmählich im Kulturland angesiedelt haben. Diese Gruppen scheinen sich mit Bevölkerungselementen aus dem Kulturland vermischt zu haben, die durch die dort spezifischen Entwicklungen der Spät-Bronzezeit – eine fortschreitende Urbanisierung mit Frühformen des Kapitalismus – aus dem sozialen Gefüge herausgefallen waren; gelegentlich wurden sie auch am Rande des Kulturlandes, in den Steppen- und Wüstenrändern, abgedrängt. Diese komplexe Entwicklung läßt das Auftauchen neuer Bevölkerungsgruppen im Kulturland nicht mehr als das Ergebnis einer plötzlich einsetzenden ethnischen Wanderbewegung oder Völkerwelle verstehen, sondern als das Ergebnis eines komplizierten und langsamen Prozesses der Durchdringung verschiedener – eher soziologisch als ethnisch bestimmter – Gruppierungen.
So entstehen ab dem 12. Jh. im Ostjordanland die Reiche Ammon, Moab und schließlich auch Edom; nach einem ähnlichen Entwicklungsmuster vollzog sich auch das Zusammenwachsen und die politische Organisation verschiedener Gruppen, die sich später als »Israel« verstanden haben. Dieser Prozeß der Volkwerdung Israels, das allmähliche Finden einer eigenen Identität, die sich der (politischen, ethnischen, religiösen, kulturellen) Eigenheit bewußt wird, ein Zusammengehörigkeitsgefühl entwickelt und sich dementsprechend auch von der Umgebung abgrenzt, hat im späteren Israel vielfältige Spuren hinterlassen. Die Überlieferungen über die eigene Vor- und Frühzeit kristallisieren sich in den Themenkreisen »Patriarchen, Auszug aus Ägypten und Bundesschluß am Sinai«. Diese drei Themen wurden im Laufe der wechselvollen Geschichte Israels auf ihre je eigene Art zu Grundpfeilern des nationalen und religösen Bewußtseins. Formal sind sie meist als Sagen(-Kränze) im AT überliefert. Als historische Quellen für eine Nachzeichnung der Frühgeschichte Israels sind sie nicht zu gebrauchen. Deshalb werden sie hier im Anhang behandelt.

[39] Die Verwandtschaft dieser Aramäer mit den semitischen Gruppen, die in der 1. Hälfte des 2. Jt.s v. Chr. vor allem im mesopotamischen Kulturland seßhaft geworden sind – M. Noth nannte sie »Proto-Aramäer« – und die z.B. in den Mari-Texten vorkommen, ist weiterhin ungeklärt und wenig wahrscheinlich. Zumindest reichen die hierfür vorgebrachten sprachlichen Argumente nicht aus.

[40] Bereits im ausgehenden 3. Jt. ist in Babylonien der Name Aramu als Bezeichnung für eine Landschaft im oberen Mesopotamien belegt, und erst sekundär wurden nach ihr die semitischen Nomaden benannt, die dorthin aus der Steppe im Norden Arabiens eingedrungen waren. Vgl. S. Segert, Altaramäische Grammatik. Leipzig [3]1986, 33f.

Die Tendenz, sich im Kulturland anzusiedeln und durch neue Stadt- und Dorfsiedlungen Tatsachen zu schaffen, brachte die »Israel«-Stämme im Westjordanland unweigerlich in Konflikt mit den Philistern, die dort in der gleichen Zeit expandierten. Direkte Konflikte mit der eingesessenen kanaanäischen Bevölkerung scheint es dagegen nicht gegeben zu haben, weil die *»Israel«*-Stämme sich vorwiegend aus eben dieser Bevölkerung rekrutierten und sich zunächst in den nicht von der kanaanäischen Stadtbevölkerung besiedelten Gebirgsregionen angesiedelt haben. Gerade der sich anbahnende Konflikt zwischen Philistern und Israel hat dann schließlich zu der Einführung des Königtums und damit zur eigentlichen Staatengründung geführt.

II. GRUNDFRAGEN ZUR SESSHAFTWERDUNG »ISRAELITISCHER« STÄMME IN KANAAN

Die außerbiblischen Quellen lassen uns bei dem Versuch, den Ursprung Israels nachzuspüren, völlig im Stich. Das verwundert nicht, denn kein Volk scheint von den zaghaften Anfängen, den Einigungsbestrebungen und der Volkwerdung Israels Notiz genommen zu haben.

Israel selbst verlegt seinen Ursprung in eine nomadische Vergangenheit zurück. Daher ist es wichtig, der Bevölkerungsstruktur im großräumigen Gebiet von Palästina-Syrien nachzugehen. Die Situation wurde bis vor kurzem meist so analysiert, daß in diesem Areal für die zweite Hälfte des 2. Jt.s v. Chr. folgende Bevölkerungstypen unterschieden werden können: die seßhaften Bauern, die in festen Häusern dörflicher oder städtischer Siedlungen lebten und die ihren Lebensunterhalt mit Ackerbau und Viehzucht – vor allem Rinderzucht – erwarben. Daneben lebten in den Städten Handwerker, Händler und Beamte. Diesen städtischen und dörflichen Gemeinschaftsformen entgegengesetzt waren die (Halb-)Nomaden, die mit ihren Zelten beweglicher, nicht ortsgebunden waren. Weil die Grenze zwischen Kulturland und Wüste in Palästina-Syrien nicht so abrupt verläuft – die langsam nach Osten hin abnehmende Niederschlagsmenge sorgt für ein breites Übergangsareal von Steppengebieten –, war der Übergang zwischen den seßhaften und den (Halb-)Nomaden oft fließend, beide Bevölkerungsgruppen bilden in mancher Hinsicht durchlässige Größen.

Außerdem stellte man bei diesen Nomaden das Phänomen einer in regelmäßigen Abständen sich ereignenden Seßhaftwerdung (der sogenannten Sedentarisation) fest. Wenn der Regen in der Sommerzeit ausblieb und die Steppe daher keine Lebensgrundlage mehr für die Kleinviehherden bot, waren sie gezwungen, ihre Herden in das Kulturland zu führen. Diese jährlich, also regelmäßig wiederkehrende »Transhumanz« (»Weidewechsel«) führte in Einzelfällen zu einer Ansiedlung im Kulturland. Wichtig ist dieser

Vorgang geworden, weil er in der Theorie über die israelitische Landnahme als Grundlage verwendet wurde.

In den letzten Jahrzehnten hat das Erklärungsmodell der Transhumanz jedoch viel von seiner Plausibilität verloren. Das plötzliche Auftauchen neuer Völker im fruchtbaren Gebiet kann nicht einfachhin mit diesem Erklärungsmodell gedeutet werden. Das Operieren mit dem nicht eindeutig geklärten Begriff »Nomade« faßt die bevölkerungspolitische Wirklichkeit Vorderasiens zu eng. Der Gegensatz Seßhaft-Nichtseßhaft scheint der damaligen Wirklichkeit besser zu entsprechen. Die seßhafte Bevölkerung in den Städten sah sich einer sehr komplexen Gruppe von Nichtseßhaften gegenüber, zu der auch Kleinviehnomaden, Jäger, Leute mit Wanderberufen, ja sogar Leute aus den Städten, die sozial ausgegliedert worden waren, gehörten.

In diesem Zusammenhang ist die Frage nach der Bedeutung der »*`Apiru*« zu stellen, die in der altorientalischen Literatur des 2. Jt.s v. Chr. vielerorts auftauchen[41]. Die *Ḫapiru* der Keilschrifttexte Mesopotamiens[42] (1700–1500 v. Chr.) und Kleinasiens, die *`prm* in Ugarit (1400 v. Chr.)[43], die *`pr(.w)* in Ägypten[44] (um 1400 v. Chr.) stellten keine eigenständige ethnische Einheit dar, sondern erscheinen in den Texten durchweg als unruhige Elemente, die aus verschiedenen Gründen aus der festgefügten städtischen, aus der gesellschaftlichen Ordnung der urbanen Kultur der Mittel- und Spät-Bronzezeit herausgefallen waren. Sie standen abseits und außerhalb der rechtlichen Ordnung und machten als unkontrollierbare Gruppen den meisten Stadtstaaten zu schaffen. Philologisch gibt es sehr wahrscheinlich keine direkte Verbindung zwischen dem in der späten biblischen Zeit gelegentlich als Gentilizium verwendeten Namen »*Hebräer*« und der ursprünglich als soziologische Kategorie verwendete *`Apiru*. Bei den beiden Bezeichnungen geht es vermutlich hauptsächlich um Leute, die im Stadtstaatensystem aus irgendwelchen Gründen unter die Räder gekommen und aus der geordne-

[41] S. dazu O. Loretz, Habiru-Hebräer. Eine sozio-linguistische Studie über die Herkunft des Gentiliziums `ibrî vom Apellativum habiru, (BZAW, Band 160), Berlin 1984; N. Na`aman, Habiru and Hebrews: The Transfer of a Social Term to the Literary Sphere, in: JNES 45/4 (1986) 271–288; E.A. Knauf, Midian. Untersuchungen zur Geschichte Palästinas und Nordarabiens am Ende des 2. Jahrtausends v.Chr., (ADPV, Bd 10), Wiesbaden 1988, 108f.138f.; M. Görg, s.v. Hebräer, in: NBL, Bd. I, 65f. Siehe dazu vor allem O. Loretz, Habiru-Hebräer. 1984.

[42] Vor allem in den Nuzi- und den Mari-Texten. Für eine Zusammenstellung der mesopotamischen Belege siehe O. Loretz, a.a.O., 35–44.57.83–88.

[43] Zur Einbeziehung der ugaritischen *`br*-Belege siehe O. Loretz, Ugarit und die Bibel. Darmstadt 1990, 187.

[44] Vor allem in den Texten aus dem Amarna-Archiv. Zu den Belegen und zu ihrer Deutung siehe vor allem M. Weippert, Die Landnahme der israelitischen Stämme in der neueren wissenschaftlichen Diskussion, (FRLANT, 92), Göttingen 1967, 66–102; O. Loretz, a.a.O.; ders., Ugarit und die Bibel. Darmstadt 1990, 185–192. Der Terminus wird in den ägyptischen Texten gelegentlich zu einer verächtlichen Bezeichnung für alle möglichen Rebellen gegen die ägyptische Herrschaft. S. dazu N. Na`aman, Habiru and Hebrews: The Transfer of a social term to the literary sphere, in: JNES 45 (1986) 275.

ten Gesellschaft ausgeschieden waren. Das heißt: die Bezeichnung ist eher im soziologischen Bereich anzusiedeln. Dabei ist es nicht ausgeschlossen, daß Israels Wurzeln mit diesen *Ḫapiru* zusammenhängen, insoweit nämlich einige Gruppen dieser *Ḫapiru* sich dem sich formierenden Israel angeschlossen haben können. *ʿApiru* und Hebräer sind keine deckungsgleichen Synonyme. Das spätere Israel kann seine Herkunft nicht restlos auf die *ʿApiru* zurückführen. Erst in nachexilischer Zeit wird »*Hebräer*« gelegentlich als Gentilicium verwendet[45]. Diesen Sprachgebrauch kann man dann in der griechischen und römischen Terminologie wiederfinden. Von da aus geht diese Selbstbezeichnung Israels ihren Weg in das rabbinische Judentum.

So komplex das Phänomen des Nomadentums ist, so differenziert wird auch der Vorgang der Volkwerdung Israels vorzustellen sein. Neben den sog. Ziehbauern (halbbäuerliche Nichtseßhafte und manchmal auch Viehzüchter, die im Umkreis der Städte oder am Rande des Kulturlandes lebten) gab es auch Kleinviehnomaden, die Kleinviehzucht als Monokultur betrieben und in Steppen- und Wüstengebieten, manchmal auch in den weniger besiedelten Gebieten des Kulturlandes lebten. Wieder anders ist die Situation bei den *Schasu* der ägyptischen Texte[46] und der *Sūtū* in der Amarna-Korrespondenz. Sie bilden keine eigene ethnische Gruppe, sondern werden als Wandernomaden geschildert, die sich zwischen Palästina und Mesopotamien bewegen. Einen wichtigen Faktor in der Diskussion stellt noch ein weiteres Bevölkerungselement dar, das zunächst aus den festen Siedlungen stammte. Dort hatten sich im Laufe der Zeit Randgruppen gebildet, die mit der spätbronzezeitlichen Gesellschaft nicht mehr mithalten konnten, weil sie wirtschaftlich oder sozial an den Rand gedrängt worden waren. So erfolgte auch von den Städten und Dörfern aus eine Emigration von Leuten, die notgedrungen eine nomadenähnliche Lebensweise übernahmen. Zu diesem schwer faßbaren Phänomen gehören auch die sog. ʿApiru.

Bei alledem wird deutlich, daß der Begriff »Nomade« oft undifferenziert eingesetzt wird und daß er eindeutig geklärt werden muß. Man verwechselt die nomadischen Lebensformen vorschnell mit dem, was man bei den heutigen Beduinen noch feststellen kann. Doch hat sich die typische Existenz und Lebensweise der Beduinen erst zwischen 500 und 200 v. Chr. herausgebildet. Das Nomadentum des Vorderen Orients im 2. Jt. v. Chr. war ein sehr vielfältiges Phänomen. Es war nicht an einen Beruf – etwa Kleinviehnomadentum – oder an einen bestimmten geographischen Aufenthaltsort – etwa die syrisch-palästinische Wüste oder Steppe – gebunden. Manche Kleinviehnomaden lebten tatsächlich in den Steppen und kamen gelegent-

[45] Gen 14,13 und Jona 1,9. Es gibt im AT nur 33 Belege für »Hebräer«, dagegen wird Israel 2500 mal verwendet.

[46] Sie kommen in den Texten von Thutmosis II. bis Ramses III. (Papyrus Harris I 76,9–11) vor. Stämme von Seïr und Edom scheinen zu dieser Gruppe zu gehören, allerdings sind sie gewiß nicht identisch mit der ethnischen Gruppe, die Israel später als Edomiter bezeichnen wird. Die Bezeichnung Schasu wird in einem umfassenderen Sinne verwendet.

lich – gezwungen durch materielle Bedingungen, insbesondere im Zuge des Weidewechsels – auch ins Kulturland. Andere wanderten viel weiträumiger und ohne erkennbaren Anlaß zwischen Palästina, Syrien, Mesopotamien und Ägypten hin und her. Wieder andere sicherten ihren Lebensunterhalt durch Jagd, übten handwerkliche Wanderberufe aus oder waren als gescheiterte Existenzen Menschen ohne feste Bleibe. Sie alle stellen am Ende der Spät-Bronzezeit ein unruhiges und politisch unsicheres Potential dar, das, wenn sich die Gelegenheit bot und man sich der eigenen Stärke als gebündelte Opposition zur etablierten Gesellschaft der Stadtbevölkerung bewußt war, in Einzelfällen zur Zerstörung bzw. zur Übernahme der bestehenden Herrschaftsverhältnisse führen konnte.

Kanaan, mit seiner Spät-Bronzezeit-Kultur und seiner schon jahrtausendjährigen Geschichte war vom israelitischen Landnahmevorgang zunächst nicht direkt berührt, weil die großen kanaanäischen Zentren zunächst davon nicht tangiert wurden. Die Zusammensetzung der Bevölkerung im Lande war sowohl vor als auch nach der sog. »Landnahme« uneinheitlich, wobei allenfalls die semitische Bevölkerungskomponente und in dieser wiederum die kanaanäische[47] überwog. Die politische Landschaft bestand aus einem dichtem Netz von befestigten Städten, eventuell mit ihnen unterstellten Tochterortschaften, die konzentriert in der Küstenebene, in der Ebene Jesreel, in der Bucht von Beth-Schean, im oberen Jordangraben und auf dem ostjordanischen Tafelgebirge lokalisiert waren. Dagegen war die westjordanische Gebirgsgegend eher spärlich besiedelt und bot deshalb noch ausreichend Platz für Neuankömmlinge. Diese Kleinstaaterei verhinderte das Zustandekommen größerer politischer Einheiten. Über eine gelegentliche Koalition bei der Bekämpfung von gemeinsamen Feinden oder Konkurrenten kam man nicht hinaus. Die meisten dieser Stadtstaaten kannten eine »monarchische« Verfassung. Der Stadtkönig wurde meistens aus der aristokratischen Schicht gewählt, dynastische Tendenzen sind hier und dort festzustellen.

1. Die Landnahme-Erzählungen

Quellenmaterial

Das biblische Quellenmaterial für den Vorgang der Seßhaftwerdung bis zur Etablierung des Königreiches umfaßt folgende Texte: Ein größerer zusammenhängender Bericht findet sich in Jos 1–12, ein zweiter in Ri 1. Der Bericht von Jos 1–12 stammt in der vorliegenden Gestalt aus dem dtr Geschichtswerk und ist damit gut 500 Jahre jünger als die Ereignisse, die

[47] Auch das AT faßte das Siedlungsgebiet der Israeliten nicht als Sitz eines einheitlichen Volkes auf, sondern nennt eine ganze Reihe von Völkernamen. Dazu gehören u.a. die Keniter, Kenasiter, Kadmoniter, Hetiter (!), Perisiter, Rafaïter, Amoriter, Kanaaniter, Girgaschiter, Hiwiter und Jebusiter (Gen 15,19–21).

hier beschrieben werden. Verschiedene andere, meist fragmentarisch erhaltene Notizen über Landeroberungen findet man in Gen 34 (Simeon und Levi gegen Sichem), Num 13–14 und Dtn 1,22–23 (Bericht der Kundschafter unter Kaleb), Num 21,1–3 (Kampf gegen Arad und andere Ortschaften im Negeb), Ri 17–18 (vgl. Jos 19,47: Eroberungen im Norden), Ri 1, 27–35 (das sog,. »negative Besitzverzeichnis«, Parallelfragmente in Jos 15,63; 16,9ff.; 17,11–18); Jos 8,30–35 und 23–24 (friedliche Seßhaftwerdung in der Region von Sichem); 2 Sam 5,6–9 (Eroberung Jerusalems durch David); 1 Kön 9,16f. (Salomo bekommt Geser als Mitgift bei seiner Heirat mit einer ägyptischen Prinzessin); Num 32.34 (Seßhaftwerdung im Ostjordanland). Dazu kommen noch Angaben über Landbesitzverhältnisse der einzelnen Stämme (Jos 13–19). Unter den außerbiblischen Texten kann das Amarna-Archiv herangezogen werden, soweit es Auskunft über die Herrschaftsverhältnisse in Kanaan **vor** der Landnahme gibt. Die Archäologie der Übergangszeit von der Spät-Bronzezeit zur Eisenzeit I und II weist sehr häufig Siedlungsunterbrechungen und Zerstörungsschichten auf. Der Zusammenhang mit der »israelitischen Landnahme« muß jedoch in jedem Einzelfall geprüft werden. Sozial-anthropologische Studien über Entwicklungen in verschiedenen Gesellschaften in der Übergangszeit von der Spät-Bronzezeit in die Eisenzeit I wurden als Interpretationsmodelle für den Vorgang der israelitischen Landnahme herangezogen.
Die zusammenhängenden Berichte und die vereinzelten Notizen aus dem AT geben ein uneinheitliches Bild vom offensichtlich sehr komplexen Vorgang der »Landnahme«. Wahrscheinlich ist der Komplex Jos 1–12 als später, dtr Versuch zu bewerten, diese Komplexität in einen einigermaßen plausiblen und systematischen Zusammenhang zu stellen. Inwieweit dabei altes Lokalkolorit verwendet worden ist, ist im einzelnen nachzuprüfen.
Nach Jos 1–12 zogen die zwölf Stämme Israels nach dem Tod des Mose geschlossen unter der Führung des Josua über den Jordan. Schittim war ihr letzter Lagerplatz im Ostjordanland. Von dort aus schickte Josua zwei Kundschafter nach Jericho, die von der Dirne Rahab aufgenommen wurden (Jos 2). Auf der Höhe von Jericho wurde der Jordan auf wundersame Weise überquert, indem die Bundeslade von Priestern vorangetragen wurde, womit die Führung und damit auch der Erfolg der Unternehmung garantiert wurde. Die zwölf Steine, auf denen die Priester mit der Bundeslade gestanden hatten, wurden in Gilgal aufgestellt. Die nachkommende Generation der während der Wüstenwanderung ungehorsamen Israeliten ließ Josua in Gilgal beschneiden, danach feierten alle das Paschafest. Den Anfangspunkt der Eroberung des Landes bildete die wunderhafte Einnahme und Zerstörung von Jericho (Jos 6). Die Stadt Ai (*Et-Tell*) wurde kurzerhand erobert, auf dem Berg Ebal ein Altar für Jahwe gebaut und das Gesetz verkündet. Daraufhin versammelten sich »alle Könige jenseits des Jordans, auf dem Gebirge, in der Schefela und an der ganzen Küste des großen Meeres bis hin zum Libanon: die Hetiter, die Amoriter, die Kanaaniter, die Perisiter, die Hiwiter und die Jebusiter«, um gegen Israel zu kämp-

fen (Jos 9,1). Aber gleich nach dieser geographisch weitläufigen Notiz fällt der Bericht wieder in ein engräumiges Lokalkolorit. Die Bewohner von Gibeon erschleichen sich einen Vertrag mit Josua und sichern damit ihr Überleben. In Jos 10 wird von einem Krieg mit fünf Kanaaniter-Königen (Jerusalem, Hebron, Jarmut, Lachisch und Eglon) berichtet, der bei Gibeon auf wunderbare Weise (Sonnenstillstand) für Josua entschieden wird. Anschließend werden noch sieben Städte eingenommen (Makkeda, Libna, Lachisch, Geser, Eglon, Hebron und Debir), ihre Einwohner allesamt umgebracht. »So schlug Josua das ganze Land – das Bergland und den Negeb, die Schefela und ihre Ausläufer – mit allen seinen Königen« (Jos 10,40). In Jos 11 verlagert sich die Szenerie nach Norden: Jabin, der König von Hazor, sammelt eine Koalition. Sie besteht aus den Königen von Madon, Schimron, Achschaf, den Königen im Norden auf dem Gebirge und in der Araba südlich von Kinneret, in der Schefela und auf den Höhen von Dor im Westen, den Amoritern, Hetitern und Perisitern, den Jebusitern im Gebirge und den Hiwitern am Fuß des Hermon im Land Mizpe (Jos 11,1–3). Bei den Wassern von Merom wurde das Heer, das »so groß und zahlreich wie der Sand am Ufer des Meeres« war, vernichtend geschlagen. Keiner von ihnen blieb übrig, ihre Pferde wurden gelähmt, ihre Streitwagen in Brand gesteckt (Jos 11,8–9). Den König von Hazor erschlug Josua eigenhändig. In Jos 12 werden die besiegten Könige vom Ost- und Westjordanland noch einmal aufgezählt. Nach Vollendung der militärischen Aktionen konnte Josua dazu übergehen, das eroberte Land durch Verteilung oder Los an die einzelnen Stämme zu übergeben (Jos 13–19).

Es leuchtet ein, daß die Darstellung in Jos 1–12 keinen historischen Wert besitzt. Abgesehen davon, daß hier eine gesamtisraelitische Streitmacht am Werke ist, die es damals so noch nicht gegegen hat, ist die Eigenständigkeit nichtisraelitischer Bevölkerungsgruppen noch lange Zeit nach der »Eroberung« des gesamten Landes unverkennbar, es behaupten sich viele Städte (wie z.B. Jerusalem) noch lange Zeit. Es ist anzunehmen, daß wir es in Jos mit einer generalisierend-nationalisierenden, nachexilischen Darstellung und Glorifizierung der Ereignisse zu tun haben. Die Tendenz dieser Darstellung ist offenkundig. Nachdem die meisten Eroberungen mit der Vollstreckung des Bannes enden, wird sozusagen ein Leerraum geschaffen; ganz Israel zieht als neue Größe in ein menschenleeres Land ein und kann so neu beginnen.

Die Darstellungen im Dtn erwecken tatsächlich den Eindruck, daß die einziehenden Israeliten die im Lande Kanaan wohnende Bevölkerung ausgerottet und ihre Kultstätten vernichtet haben, so daß sie als Sieger das leergewordene Land bevölkerten (vgl. z.B. Dtn 9,1–5; 11,22–25; 12,1–3; 19,1–2). Auf der anderen Seite rechnet Dtn wiederum mit einer übriggebliebenen kanaanäischen Bevölkerung (vgl. Dtn 7,3), von der eine faszinierende Wirkung auf das eingezogene »Israel« ausgeht. Festzuhalten gilt, daß es beim Vorgang der »Landnahme« kein einheitliches »Israel« gab. Ebenso wurden die Kanaanäer bei diesem Vorgang nicht ausgerottet.

Ursprüngliche Einzelerzählungen wurden in die spätere Gesamtkomposition einer vollständigen und zusammenhängenden Eroberungsaktion integriert. Einige dieser Erzählungen sind ätiologische Sagen. Einzelne Daten der Archäologie scheinen direkt gegen die Darstellung biblischer Erzählungen zu sprechen. So ist anzunehmen, daß Jerichos Stadtbefestigungen in der Spätbronzezeit nicht zerstört wurden[48]. Eindeutig ist die Situation bei der Beschreibung der Eroberung von Ai. Hier ergaben die archäologischen Ausgrabungen, daß der Ort seit der Früh-Bronzezeit (2400 v. Chr.) nur noch ein Trümmerhaufen war. Von daher bekam der Ort seinen späteren Namen »Ai« (= »Trümmerhaufen«)[49]. Eine Zerstörung in Hazor in der Spät-Bronzezeit ist dagegen nachgewiesen. Die Archäologie kann dafür aber keinen eindeutigen Verursacher nennen[50].

Die dtr Summarien und Programme in Jos 1; 23 und 11,16–20 setzen den Territorialbestand Israels voraus, der erst in der Königszeit erreicht wurde und nach Salomo wieder verlorenging, somit nur noch als Idealzustand weiterlebte.

Zudem gibt es Angaben im Richterbuch, die ein völlig anderes Bild als die dtr Summarien vermitteln. Vor allem das sog. »negative Besitzverzeichnis« in Ri 1,19.21.27–35 weist auf einen anderen Tatbestand. Hier werden die israelitischen Stämme aufgezählt unter ausdrücklicher Erwähnung der Städte und Gebiete, die sie *nicht* erobern konnten. Aus diesen Notizen wird deutlich, daß z.B. Juda sich im Gebirge ansiedelte, aber nicht imstande war, die Küstenebene (Ri 1,18: »Gaza und sein Gebiet, Aschkelon und sein Gebiet, Ekron und sein Gebiet«) zu besetzen, weil ihre Bewohner »eiserne Kampfwagen hatten« (Ri 1,19). Ähnliche Probleme hatten Benjamin (mit Jerusalem), Manasse (mit Bet-Schean, Taanach, Dor, Jibleam und Megiddo), Efraïm (mit Geser), Sebulon (mit Kitron und Nahalol), Ascher (mit Akko, Sidon, Mahaleb, Achsib, Helba, Afek und Rehob), Naftali (mit Bet-Schemesch und Bet-Anat) und Dan (mit Har-Heres, Ajalon und Schaalbim). Der Eindruck drängt sich auf, daß die bereits besiedelten Gebiete weitgehend in Ruhe gelassen wurden und die Stämme sich in den Gebirgsgegenden ansiedelten, die abgelegen von den Hauptverkehrswegen und in der Spät-Bronzezeit spärlich besiedelt waren[51].

Texte außerhalb der Bücher Jos und Ri sind noch schwerer historisch für den Landnahmevorgang auszuwerten. Die Geschichte über die Rache der

[48] Siehe dazu allerdings A. Mazar, Archaeology. New York 1990, 331. Er behauptet, daß die Mittel-Bronzezeitlichen Befestigungen von den Einwohnern der Stadt in der Spät-Bronzezeit wiederverwendet wurden. Damit könnte die Archäologie keinen überzeugenden Beweis gegen einen historischen Kern im Josuabericht über die Eroberung von Jericho bringen.

[49] Erste Untersuchungen wurden von J. Garstang (1928) durchgeführt, Ausgrabungen von J. Marquet-Krause (1933–1935) und J.A. Callaway (1964–1970). Siehe dazu zusammenfassend den Bericht von J.A. Callaway, s.v. Ai, in: EAEHL, Vol. I. London 1975, 36–52.

[50] Zusammenfassend Y. Yadin, s.v. Hazor, in: EAEHL, Vol. II. London 1976, 474–495.

[51] Eine Erinnerung daran lebt in dem überlieferten Ausspruch der Ratgeber des Aramäerkönigs über den Gott der Israeliten fort, die 1 Kön 20,23 sagen läßt: »Ihr Gott ist ein Gott der Berge, darum waren sie uns überlegen.«

Jakobssöhne an den Sichemitern (Gen 34) setzt zu viel theologisches Programm (u.a. die Beschneidung als Voraussetzung für jede Verhandlung) voraus und kann dementsprechend auch als Problemstellung des Proselytentums in spätnachexilischer Zeit gedeutet werden.
Der Bericht der Kundschafter in Num 13 und 14 (vgl. Dtn 1,22f. und die Parallelberichte in Jos 14,6–15 und Ri 1,10–15) hängt zusammen mit einer aus der Wüste Paran im Süden kommenden Expedition der Kalebiter-Gruppe (vgl. Jos 15,13–20), die die südliche Hochebene besetzt. Historisch kann dies mit der Besiedlung dieser Region durch die Kalebiter zusammenhängen. In welcher Zeit diese Besiedlung jedoch stattfand, bleibt offen.
Historisch nicht verwertbar für den »Landnahmevorgang« ist die Notiz in Num 21,1–3, in der Israel gegen den »kanaanäischen König von Arad, der im Negeb saß« zu Felde zieht, nachdem dieser die Israeliten angegriffen und einige von ihnen zu Gefangenen gemacht hatte. Ätiologisch wird hier erklärt, woher der Name Horma (d.h. »die Gebannte, die Untergangsweihe«) kommt.
In Ri 17–18 wird erzählt, daß der Stamm Dan in dem nicht näher umschriebenen Gebiet westlich von Benjamin nicht Fuß fassen konnte und nach Norden auswich, wo er die Stadt Lajisch eroberte und in Dan umbenannte. Die kultpolemische Pointe ist unübersehbar. Im Heiligtum von Dan wird ein Gottesbild aufgestellt, den Kultdienst verrichten direkte Nachkommen des Mose.
Auch die Angaben über die israelitische Eroberung und Besiedlung des Ostjordanlandes sind komplex und historisch im einzelnen zu prüfen. Neben den biblischen Texten (Num 31ff.//Dtn 3,12–20; Jos 1,12–18; 13,8–22 und 22,1ff.) ist noch die außerbiblische Mescha-Inschrift heranzuziehen, in der es in der Z. 10 heißt: »die Leute von Gad wohnten seit jeher im Lande von `trt«. Das biblische Atarot hat man inzwischen eindeutig identifiziert mit dem jetzigen *Ḫirbet `Aṭṭarus*, östlich vom Toten Meer gelegen. Neben Gad (Num 32,34f.: Dibon, Atarot, Aroër, Atrot-Schofan, Jaser, Jogboha, Bet-Nimra und Bet-Haran) werden auch Ruben und Manasse Siedlungsgebiete im Ostjordanland zugesprochen. Die Angaben über Ruben in Num 32 siedeln ihn nördlich des moabitischen Gebietes an (Heschbon, Elale, Kirjatajim, Nebo, Baal-Meon und Sibma). Der Stamm muß jedoch unbedeutend gewesen sein, weil man von ihm, außer im Deboralied (Ri 5,15–16), nichts weiter erfährt. Ebenso vernimmt man nur Unbedeutendes über das Siedlungsgebiet des Stammes Manasse, von dem ein Teil im Ostjordanland angesiedelt war. Diese Gebiete gingen dem Stamm am Ende des 9./Anfang des 8. Jh.s v. Chr. – auf Grund des militärischen Druckes, der von Damaskus ausging – verloren (vgl. Am 1,3–5 und 6,13f.).
Num 21,21–31 berichtet von Kämpfen zwischen den »Israeliten« und dem Amoriterkönig von Heschbon, Sihon. Israel habe Sihon besiegt und dessen Land besetzt »vom Arnon bis zum Jabbok, das heißt bis zu dem Gebiet der Ammoniter, denn Jaser bildete damals die Grenze zu den Ammonitern« (Num 21,24). Die Erzählung geht auf einen theologischen Interpretations-

vorgang der exilisch-nachexilischen Zeit zurück[52]. Einen eigenständigen »amoritischen« Staat kann man vor dem 13. Jh. auf dem *Tell Ḥisban* archäologisch nicht nachweisen.
Noch weniger historisch faßbar erscheint die Erzählung über Og, den König von Baschan (Num 21,33–35 und Dtn 3,1–17), der, so wird berichtet, als »einziger von den letzten Rafaïtern noch übriggeblieben war« (Dtn 3,11).

2. Die Ergebnisse der Archäologie

Die Archäologie kann auf die komplexen Fragen nach der Seßhaftwerdung und Entstehung Israels keine eindeutige Antwort liefern. Das liegt zunächst an der spezifischen Methodik der Archäologie, die keine grenzüberschreitenden Antworten auf Fragen nach Entwicklungen und Zusammenhängen geben kann. Letztlich kann sie nur punktuell Einzelfakten (z.B. Keramikformen; Häusertypen) und Vorgänge (z.B. Brandschichten; Schichtunterbrechungen) feststellen, sie mit anderen vergleichen und diese im besten Fall auch einander zuordnen; die Archäologie vermag jedoch nie kausale Verbindungen bzw. Sinnzusammenhänge offenzulegen.
Für den »israelitischen« Landnahmevorgang ist festzuhalten, daß es nur wenige Ortschaften gibt, deren Zerstörung am Ende der Bronzezeit exakt zu datieren ist[53]. Zudem bleibt die Archäologie die Antwort darauf schuldig, wer genau für diese Zerstörung verantwortlich ist. Für diese Zeit des politischen und soziologischen Umbruchs hat es noch kein eigentliches, einheitliches »Israel« gegeben. Auch ist es nicht feststellbar, welche ähnlich strukturierten Verbände, Untergruppierungen oder Vorläufergruppen für die Zerstörungen verantwortlich gemacht werden können.
So viel kann uns die neueste archäologische Arbeit – vor allem die in den letzten Jahren durchgeführten Oberflächenforschungen – in Palästina dennoch vermitteln: Auf dem Bergland Palästinas lassen sich keine Spuren einer Neubesiedlung durch Fremde feststellen. Eher scheint eine innerpalästinische Verschiebung der Siedlungsstrukturen erfolgt zu sein[54]. Im Übergang von der Spät-Bronzezeit zur Eisenzeit wurden auf diesen Hochebenen eine ganze Reihe kleinerer, meist nicht mit Mauern geschützten Siedlungen neu gegründet[55]. Von der Spät-Bronzezeit bis in die Eisenzeit stieg ihre Zahl von 23 auf 114! Diese neuen Siedlungen lassen unterschiedliche Verfahrensweisen erkennen. Die einen, die sich von Westen nach Osten über das Land aus-

[52] Vgl. H.-C. Schmitt, Das Hesbonlied Num. 21,27abb–30 und die Geschichte der Stadt Hesbon, in: ZDPV 104 (1988) 26–43.
[53] Annäherungen für eine Datierung liefern eindeutig datierbare Fundgegenstände (allerdings nur als terminus post quem, so vor allem Objekte, die mit Kartuschen der Pharaonen versehen sind) sowie die aufgefundene mykenische Importkeramik.
[54] Auf diese Tatsache haben zuerst G.E. Mendenhall und N.G. Gottwald hingewiesen.
[55] Siehe dazu zuletzt A. Mazar, Archaeology. New York 1990, 334ff.

gedehnt haben, wenden für ihre landwirtschaftliche Aktivität auf den Hochebenen den Terrassenbau an, legen technisch gut durchdachte Zisternen an und weisen eine besondere Form ihrer Häuser auf. Daraus schließen einige Archäologen, daß diese Neusiedlungen unmöglich von auswärtigen Halbnomaden gegründet sein können. Eher scheinen es Nomaden oder Bauern aus dem (Rand-)Gebiet der kanaanäischen Stadtstaaten gewesen zu sein, die dann eventuell von Halbnomaden ergänzt wurden. Dieser Vorgang vollzog sich frühestens im 12. Jh. v. Chr. Daneben existierten die kanaanäischen Stadtstaaten weiter. Daß einige von ihnen in dieser Übergangsperiode untergingen, hängt mit dem allgemeinen Niedergang des kanaanäischen Stadtstaatensystems zusammen. Nur für die Zerstörung von Hazor könnte ein Zusammenhang mit der neuen Siedlungstätigkeit nicht ausgeschlossen werden.

3. Theoriebildungen

In historisch-kritischer Betrachtung des AT nimmt kaum noch jemand an, daß der Verlauf der »Landnahme« sich so abgespielt habe, wie er in den Berichten von Num 13 bis Ri 1 geschildert wird. Zudem sind sie in sich widersprüchlich. Je nachdem kritische Reflexion – vor allem den literarischen Quellen gegenüber – schwächer oder stärker eingesetzt wurde, entwickelten sich im Laufe der letzten Zeit unterschiedliche Interpretationsmodelle[56]:

3.1. Die Invasions-Hypothese

Von einer sukzessiven, kriegerischen Eroberung des Landes gehen u.a. W.F. Albright, G.E. Wright, Y. Kaufmann, P. Lapp, J. Kelso, J. Bright, Y. Aharoni in seinen früheren Untersuchungen, A. Malamat, Y. Yadin und A. Mazar aus. Die biblischen Berichte über den Landnahmevorgang werden insoweit kritisch betrachtet, als der dort geschilderte Eroberungskrieg in eine Vielzahl von Einzelaktionen aufgelöst wird. Man nimmt an, daß mehrere Wellen von nomadischen Einwanderern aus der Wüste, aus verschiedenen Richtungen und zu verschiedenen Zeiten, sich in Palästina meist gewaltsam – im Gebirge aber auch friedlich – angesiedelt haben. Erst nach dieser Seßhaftwerdung konnte im Lande allmählich »Gesamtisrael« entstehen. Die archäologischen Befunde schienen diesem Modell Recht zu geben. Man konnte ohne große Schwierigkeiten die Zerstörungsschichten, die man an verschiedenen Orten am Ende der Bronzezeit (Debir [*Ḫirbet er-Rabud*], Bet-Schemesch, Timna, Tell Beit Mirsim, Tell Ḥalif, Lachisch, Luz/Bet-El,

[56] Eine noch heute gut brauchbare Übersicht der verschiedenen Interpretationsmodelle lieferte M. Weippert, Die Landnahme der israelitischen Stämme in der neuen wissenschaftlichen Diskussion, (FRLANT, Band 92), Göttingen 1967; diesen Bericht übernimmt H. Donner, Geschichte, Band 1. Göttingen 1984, 123–126. S. weiter R. Gnuse, Israelite Settlement of Canaan: A Peaceful internal Process, in: BTB 21 (1991) 56–66.109–117.

Hazor) oder am Anfang der Eisenzeit I festgestellt hatte, in direkte Verbindung mit dieser Eroberung bringen. Allerdings führten neuere archäologische Befunde zu einer differenzierteren Darstellung dieses Grundmodells. A. Mazar[57] trägt diesem Vorgang Rechnung, indem er zugibt, daß wir nur sehr bruchstückhafte Kenntnisse über die Abfolge der Seßhaftwerdung der einzelnen Gruppen haben. Nach ihm begann dieser Prozeß im frühen 12. Jh. im zentralen Hügelland und bis zu einem gewissen Grad auch in Transjordanien und dem nördlichen Negeb. Die neuen Siedlungen in Galiläa dagegen entstanden erst im 11. Jh.

Allerdings sind im Vorderen Orient des 12. Jh.s kaum Nomadengruppen auszumachen, die in der Lage gewesen wären, Eroberungen in diesem Ausmaß durchzuführen, zumal die Archäologie noch an mehr Stellen, als im AT erwähnt, solche Umbrüche durch Zerstörung feststellen konnte. Das AT hätte somit eher *unter*trieben und den Vorgang keineswegs pauschalisiert und generalisiert. Das AT gibt allerdings selbst an verschiedenen Stellen (u.a. Num 13,28; Ri 1,19ff.; Ri 4,3; Jos 17,16) zu, daß »Israel« den in den Ebenen lebenden Kanaanäern unterlegen war. Das ist schwer mit einer umfassenden Eroberungswelle von Nomadengruppen im kanaanäischen Siedlungsland in Einklang zu bringen. Außerdem ist der literarische Charakter vieler Eroberungssagen zu berücksichtigen. Sie wollen vielfach nur bereits vorhandene, auffallende Ruinenstädte (Jericho, Ai) ätiologisch erklären. Von den insgesamt sechzehn Städten, von denen die atl Berichte behaupten, die Israeliten hätten sie zerstört, weisen nur drei (Bet-El[58], Lachisch[59] und Hazor) eine Zerstörungsschicht am Ende der Bronzezeit auf, sieben von ihnen sind in der fraglichen Zeit überhaupt nicht mehr besiedelt gewesen (Arad, Hormah, Heschbon, Dibon, Gibeon, Hebron, Qadesch-Barnea), sechs weitere entweder noch nicht ausgegraben oder bis heute noch nicht genau lokalisiert.

3.2. Die Penetrations- oder Infiltrations-Hypothese

Dieses Modell wurde erstmals von A. Alt entwickelt[60] und nach ihm mit unterschiedlichen Akzenten von M. Noth, J. A. Soggin, S. Herrmann, Y. Aharoni in seinen späteren Untersuchungen, A. Kempinski und M. Weippert vertreten. Nach diesem Modell ist die Landnahme das Ergebnis einer friedlichen Transhumanz von Kleinviehnomaden aus den Steppen- und

[57] A. Mazar, Archaeology. New York 1990, 334ff.

[58] Bet-El dürfte nach der Spät-Bronzezeit eine der deutlichsten Fälle sein, in denen die Archäologie eine Eroberungstradition zu bestätigen scheint. Die befestigte Spät-Bronzezeitliche kanaanäische Stadt wurde zerstört und in der Eisenzeit I als israelitische Stadt wiederaufgebaut. Vgl. dazu A. Mazar, Archaeology. New York 1990, 333.

[59] Die Zerstörungsschicht wird neuerdings zwischen 1175 und 1150 v. Chr. datiert.

[60] Vgl. A. Alt, Die Landnahme der Israeliten in Palästina. in: Reformationsprogramm der Universität Leipzig. 1925 [= KlSchr, Band I. München ^{4}1968, 89–125]; ders., Erwägungen über die Landnahme der Israeliten in Palästina, in: PJB 35 (1939) 8–63 [= KlSchr, Band I. München ^{4}1968, 126–175].

Wüstenrändern. In den Waldregionen des Gebirges gingen sie allmählich von einer sommerlichen Weidewirtschaft zur Dauerseßhaftigkeit über. Erst nachdem sie sich dort über längere Zeit eingerichtet hatten, gingen sie daran, ihr neu gewonnenes Territorium zu erweitern, und kamen damit unweigerlich in Konflikt mit den Kanaanäern. Die Transhumanz-Nomaden selbst ordnet Alt der sog. aramäischen Völkerwelle zu, die immer wieder größere Gruppen solcher Nomaden aus der Wüste trieb und in die Kulturländer eindringen ließ.
Diese Hypothese läßt sich zunächst besser in Einklang bringen mit den biblischen Darstellungen und den Ergebnissen der Archäologie. Die Achillesferse dieser Hypothese liegt jedoch in der Auffassung über die »Nomaden«, die von Alt in Analogie zu den palästinensischen Beduinen unserer Zeit verstanden wurden. Die Nomaden vom 2. Jt. v. Chr. sind aber als nichtseßhafte, sog. Ziehbauern, zu bezeichnen. Sie sind als soziologische Kategorie zu verstehen und sind von daher nicht ethnisch zu definieren. Sie leben zum Teil an den Rändern des Kulturlandes, zum Teil im Kulturland selber zwischen den dörflichen und städtischen Siedlungen. Eine klimatisch bedingte Transhumanz ist bei ihnen nicht auszumachen. Damit wird auch die Theorie einer großen nomadischen Völkerwelle hinfällig. M. Weippert hat die Vorstellung von Alt dann so abgewandelt, daß eine Überbevölkerung bei den Nomaden zur Sedentarisation geführt habe. Die Hauptkritik gegen diese Theorie gründet auf weitgehender Ähnlichkeit der israelitischen Kultur mit der spät-bronzezeitlichen kanaanäischen Kultur, so daß eine »fremde« Herkunft der Einwanderer bzw. Siedler unwahrscheinlich ist[61].

3.3. Die Revolutions-Hypothese

In seiner Auseinandersetzung mit den zwei soeben dargestellten Theorien entwickelte G. Mendenhall 1962 seine sog. »Revolutions-Hypothese«[62], die bei verschiedenen anderen Historikern und Bibelwissenschaftlern (M. Astour, J. McKenzie, A. Glock, J. Dus, R. Boling) Anklang fand. Diese Hypothese widersprach der Ansicht, daß die Israeliten als Nomaden ihre Herkunft außerhalb Palästinas hatten und daß die sich einstellende Zusammengehörigkeit des späteren Israel auf einer ethnischen Verwandtschaft gründete. Nach Mendenhall bestand ein Gegensatz im Palästina des 13. Jh.s nicht zwischen Bauern und Nomaden, sondern zwischen der Stadt- und der Landbevölkerung. Einzelne und vor allem Gruppen, die mit der herrschenden Ordnung in den Städten unzufrieden waren, scherten aus dem Sozial-

[61] Vor allem C.H.J. de Geus, The Tribes of Israel: An Investigation into some of the presuppositions of Martin Noth's Amphictyony Hypothesis. Amsterdam 1976, 120–192; N.P. Lemche, Early Israel, (VTS, 38), Leiden 1985, 66–76; I. Finkelstein, The Archaeology of the Israelite Settlement. Jerusalem 1988, 304, und W. Stiebing, Out of the Desert? Archaeology and the Conquest Narratives. Buffalo 1989, 155f., bezweifeln die fremde Herkunft der späteren Israeliten.

[62] G.E. Mendenhall, The Hebrew Conquest of Palestine, in: BA 25 (1962) 66–87.

gefüge aus und betrieben nun Ackerbau und Viehzucht ohne – oder gar gegen – die städtische Gesellschaft. Es waren Entwurzelte, aus dem sozialen Gefüge Herausgefallene (outlaws), die sich aktiv der Herrschaft der Stadtbevölkerung widersetzten, ermutigt und angeführt von der aus Ägypten gekommenen Moseschar, die Jahwe als ihren Gott verehrte. Diese Sozialklasse identifiziert Mendenhall mit den *Ḫapiru* der Amarna-Texte und sieht im atl. Gebrauch des Begriffes »Hebräer« für die Frühisraeliten einen Beweis für seine Vermutungen. Während die aufsässigen Bauern sich in einem Bund zusammengeschlossen hatten, vereinigte sich auch die jahwistische Moseschar in einem Bund, allerdings in einem Bund zwischen ihrem Gott Jahwe und dem Volk. Damit konnte die Moseschar der gesamten rebellischen Bewegung eine theologische Stoßrichtung geben. Die Landnahme wird so letztlich als das Ergebnis eines sozialen Umschichtungsprozesses innerhalb Palästinas verstanden. Der einzige, wenn auch in seiner Bedeutung und Wirkung entscheidende Faktor, der von außen kam, war die Mosegruppe. Das Zusammengehörigkeitsgefühl des werdenden Volkes Israel beruhte nicht auf gemeinsamen ethnischen Wurzeln, sondern wurde von den religiösen Impulsen vorangetrieben. Jahwe wurde der Gott der sozial Ausgegrenzten und Verstoßenen. In der Anfangsphase entstand so eine egalitäre Gesellschaft, die erst mit den Herrschaftsstrukturen des monarchischen Königtums ein Ende fand.

Dieses Interpretationsmodell wurde von J. Dus[63] und vor allem von N.K. Gottwald[64] weiterentwickelt. Gottwald spielte die Rolle der Mosegruppe herunter und betrachtet den Landnahmevorgang sowie die Entstehung des Volkes Israel als Ergebnis einer Bauernrevolution.

Die Revolutions-Hypothese erklärt befriedigend den lang anhaltenden, starken Gegensatz Israels zu den städtischen Kanaanäern; zudem braucht sie nicht zurückzugreifen auf die Existenz kriegerischer Raubnomaden bzw. friedlicher Transhumanznomaden, deren Existenz nie deutlich nachgewiesen werden konnte.

Kritik gegen die Revolutions-Hypothese wurde von verschiedener Seite geäußert[65]. Einerseits ist der vielschichtige Begriff `Apiru/Ḫapiru im Vorderen Orient noch nicht befriedigend geklärt. Daher kann auch eine direkte Verbindung Israels/Hebräer mit diesen Gruppen nicht nachgewiesen werden. Man erhob Einspruch gegen die Frühdatierung des monotheistischen Jahweglaubens und vor allem gegen die Frühansetzung der Bundestheologie. Daß die Moseschar aus Ägypten sich zum Anführer und zur treibenden Kraft der sozialen Revolution in Palästina machen konnte, scheint

[63] J. Dus, Das Seßhaftwerden der nachmaligen Israeliten im Lande Kanaan, in: Communio Viatorum 6 (1963) 263–275.

[64] N.K. Gottwald, Were the early Israelites Pastoral Nomads? Rhetorical Criticism. 1974, 223–255; ders., The Tribes of Yahweh. A Sociology of the Religion of Liberated Israel, 1250–1050 B.C.E. New York ^{3}1985.

[65] Am deutlichsten bei T.L. Thompson, The Origin Tradition of Ancient Israel. I: The Literary Formation of Genesis and Exodus 1–23, (JSOT SS, 55), Sheffield 1987, 18f.

eher unwahrscheinlich. Der archäologische Befund der neugegründeten Siedlungen am Anfang der Eisenzeit I auf den Hochebenen hat Merkmale erbracht, die auch in anderen Regionen Kanaans und Syriens festgestellt wurden. Wenn diesen Gründungen eine »revolutionäre« Erhebung zugrunde liegt, dann wäre diese damit nicht spezifisch israelitisch. Und, wenn auch der besondere Charakter der nomadischen Vergangenheit einiger vorisraelitischer Gruppen nicht genau bestimmt werden kann, so ist dieser Charakter in der Überlieferung des späteren Israel doch so stark verankert, daß er nicht einfach übergangen werden kann.

3.4. Die These einer Landnahme als friedlicher, interner Prozeß

Eine kritische Prüfung der vorher dargestellten Hypothesen sowie neuere Ergebnisse der archäologischen Forschung haben zu einer differenzierteren Betrachtungsweise des Landnahmeprozesses geführt. Komponenten aus den anderen Interpretationsmodellen wurden zu einem neuen Gefüge zusammengeführt. Die Landnahme wird generell als ein intern ablaufender Prozeß in der kanaanäischen Gesellschaft gesehen, ohne wesentliche Fremdeinwirkung. G. Ahlström nimmt an, daß die Ägypter und die Seevölker am Ende der Spät-Bronzezeit Leute mit Gewalt aus den palästinischen Ebenen vertrieben haben. Diese Vertriebenen organisierten sich in den Gebirgsgegenden in Familienverbänden einer nicht-nomadischen Gesellschaftsform. Die meisten neuen Siedlungen blieben zunächst rein kanaanäisch[66], und es dauerte seine Zeit, bis daraus »Israeliten« wurden. Diese Verwandtschaft der Herkunft erklärt die auffallende Kontinuität in Technologie und Keramik. Andere Gruppen aus dem Süden und Osten fanden Anschluß und brachten ihre eigenen Traditionen ein, wahrscheinlich auch die Verehrung Jahwes.

C.H.J. de Geus[67] identifizierte die frühisraelitischen Nomaden mit den `Apiru der Amarna-Texte. Sie lebten außerhalb des Kontrollbereiches der kanaanäischen Stadtstaaten, pflegten allerdings einen intensiven kulturellen Kontakt mit ihnen, lebten gar in einer kulturellen Symbiose. Als die kanaanäischen Stadtstaaten am Ende der Spät-Bronzezeit verfielen, vergrößerte sich der Einfluß dieses eigentlich nicht-kanaanäischen und nicht-urbanisierten Bevölkerungselementes, aus dem dann letztlich Israel hervorging.

V. Fritz[68], zunächst Anhänger des Immigrationsmodells, änderte aufgrund seiner archäologischen Arbeit in *Ḫirbet el-Mšaš* (Negeb) seine bisherigen Vorstellungen. Nach ihm setzte der Verfall der spät-bronzezeitlichen Kul-

[66] So z.B. der gesamte Stamm Ascher.

[67] C.H.J. de Geus, The Tribes of Israel. An Investigation into some of the Presuppositions of Martin Noth's Amphictiony Hypothesis. Amsterdam 1976.

[68] V. Fritz, »The Israelite Conquest« in Light of Recent Excavations at Khirbet el-Msash, in: BASOR 241 (1981) 61–73; Ders., Die Landnahme der israelitischen Stämme in Kanaan, in: ZDPV 106 (1990) 63–77.

tur der kanaanäischen Städte ab 1150 v. Chr. ein und erstreckte sich über einen längeren Zeitraum. Die Ursachen dafür sind vielfältig: Strafexpeditionen Ägyptens[69], Zerstörungen durch einzelne Gruppierungen der Seevölker, interne Kämpfe zwischen den kanaanäischen Städten und Überfälle durch die `Apiru. Damit sind die Zerstörungen nicht auf das Konto eines geballten Eroberungszuges »Israels« zurückzuführen. Zudem weisen einige kanaanäische Städte (z.B. Geser, Megiddo) eine Kontinuität in ihrer Besiedlung auf. Die neuen Siedlungen am Anfang der Eisenzeit entstanden in Regionen, die nicht von den kanaanäischen Stadtstaaten kontrolliert wurden (Galiläa, das mittelpalästinische Gebirge, Negeb und Ostjordanland). Diese Neugründungen haben eine je eigene, spezifische Siedlungsgeschichte, sie sind unterschiedlich groß und strukturiert. Die ethnische Identität dieser Siedlungen ist im einzelnen zu prüfen und kann nicht pauschal für all diese Siedlungen eindeutig festgestellt werden. Ihre materielle Kultur weist zwar bestimmte gemeinsame Weiterentwicklungen auf (Dreiraum- und Vierraumhaus, Keramik hinsichtlich Bestand und Formgebung in spätbronzezeitlicher Tradition mit Zurücknahme der Bemalung, die verstärkte Verwendung von Eisen für verschiedene Geräte). Diese Merkmale können jedoch nicht einer bestimmten Region oder einer bestimmten Volksgruppe zugeschrieben werden. Die »Frühisraeliten« müssen einen ständigen Kontakt mit der kanaanäischen Kultur gepflegt haben, sie können keine echten Nomaden aus der Wüste sein. Die Symbiose mit den Kanaanäern reicht nach Fritz bis in das 15. Jh. v. Chr. zurück. So können die »Frühisraeliten« eher als Kulturlandnomaden bezeichnet werden, die sich in der Umgebung der fruchtbaren Zentren aufhielten und in ständigem Kontakt mit der seßhaften Bevölkerung waren. In dieser Frühzeit sind durchaus Verbindungen dieser Gruppen mit den `Apiru der Amarna-Texte sowie mit den Schasu-Stämmen anzunehmen. Es gab damit vor 1200 v. Chr. neben der kanaanäischen Stadtbevölkerung ein Gemisch von verschiedenen Bevölkerungsgruppen, aus denen dann Israel, Moab und Edom entstanden. Es handelt sich bei Israel nicht um eine homogene ethnische Gruppe, vielmehr ist es aus verschiedenen Gruppen von Kulturlandnomaden und anderen nichtseßhaften Elementen hervorgegangen und erst allmählich zu Israel zusammengewachsen. In der Niedergangsphase der kanaanäischen Städte (1225–1175), verursacht durch die Übergriffe der Seevölker, expandierten diese »Israeliten«, indem sie sich verstärkt seßhaft niederließen, unter Übernahme der wichtigsten Aspekte der kanaanäischen Kultur. Nach dieser Phase folgte eine Periode der Trennung und Differenzierung. Ihre Eigenständigkeit und Fremdheit im Lande Kanaan drückten sie aus in der Vorstellung ihrer Herkunft aus Ägypten. Einige der kanaanäischen Zentren wurden erobert. Das Josuabuch ist für die Rekonstruktion dieser Vorgänge nicht brauchbar, weil die darin enthaltenen Traditionen mehr ätiologisch als historisch sind. Dagegen sind Ri 1 und das Deboralied in Ri 5 zuverlässigere Quellen.

[69] Z.B. gegen Geser.

Ähnlich wie V. Fritz hält I. Finkelstein[70] die Vorläufer der Israeliten für »*enclosed nomads*«, die im Lande Kanaan in der Nähe der urbanen Zentren bereits seit der Spät-Bronzezeit (1550–1200 v. Chr.) lebten, ohne dort seßhaft zu werden[71]. Nach dem Verfall der urbanen Zentren und dem Verlust des landwirtschaftlichen Ausgleichs mit ihnen (am Ende der Spät-Bronzezeit) fühlten diese »*Israeliten*« sich genötigt, die Gebirgsregionen zu besiedeln und sich in der Landwirtschaft zu engagieren, denn die Symbiose mit den kanaanäischen Städten funktionierte nicht mehr. Zunächst geschah das vor allem in den Gebirgsregionen Efraïms und von dort aus dann auch in nördlicher und südlicher Richtung. Diese neue Siedlungsaktivität, die nur als ein langfristiger, zyklischer Prozeß betrachtet werden kann, führte – wie auch in Transjordanien – zur Gründung nationaler Territorialstaaten im 1. Jt. v. Chr. Die ethnische Identität dieser Staaten entwickelte sich langsam. Erst als diese sich auch anschickten, sich auf die Ebenen auszudehnen, war der Konflikt mit der seßhaften Bevölkerung vorprogrammiert. David gelang es, die Situation zu stabilisieren. »Israel« im eigentlichen Sinne existierte nicht vor dem 9.–8. Jh. v. Chr. Finkelstein hebt vor allem die Kontinuität der israelitischen mit der kanaanäischen Kultur hervor. Die verbleibenden Unterschiede[72] stammen aus der früheren nomadischen Lebensform der Israeliten. Schwer nachvollziehbar ist dabei allerdings, daß der Niedergang der Städtekultur in der Mittel-Bronzezeit zu einer Renomadisierung der Bevölkerung führte, das gleiche Phänomen des Niedergangs am Ende der Spät-Bronzezeit jedoch zu einer Re-Sedentarisation. Das nimmt W. Stiebing[73] zum Anlaß, um den Bewohnern dieser Gebirgsregionen die nomadische Vergangenheit abzusprechen. Israels Ursprünge liegen in der Bevölkerung der bereits besiedelten Gebirgsregionen selbst. Der Schlüssel für das Verständnis des historisch-soziologischen Prozesses der Renomadi-

[70] I. Finkelstein, The Archaeology of the Israelite Settlement. Jerusalem 1988; ders., The Emergence of Israel: A Phase in the Cyclic History of Canaan in the Third and Second Milennia BCE, in: From Nomadism to Monarchy: Archaeological and Historical Aspects of Early Israel. Ed. by I. Finkelstein & N. Na'aman. Jerusalem 1994, 150–178; ders., The Great Transformation: The »Conquest« of the Highlands Frontiers and the Rise of the Territorial States, in: T.E. Levy, The Archaeology of Society in the Holy Land. Leicester 1995, 349–365; ders., Ethnicity and Origin of the Iron I Settlers in the Highlands of Canaan: Can the Real-Israel stand up?, in: BA 59/4 (1996) 198–212; noch kritischer in der Datierung der Staatenbildung, die übrigens für Israel und Juda völlig verschieden und zu unterschiedlichen Zeiten verlief (Israel spätestens in der ersten Hälfte des 9. Jh., Juda nicht vor dem 8. Jh. v. Chr.) in ders., State Formation in Israel and Judah, in: Near Eastern Archaeology 62 (1999)35–52.

[71] Diese These wurde im Bereich der Bestattungen bestätigt durch die Untersuchungen von R. Gonen, Burial Patterns & Cultural Diversity in Late Bronze Age Canaan, (ASOR DS, 7), Winona Lake 1992.

[72] Die elliptisch angelegten Siedlungen (wie auf dem *Tell von Beerscheba, Tell 'Esdār, 'Izbet Ṣarṭa*), der extensive Gebrauch von Vorratssilos im Boden (Zeichen für die politische Dezentralisierung und der relativen lokalen Autonomie), das Vierraumhaus als Entwicklung aus dem nomadischen Zelt, die Vorliebe für Siedlungsregionen, wo Getreide und Viehzucht, nicht aber Obstkulturen gedeihen konnten.

[73] W. Stiebing, Out of the Desert? Archaeology and the Conquest Narratives. Buffalo, NY 1989.

sierung bei dieser Bevölkerung liegt in den klimatischen Veränderungen: Trockenperioden in der Mittelmeerregion zwischen 1250 und 1200 v. Chr. führten zu einer Bevölkerungsabnahme und einem Niedergang der urbanen Zentren. Wer dem daraus resultierenden politischen Chaos entkommen wollte, zog sich in die Gebirgsregionen Kanaans zurück. Ging es dabei zunächst um eine kleine Gruppe, führten die feuchteren klimatischen Bedingungen nach 1000 v. Chr. zu einem Bevölkerungszuwachs, der schließlich in der Gründung des Staates Israel endete.

N. P. Lemche[74] setzt sich vor allem mit dem zu differenzierenden Phänomen des Nomadentums auseinander. Der Unterschied zwischen Kanaanäern und Israeliten ist sozio-ökonomischer und nicht ethnischer Art[75]. Die kanaanäischen Bauern, darunter auch einige `Apiru und andere besitz- und landlose Leute, wurden zu Israeliten, als sie diese noch nicht genau definierte Bezeichnung für sich in Anspruch nahmen. Der Einigungs- und Identitätsprozeß verlief stufenweise, indem man zunächst gelegentlich konzertant agierte, bis zu seiner Vollendung bei der Thronbesteigung Davids, und das auch nur vorübergehend. Die einzelnen Stufen dieses Prozesses sind heute nicht mehr rekonstruierbar, nur der zeitgeschichtliche Hintergrund kann diesen Prozeß einigermaßen verdeutlichen und wahrscheinlich machen.

Von ganz anderen Voraussetzungen gehen R. B. Coote[76] und K. W. Whitelam[77] aus, indem sie das Entstehen Israels als einen friedlichen und stufenweise ablaufenden sozio-historischen Prozeß vom Wechsel zwischen Entwicklung der Randgebiete und Verfallserscheinungen bewerten, der sich alle Jahrtausende wiederholt[78]. Ein immer wiederkehrender Zyklus führte zur Entstehung Israels: Randregionen entwickeln sich in Zeiten wirtschaftlicher Blüte, produzieren mehr Nahrungsmittel und nehmen überzählige Bewohner aus den Ebenen auf. In Zeiten wirtschaftlichen Niedergangs (z.B. Früh-Bronzezeit II 2650–2350 v. Chr.; Früh-Bronzezeit IV/Mittel-Bronzezeit I 2350–2000 v. Chr.; Spät-Bronzezeit 1550–1200 v. Chr.; Perserzeit 538–332 v. Chr.; osmanische Herrschaft 1517–1917 n.Chr.) integrieren sie wiederum Bevölkerungsteile, die sich aus den Ebenen zurückziehen. Neben diesem

[74] N.P. Lemche, Early Israel: Anthropological and Historical Studies on the Israelite Society Before the Monarchy (VTS, Band 38), Leiden 1985; ders., Ancient History: A New History of Israelite Society. Sheffield 1988.

[75] Vgl. noch G. London, A Comparison of Two Contemporaneous Lifestyles of the Late Second Millennium B.C., in: BASOR 273 (1989) 37–55. G. London übernimmt weitgehend das Symbiose-Interpretationsmodell von V. Fritz. Sie bemängelt jedoch, daß das Postulat einer Völkerwanderbewegung von der Ebene in die Gebirgsregionen nicht nachgewiesen werden kann. Die israelitische Identität wuchs ihrer Meinung nach durch soziale Mobilisierung (z.B. Sprache).

[76] R.B. Coote, Early Israel. A New Horizon. Minneapolis 1990.

[77] R.B. Coote & K.Whitelam, The Emergence of Early Israel in Historical Perspective. Sheffield 1987.

[78] Grundlage der Langzeitstudien dieser Autoren bilden die Sozialstudien des französischen Historikers F. Braudel, Civilization and Capitalism, 15–18th Century. 2 Bände. New York 1981–1982.

Zuzug sorgen die Gebirgsregionen selbst für einen verstärkten Bevölkerungszuwachs. Daraus resultierte letztlich die Staatsbildung. Als Auslöser für den Niedergang der urbanen Zentren in der Spät-Bronzezeit machen Coote und Whitelam vor allem den Zusammenbruch des Handels aus. Je mehr sich die Gebirgsregionen wirtschaftlich entwickelten, um so drängender wurde der Ruf nach einer zentralen Kontrollinstanz.

4. Eine Rekonstruktion des Prozesses der Sesshaftwerdung »Israels«

Die »Einwanderung Israels« war in Wirklichkeit zum größten Teil eine Unterwanderung und Umschichtung der Bevölkerung, z.T. auch eine Seßhaftwerdung vorher nichtseßhafter Gruppen, die man ganz allgemein als »*Nomaden*«[79] bezeichnen kann. Das war zumeist ein friedlicher Vorgang. Es gab keine geschlossene Eroberungsaktion. Der Vorgang ist in seinem detaillierten Ablauf nicht mehr rekonstruierbar. Einzelne Sippen[80] wurden allmählich ansässig und in das Kulturland integriert. Ein Teil des späteren »Israel« – vor allem in den nördlichen Landesteilen – gehörte wahrscheinlich zur autochthonen Bevölkerung des Landes.
Die »Landnahme« war ein langwieriger und komplexer Prozeß. Er dauerte mehrere Generationen und verlief örtlich nicht zur selben Zeit. Die Archäologie bestätigt die Fortdauer der kanaanäischen Kultur – an einigen Orten mit deutlichen Seevölker-Einflüssen – in einer ganzen Reihe von wichtigen Städten (Bet-Schean, Megiddo, Geser, Sichem) in der Eisenzeit I. In Taanach dagegen wurde die kanaanäische Stadt um 1125 v. Chr. zerstört und durch eine neue Siedlung ersetzt[81]. Die neuen Dorfgründungen in den Gebirgsregionen des Landes rekrutierten sich in einem weitgehend friedlichen Prozeß[82] aus Nomaden unterschiedlicher Herkunft und Lebensweise, die Ver-

[79] Mit dem Begriff wird dann hier ausgesagt, daß es sich um vorher nichtseßhafte Elemente handelt. Unter dieser Bezeichnung sammeln sich Gruppen verschiedenster Art und Herkunft. Zur Kritik – vor allem von englisch-amerikanischer Seite – an die Forschung der deutschen Schule mit ihrer »romantischen« Gegenüberstellung des ewigen Konfliktes zwischen Wüste und Kulturland, siehe vor allem Th.L. Thompson, The Origin Tradition of Ancient Israel I. The Literary Formation of Genesis and Exodus 1–23, (JSOT, SS, 55), Sheffield 1987, 16f.

[80] Diese Bezeichnung im AT ist nicht ganz klar. Zum Versuch, die Unterschiede zwischen hebr. *bējt ´āb, šèbèṭ, maṭṭeh, mišpāḥāh, `ām* und *le´um* genauer literarisch und soziologisch herauszuarbeiten vgl. H. Cazelles, Archéologie, histoire et institutions en Israël, in: Transeuphratène 14 (1998) [Mélanges Jacques Briend, I] 133–152.

[81] Siehe dazu A.E. Glock, s.v. Taanach, in: EAEHL, Vol. IV. Jerusalem 1978, 1138–1147.

[82] Von daher entwickelte sich der Begriff »peaceful withdrawal«. Die Frühisraeliten können schlichtweg selbst als Kanaanäer bezeichnet werden, die ihre urbane Heimat friedlich verließen und in die Gebirgsregionen auswanderten, wo sie sich allmählich zu einem eigenständigen Volk entwickelten. Vgl. dazu R. Gonen, Urban Canaan in the Late Bronze Age, in: BASOR 253 (1984) 61–73; L. Stager, Respondents, in: Biblical Archaeology Today. Jerusalem 1985, 83–87; R. Gnuse, Israelite Settlement of Canaan: A Peaceful Internal Process, in: BTB 21 (1991) 60.

stärkung bekamen von verschiedensten Elementen aus den urbanen Zentren. So kann man am besten die auffallende Kontinuität der israelitischen materiellen Kultur mit jener der kanaanäischen Zentren erklären. In ihrer Entstehungsphase ist die israelitische materielle Kultur nicht als eigenständige Kulturform auszumachen.

Die Jahwe- und Ägyptentraditionen hängen offensichtlich nicht mit diesem Umschichtungsprozeß zusammen, der hauptsächlich in Mittel- und Nordpalästina ablief. Die spätere grundlegende Aussage, daß Israels Vorfahren nicht zur Urbevölkerung Kanaans gehörten[83], aus der Wüste kamen und sich durch Eroberungskriege den Besitz des Landes sicherten, hängt mit dem Traditionsschatz der Südstämme zusammen. Daß die Traditionen von ihrem Gott Jahwe, vom Auszug aus Ägypten, vom Durchzug durchs Schilfmeer und vom Bundessschluß am Gottesberg in der Wüste zum gemeinsamen Traditionsschatz des neudefinierten Israel werden konnten, ist im Ansatz der kurzen, aber entscheidenden Phase des vereinten Königreiches unter David und Salomo zu verdanken. Erst unter König Joschija und dann vor allem innerhalb der aus Babylonien zurückgewanderten Golah-Gemeinde seit dem 6. Jh. wurde diese Sicht auf der eigenen Vergangenheit zum allgemeingültigen und verbindlichen Glaubensdogma.

Die Identität als ethnischer Nationalstaat ist das Produkt eines jahrhundertelangen Prozesses, das erst im späten 6. Jh. durch Sammlung und Abgrenzung eine klar definierte Form und einen unverwechselbaren Inhalt bekam. Durch die bewußte Integration bestimmter nordisraelitischer Traditionen und den Hinweis auf die Kontinuität in der Geschichte und Glaubenstradition konnte der judäische Staat nach dem Exil die Selbstbezeichnung »Israel« übernehmen.

Vielfach wird die Existenz von zwei sog. »Querriegeln« im israelitischen Siedlungsgebiet angenommen. Das »negative Besitzverzeichnis« läßt erkennen, daß das Siedlungsgebiet des sich formierenden Israel sich auf den bisher kaum besiedelten Hügeln und in den Steppen befand (die Negeb-Wüste, die mittlere Hochebene von Samaria und Obergaliläa). Die Küsten- und Talebenen bildeten noch lange Zeit eigenständige Stadtstaaten, die verhinderten, daß Israel über ein zusammenhängendes Staatsgebiet verfügen konnte. Ein nördlicher Querriegel von kanaanäischen Städten (Bet-Schean, Jibleam, Taanach, Megiddo und von dort bis zu Dor an der Mittelmeerküste) trennte Israels obergaliläische Siedlungsgebiete von den zentralpalästinischen. Für den Süden nahm man einen ähnlichen Querriegel an, der von den Städten Jerusalem, Ajalon, Har-Heres, Saalbim, Geser gebildet wurde. Man könnte aufgrund von Jos 9,17 noch Gibeon, Kefira, Beerot und Kirjat-Jearim hinzufügen. Das geographisch zusammenhängende Gebiet des

[83] Die Chronikbücher wissen jedoch durchaus noch, daß Israel und Juda seit jeher in Kanaan gewohnt haben. Vgl. dazu S. Japhet, Conquest and Settlement in Chronicles, in: JBL 98 (1979) 205–218. Auf die unterschiedlichen Interessen der Golah-Gemeinde und Chr hat J.A. Soggin, Einführung in die Geschichte Israels und Judas. Darmstadt 1991, 111, hingewiesen.

samarischen und judäischen Gebirges wurde, soweit es sich um israelitisches Siedlungsgebiet handelte, durch diese kanaanäischen Städte in zwei Hälften geteilt. Aber eine so rigorose Trennung wie durch den nördlichen Querriegel stellte der südliche nie dar, weil der geographische Zusammenhang des Gebietes immer noch Verbindungen zwischen den »israelitischen« Ortschaften möglich gemacht haben muß.
In diesem Zusammenhang wäre ein Vergleich der »israelitischen« und philistäischen Landnahme durchaus fruchtbar. Es ist bis heute nicht eindeutig geklärt, ob die Philister von den Ägyptern in der Küstenebene zwangsangesiedelt worden sind oder sich diese Region gewaltsam aneigneten und von den Ägyptern geduldet wurden. Jedenfalls bildete die philistäische Pentapolis einen politisch und wirtschaftlich aktiven Machtfaktor. Ihr Staatssystem und ihre Lebensgewohnheiten mögen sie im Laufe der Zeit weitgehend von den ansässigen Kanaanäern übernommen haben. Als eigenständige kulturelle und politische Größe sicherten sie ihren Einfluß in verschiedenen kanaanäischen Städten des Landes und sogar im Ostjordanland. Als Zeugen für diesen Einfluß werden z.B. die anthropoiden Tonsarkophage gewertet, die nicht nur in der Küstenebene (über vierzig Exemplare allein in *Dēr el-Balaḥ*), sondern auch in der Nordnekropole von Bet-Schean, Lachisch, *Tell el-Fār`a*-Süd und sogar in Pella *(Ṭabaqat el-Faḥl)*, Sahab und `Amman gefunden wurden[84].
Es kam im Lauf der Zeit zu einem spannungsreichen Nebeneinander von »Israel« und Kanaan, später zu einer Fusion und gegenseitigen Durchdringung, die wiederum Kräfte der Abgrenzung freisetzte[85]. So kann man den »reinen« Jahweglauben nicht mehr einem kanaanäischen Glauben entgegensetzen, denn dieser kanaanäische Glaube gehörte konstitutiv mit zur praktizierten Religionsausübung der Stämme, die in das spätere Israel aufgingen. Mit der kanaanäischen Religion setzte sich der »israelitische« Jahweglauben des 9.–7. Jh.s v. Chr. ständig auseinander, weil die Bevölkerung in der »israelitischen« Region weitgehend dieser Glaubensform anhing! Das zeigt gewiß die Überlegenheit des kanaanäischen Glaubens im wichtigen Bereich des Alltagslebens und dokumentiert, wie sehr dieser Glaube in der Tradition dieser Region und ihrer kompositen Bevölkerung haftete.
Ab wann legt sich das Konglomerat von Stämmen den Namen Israel zu? G. Ahlström hält »Israel« zuallererst für eine geographische Bezeichnung, die seit der Herrschaft Davids und Salomos für das Reich – allerdings unter Ausschluß Judas – verwendet wurde[86]. Die »Heimkehrer« aus dem babylonischen Exil, die dem judäischen Südreich entstammten, nahmen die

[84] Vgl. J.B. Pritchard, in: W. A. Ward (Hrsg.), The Role of the Phoenicians in the Interaction of Mediterranean Civilizations. Beirut 1968, 108f. Dagegen M. Weippert, s.v. Sarkophag, Urne, Ossuar, in: K. Galling, BRL. Tübingen ^{2}1977, 269–276.

[85] Zu dem Gesamtkomplex siehe W. Dietrich, Israel und Kanaan. Vom Ringen zweier Gesellschaftssysteme (SBS, Band 94), Stuttgart 1979.

[86] G. Ahlström, Who were the Israelites? Winona Lake 1986, 37–43.57–83.

Bezeichnung »Israel« für sich in Anspruch, füllten sie mit einem religiösen und politischen Inhalt, nachdem sie sich als die einzigen und wahren Vertreter der Heilsgemeinde verstanden.

5. Josua

Im Zusammenhang mit den skizzierten Elementen, die zu einer Rekonstruktion des Landnahmevorgangs beitragen können, stellt sich auch die Frage nach der historischen Glaubwürdigkeit der biblischen Darstellung des Josua. Er soll dem Stamm Efraïm angehört haben (Num 13,8.9.16; Jos 24,30 und Ri 2,9) und wird zunächst als Diener (u.a. Ex 24,13; Num 11,28; Jos 1,1) und Nachfolger des Mose (Num 27,12–23; Dtn 1,38 und 34,9) dargestellt. Schließlich führt er die von Mose anvisierte Landnahme durch (Jos 1–24). Wenn es nun jedoch keinen einheitlichen, zusammenhängenden Landnahmevorgang Gesamtisraels gegeben hat, kann seine in den biblischen Texten beschriebene Rolle nicht historisch sein. A. Alt[87] hat die Gestalt des Josua überlieferungsgeschichtlich zu klären versucht, indem er seine in Jos 24,30 und Ri 2,9 überlieferte Grabstätte in Timnat-Serach bzw. Timnat-Heres *(Ḫirbet Tibne)* auf dem efraïmitischen Gebirge als Haftpunkt der efraïmitischen »Landnahme«-überlieferungen betrachtet hat. Josuas Darstellung als charismatischen Retter nach Art der großen Richtergestalten ließ ihn dann auch verantwortlich zeichnen für alle anderen Eroberungsaktionen. Auf diese Weise hat eine ursprüngliche lokale Tradition wie ein Magnet andere Überlieferungen an sich gezogen und auf die Person des Josua bezogen. Nicht ganz unproblematisch bleibt Alts Deutung der Konzentration der Landnahmeüberlieferungen auf Josua, vor allem wenn es um spezifisch stammesgeschichtliche Überlieferungen geht, die mit dem Efraïmiter Josua zunächst nichts zu tun haben, wie z.B. bei den benjaminitischen Landnahmesagen in Jos 2–9. Vielleicht hat Josua doch eine beschränkt überregionale Bedeutung gehabt, indem er in der Spätphase der »Landnahme« Efraïms und Benjamins maßgeblich an Auseinandersetzungen mit einzelnen Kanaanäerstädten beteiligt war.

6. Die Stämmegeographie Israels

Das AT gibt der Darstellung der Landbesitzverhältnisse der einzelnen Stämme Israels relativ viel Raum. Es geht davon aus, daß es diese Stämme von Anfang an gegeben hat und daß ihr Zusammenschluß zu einem Zwölfstämmebund geführt habe. Dem ist entgegenzuhalten, daß die einzelnen Stämme sowie der Gesamtverband der nördlichen Stämme unter dem

[87] A. Alt, Josua, in: Werden und Wesen des Alten Testaments (BZAW, Band 66), Berlin 1936, 13–29 (= KlSchr, Band I. München [4]1968, 176–192).

gemeinsamen Namen »Israel« erst nach dem Abschluß des »Landnahmevorgangs« deutlich greifbar werden und daß ihre Namen zum Teil primär geographischer Natur waren[88] und erst nach der Seßhaftwerdung auf die einzelnen Stämme übertragen wurden[89].
Das atl. Textmaterial zur Stämmegeographie ist unterschiedlicher Herkunft. Es greift gewiß auch älteres Traditionsgut auf, das jedoch im einzelnen auf seine Datierung hin befragt werden muß. Dazu gehören das sog. »negative Besitzverzeichnis« (Ri 1,19.21.27–35), Num 32 (für die zweieinhalb Stämme des Ostjordanlandes); 33,50 – 34,29; 35; Jos 13–19 sowie 20–21; verstreute Angaben, vor allem im Richterbuch (u.a. aus dem Deboralied in Ri 5,14–18). Weitere Angaben unterschiedlichen historischen Wertes liefern die Stammesspruchsammlungen in Gen 49 (Jakobsegen) und Dtn 33 (Mosesegen). Da sie teilweise spätere Kompositionen darstellen bzw. späteren redaktionellen Überarbeitungen unterworfen waren, ist ihr historischer Aussagewert unterschiedlich und begrenzt[90]. Sie versuchen die komplizierte Entstehungsgeschichte Israels zu systematisieren und zu ordnen. Dazu dient u.a. die Zuordnung einzelner Söhne zu den beiden Frauen und Nebenfrauen Jakobs.
Rubens Stammesgebiet ist widersprüchlich angegeben. In Jos 13,15–23 wird der Stamm irrtümlich dort angesiedelt, wo sich eigentlich das Stammesgebiet Gads befand. Dagegen situiert Num 32,37f. Rubens Wohnsitz nördlich des *wadi zerqa Maʿin* im Ostjordanland. Zu seinem Gebiet gehörte Heschbon (*Ḥisban*) und Jaser[91]. Der Stammesspruch Gen 49,3f. datiert aus einer Zeit, als es den eigenständigen Stamm Ruben nicht mehr gab. Ebenso ist der fragmentarische Spruch in Gen 35,22 ein spätes Kunstprodukt. Ri 5,15f. läßt noch erkennen, daß der Stamm von Viehzucht lebte. Ruben wird vorgeworfen, nicht an der Debora-Schlacht teilgenommen zu haben. Dtn 33,6 setzt voraus, daß dieser Stamm in seiner Existenz bedroht war. Entweder ist er im Bruderstamm Gad aufgegangen, oder er fiel den Expansionsbestrebungen der Ammoniter bzw. Moabiter zum Opfer.
Simeon und Levi haben wahrscheinlich in der Gebirgsgegend von Sichem einen Versuch zur Seßhaftwerdung unternommen, der jedoch scheiterte (vgl. Gen 34). Beide spielen in der späteren Geschichte aus unterschiedlichen Gründen keine Rolle mehr und werden im Zwölfstämme-System nur noch wegen der Vollständigkeit der Zwölfzahl weitergeführt. Levi bekommt keinen eigenen Landbesitz. Dafür werden dem Stamm priesterliche Funktionen zugesprochen (vgl. Jos 13,33; Dtn 33,8–11). Simeon, im

[88] Das gilt zumindest für Juda (Gebirge Juda, Wüste Juda in Jos 11,21; 20,7; 21,11; 2 Chr 27,4; Ri 1,16; Ps 63,1)), Efraïm (Gebirge Efraïm in Jos 20,7; 21,21)) und Naftali (Gebirge Naftali in Jos 20,7; 1 Kön 4,15).

[89] Siehe dazu J.A. Soggin, Einführung in die Geschichte Israels und Judas. Darmstadt 1991, 123. Eine Ausnahme bildet vielleicht der Stamm Dan, dessen ursprüngliches Stammesgebiet aufgegeben wurde (Jos 19,47 und Ri 17–18).

[90] Vgl. dazu H.-J. Zobel, Stammesspruch und Geschichte (BZAW, Band 95), Berlin 1965.

[91] Num 32,1 u.ö., bis heute nicht lokalisiert.

äußersten Süden, in der Region von Beerscheba nomadisierend (vgl. 1 Chr 4,23–43), wurde vom Stamm Juda absorbiert[92]. Der Stammesspruch Gen 49,5–7 spielt auf die Schicksalsgemeinschaft der beiden Brüder und auf ihre (spätere) politische Bedeutungslosigkeit an; wahrscheinlich ist der Spruch ein spätes Kunstprodukt.

Das Stammesgebiet Judas erstreckt sich – unter Ausschluß der Städte Jerusalem und Hebron – auf den südlichen Teil des zentralpalästinischen Gebirges (vgl. Ri 1,19; Jos 15). Der Stamm hat wahrscheinlich seinen Namen vom Gebirge Juda bekommen. Während Juda im Norden vom sog. kanaanäischen südlichen Querriegel, im Westen von den Philistergebieten begrenzt war, war die südliche Ausdehnung zur Negeb-Wüste hin offen. Südlich von Hebron befanden sich eine Reihe von Gruppen, die Juda nahe standen, seltsamerweise aber nicht zu »Israel« gerechnet wurden: die Kalebiter (Sippe aus der Großgruppe der Kenasiter in der Gegend von Hebron, vgl. Num 13–14; Jos 14.6–15), die Othniëliter (ebenfalls aus der Großgruppe der Kenizziter, in der Umgebung von Debir[93], vgl. Jos 15,15–19; Ri 1,11–15), die Keniter (südlich von Hebron, vgl. Jos 15,57; Ri 1,16; 1 Sam 30,29)[94] und die Jerachmeeliter (1 Sam 27,10; 30,29). Die Angaben über den Stamm Juda sind weitgehend geprägt von der späteren Staatsform und Bedeutung, die dieser erstmals unter David bekam (vgl. 2 Sam 2,1–4). Der Stammesspruch Gen 48,8–12 verbindet kunstvoll Vergangenheit und Zukunft dieses bedeutenden Stammes und ist damit als Jerusalemer Hoftheologie zu betrachten. Daß Dtn 33,7 dagegen aus vorstaatlicher Zeit stammt, weil hier aus der Perspektive der nördlichen Stämme das Zusammengehörigkeitsbewußtsein beschworen wird, das Juda bewußt einschließt, obwohl man sich durch den südlichen kanaanäischen Querriegel von ihm getrennt weiß, ist durchaus möglich. Dieser Spruch wäre dann knapp vor der eigentlichen Staatenbildung entstanden[95].

Der Stamm Issachar siedelte sich im östlichen Teil des untergaliläischen Gebirges an. Er hatte in der Bucht von Bet-Schean auch direkte Berührung mit der dortigen kanaanäischen Bevölkerung (vgl. Jos 19,17–23). Im negativen Besitzverzeichnis wird der Stamm nicht aufgeführt. Dafür wird er im Deboralied Ri 5,15 erwähnt. Der Jakobsegen in Gen 49,14f. weist deutlich auf die Abhängigkeit des Stammes hin. Es muß sich also weitgehend um Leute gehandelt haben, die in Symbiose mit den Kanaanäern und zugleich in politischer Abhängigkeit von den Kanaanäerstädten als Lohnarbeiter in der Ebene gelebt haben und irgendwann aus der Geschichte als selbständig

[92] Nach Jos 19.1–9 lag der Erbbesitz des Stammes »mitten im Erbbesitz der Judäer«, deren Besitz für diese zu groß war. Dazu gehörten u.a. Beerscheba, Horma (bis heute noch nicht eindeutig lokalisiert), Ziklag, Scharuhen. Mit einer stärkeren Eigenständigkeit rechnet N. Na`aman, The Inheritance of the Sons of Simeon, in: ZDPV 96 (1980) 136–152.

[93] Heute *Ḫirbet er-Rabūḏ*.

[94] Gen 4,1–16 erzählt die Sage von ihrem Eponymen Kain.

[95] So H. Donner, Geschichte, Band 1. Göttingen 1984, 133.

erkennbarer Stamm ausgeschieden sind[96]. Sie gingen damit einen eigenen Weg, indem sie sich nicht wie die anderen »israelitischen« Stämme in den Gebirgsgegenden ansiedelten und aufgrund ihrer Herkunft keinen antikanaanäischen Impuls entwickelten. Zusammen mit dem Stamm Sebulon hatten sie ein gemeinsames Heiligtum (auf dem Berg Tabor?[97]).

Der Stamm Sebulon war im westlichen Teil Untergaliläas ansässig (vgl. Jos 19,10–16). Die Grenze mit den benachbarten Issachariten markierte der Tabor. Der Stamm hat nach seiner Ansiedlung auch vom Seehandel gelebt (vgl. Gen 49,13; Dtn 33,18).

Der große Stamm Josef bestand aus mehreren Gruppen, vor allem aus Manasse[98] und Efraïm, die als Söhne Josefs gelten (vgl. Gen 41,50–52). Er war auf dem Nordteil des zentralpalästinischen Gebirges angesiedelt, zwischen Bet-El und dem Südrand der Jesreel-Ebene (vgl. Jos 16–17). Die nördlich wohnenden Manassiter lebten in einem Gebiet, in dem sich verschiedene kanaanäische Städte befanden, u.a. Sichem. Ungeklärt ist noch die Ausdehnung des Siedlungsgebietes Efraïms und Manasses im Ostjordanland, südlich (vgl. Ri 12,4; heute: *Arḍ el-`Arḍe*) bzw. nördlich (heute: *`Ağlūn*)[99] vom Fluß Jabbok. Der Stammesspruch in Gen 49,22–26 wie auch der in Dtn 33,13–17 liefern uns keine historisch verwertbaren Daten.

Das kleine Stammesgebiet Benjamins[100] erstreckte sich zwischen Jerusalem, Bet-El und Jericho (vgl. Jos 18,11–28 und Ri 1,21). Die politische Bedeutung des Stammes steht im umgekehrten Verhältnis zu seiner territorialen Größe, denn immerhin stellte Benjamin den ersten König Israels, Saul. Der Stammesspruch Gen 49,27 enthält eine Anspielung auf den räuberischen

[96] In diesem Zusammenhang wird oft verwiesen auf einen Vorgang, der vom Amarnabrief EA 365 (AO 7098) beschrieben wird: Es handelt sich um den Stadtfürsten Biridiya von Megiddo, der dem Pharao mitteilt, daß er die zerstörte Stadt Schunama (Schunem) als ägyptische Domäne wiederaufgebaut und dazu gemietete Arbeiter aus Yapu (Yafa, in der Nähe von Nazareth?) und Nuribda eingesetzt hat. Die akkadische Bezeichnung für Fronarbeiter erinnert an das hebr. *mas*, mit dem die Issachariter in Gen 49,14f. charakterisiert werden. Damit könnten Leute gemeint sein, die zumindest nach der Art des »Stammes« Issachar zu verstehen sind. Zum Text siehe F. Thureau-Dangin, RA 19 (1922) 97f.108; TGI², 28.

[97] Vgl. Dtn 33,18ff.

[98] Manasse (Sohn des Josef und der Asenat) ist – wie Josef – ein Personenname. Dagegen ist Efraïm ursprunglich ein Landschaftsname (vgl. hebr. *har 'efraim*). Neben Manasse taucht noch als zweite Bezeichnung der Name Machir auf (vgl. Num 32,39f.; Jos 17,1; Ri 5,14), die Beziehung zwischen beiden Namen bleibt unklar.

[99] Num 32,39–42; Dtn 3,15 und Jos 17,1 sprechen allerdings davon, daß Machir sich dort angesiedelt habe. Jos 1,12; 13,7.29–31 und 22,1–34 hingegen geben vor, daß bereits Mose das Gebiet dem halben Stamm Manasse zugewiesen habe. Vgl. dazu A. Bergman, The Israelite Tribe of Half-Manasseh, in: JPOS 16 (1936) 224–254; M. Wüst, Untersuchungen zu den siedlungsgeographischen Texten des AT, I. Ostjordanland, (TAVO B 9), Tübingen 1975; A. Lemaire, Galaad et Makîr, in: VT 31 (1981) 39–61.

[100] Der Name bedeutet »Sohn von rechts«, d.h. des Südens. Ob diese Namengebung deshalb von dem nördlich angesiedelten und gleichermaßen zur Rahelgruppe gehörigen Josefsstamm gegeben sein muß, ist nicht nachweisbar. In den Mari-Texten kommt ebenfalls ein Nomadenverband unter dem Namen *banu yamina* vor. Die zeitliche (500 Jahre) und räumliche Distanz (1000 km) schließen einen Zusammenhang beider Gruppen jedoch aus.

Charakter des Stammes – in vorstaatlicher Zeit? –, während der jüngere Spruch Dtn 33,12 Bezug nimmt auf ein Heiligtum des Stammes (Bet-El?).
Der Stamm Dan, als Sohn der Bilha bezeichnet (vgl. Gen 35,25), versuchte sich zunächst in der Schefela anzusiedeln (Ri 1,34f.). Davon zeugen auch die Geschichten um den Daniter Simson (Ri 13–16). Da jedoch in diesem Gebiet der Druck der Kanaanäerstädte des südlichen Querriegels zu stark war, sah sich der Stamm gezwungen, nach Norden auszuweichen, und siedelte sich im oberen Jordantal an, wo er die Stadt Lajisch (*Tell el-Qāḍī*) eroberte und in Dan umbenannte (Ri 18; vgl. noch Jos 19,40–48). Der Stammesspruch Gen 49,16f. besteht aus zwei Teilen. Die zweite Hälfte scheint den Stamm als heimtückischen Wegelagerer zu charakterisieren. Die Erwähnung Baschans in Dtn 33,22 läßt vermuten, daß das Stammesgebiet sich auch auf den Golan erstreckte (vgl. noch Num 34,7–11).
Naftali, ebenfalls Sohn der Bilha (vgl. Gen 35,25), hatte seinen Wohnsitz im östlichen Obergaliläa, nordwestlich des Sees Gennesaret. Jos 19,32–39 und Ri 1,33 dehnen das Gebiet sogar aus bis an das Seeufer und nördlich bis in das Hule-Becken hinein. In der Deboraschlacht spielt der Stamm eine exponierte Rolle (vgl. Ri 4,10 und 5,18). Die Stammessprüche Gen 49,21 und Dtn 33,23 sind allgemein formuliert und historisch nicht verwertbar.
Gad, Sohn der Silpa (vgl. Gen 35,26), wohnte auf dem Westabhang des ostjordanischen Tafelgebirges zwischen dem Jabbok und dem Nordende des Toten Meeres (»das halbe Land der Ammoniter«, vgl. Jos 13,24–28). Die geographischen Angaben sind jedoch widersprüchlich und scheinen nicht die Realitäten wiederzugeben[101]. Nach Num 32,34 erbauten die Gaditer die befestigten Städte Dibon, Atarot, Aroër und noch einige andere, so daß ihr Siedlungsgebiet damit zwischen dem Arnon-Fluß und dem *wādī ez-Zerqā Mā'īn* lag. Ihre Hauptstadt war Dibon. Gerade dieses Gebiet schreibt Jos 13,15–23 aber irrtümlich dem Stamm Ruben zu. Die Angaben in Num werden durch eine Passage der Mescha-Inschrift bestätigt, die angibt, daß »die Leute von Gad seit jeher im Lande Atarot gewohnt hatten«[102]. Der Stammesspruch Gen 49,19 scheint die Bedrängnis des Stammes anzudeuten. Der textkritisch unsichere Stammesspruch in Dtn 33,20f. weist in V. 20 in die gleiche Richtung.
Ascher, Sohn der Silpa (vgl. Gen 30,12f.), hatte sein Siedlungsgebiet nördlich des Stammes Sebulon im westlichen Obergaliläa (vgl. Jos 19,24–31). Weder der Stammesspruch Gen 49,20 noch jener in Dtn 33,24f. werfen historisch etwas ab.

[101] Vgl. dazu vor allem M. Wüst, Untersuchungen zu den siedlungsgeographischen Texten des AT. I. Ostjordanland, (TAVO B 9), Tübingen 1975.
[102] Vgl. KAI, 181, Z. 10; TUAT, Band I, S. 648.

Die Quellenlage für eine historisch verantwortbare Darstellung der gesellschaftlichen und politischen Strukturen des vorstaatlichen Israel ist sehr unbefriedigend. Was es im Richterbuch an diesbezüglichen Angaben gibt, steht meist im Zusammenhang mit den Bedrohungs- und Befreiungsgeschichten einzelner Stämme und mit den Richtergestalten, die einzelnen Stämmen zugeordnet werden. Ansonsten kämen nur noch Einzelheiten aus dem Pentateuch, dem Josuabuch und dem Anfang von 1 Sam in Betracht. Außerbiblische Quellen zu diesem Thema fehlen völlig. Doch ist gerade diese Periode für das Verständnis des fertig entwickelten Israel von grundlegender Bedeutung. Denn gerade in dieser Zeit wachsen verschiedene Gruppen unterschiedlicher Herkunft zu einer neuen Gemeinschaft zusammen, indem sie ihre eigenständigen Traditionen und Glaubensvorstellungen einbringen. Es wäre aufschlußreich, wenn wir die einzelnen Etappen dieser Entwicklung sowie die ersten Versuche, die sich formierende Gemeinsamkeit und das Zusammengehörigkeitsgefühl institutionell zu verankern, erkennen könnten.

Bis vor einigen Jahrzehnten gab es ein umfassendes Verstehensmodell, das unter den Historikern zu einem Konsens über die Entstehung und Entwicklung Israels geführt hat: die Amphiktyonie-Hypothese, die 1930 erstmals von M. Noth formuliert wurde[103]. Die Prämissen dieser Hypothese – und als Hypothese war sie von Anfang an auch von M. Noth gedacht – hielten dem Druck der biblischen und archäologischen Daten nicht stand. Israel und Juda waren von Anfang an zwei eigenständige Größen, und auch bei etwaigen Zusammenschlüssen einzelner Gruppen ist das Phänomen der Vereinzelung immer noch augenfälliger als der Zusammenhalt. Nur in Fällen akuter äußerer Bedrohung gab es zeitweilige Zusammenschlüsse, wie dies z.B. in der Schlacht gegen Jabin und seinen Heerführer Sisera (Ri 4f.) greifbar wird[104].

M. Noth geht für die vorstaatliche Zeit aus von einem amphiktyonischen Zentralheiligtum mit einem nach festen Regeln organisierten Kult, an dem der sakrale Zwölfstämmeverband beteiligt war. Dagegen ist deutlich geworden, daß es in der gesamten Region, die von »israelitischen« Stämmen bewohnt waren, verschiedene Jahwe- bzw. Ba`al-Heiligtümer, die im Laufe der Zeit für die Jahweverehrung umfunktioniert wurden, gegeben hat. Dieser Vorgang spielte sich in der Zeit der Staatengründung ab, wurde später jedoch in die Zeit der Patriarchen zurückprojiziert. Manche Heiligtümer

103 M. Noth, Das System der zwölf Stämme Israels. Stuttgart 1930. Hingeführt zu dieser Vorstellung hatten die Untersuchungen von E. Sellin, Geschichte des israelitisch-jüdischen Volkes, Band I. Leipzig ²1935; M. Weber, Gesammelte Aufsätze zur Religionssoziologie, Band III: Das Antike Judentum. Tübingen 1921; A. Alt, Die Staatenbildung der Israeliten in Palästina. Reformationsprogramm der Universität Leipzig 1930 [= A. Alt, KlSchr, Band II. München ⁴1978, 1–65].

104 Es ist charakteristisch, daß Juda und die anderen Südstämme nicht beteiligt waren.

hatten bereits eine überregionale Bedeutung, wie z.B. das auf dem Tabor, denn dieser Berg war ein Kultort für die Stämme Issachar und Sebulon, möglicherweise sogar für noch andere nördlich situierte Stämme. Auch Schilo (*Ḫirbet Sēlūn*) wird ein überregionales Heiligtum gewesen sein (vgl. 1 Sam 1,3 und 3,1ff.). Das gleiche kann man vermuten bei Bet-El, Mizpa, Gilgal und Beerscheba. Aber keines dieser Heiligtümer hatte oder erlangte eine zentrale Bedeutung für »Gesamtisrael«. Darum kann von einem zentralen amphiktyonischen Heiligtum in dieser Zeit keine Rede sein. Dementsprechend gab es auch keine amphiktyonische Priesterschaft, die von den zwölf Stämmen delegiert und beauftragt worden war, um an diesem Zentralheiligtum den gemeinsamen Kult durchzuführen. Die Priesterschaft an den lokalen bzw. überregionalen Heiligtümern war stammes- und in einzelnen Fällen sogar familiengebunden, wie dies das erbliche Priestertum der Familie des Eli von Schilo deutlich macht (vgl. 1 Sam 1–3; 4,4). Ri 17–18 erzählt sogar die seltsame Geschichte von einem Judäer aus Betlehem, der sich einen eigenen »Hauspriester« zugelegt hatte. Als dieser bei dem Efraïmiter Micha seinen Dienst versah, raubten ihn Angehörige des Stammes Dan, um sich auf diese Weise in ihrem neuen Siedlungsgebiet im Norden des Landes von einem Priester kultisch versorgen zu lassen. In dieser Zeit ist noch nicht erkennbar, daß der Stamm Levi den Sonderauftrag bekommen würde, den kultischen Dienst für Gesamtisrael zu übernehmen. Vielmehr hatte jede Gruppierung ihre eigenen Kultbräuche, Kultpersonen und meist auch Kultorte. Was im AT über diese lokalen Kulte berichtet wird, ist weit entfernt von dem späteren israelitischen Kult und weitgehend auf die kanaanäischen Kultbräuche zurückzuführen[105]. Man hatte Schnitzbilder, Efod und Terafim (vgl. Ri 17,3.5; 18,14.17f.20.30f.). Bis die Jahwereligion, die von einzelnen Stämmen gepflegt wurde, Gemeingut für alle Stämme wurde, die sich zu Israel gehörig fühlten, bedurfte es einer zentralen Instanz und der charismatischen Persönlichkeit eines David.

Bei den religiösen Vorstellungen ist auch beim Recht nicht von einer einheitlichen Praxis bei den verschiedenen Gruppierungen auszugehen. Die meisten Gruppen werden sich im Rechtsempfinden und in den Rechtsbräuchen nicht von den Kanaanäern unterschieden haben. Für andere waren die nomadisch bedingten Bräuche bestimmend. Die Bindung des Gesamtvolkes an ein Rechtssystem[106], konnte schon deshalb in der vorstaatlichen Zeit nicht durchgesetzt werden, weil es damals noch kein einheitliches Volk Israel gab. Zudem kann die Unterscheidung zwischen dem genuin-nomadi-

[105] Vgl. dazu vor allem R. Dussaud, Les origines canaanéennes du sacrifice israélite. Paris 1921; R. Schmid, Das Bundesopfer in Israel, (StANT, Band IX), München 1964; R. Rendtorff, Studien zur Geschichte des Opfers im Alten Israel (WMANT, Bd. 24), Neukirchen 1967; L. Rost, Studien zum Opfer im Alten Israel (BWANT, Band 113), Stuttgart 1981; A. Schenker (Hrsg.), Studien zu Opfer und Kult im Alten Testament. Mit einer Bibliographie 1969–1991 zum Opfer in der Bibel (FAT, Band 3), Tübingen 1992.

[106] Das Rechtssystem wurde als Gottes Wille ausgegeben, wie es z.B. Dtn 27, Jos 8,30–35 und 24,25–28 nahelegen.

schen apodiktischen Recht und dem kasuistischen Recht der Kulturlandbewohner, wie sie A. Alt dargelegt hat[107], so nicht aufrecht erhalten werden. Auch für den Bereich der gesellschaftlichen Strukturen kann nur Allgemeines gesagt bzw. vermutet werden[108]. Wie in den besser bezeugten Kulturen des Zweistromlandes und Ägyptens waren die einzelnen Stämme patriarchalisch organisiert. Auf Dorf- bzw. Stammesebene gab es ein Ältestenkollegium, das von den Oberhäuptern der wichtigsten Familien gebildet wurde (vgl. Dtn 31,28; 1 Sam 11,3; 16,2; 30,26; 1 Kön 21,8). Zu ihrem Aufgabenbereich gehörten die Rechtsprechung im Tor der Stadt. Eine Zentralinstanz für Gesamtisrael jedoch kann es damals noch nicht gegeben haben. Die biblischen Hinweise auf die »Ältesten Israels« sind entweder eine literarische Fiktion aus späterer Zeit (vgl. 1 Sam 8,4) oder sie bezeugen gelegentliche Auftritte einzelner Stämmeverbände (vgl. 2 Sam 3,17; 5,3; 17,4.15). Die neueren sozio-kulturellen Untersuchungen haben das Interpretationsmodell der »segmentären Gesellschaft« für die vorstaatlichen Strukturen der einzelnen Stämme entworfen und damit eine gute – wenn auch hypothetische – Verständnishilfe für die Gesellschaftsstrukturen des vorstaatlichen Israel gegeben[109]. Die Gesellschaft bei den Stämmen war »akephal« organisiert, d.h. nicht von einer zentralen Instanz geführt und in kleineren gleichrangigen und gleichartig unterteilten Gruppen strukturiert. Das Miteinander der einzelnen Stämmegruppierungen war in dieser Übergangsphase zur Staatenbildung häufig durch Rivalitäten gekennzeichnet, die gelegentlich zu Kriegshandlungen führen konnten. In zwei im AT dokumentierten Fällen handelt es sich um Streitigkeiten zwischen ost- und westjordanischen Stämmeverbänden. Nachdem die Einwohner des ostjordanischen Jabesch-Gilead sich nicht an der Versammlung in Mizpa zur Wiederaufrichtung des Stammes Benjamin beteiligt hatten, führte eine gemeinsame Strafexpedition gegen Jabesch zur Massakrierung der männlichen Bevölkerung; 400 jungfräuliche Mädchen aus Jabesch wurden den übriggebliebenen Benjaminitern übergeben (Ri 21,1–14). Auch die Frauen von Schilo wurden geraubt und dem bedrangten Stamm Benjamin zugeführt (Ri 21,15–24). Das Leitmotiv dieser beiden Erzählungen ist jedoch: »Kein Stamm darf in Israel ausgelöscht werden!« (Ri 21,17; vgl. auch V. 3.6.15). Hier ist die generalisierende und nationalisierende Handschrift des Bearbeiters, der von einem festgefügten Zwölf-Stämme-System ausgeht, unübersehbar. Das schmälert

[107] A. Alt, Die Ursprünge des israelitischen Rechts, in: Berichte über die Verhandlungen der Sächsischen Akademie der Wiss. zu Leipzig, Phil.-Hist. Kl., Band 86, Heft 1. 1934 [= KlSchr, Band I. München ^{4}1968, 278–332]. Siehe dazu noch E. Gerstenberger, Wesen und Herkunft des »Apodiktischen Rechts« (WMANT, Bd. 20), Neukirchen 1965.

[108] Siehe dazu vor allem W. Thiel, Die soziale Entwicklung Israels in vorstaatlicher Zeit. Neukirchen ^{2}1985.

[109] S. vor allem C. Sigrist, Regulierte Anarchie. Untersuchungen zum Fehlen und zur Entstehung politischer Herrschaft in segmentären Gesellschaften Afrikas. Olten 1967; ders. – R. Neu (Hrsg.), Ethnologische Texte zum Alten Testament. Band 1: Vor- und Frühgeschichte Israels. Neukirchen 1989.

die historische Zuverlässigkeit der Geschichte beträchtlich. Ri 12,1–6 berichtet, wie die Efraïmiter einen Kampf gegen Jiftach und die Gileaditer führten. Aus alledem ist festzustellen, daß das Zusammenwachsen nicht ohne innere Spannungen in den Stämmegruppierungen verlaufen sein kann. Von Rivalitäten innerhalb des Hauses Josef zeugt auch die Textpassage in Ri 7,24–8,3. Die Efraïmiter beschweren sich bei Gideon, daß er sie nicht zum Kampf gegen die Midianiter herangezogen hatte. In diesem vom Stammesbewußtsein Manasses inspirierten Bericht werden die Efraïmiter sarkastisch abgewiesen.

Einen Sonderfall stellt Ri 19–21 dar, der Bericht über die Schandtat von Gibea. Die benjaminitischen Einwohner verstoßen auf gröbste Weise gegen das geheiligte Gastrecht, indem sie einen reisenden Leviten zunächst nicht aufnehmen und sich anschließend an dem Gast sowie an seiner Frau vergreifen. Es erfolgt eine gesamtisraelitische Reaktion. Eine Versammlung in Mizpa beschließt, gegen die Benjaminiter vorzugehen, Gibea wurde dem Bann preisgegeben, nur 600 Benjaminiter konnten in die Wüste nach Sela-Rimmon flüchten. Diese aussichtslose Lage für den Stamm Benjamin bildet dann den Ausgangspunkt für die Erzählungen in Ri 21. Nun ist nicht zu übersehen, daß Ri 19–21 motivmäßig von anderen Texten aus dem AT abhängt und damit jünger ist. So erinnert das Verlangen der Einwohner von Gibea, es mit dem Gast zu treiben, und der Gegenvorschlag des Gastgebers, seine Tochter und die Nebenfrau herauszugeben (Ri 19,22f.), an Gen 19,1–8. Mit der Angabe, daß der Gastgeber seine geschändete Nebenfrau mit dem Messer in zwölf Teile zerstückelt, wird auf 1 Sam 11,7 angespielt. Das taktische Täuschungsmanöver mit dem Rauchzeichen der brennenden Stadt (Ri 20,29–43) ist aus Jos 20 entlehnt. Man kann sich des Eindrucks nicht erwehren, daß sich die Redaktoren dieser Kapitel einen Modellfall zu der Frage ausgedacht haben, der deutlich machen soll, welche Grundsätze bei Auseinandersetzungen zwischen den einzelnen Stämmen zu beachten sind. Zudem ist eine prodavidische (anti-saulidische) Tendenz erkennbar, die zugleich die ordnungsschaffende Herrschaftsinstitution in Juda bzw. Jerusalem hervorheben will[110].

Aus solchen Erzählungen wird erkennbar, daß die Phase des Zusammenwachsens der einzelnen Stämme nicht ohne Rückschläge und schwere Auseinandersetzungen vor sich ging. Ohne straffe, gewaltreiche, einigende Hand war das Konglomerat der einzelnen Stämme nicht zusammenzuhalten. Die partikularistischen Tendenzen waren zu stark.

[110] Vgl. H.-W. Jüngling, Richter 19 – Ein Plädoyer für das Königtum (AnBib, 84), Roma 1981.

8. Die Richter

Als biblische Quellen für die sog. »Kleinen Richter« kommen Ri 10,1–5 und 12,7–15 in Frage. Insgesamt werden hier sechs Richter genannt, die verschiedenen Stämmen entstammten und in einer lückenlosen Amtsnachfolge eine Funktion ausübten, die mit *šfṭ* umschrieben wird. Seit der Untersuchung von W. Richter[111] übersetzt man die hebr. Wurzel in diesem Zusammenhang nicht nur mit »richten«, sondern ebenso mit »herrschen, regieren«. Damit wären diese Richter von (Stammes-)Ältesten eingesetzte Vertreter, die im Bereich der zivilen Verwaltung und Rechtsprechung über eine Stadt oder einen Landbezirk eine leitende Funktion ausübten. Sie stehen damit in der Übergangsphase von der Stammes- zur Stadtverfassung, die schließlich in die monarchische Verfassung ausmünden wird[112]. Erst die spätere Zeit hat diese Richter als gesamtisraelitisch gesehen[113].

Für die Zeit der Großen Richter stehen uns als Quellen Ri 2,6–16,31 und Ri 17–21 zur Verfügung. Dabei ist zu beachten, daß das Buch Ri Teil des dtr Geschichtswerkes ist und deutlich von dessen theologischen Leitlinien und seinem Geschichtsbild geprägt ist. So verläuft nach diesen Texten die Geschichte Israels von der Landnahme bis zur Reichsbildung in einer kontinuierlichen Abfolge von Abkehr des Volkes von Jahwe, Bestrafung durch äußere Gefährdung und Errettung durch eigens für die Situation berufene Rettergestalten, die für Gesamtisrael wirksam werden. Programmatisch wird diese Geschichtskonzeption in Ri 2,6 – 3,6 dargelegt. In diese stereotype Erzählstruktur sind die Geschichten um die außergewöhnlichen Retter eingetragen, die ihr Wirkungsfeld und ihre Herkunft in einzelnen Stämmen haben. Inzwischen ist man auf die komplizierte Entstehungsgeschichte des Richterbuches, insbesondere auf die verschiedenen deuteronomistischen Bearbeitungen aufmerksam geworden[114]. Historisch relevant ist, daß den Redaktoren wahrscheinlich eine vordeuteronomistische, nordisraelitische Sammlung von Rettergeschichten vorlag. Aus den Einzelerzählungen wird deutlich, daß es immer Jahwe ist, der in der konkreten Notsituation eine solche Rettergestalt erstehen läßt, so daß letztlich Er derjenige ist,

[111] W. Richter, Zu den »Richtern Israels«, in: ZAW 77 (1965) 40–71.

[112] Im einzelnen ist diese Deutung natürlich nicht zu beweisen, da die entsprechenden Hinweise im Buch Ri zu dürftig sind. Kritik an die Deutung von W. Richter kam vor allem von N.P. Lemche, The Judges – Once more, in: BN 20 (1983) 47–55; ders., Early Israel. Anthropological and Historical Studies on the Israelite Society before the Monarchy (SVT, 37), Leiden 1983; ders., Ancient Israel. Sheffield 1988.

[113] Die Zeitangaben und damit die lückenlose Amtsfolge könnte in ihrer Endgestalt auch Datierungszwecken gedient haben. Siehe dazu A. Soggin, Das Amt der »Kleinen Richter«, in: VT 30 (1980) 245–248.

[114] Vgl. vor allem W. Richter, Traditionsgeschichtliche Untersuchungen zum Richterbuch, (BBB, 18), Bonn 1963; ders., Die Bearbeitungen des »Retterbuches« in der deuteronomischen Epoche (BBB, 21), Bonn 1964; ders., Zu den »Richtern Israels«, in: ZAW 77 (1965) 40–72.

der die Rettung herbeiführt. Die menschlichen Befreier[115] sind nur seine Werkzeuge. Den Titel »Richter« bekommen die Befreier nur in der programmatischen Darstellung in Ri 2,6–19. Das hat für erhebliche Verwirrung gesorgt. Denn der Titel wird ihnen an dieser Stelle nur in Analogie mit den Kleinen Richtern verliehen[116], obwohl ihre Funktion und Bedeutung eine ganz andere ist. So haben sie z.B. nichts mit der Rechtsprechung zu tun. Ebensowenig sind sie als leitende, herrschende Persönlichkeiten ihres Volkes zu betrachten. Auch die chronologischen Angaben, wie z.B. die Herrschaftsdauer der Großen Richter, ist der dtr redaktionellen Bearbeitung zu verdanken. Sie operiert nur mit stereotypen Zahlenangaben (20, 40, 80 Jahre; vgl. Ri 3,11.30; 5,31; 8,28; 13,1; 16,31). Verhindert die dtr Bearbeitung eine historische Auswertung ihrer Angaben, so sind auch die vordtr Rettergeschichten in der Form von Sagen dargestellt, die auf für uns unentwirrbare Weise Geschichte mit Legendärem vermischen. Außerdem bietet das uns heute zur Verfügung stehende Textmaterial mit seiner Darstellung über sechs Rettergestalten höchstens einen begrenzten Blick auf die Zeit vor der Staatenbildung[117], die als eine Zeit der politischen Emanzipation einzelner Gruppierungen aus dem Gefüge des kanaanäischen Stadtstaatensystems zu verstehen ist.

Die Angaben über Otniël (Ri 3,7–11) sind sehr schwer zu deuten. Die formelhaften Wendungen weisen auf eine dtr Gestaltung des Textes hin. Die konkreten Angaben (Herkunft des Helden, der Kampf gegen Kuschan-Rischatajim, vierzigjähriger Frieden) sind historisch unzuverlässig. Otniël wird als »der Sohn des Kenas, der jüngere Bruder Kalebs« (Ri 3,9), bezeichnet und damit als dem Stamme Juda verwandt dargestellt. Aber Otniël ist zugleich nach Jos 15,15–19 und Ri 1,11–15 der Eponym der gleichnamigen Stammesgruppierung, die den Kenizzitern zugerechnet wird. Sein Gegner ist nicht definierbar, und der Hinweis auf eine Unterwerfung und anschließende Befreiung von diesem Herrscher aus »Aram in Mesopotamien« ist historisch unstimmig.

Farbiger ist die Heldensage um den Benjaminiter Ehud (Ri 3,12–30). Die dtr Überarbeitung ist an verschiedenen Stellen unübersehbar. Die Bedrohung, die zu seiner Rettungstätigkeit führte, ging von Eglon, dem König der Moa-

[115] In Ri 3,9–15 wird Otniël »Retter« genannt, die Tätigkeit der Richter wird häufig mit dem Verbum »retten (hebr. *jš``*)« umschrieben (vgl. Ri 3,9.31; 6,14f.36f.; 13,5).

[116] Dazu mag beigetragen haben, daß der Retter Jiftach (Ri 11–12) aus Gilead auch in der Liste der Kleinen Richter vorkommt (Ri 12,7) und der dtr Bearbeiter annahm, daß die Großen Richter nach ihren Befreiungstaten in die Funktion eintraten, die die Kleinen Richter ausübten.

[117] Zur Richterzeit vgl. A. Malamat, The Period of the Judges, in: H.H. Ben-Sasson (Hrsg.), The World History of Jewish People. Band I/3. Cambridge, Mass. 1976, 67–79; A.D.H. Mayes, Israel in the Period of the Judges, in: Studies in Biblical Theology II. Naperville, Ill. 1974, 94; H. Rösel, Die »Richter Israels«. Rückblick und neuer Ansatz, in: BZ NF 24 (1980) 180–203; M. Tsevat, The Old Testament Stories and Their Hittite Analogies, in: JAOS 103 (1983) 321–326; J. A. Soggin, Judges: A Commentary (The Old Testament Library), Westminster, Philadelphia 21987; P. Kaswalder, I Giudici di Israele, in: LA XLI (1991) 9–40.

biter, aus. Eglon hatte das moabitische Herrschaftsgebiet ausgedehnt, sogar Jericho unter seine Kontrolle gebracht und damit das benjaminitische Siedlungsgebiet bedroht. Ehud konnte den beleibten Eglon ermorden, als er ihm seinen Tribut brachte. Anschließend rief er zum Aufstand gegen die Moabiter auf und ließ alle Jordanübergänge zu Moab sperren.

Von seinem »Nachfolger« Schamgar berichtet nur Ri 3,31. Mit einem Ochsenstecken erschlug er 600 Philister und trug so zur Rettung Israels bei.

Ri 4 (Prosaerzählung in der Form einer Heldensage) und Ri 5 (Debora-Siegeslied) berichten über eine militärische Konfrontation zwischen einigen israelitischen Stämmen und den Kanaanäern in der Jesreel-Ebene. Gegner der Israeliten ist nach Ri 4 Sisera, ein Kanaanäerfürst aus Haroschet-Gojim[118], Heerführer des Jabin, des Königs von Hazor[119]. »Damals war Debora, eine Prophetin..., Richterin in Israel« (Ri 4,4). Sie stammte aus der Gegend zwischen Rama und Bet-El im Gebirge Efraïm. Sie designierte Barak, den Sohn des Abinoam, aus dem Stamm Naftali, zum charismatischen Führer. Auf dem Berg Tabor soll er 10.000 Mann aus den Stämmen Naftali und Sebulon zusammengezogen haben. In der Ebene Jesreel kam es zur Schlacht. Beim Bach Kischon zog Sisera seine 9000 eisernen Kampfwagen zusammen. Die Kanaanäer wurden überrannt und durch die Männer von Naftali und Sebulon vernichtet. Nur Sisera konnte zu Fuß fliehen, wurde aber von der kenitischen Frau Jaël mit einem Zeltpflock umgebracht.

Ri 5 bildet einen der ältesten Texte des AT. Die Sprache ist dementsprechend altertümlich und schwierig. Gegner sind hier »die Könige von Kanaan«, darunter auch Sisera (V. 20 und 26), auf der anderen Seite »Israel« (V. 2.7–9.11) oder »das Volk Jahwes« (V. 11 und 13), näher spezifiziert als sechs israelitische Stämme (Efraïm, Benjamin, Machir, Sebulon, Issachar, Naftali). Ruben, Gilead, Dan und Ascher scheinen sich nicht beteiligt zu haben. Das dürfte darauf hinweisen, daß der Anlaß des Konfliktes der kanaanäische Versuch war, die Verbindungswege und Kommunikationsmöglichkeiten zwischen den verschiedenen israelitischen Stämmen zu unterbinden. Die Randstämme in Galiläa und im Ostjordanland waren davon zunächst nicht betroffen und hielten sich deshalb auch aus den Kampfhandlungen heraus. Aufschlußreich ist, daß hier das frühe Stadium eines Zusammenschlusses verschiedener Stämme vorausgesetzt wird. Die Bezeichnungen für die Teilgruppierungen sind variabel und noch nicht in einem System zusammengefaßt: Manasse und Gad fehlen, dafür tauchen Machir und Gilead auf. Die südlichen Stämme gehören nicht zu diesem Verbund. Der Ort der militärischen Auseinandersetzung ist nach dem Deboralied das Gebiet zwischen Taanach und Megiddo, genauer bei den »Wassern von Megiddo« (Ri 5,19–22). Das Geschehen muß sich kurz vor der Staatengründung ereignet haben und es ist vorstellbar, daß dieser militärische Erfolg den locker mit-

[118] Die Lokalisierung ist unsicher, vielleicht ist der Ort am Bach Kischon zu suchen.

[119] Jos 11,10–15 hatte jedoch schon berichtet, daß Josua Hazor zerstört und dabei Jabin umgebracht hatte.

einander verbundenen Stämmen zum ersten Mal vor Augen geführt hat, wie ein enger Zusammenschluß Sicherheit und Überlegenheit gegenüber »Kanaanäern« garantieren konnte.

Ri 6–8 umfaßt eine Sammlung von Sagen über den Richter Gideon, einen Abiësriter aus Ofra[120] im Stammesgebiet Manasse. Der Text ist dtr gerahmt und bearbeitet. Der sagenhafte Charakter der Angaben macht es unmöglich, historisch Gesichertes zu erheben. Die Bedrängnis Israels entsteht dadurch, daß midianitische Kamelreiterhorden vom Osten her ins Westjordanland eindringen. Sie werden als eine solch bedrohliche Gefahr dargestellt, daß auch die kanaanäischen Stadtstaaten tangiert und herausgefordet waren. Wiederum ist die Ebene Jesreel Schauplatz der Schlacht. Gideon wird durch Männer seines Dorfes, sowie der Stämme Manasse, Ascher, Sebulon und Naftali unterstützt, aber den entscheidenden Sieg erringt er schließlich mit nur 300 Mann. Vielleicht ist das Ganze tatsächlich zu reduzieren auf einen verwegenen und erfolgreichen Widerstandsversuch gegen die immer wiederkehrenden Plünderungsaktionen einiger Nomadengruppen. Das Geschehen von zunächst lokaler Bedeutung – es könnte sich unweit der Harod-Quelle (*ʿĒn Ǧalud*) abgespielt haben – wurde nachträglich zu einem Geschehen von nationaler Bedeutung gemacht, in dem Jahwes mächtige Hand sichtbar wurde, die mit wenigen Männern eine große Gefahr ein für allemal bannen konnte.

Ebenso stark dtr bearbeitet ist die Sammlung von Sagen über den Richter Jiftach aus Gilead (Ri 10,6 – 12,6). Die Efraïmiter aus Gilead wurden von den Ammonitern bedrängt. Die zweifelhafte Herkunft des Jiftach – er ist der Sohn einer Dirne – führt mit dazu, daß er Männer um sich schart, »die nichts zu verlieren hatten« (Ri 11,3). Mit ihnen unternimmt er Raubzüge. Als einziger scheint er den führenden Männern von Gilead geeignet zu sein, der ammonitischen Gefahr zu begegnen. Sie rufen ihn zum »Oberhaupt aller Bewohner Gileads« aus (Ri 10,18). Von einer göttlichen Designation als charismatischer Führer verlautet im Text nichts. Es gelingt ihm, die Ammoniter aus Gilead zu verdrängen. Das wird ihm so viel Ruhm eingebracht haben, daß man ihn später in die Reihe der Kleinen Richter aufnahm (Ri 12,7).

Aus dem Stamm Dan kam der heldenhafte und zugleich tragische Simson (Ri 13–16). Schauplätze sind das ursprüngliche Siedlungsgebiet des Stammes, der Westrand des zentralpalästinischen Gebirges und die Schefela, bisweilen auch das Kerngebiet der Philister, die Küstenebene. Die Sammlung von Anekdoten und Kuriositäten fällt völlig aus dem Rahmen der sonstigen Richtererzählungen im Richterbuch heraus. Nach einer langen Erzählung über seine wundersame Geburt und das Nasiräer-Gelübde (Ri 13,2–25), folgt die Erzählung über seine Bekanntschaft und Hochzeit mit einer Phi-

[120] Die Lokalisierung ist nicht sicher. H. Donner, Geschichte, Band 1. Göttingen 1984, 171, Anm. 9 schlägt *Tell Ṣōfar*, 3 km von Sichem (*Tell Balāṭa)* am Ortsausgang von Nablus, links der Straße nach Samaria, vor.

listerin aus Timna. Eingeflochten ist ein Rätselwettstreit (Ri 14,10–18) und die Tötung von 30 Philistern in Aschkelon. Der Erzählstoff bereitet auf die Auseinandersetzungen mit den Philistern vor, die er um ihren Ernteertrag bringt (Ri 15,1–8) und die er bei Lehi mit einem Eselkinnbacken besiegt (Ri 15,9–19). In Gaza reißt er die Flügel des Stadttores mit den beiden Pfosten heraus und trägt sie nach Hebron (Ri 16,1–3). Im Tal Sorek verliebt er sich in die Philisterin Delila (Ri 16,4–22), und das Unglück nimmt nun seinen Lauf. In einem schwachen Moment verrät er ihr den Grund seiner übermenschlichen Kraft: sein Nasiräer-Gelübde verbot ihm, die Haare schneiden zu lassen. In seiner Haarpracht lag das Geheimnis seiner wundersamen Kraft. Delila verrät ihn an die Philister, die ihn gefangennehmen und im Dagon-Tempel zur Schau stellen. In einem letzten Aufbäumen bringt er den Tempel zum Einsturz und reißt so noch mehr Leute in den Tod mit, als er während seines ganzen Lebens getötet hatte (Ri 16,30). An historisch Verwertbarem ist in diesen Geschichten – außer, daß Erinnerungen an die Spannungen und Übergriffe zwischen Philister und einzelnen Stämmen in diesen Erzählungen fortleben – nichts enthalten.

B. Die Königreiche Israel und Juda (1000–331 v. Chr.)

I. DAS SYRISCH-PALÄSTINISCHE KLEINSTAATENSYSTEM

Nachdem im Vorderen Orient das hetitische Großreich zerstört war und die ägyptischen Kräfte durch die existenzbedrohenden Kämpfe mit den Seevölkern im 12. Jh. v. Chr. gebunden waren, entstand ein Machtvakuum. Das war die Voraussetzung dafür, daß sich beiderseits des Jordans kleinere Nationalstaaten formieren konnten. Auch im nördlichen Bereich der palästinischen Landbrücke und im südlichen Gebiet der heutigen Türkei entstanden aramäische Staaten, die teilweise das hetitische Kulturerbe weiterführten und als neo- oder spähetitische bzw. altsyrische Staaten (u.a. Aram-Damaskus; Bit Rehob am Oberlauf des Jordan; Zoba am oberen Orontes; Hamat; Bit Agusi mit seiner Hauptstadt Arpad, nördlich von Aleppo; Karkemisch am Euphrat; Bit Adini mit Til Barsip als Hauptstadt; Patina am unteren Orontes; Sam´al am Fuße des Amanus-Gebirges) bezeichnet werden[121].
Möglicherweise hat sich in Ammon (Ri 11,1ff.) und in Moab (Ri 3,12ff.) schon etwas früher als in Israel ein Nationalstaat gebildet. Dagegen entstand in Edom aus der Stämmeföderation wahrscheinlich erst im 9./8. Jh. v. Chr. – im Zuge der Auseinandersetzungen mit dem Königreich Israel – ein Königreich[122].
Nach biblischer Darstellung entwickelte sich der Nationalstaat »Israel« unter dem Druck äußerer politischer Zwänge. Die Philister, eine Untergruppe der Seevölker, hatte sich seit Ramses III. in der südlichen Küstenebene Palästinas angesiedelt. Von ihrer Pentapolis (Gaza, Aschkelon, Aschdod, Ekron und Gat) aus versuchten sie das Binnenland Palästinas unter ihre Kontrolle zu bringen. Sie gerieten damit notgedrungen in Konflikt mit den sich gerade im Ansiedlungsprozeß befindlichen frühisraelitischen Stämmegruppierungen. Die kulturellen und archäologischen Spuren der Philister sind jedoch selten eindeutig. Sie weisen in der Eisenzeit I eine ausgesprochene Mischkultur auf. Sie sind nicht so sehr ethnisch als vielmehr

[121] S. dazu H. Klengel (Hrsg.), Kulturgeschichte des alten Vorderasien. Berlin 1989, 423–428.

[122] Vgl. J. R. Bartlett, Edom and the Edomites (JSOT, SS, 77), Sheffield 1989, 122, der die Entstehung eines Königreiches in Edom in die Zeit des judäischen Königs Joram (ca. 850–840 v.Chr) datiert. I. Finkelstein, Edom in the Iron I, in: Levant 24 (1992)159–166, plädiert für das späte 11.–10. Jh. Dagegen weist P. Bienkowski, The Beginning of the Iron Age in Edom, in: Levant 24 (1992) 167–169, auf die mangelnden Anzeichen für eine Besiedlung in der Eisenzeit I in Edom hin.

geographisch zu deuten[123]. Nachdem ihre materielle Kultur anfänglich durchaus als eigenständig bezeichnet werden kann, setzte ein rascher Assimilierungsprozeß in Bezug auf die Kanaanäer ein. So stellte sich vieles, was früher der eigenständigen philistäischen Kultur zugeschrieben wurde (u.a. eine eigene »philistäische« Keramik, die anthropoiden Sarkophage, Kultobjekte), inzwischen als gemeinsame Kulturprodukte der gesamten Bevölkerung Palästinas heraus[124]. Mit der babylonischen Eroberung und Zerstörung ihrer Städte endete die philistäische Kultur endgültig[125].
Die Ausdehnung des philistäischen politischen Einflusses wird im AT erst greifbar, als sie zu einem direkten Konflikt mit einzelnen frühisraelitischen Gruppierungen führte. Die Philister scheinen Afek (*Tell Rās el-ʿAyn*) in der Schefela als ihren bevorzugten Ort für militärische Operationen bestimmt zu haben. Nach 1 Sam 4 kam es dort zur ersten größeren Konfrontation mit einem israelitischen Heerbannaufgebot: der Ausgang war für Israel denkbar ungünstig. Auch das Herbeibringen der Bundeslade auf das Schlachtfeld half nichts. Die Israeliten wurden vernichtend geschlagen, die Bundeslade von den Philistern als Beute fortgeführt (1 Sam 4,11). Tatsächlich konnte archäologisch eine zweiphasige (frühes 12. Jh. und spätes 11. Jh.) philistäische Besiedlung der Jesreel-Ebene nachgewiesen werden[126]. 1 Sam 23,1 berichtet von der philistäischen Präsenz in Keïla (*Tell Qīla*), ca. 40 km südwestlich von Jerusalem. So scheint ihre Ausdehnung auch das benjaminitische und judäische Gebirgsland umfaßt zu haben, denn dort richteten sie Militärposten ein, die u.a. Gibea (*Tell el-Fūl,* 1 Sam 10,5), Geba (Ğebaʿ, 1 Sam 13,3)[127] und den Paß von Michmas (*Wādī eṣ-ṣuwēnīt,* 1 Sam 13,23) kontrollieren sollten. 2 Sam 23,14 legt sogar nahe anzunehmen, daß auch das judäische Betlehem von einem philistäischen Posten überwacht wurde. Das würde eine engmaschige Kontrolle dieser Region voraussetzen, die es den Philistern erlaubte, das gesamte Gebiet politisch und militärisch zu überwachen. 1 Sam 13,19f. setzt voraus, daß die Philister ein Eisenmonopol besaßen, das den Israeliten verwehrte, Schwerter und Lanzen anzufertigen. Für die Herstellung der wichtigen landwirtschaftlichen Geräte (Pflugscharen, Hacken, Äxte, Sicheln) war man auf philistäische Schmiede angewiesen. Gleichzeitig scheint eine militärische Bedrohung einzelner israelitischer Stämme durch die Ammoniter vom Ostjordanland (1 Sam 10; 12,12) und durch die Amalekiter (1 Sam 15) vom Süden her ausgegangen zu sein. Damit

[123] Vgl. die grundlegende Arbeit zum Thema: T. Dothan, The Philistines and Their Material Culture. Jerusalem 1982; weiter E. Noort, Die Seevölker in Palästina (Palästina Antiqua, 8), Kampen 1994, 179; C.S. Ehrlich, The Philistines in Transition (StHCANET, vol. X), Leiden 1996.

[124] Vgl. S. Bunimovitz, Problems in the »Ethnic« Identification of the Philistine Material Culture, in: Tel Aviv 17 (1990) 210–222.

[125] Siehe vor allem S. Gittin, Last Days of the Philistines, in: Arch 45/3 (1992) 26–31, der diesen Tatbestand für Ekron nachgewiesen hat.

[126] Vgl. A. Raban, The Philistines in the Western Jezreel Valley, in: BASOR 284 (1991) 17–27.

[127] Etwa 9 km nnö von Jerusalem.

war eine ganz andere Situation gegeben als in der Zeit des Klärungsprozesses mit den kanaanäischen Stadtstaaten, als Einzelgestalten noch als »Retter« zur Durchsetzung und Wahrung des eigenen Lebensraumes ausgereicht hatten.

1. Sauls Aufstieg zum König

1.1. Literarische Quellen

Das AT ist in seinen Aussagen über die Entstehung des Königtums in Israel nicht eindeutig. In einigen Texten findet man erhebliche Bedenken gegen die Errichtung eines Königtums. Diese sog. »königskritischen« Texte (vgl. Dtn 17,14–20; Ri 8,22f.; 9,8–15; 1 Sam 8; 10,17–27; 11,12–14; Hos 3,4; 7,3; 13,10f.) wurden in späterer Zeit komponiert, als man schon negative Erfahrungen mit dem Königtum gemacht hatte[128]. Sie spiegeln den inneren Widerstand und das tief verwurzelte Unbehagen gegen eine Institution wider, die erst nachträglich theologisch mit der Ablehnung der Königsherrschaft Jahwes begründet wurde (vgl. vor allem Ri 8,22f.). Es ist nicht angebracht, die anfängliche Ablehnung einer weltlichen Königsherrschaft in Israel aus der theokratischen Idee einer Jahweherrschaft abzuleiten[129]. Vielmehr hatte das sich formierende Israel genauso Probleme bei dem gesellschaftlichen Wandel seiner Herrschaftsformen wie seine Nachbarvölker. Erst die »leidvollen« Erfahrungen nach dem Verlust des »Großreiches« sowie die Bildung einer nationalen Dynastie in Juda führten zu einer geschichtstheologischen Rückbesinnung, die sich negativ zum profanen Königtum äußerte.

1 Sam 8 und 12 bilden den Rahmen eines Textkorpus, in dem die Frage nach der Entstehung des Königtums in Israel erörtert wird. Es fällt auf, daß in diesem Komplex die Philister nicht vorkommen. Das wird auch durch das als Präludium vorgeschaltete Kap. 7 – dessen historische Zuverlässigkeit bestritten wird – verständlich, denn dort wird ein entscheidender Sieg Israels über die Philister beschrieben, die seitdem keine Gefahr mehr für Israel bilden können. Anlaß, eine Königsherrschaft in Israel einzurichten, ist nach 1 Sam 8 die allgemeine Unzufriedenheit über die Söhne Samuels, Hofni und Pinhas, die ihr Priesteramt nur zum eigenen Vorteil ausübten. So versammelten sich die Ältesten des Volkes bei Samuel in Rama[130] und baten ihn

[128] Vgl. dazu vor allem A. Soggin, Das Königtum in Israel (BZAW, Band 104), Berlin 1967, 29–45; H. Seebaß, in: ZAW 77 (1965) 286–296; 78 (1966) 148–179; 79 (1967) 155–171; F. Crüsemann, Der Widerstand gegen das Königtum. Die antiköniglichen Texte des AT und der Kampf um den frühen israelitischen Staat (WMANT, Band 49), Neukirchen 1978.

[129] Siehe dazu vor allem R.B. Coote & K.W. Whitelam, The Emergence of Early Israel in Historical Perspective (The Social World of Biblical Antiquity Series, 5), Sheffield 1987, 139–143.

[130] Der Ort ist sicher bewußt gewählt: in unmittelbarer Nähe, östlich von Rama, liegt Gibea, der Heimatort des Saul!

um einen König, »wie es bei allen Völkern der Fall ist« (1 Sam 8,5). Die Forderung, mit allen Nachbarstaaten gleichzuziehen, wird in diesem späten dtr Text als Angriff gegen die Vorstellung der theokratischen Herrschaft Jahwes empfunden und dargestellt. Angesichts der inzwischen eingetretenen Realität einer profanen Königsherrschaft kann auch dieser späte Text nicht umhin, den Verlauf so darzustellen, daß Jahwe schließlich dieser Entwicklung zustimmte, allerdings nicht ohne auf die sicher eintreffenden – überaus negativen – Erfahrungen hinzuweisen, die Israel mit der Königsherrschaft machen wird (1 Sam 8,11–18; vgl. noch 1 Sam 12,19–25). Für die historische Entwicklung von der Stämmeföderation zur Staatenbildung kann dieser Text somit wenig beitragen!

Ebensowenig ist 1 Sam 10,17–27 als in sich nicht schlüssige Erzählung eine zuverlässige Geschichtsquelle. Mittels eines Losverfahrens wählt Samuel den Stamm Benjamin aus, danach unter diesem Stamm die Sippe Matri und schließlich aus dieser Sippe Saul, der sich bei diesem Verfahren im Troß versteckt hatte. Samuel verweist auf Sauls Erwählung durch den Herrn und verkündet daraufhin dem Volk das Königsrecht, das er in ein Buch schreibt und vor dem Herrn niederlegt. Es liegt nahe, in diesem Königsrecht eine Anspielung auf Dtn 17,14–20 zu sehen, womit diese Erzählung sich als dtr Passage erweist. Die Institution der Königsherrschaft ist von vornherein diskreditiert: Jahwe wollte sie von Anfang an nicht, Israel erwies sich jedoch als störrisch, so daß Jahwe nachgab, nicht ohne darauf hinzudeuten, daß der eingeschlagene Weg ins Verderben führen wird.

Redaktionellen Ursprungs ist schließlich 1 Sam 11,12–14. Der Text verbindet die Szene von Mizpa mit den Ereignissen von Jabesch-Gilead und versucht den Widerspruch zwischen dem schon designierten und erst in V. 15 vom Volk ausgerufenen König aufzuheben.

Die sog. »neutralen« Königstexte (1 Sam 9,1–10,16; 11,1–11.15) bilden ein Konglomerat von traditionsgeschichtlich und literarisch verschiedenen Elementen. Neben knappen Einschüben (1 Sam 9,9; 10,8; 10,12a) gibt es kleinere Einheiten wie die Geschichte von »Saul unter den Propheten« (10,5f. und 9–13). Die übrigen Erzählungen haben stark anekdotenhafte Züge: Saul zieht aus, um die Eselinnen seines Vaters zu suchen, trifft bei dieser Gelegenheit Samuel, der ihn unter Ausschluß der Öffentlichkeit zum Nagid[131], zum Kronprinzen, salbt (1 Sam 9,16; 10,1). Anschließend tritt Saul ganz in die Fußstapfen der charismatischen Rettergestalten. Jahwe hat die Not seines Volkes gesehen, sein Hilfeschrei ist zu ihm gedrungen (vgl. 1 Sam 9,16). So beschließt er, Saul als charismatischen Retter auftreten zu lassen. Anlaß ist der Feldzug der Ammoniter, der zur Belagerung des ostjordanischen Jabesch (*Tell Maqlūb*) führte. Im Stile einer Rettergeschichte wird berichtet, wie Saul von der Notlage erfährt und »der Geist Gottes über ihn kam

[131] Zum Titel s. E. Lipinski, Nagid – der Kronprinz, in: VT 14 (1964) 497–499; W. Richter, Die Nagid-Formel, in: BZ 9 (1965) 71–84; T. Ishida, Nagid: A Term for the Legitimization of the Kingship, in: AJBI 3 (1977) 35–51.

und sein Zorn heftig entbrannte« (1 Sam 11,6). Der Heerbann Israels zog mit und rückte aus wie ein Mann (1 Sam 11,7), sie schlugen die Ammoniter und hoben die Belagerung von Jabesch auf. Der Heerbann erkannte nun, daß Saul auch fähig war, Israel aus der Bedrängnis der Philister zu retten. Ebenso war die Erkenntnis gereift, daß nur eine feste Institution, eine kontinuierliche militärische Befehlsgewalt mit dem Problem der äußeren Bedrohung fertig werden konnte. So rief man Saul im Heiligtum von Gilgal zum König aus (1 Sam 11,15). Interessanterweise kommen damit zwei – zumindest theoretisch postulierte – konstitutive Elemente der späteren Königsinstitution zusammen: die schon vorher erfolgte Designation durch Jahwe, die im Akt der Salbung dokumentiert wird, dazu nun die Akklamation durch das versammelte Volk.

Ganz im Sinne der Rettergestalten vor ihm gelang es Saul, die Bedrohung, die von den Philistern ausging, erfolgreich abzuwehren (1 Sam 13,2–7a.15b–23 und 14,1–46). Dabei wurden weniger große Schlachten geschlagen als vielmehr kleinere Guerilla-Aktionen gegen philistäische Posten im Gebirge unternommen. Die kleinräumigen Scharmützel spielen sich in Michmas, Geba, Bet-El und Gibea ab, also vorwiegend im Stammesgebiet Benjamin. Die Philister hatten ein besonderes Interesse daran, gerade dieses kleine Gebiet zu kontrollieren, denn sie konnten dadurch die Gebirgsübergänge in alle Richtungen überwachen. Das Stammesgebiet Benjamin brachte dementsprechend auch den ersten Führer der israelitischen Stämme, Saul, hervor. Konsequenterweise richtete Saul seine Hauptresidenz im benjaminitischen Gibea (vgl. 1 Sam 22,6; 23,19; 26,1) ein[132]. In den Erzählungen wird Sauls Sohn Jonatan eine heldenhafte Rolle zugeschrieben. Wahrscheinlich hängt das damit zusammen, daß Jonatan – als enger Freund Davids – so eher in den Glanz der Glorifizierung Davids eintreten konnte. Betrachtet man die biblischen Angaben über die Königsherrschaft Sauls, dann entsteht der Eindruck, daß er eher Führer des Heerbannaufgebotes der Stämme als ein mit allen Vollmachten ausgestatteter König war. Seine einzige Aufgabe scheint darin bestanden zu haben, die akute militärische Bedrohung durch die Philister abzuwehren und ein schlagkräftiges Heer zu unterhalten. Von irgendwelchen innenpolitischen Entscheidungen und Befugnissen, Steuereintreibung oder religionspolitischen Maßnahmen ist nicht die Rede. Aus seiner Umgebung werden nur Leute mit militärischen Aufgaben genannt: Abner, der Onkel oder Neffe Sauls, erscheint als Heerführer (1 Sam 14,50f., 17,55 u.ö.), weiter spielen auch Sauls Sohn Jonatan und David eine militärische Rolle. Unklar dagegen ist die Bezeichnung »Der Oberste von Sauls Hirten«, die dem Edomiter Doëg beigelegt wird (1 Sam 21,8). Wenn von den Stämmen überhaupt Abgaben entrichtet wurden, dann sicher nur für die Erfüllung der militärischen Aufgaben. Ebensowenig wird damit zu rechnen sein, daß Saul seine Königsherrschaft zunächst in einer Dynastiebildung zu verfestigen beabsichtigte, auch wenn

[132] Seitdem wird Gibea »Gibea Sauls« genannt (vgl. 1 Sam 11,4; 15,34; Jes 10,29).

nicht ausgeschlossen werden kann, daß er im Laufe seiner Herrschaft entsprechende Pläne entwickelte. Die wenigen Hinweise darauf (1 Sam 20,31; 2 Sam 2,8f.; 3,20ff.) stammen allerdings allesamt aus der David-Überlieferung.

Die Historizität der atl. Quellen ist im einzelnen zu prüfen. Die Berichte über das Leben des Soldatenkönigs Saul stehen im Dienste der Legitimation und Verherrlichung seines Nachfolgers David. Die Überlieferungen sind dementsprechend umgearbeitet worden. Spätere Traditionen haben vor allem den tragischen Charakter dieses Herrschers hervorgehoben, indem sie sein klägliches Ende mit seinen religiösen und politischen Verfehlungen theologisch begründet haben. Eingestreut in den Gesamtbericht sind einige schöne Erzählungen (Freundschaft zwischen David und Jonatan in 1 Sam 18ff.; die Treue seiner Frau Michal in 1 Sam 18,17–29), deren historische Zuverlässigkeit allerdings zweifelhaft ist: sie haben einen ausschmückenden und romanhaften Charakter.

1.2. Der archäologische Befund

»Sauls Residenz« in Gibea[133] wurde 1922–1923 bzw. 1933 von W.F. Albright und 1964 von P.W. Lapp und J. Kelso untersucht. Die Arbeit brachte eine mit vier Ecktürmen verstärkte Festung (sog. *migdal*) von ca. 57 x 62 m zutage. Die Ausmaße der Gesamtanlage sind jedoch nicht mehr zu eruieren. Die Anlage wurde von den Ausgräbern Saul zugeschrieben, sie könnte aber auch als philistäische Zitadelle gedeutet werden.

Eine Festung, errichtet im Zusammenhang mit den Kämpfen des Stammes Benjamin und der jungen Monarchie, könnte die kleine, befestigte Siedlung *Ḫirbet ed-Dawwara*[134] sein, die in der 2. Hälfte des 11. Jh.s gegründet wurde. Wahrscheinlich gab es nach der Zerstörung von Schilo um 1050 v. Chr. eine größere Fluchtbewegung aus dem Hügelland von Efraïm zum Stammesgebiet Benjamin. Benjamin wurde seitdem dichter besiedelt, die Philister stationierten eine Garnison im benjaminitischen Geba (1 Sam 13,3).

[133] *Tell el-Fūl* (etwa 840 m ü.M.). Etwa 5 km nördlich von Jerusalem, in der Nähe der Straße von Jerusalem nach Nablus. Die ältesten Siedlungsphasen reichen in die MB-Zeit zurück, in der EZ lassen sich fünf Phasen der Besiedlung erkennen. Zu den Ausgrabungen auf dem *Tell el-Fūl,* eine der ersten Ausgrabungskampagnen in Palästina (1868 durch C. Warren), siehe N. Lapp (Hrsg.), The Third Campaign at Tell el-Ful: The Excavations of 1964. AASOR 45 (1981) 1–38; L.A. Sinclair, s.v. Gibeah, in: EAEHL, vol. II. Ed. by Michael Avi-Yonah. Jerusalem 1976, 444–446 (mit Literaturangaben); A. Mazar, Archaeology. New York 1990, 373f.; W.G. Dever, Recent Archaeological Discoveries and Biblical Research. Seattle & London 1990, 94 und Grundriß der Anlage auf S. 95 (Abb. 18).

[134] Vgl. I. Finkelstein, Excavations at Khirbet ed-Dawwara: An Iron Age Site Northeast of Jerusalem, in: Tel Aviv 17 (1990) 163–208. Die Ortschaft befindet sich etwa 1,5 km östlich von Michmas. Eine Datierung in die davidische Zeit befürwortet jedoch A. Mazar, Archaeology. New York 1990, 374.

1.3. Das Ringen um ein Königtum

Ein erster Versuch, sich mit der Institution des Königtums auseinanderzusetzen, wird in Ri 9 beschrieben: Abimelech aus Ofra im Stammesgebiet von Manasse veranlaßte die aristokratische Oberschicht der Stadt Sichem, mit der er durch seine Mutter verwandt war, ihm eine Herrscherfunktion zu übertragen. Mit Geld aus dem Tempel von Sichem legte er sich aus zweifelhaften Elementen eine Söldnertruppe zu und eroberte damit auch die Macht in Ofra, indem er all seine Brüder, die 70 Söhne Jerubbaals, ausrottete; nur der jüngste Sohn, Jotam, überlebte[135]. Daraufhin riefen ihn die Bürger von Sichem zum König aus. Von seinem sicheren Standort Sichem aus versuchte er nun, weitere Gebiete seinem Einflußbereich einzugliedern. Seine Residenz verlegte er von Sichem nach Aruma, 10 km südöstlich von Sichem (Ri 9,41). Gegen seine Herrschaft brach jedoch in Sichem eine offene Revolte aus, so daß Abimelech gegen die Stadt einschreiten mußte, die ihn vorher als König ausgerufen hatte. Während der Belagerung der Burg von Tebez (*Ṭūbās*) warf ihm eine Frau einen Mühlstein auf den Kopf und zerschmetterte ihm den Schädel. Sein Waffenträger gab ihm auf sein Geheiß den Gnadenstoß (Ri 9,50–57). Die antikönigliche Tendenz dieser Geschichte ist unübersehbar, ihre Zuordnung zum dtr Geschichtswerk allerdings umstritten[136].

1.4. Das Königtum Sauls

1.4.1. Die Ausdehnung des Herrschaftsgebietes

Die Ausdehnung des Herrschaftsgebietes kann mit einiger Wahrscheinlichkeit aus 2 Sam 2,8f. erschlossen werden: Abner, Sauls Heerführer, versucht Sauls Sohn Ischbaal zum Nachfolger für seinen verstorbenen Vater ausrufen zu lassen. Er inszeniert diese Proklamation in Mahanajim im Ostjordanland. Zum Territorium des saulidischen Reiches gehören danach Gilead, Ascher, Jesreel, Efraim und Benjamin[137]. Dabei ist zumindest für »Jesreel« Vorsicht geboten. Denn gemäß der Erzählung über Sauls verlorene Schlacht gegen die Philister und seinen Tod auf dem Gebirge von Gilboa (1 Sam 31) stand die Ebene Jesreel gewiß unter der Kontrolle der Philister. Manasse ist nicht genannt, wird aber vielleicht vom hier als Landschaftsnamen gebrauchten Efraim mit abgedeckt. Auffallend jedoch ist, daß die südlichen Stämme Juda und Simeon nicht erwähnt werden. Das südliche Gebiet des

[135] Die königskritische Tendenz der Erzählung wird durch den Einschub der Jotamfabel (Ri 9,8–15) noch verstärkt.

[136] M. Noth, Überlieferungsgeschichtliche Studien. Darmstadt [3]1967, 52, zählt den Text unter Hinweis auf Ri 8,28.30–35 (dtr Überleitungstext vom Gideon-Komplex zur Abimelech-Geschichte) zum dtr Geschichtswerk. Differenzierter bei F. Crüsemann, Der Widerstand gegen das Königtum (WMANT, Band 49), Neukirchen 1978, 32–42. H. Donner, Geschichte, Band 1. Göttingen 1984, hält den Text für ein Stück früher israelitischer Geschichtsschreibung.

[137] Der Zusatz »und über ganz Israel« möchte das Herrschaftsgebiet generalisierend auf die Ausdehnung unter seinem Nachfolger David erweitern.

späteren Davidreiches scheint demnach nicht zum Herrschaftsgebiet Sauls gehört zu haben. Die Ausdehnung des saulidischen Herrschaftsbereichs entspräche in etwa der der Angaben im Deboralied (Ri 5) oder der Ausdehnung des Nordreiches nach dem Tod Salomos. Zur Zeit Sauls hat David in Hebron ein eigenständiges Königtum begründet. An diesem Tatbestand ändern auch die Hinweise auf kriegerische Scharmützel der Söldner Sauls gegen die Philister (1 Sam 17 bei Socho) bzw. gegen David (1 Sam 23 in Keïla) sowie seine Verfolgung Davids (1 Sam 23; 24 und 26) im judäischen Gebirge nichts. Denn diese sagen nichts aus über die dortigen Herrschaftsverhältnisse.

1.4.2. Religiöse Vorstellungen zur Zeit Sauls

Als schwieriger erweist sich der Versuch, verifizierbare Aussagen über die Entwicklung der Glaubensvorstellungen und der religiösen Praxis zur Zeit Sauls zu machen. Ob Jahwe schon ein Nationalgott für alle ihm unterstellten Stämme war, ist mehr als zweifelhaft. Die biblische Tradition hat Jahwe dennoch in alle entscheidenden Situationen des Lebenslaufes Sauls hineinverwoben, angefangen von der Königswahl bis zu seiner Verwerfung. Aktiv und gestaltend hat Saul wahrscheinlich nicht in das religiöse Leben eingegriffen. 1 Sam 21,2–10 und 22,6–23 berichten von der Priesterschaft in Nob[138], wo der flüchtige David beim Priester Ahimelech Zuflucht findet und Verpflegung bekommt. Saul nimmt dafür Rache an den Priestern: weil seine eigenen Männer sich nicht an den »Priestern des Herrn« vergreifen wollen, führt der Edomiter Doëg Sauls Befehl aus und tötet 85 Priester. Die Priesterstadt Nob wurde zerstört, nur der Priestersohn Abjatar konnte fliehen. So viel wird aus dieser Erzählung zu entnehmen sein, daß Priesterschaften aus der Sicht des Herrschers nicht eine eigene Politik betreiben durften, sondern sich seinen Interessen unterzuordnen hatten. Der stetige Niedergang Sauls wird mit seinen religiösen Verfehlungen begründet. In Gilgal bringt er unerlaubte Brandopfer dar (1 Sam 13,7b–15a); er besucht in En-Dor eine Totenbeschwörerin (1 Sam 28); ein religiöser Konflikt bahnt sich an, als Saul aufgrund eines Gelübdes beim Kampf gegen die Philister seinen eigenen Sohn Jonatan töten sollte (1 Sam 14,23b–46); letztlich provozierte vor allem sein Verhalten im Krieg gegen die Amalekiter seine Verstoßung durch Jahwe (1 Sam 15). Das berichten Erzählungen verschiedener Herkunft und unterschiedlicher Abfassungszeit. Auf den Punkt bringen die Aussagen von 1 Sam 16,14f.; 18,10.12 die Situation, wenn sie behaupten: »Der Geist des Herrn war von Saul gewichen; jetzt quälte ihn ein böser Geist, der vom Herrn kam.« Im Sinne des charismatischen Verständnisses des Amtes konnte Jahwes Geist über jemanden kommen, ohne damit einen Zustand auf Lebenszeit zu schaffen. Dauerhafte staatliche und religiöse

[138] Nob (*Rās el-Mušārif*) wird auf dem heutigen Skopus-Berg, im Norden Jerusalems, lokalisiert.

Institutionen, die eine Schwächung der Person des Herrschers hätten überbrücken können, gab es offensichtlich noch nicht, so daß das Experiment der Königsherrschaft mit Saul als Träger ebenso scheitern mußte, wie es überraschend begonnen hatte. Nach dem AT wird Saul an den Richtern gemessen. Das wird vor allem deutlich in Samuels Abschiedsrede in 1 Sam 12,8–13. Wie der Richter Gideon kämpft auch Saul mit nur 300 Mann gegen eine Übermacht (Ri 7 und 1 Sam 13,13). Wie Jiftach wartet Saul nicht auf Samuel bei der Darbringung seines Opfers. Jiftach und Saul (Ri 11,30f. und 1 Sam 13 und 14) verstricken sich in einen religiösen und tragischen Konflikt, indem eilfertig ein Gelübde ausgesprochen wird, dessen bindende Wirkung ein Menschenopfer (Jiftachs Tochter bzw. Jonatan) verlangt.
Der Bericht vom tragischen Ende Sauls liegt in 1 Sam 31 vor. Nachdem die Philister in die Ebene Jesreel eingedrungen waren, drohte eine Spaltung im gerade geeinten Stämmeverband. Das von Saul dominierte zentralpalästinische Gebirge wurde von den nördlichen Stämmen getrennt. Die theologisch begründete Erzählung von Sauls Besuch bei der Totenbeschwörerin von En-Dor (1 Sam 28,3–25) berichtet über die Kontaktnahme mit dem Totengeist Samuels, die Sauls schlimmste Vorausahnungen bestätigt und auf den vernichtenden Ausgang der bevorstehenden Schlacht hinweist. Auf dem Gebirge Gilboa finden sich die geflüchteten Israeliten wieder, Jonatan wird von den Philistern bei der Flucht umgebracht, Saul kann seinem gewaltsamen Tod nur durch Selbstmord zuvorkommen. Die Philister gehen grausam mit dem Leichnam um. Sie schlagen ihm den Kopf ab, ziehen ihm die Rüstung aus und schicken beides im Land der Philister umher. Seinen Leichnam befestigen sie schließlich an der Stadtmauer von Bet-Schean. Den Einwohnern von Jabesch-Gilead gelang es jedoch, die Leiche Sauls und die seiner Söhne von der Mauer abzunehmen und sie nach Jabesch zu bringen.

2. David

2.1. Literarische Quellen

Das AT berichtet über den Aufstieg Davids in 1 Sam 16 – 2 Sam 4 und behandelt seine Herrschaft über das geeinte Königreich bis zu den Thronstreitigkeiten an seinem Lebensende in 2 Sam 5 – 1 Kön 2,12. Der Bericht über seinen Aufstieg ist ein in einem langen Wachstumsprozeß entstandenes Werk, das gerne als ein erster Versuch israelitischer Geschichtsschreibung betrachtet wurde[139]. Diese Bewertung ist insofern richtig, als ein deut-

[139] Vgl. aus der Fülle der Literatur: G. von Rad, Der Anfang der Geschichtsschreibung im alten Israel, in: Archiv für Kulturgeschichte 32 (1944) 1–42 [= Gesammelte Studien zum Alten Testament (ThB, Band 8), München ³1965, 148–188]; R. Smend, Elemente atl Geschichtsdenkens, in: ThSt 95 (1968); R. Rendtorff, Beobachtungen zur altisraelitischen Geschichtsschreibung anhand der Geschichte vom Aufstieg Davids, in: Probleme biblischer Theologie, Fs. G. von Rad. München 1971, 428–439; T. Veijola, Gesammelte Studien zu den Davidüberlieferungen des Alten Testaments. Helsinki & Göttingen 1990.

licher Unterschied zu der Quellenlage z.B. der Erzvätergeschichten gegeben ist. Denn die dort enthaltenen Sagen können im besten Fall über den Umweg der Traditionsgeschichte einiges für die Rekonstruktion der Geschichte der Frühzeit abwerfen, während wir es hier mit einem – allerdings durchaus theologischen und politisch tendenziösen[140] – Werk zu tun haben, das gelegentlich direkt historisches Quellenmaterial verarbeitet, an anderen Stellen jedoch stark romanhafte Elemente aufweist. Dadurch ist ein in der altorientalischen Literatur spezifisch israelitisches Genre der Geschichtsschreibung entstanden, das sich durchaus von der Geschichtsliteratur der Nachbarvölker unterscheidet[141].

2.2. Der archäologische Befund

Der archäologische Befund der Davidszeit ist sehr spärlich. Das jebusitische Jerusalem, das David eroberte, lag auf einem schmalen Felssporn, der östlich vom tiefen Einschnitt des *Kidron-Tals* und westlich vom Tyropoion-Tal begrenzt war. Oberhalb der Gichon-Quelle fand man die terrassierten Fundamente eines monumentalen Gebäudes, das vermutlich aus dem 10. Jh. v. Chr. stammt und versuchsweise als »*Zions-Feste*« (*Meṣudat Ṣion*, vgl. 1 Chr 11,5) bezeichnet wurde[142].

Die gewaltsamen Zerstörungen der kanaanäischen Stadt Megiddo (*Tell el-Mutesellim*, Stratum VI A) und der philistäischen Siedlung *Tell Qasīle* (Stratum X) wurden früher auf David zurückgeführt, ebenso bescheidene Wiederaufbaumaßnahmen in Megiddo (Stratum V B) und *Tell Qasīle* (Stratum IX)[143]. Inzwischen wird diese Datierung aus guten Gründen in Frage gestellt[144].

[140] Siehe in diesem Sinne die kritische Arbeit von F. Schicklberger, Die Davididen und das Nordreich. Beobachtungen zur sog. Geschichte von Davids Aufstieg, in: BZ NF 18 (1974) 255–263, der darin den politischen Anspruch der Davididen auf das Nordreich sieht, oder P.C. McCarter, The Apology of David, in: JBL 99 (1980) 489–504, der die Aufstiegsgeschichte Davids als eine Apologie des davidischen Königtums versteht.

[141] Vgl. dazu vor allem H. Cancik, Grundzüge der hetitischen und atl. Geschichtsschreibung, (ADPV), Wiesbaden 1976.

[142] Vgl. Y. Shiloh, Excavations at the City of David I, in: Qedem 19 (1984)16–17.27; A. Mazar, Archaeology. New York 1990, 374. Siehe dagegen M. Steiner, David's Jerusalem: Fiction or Reality, in: BAR 24 (1998) 26–33.62, die annimmt, daß es keine spätbronzezeitliche Stadt Jerusalem, dafür höchstens ein ägyptisches Reichsgut gegeben hat. In den Zeitraum um 1200–1000 v.Chr. sind nur ein Gefäß (sog. *collared-rim jar*), ein Gebäude sowie eine Terrassenstruktur zu datieren. Das terrassierte monumentale Gebäude stammt aus dem späten 10. Jh. v.Chr. Dagegen J. Cahill und N. Na´aman, in: BAR 24/4 (1998)34–41.63 und 42–44.

[143] Vgl. A. Mazar, Archaeology. New York 1990, 374. Y. Aharoni schrieb ohne ausreichende Begründung die Errichtung einiger öffentlicher Gebäude (u.a. die Paläste 6000 und 1723 in Megiddo, die Toranlage in Tell Dan, Stratum V in Beer-Scheba mit der Vierkammertor-Anlage und massiver Stadtmauer) David zu.

[144] Vgl. I. Finkelstein, The Archaeology of the United Monarchy: an Alternative View, in: Levant XXVIII (1996) 177–187, der darauf hinwies, daß es keine verläßlichen Kriterien für eine genaue archäologische Bestimmung der Zeit zwischen 1200 und dem 8. Jh. v. Chr. gibt. Stratum VA–IVB in Megiddo, Stratum XI in Arad und Stratum V in Beerscheba wären auf der Grundlage der philistäischen bichromen Keramik und der archäologischen Ergebnisse in Arad und Jesreel dann möglicherweise in das 9. Jh. v. Chr. zu datieren.

2.3. Die Königsherrschaft Davids

2.3.1. Die Situation nach Sauls Tod

Obwohl das tragische Ende Sauls nach den atl. Berichten mit einer verheerenden Niederlage durch die Philister zusammenhängt, scheinen die Philister entgegen 1 Sam 31,7 weder die Ebene Jesreel noch das Ostjordanland ständig besetzt zu haben. Die militärische Führung der saulidischen Truppen hatte sich offenbar mit dieser Niederlage nicht abgefunden. Der Heerführer Abner rief im ostjordanischen Mahanajim einen Sohn Sauls mit Namen Ischbaal zum Nachfolger Sauls über »Gilead, Ascher, Jesreel, Efraim und Benjamin (und über ganz Israel)« aus (2 Sam 2,8–10). Die Ausrufung im Ostjordanland, weit weg vom ursprünglichen Zentrum des saulidischen Reiches, mag symptomatisch für den Schwächezustand des jungen Staates gewesen sein. Zudem fehlten diesem Königtum die konstitutiven Elemente, die eine Königsherrschaft in Israel wahrscheinlich geprägt haben: sowohl die Designation durch Jahwe – in welcher Form auch immer diese in der Praxis gehandhabt wurde – wie auch die Akklamation durch das gesamte Volk. Von Ischbaal gingen keinerlei wesentliche Impulse für den Kampf gegen die drohende Philistergefahr aus; nach 2 Sam 2,12 – 3,1 führten die Männer des Abner vielmehr einen Kleinkrieg gegen den immer stärker werdenden David und seinen Befehlshaber Joab.

2.3.2. Der Aufstieg Davids

Die Erzählung vom Aufstieg Davids wird in 2 Sam in lebhaften Farben erzählt und sagenhaft ausgeschmückt. Sie ist zusammengestellt aus verklärender Sicht heraus, als David längst zum Idealtypus des Königs geworden war.

Nach den biblischen Quellen wurde David, einer der Söhne des Betlehemiters Isai, von Samuel zum König gesalbt und sowohl aufgrund seiner Fähigkeit, gut Zither spielen zu können, wie wegen seines hübschen Aussehens und seiner militärischen Fähigkeiten in den Dienst Sauls berufen (vgl. 1 Sam 16). Nach 1 Sam 18,1–4; 20; 2 Sam 1,23.25f. entwickelte sich eine enge Freundschaft mit Sauls Sohn Jonatan. Saul setzte David an die Spitze seiner Krieger. Aber nachdem ihm dessen militärischer Erfolg unheimlich wurde, entstand Mißtrauen und sogar Feindschaft. Aus diesem Grund versprach er, David seine Tochter Michal, die David liebte, unter der Bedingung zur Frau zu geben, daß er die Vorhäute von hundert Philistern herbeibringe. Er hoffte, daß David bei dieser verwegenen Aktion den sicheren Tod finden würde (1 Sam 18,20–30). Aber Davids Glückssträhne setzte sich fort. Der Zuspruch und die Begeisterung des Volkes für David vertieften den Neid und Haß Sauls, so daß es für David immer gefährlicher wurde, am Hof Sauls zu bleiben. So floh David vor Saul und suchte zunächst Zuflucht im Propheten-Haus des Samuel (1 Sam 19,8–24), wo Saul ihm nichts anhaben konnte.

Damit war Davids Karriere am Hof durch seine Flucht vorerst jäh beendet. Er kehrte nicht zu seiner Familie nach Betlehem zurück. Offensichtlich hatte er Gefallen am Kriegshandwerk gefunden und sammelte um sich eine Truppe von Söldnern zweifelhafter Herkunft und unterschiedlicher Motivation: »Auch schlossen sich ihm viele Männer an, die unter Druck standen, sowie alle möglichen Leute, die Schulden hatten oder verbittert waren, und er wurde ihr Anführer. So waren etwa 400 Mann um ihn« (1 Sam 22,2). Sein besonderes Augenmerk galt den guten Beziehungen zu den Judäern: nicht nur, daß er sie mit seiner bunt zusammengewürfelten Truppe gegen Überfälle der Nomaden und gegen die Philister verteidigte, es gelang ihm auch durch seine Heirat mit zwei Judäerinnen aus vornehmen Familien (Abigajil aus dem judäischen Karmel[145] und Ahinoam aus dem in der Schefela gelegenen Jesreel), seine Verwurzelung in dem judäischen Landstrich unter Beweis zu stellen (1 Sam 25). Um den Nachstellungen Sauls zu entkommen, begab sich David in das Gebiet der Philister, wo er mit seiner nun 600 Mann starken Söldnertruppe in den Dienst des Philisterkönigs Achisch von Gat trat (1 Sam 27). Vom Philisterkönig belehnt mit der judäischen Stadt Ziklag, unternahm er Raubzüge zu den Geschuritern, Geresitern und Amalekitern und schützte damit die Südgrenze des judäischen Kulturlandes. Von der entscheidenden Schlacht der Philister gegen Sauls Truppen wurde er aufgrund seiner Herkunft und seiner Dienstzeit bei Saul ausgeschlossen (1 Sam 29). Nach einem vernichtenden Schlag gegen die Amalekiter, die das Negeb-Gebiet und Ziklag überfallen hatten, schenkte David einen Teil seiner Beute den Ältesten von Juda (1 Sam 30).

2.3.3. David als König von Juda

Nach dem Tod Sauls und seines Sohnes Jonatan (1 Sam 31) entstand unter den Stämmen Israels eine neue Situation. Die Südstämme unter der Führung von Juda fühlten sich vom Haus Saul nicht vertreten: nicht nur, daß nach dem Tode Sauls und Jonatans ein überzeugender Nachfolger aus der gleichen Dynastie fehlte, auch ihre Partikularinteressen schienen beim erfolgreichen Södnerführer David besser aufgehoben zu sein. Als David nach einer Befragung Jahwes mit seinen Männern nach Hebron zog, salbten ihn dort die Männer Judas zum König über das Haus Juda (2 Sam 2,1–4). Hinter dieser Darstellung – und noch mehr hinter dem späteren Versuch in 1 Sam 16,1–13 das fehlende Element der Designation durch Jahwe nachzuliefern – ist eine kluge, zielstrebige Politik Davids zu erkennen, der sich durch seine taktischen Maßnahmen den Südstämmen bestens empfohlen hatte.

2.3.4. Die Ausdehnung der Herrschaft über die Nordstämme

Die Proklamation zum König von Juda verschaffte David mit dem jetzt ihm verfügbaren Heerbann eine Hausmacht, die weit über seine bisherige

[145] Heute *Hirbet el-Kirmil*, etwa 12 km südöstlich von Hebron.

Söldnertruppe hinausreichte. Es konnte nicht anders kommen, als daß Davids militärisches Geschick auf die von den Philistern gedemütigten israelitischen Stämme des Nordens und des Ostjordanlandes eine immer stärker werdende Anziehungskraft ausübte. Daß dort mit Sauls Sohn Ischbaal ein eher bescheidenes und kraftloses Nachspiel der saulidischen Dynastie begann, hinderte ihn nicht daran, pietätvoll an die tragische Gestalt Sauls zu erinnern. Er ließ den Amalekiter, der sich rühmte, dem sterbenden Saul den Gnadenstoß versetzt zu haben, umbringen (2 Sam 1,1–16). Die Einwohner von Jabesch, die sich um den Leichnam Sauls gekümmert hatten, bedachte er mit einer Segensformel (2 Sam 2,4b–7). Später wird er die Gebeine Sauls und Jonatans nach Zela im Lande Benjamin überführen (2 Sam 21,13f.). Nun galt es noch, die militärische Führung der Nordstämme, vor allem ihren General Abner, für sich zu gewinnen. Nachdem Abner einen Kampf zwischen den Söldnern Ischbaals und Davids General Joab provoziert hatte, endete die Auseinandersetzung in einem Gemetzel, das zum Nachteil Abners ausging (2 Sam 2,12–3,1). Der eigentliche Heerbann Judas wurde gegen den Norden offensichtlich nicht eingesetzt. Abner erkannte die drückende Übermacht der Truppen Davids und führte Verhandlungen mit David (2 Sam 3,12–21). Dabei bestand David auf der Rückgabe der Tochter Sauls, Michal, mit der er verheiratet gewesen war und die Saul ihm weggenommen und Paltiël aus Bahurim gegeben hatte. Damit unterstrich David seine Verbindung mit dem Hause Sauls. Als Abner David in Hebron versprach, ganz Israel auf Davids Seite zu ziehen, und sich auf den Weg machte, sein Versprechen einzulösen, lockte Joab ihn in einen Hinterhalt und ließ ihn aus Rache für den Tod seines Bruders Asaël ermorden. Das hätte der Todesstoß für die davidische Politik sein können, aber David distanzierte sich ausdrücklich vom Blutracheakt seines Generals (2 Sam 3,28–39). Ohne seinen starken Mann Abner hatte Ischbaal Autorität und Rückhalt verloren. Es war nur noch eine Frage der Zeit, bis die Stimmung im Norden und Osten zugunsten Davids umschlug. Zwei Benjaminiter meinten, David einen Gefallen zu tun, indem sie den schwachen Ischbaal in Mahanajim umbrachten und dessen Kopf als Trophäe für David nach Hebron brachten. David ließ die beiden Männer töten, ihre Hände und Füße abhacken und ihre Leichen am Teich von Hebron aufhängen (2 Sam 4). Den israelitischen Stämmen im Norden und Osten blieb nun nichts anderes übrig, als auf David zu setzen: »Alle Ältesten Israels kamen zum König nach Hebron; der König David schloß mit ihnen in Hebron einen Vertrag vor dem Herrn und sie salbten ihn zum König von Israel« (2 Sam 5,3).

2.3.5. Die Gestaltung des davidischen Königreiches

a. Die unterworfenen Nachbarvölker und die Kanaanäer

Als König von Juda stellte David für die Philister nicht unbedingt eine direkte Gefahr da. Obwohl Mißtrauen gegen den unberechenbaren judäischer Söldnerführer von Anfang an vorhanden war, wurde David für die

Philister erst zum gefährlichen Machtfaktor, nachdem ihm die Königswürde auch von den Nordstämmen angetragen worden war. Noch unter Saul hatten diese mit wechselndem Erfolg versucht, sich aus der Machtsphäre der Philister zu lösen, dann aber in der Schlacht auf dem Gebirge Gilboa eine entscheidende Niederlage erlitten. Die gebündelte Kraft des judäischen Heerbannes und der versprengten israelitischen Nord- und Oststämme wurde nun für die Philister zu einer ernstzunehmenden Gefahr. So beschlossen sie, in einer Art Präventivkrieg die beiden Reichsteile auseinanderzudividieren, indem sie gegen den südlichen kanaanäischen Querriegel zogen. Nach 2 Sam 5,17 zog sich deshalb David in eine nicht genannte Bergfestung zurück, während die Philister in der Rafaïterebene[146] umherstreiften. Die ätiologische Notiz läßt David in Baal-Perazim siegen (2 Sam 5,17–21). Er konnte die Philister bedrängen und vertrieb sie im ganzen Gebiet zwischen Geba und der Gegend von Geser (2 Sam 5,22–25). Die Philister stellten keine Bedrohung mehr für die junge Monarchie dar. David hat ihnen die politische Selbständigkeit genommen und sie als Vasallenstaaten kontrolliert. Obwohl ihre Expansionsbestrebungen für immer beendet waren, führten sie weiterhin ihr Eigenleben als Pentapolis. Wahrscheinlich traten viele Philister in die Söldnertruppe Davids ein[147].

Ein Großteil der israelitischen Stämme ging aus der kanaanäischen Gesellschaft hervor. So ist sowohl ihre Abgrenzung den Kanaanäern gegenüber wie auch der Prozeß der Volkwerdung in den Nordstämmen und in Juda in keinen zeitgenössischen Quellen überliefert. Erst das Ergebnis im sich organisierenden Territorialstaat Davids und Salomos ist uns bekannt und liegt in der Namensliste der Statthalter für ganz Israel unter Salomo (1 Kön 4,7–19) vor. Die politische Autonomie der kanaanäischen Städte scheint während der Regierung Davids beseitigt gewesen zu sein. Sie machten einen integralen Bestandteil des neuen Königreiches aus. Das schwerste Hemmnis für den politischen Einigungsprozeß zwischen Israel und Juda wurde durch die Auflösung des nördlichen und südlichen Querriegels kanaanäischer Städte beseitigt. Damit waren aber die z.T. tiefgreifenden politischen, sozialen und religiösen Unterschiede zwischen den einzelnen Stämmen und den kanaanäischen Städten keineswegs aufgehoben. Wiederum aus der Regierungszeit des Salomo wird berichtet, daß der König neben dem Heerbann von Juda und Israel und neben der privaten königlichen Söldnertruppe noch ein königliches Streitwagenkorps einrichtete (1 Kön 5,6.8). Es ist anzunehmen, daß diese Spezialeinheiten von den ehemaligen kanaanäischen Stadtstaaten gestellt wurden, da nur sie Erfahrung in dieser Kriegstechnik hatten. Ob man bei David von einem »Großreich« sprechen darf, bleibt umstritten. Sicher war die politische Situation im Vorderen Orient dafür günstig. Die

[146] Im Gegensatz zur Ebene (heute *el-Baq`a*, südwestlich des alten Jerusalem) ist die Ortsangabe Baal-Perazim nicht sicher lokalisierbar.

[147] Das wird sicher zutreffen für die »Gatiter« von 2 Sam 15,18, vielleicht aber auch für die Kereter und Peleter von 2 Sam 8,18 und 15,18.

großen Reiche der Hetiter und Ägypter waren seit dem Seevölkersturm vernichtet bzw. geschwächt. Erst die Assyrer werden im 9.–8. Jh. v. Chr. diese Tradition fortsetzen. Für die kleineren Territorialreiche, die seit dem 12. Jh. v. Chr. in Syrien-Palästina entstanden, ist mit einem ständig wechselnden Einfluß und gelegentlicher Dominanz einzelner Staaten zu rechnen, ohne daß einer dieser Staaten beherrschend in der Region wurde. In diesem Zusammenhang sind die biblischen Angaben über den Territorialbestand des davidischen Reiches zu relativieren und kritisch zu bewerten. Das vereinigte Königreich Juda und Israel ist eher als eine Zusammenbündelung verschiedener kleiner Einheiten zu betrachten, über die einer (David und nach ihm Salomo) die Führung gewann. Ein verwaltungsmäßig durchgegliedertes und politisch zentralistisch orientiertes Königreich war das noch nicht[148]. Für das spätere Israel und Juda war David eine Lichtgestalt. Der Hofstil ließ den davidischen Kleinstaat zu einem beträchtlichen Großreich anwachsen, wie es 1 Kön 5,1 dann für Salomo bezeugt: »Salomo war Herrscher über alle Reiche vom Eufrat bis zum Land der Philister und bis an die Grenze Ägyptens. Sie entrichteten Abgaben und waren Salomo untertan, solange er lebte.« Von einer konsequenten Eroberungspolitik Davids in der Region kann gewiß keine Rede sein. Wahrscheinlich mögen ihm verschiedene Nachbarstaaten in unterschiedlicher Weise zugeordnet bzw. mit ihm alliiert gewesen sein. Die Angaben sind jedenfalls im einzelnen zu prüfen. 2 Sam 24,5–7 berichtet über eine Volkszählung der Krieger, die David in seinem Reich durchführt, was die vv.10–17 als schweres Vergehen gegen Jahwe bewerten. Die Zahl der Krieger beläuft sich für Israel auf 800.000, für Juda auf 500.000! Genauso übertrieben wie die Zahlen sind auch die Angaben über das Territorium: Angefangen bei Aroer über dem Arnontal führt der Weg des beauftragten Joab und seiner Heerführer nach Gad und Jaser, weiter nach Gilead und »in das Land der Hetiter nach Kadesch« (V. 6). Von dort zogen sie weiter nach Dan, Sidon, Tyrus, den Städten der Hiwiter und der Kanaaniter, weiter in den Negeb von Juda hinab nach Beerscheba.

Die phönikische Küste (nach 2 Sam 24,6–7 gehört sie zum Reich Davids) ist politisch selbständig. Die Notiz in 2 Sam 5,11, wonach der König von Tyrus, Hiram, David eine Gesandtschaft geschickt und ihm Zedernholz für

[148] Der Fund der zwei Stelen-Bruchteile in Tell Dan, die angeblich »das Haus Davids« erwähnen, zeigt allerdings, daß im 9. Jh. David als Gründer einer »Dynastie« betrachtet wurde. Vgl. dazu A. Biran & J. Naveh, An Aramaic Stele Fragment from Tel Dan, in: IEJ 43/2–3 (1993) 81–98; E.A. Knauf, A. de Pury & Th. Römer, *BaytDawid ou *BaytDod. Une relecture de la nouvelle inscription de Tel Dan, in: BN 72 (1994) 60–69; É. Puech, La stèle araméenne de Dan: Bar Hadad II et la coalition des Omrides et de la maison de David, in: RB 101 (1994) 215–241; A. Biran & J. Naveh, The Tel Dan Inscription: A New Fragment, in: IEJ 45/1 (1995) 1–18; H.-P. Müller, Die aramäische Inschrift von Tel Dan, in: ZAH VIII/2 (1995) 121–139; N. Na`aman, Beth-David in the Aramaic Stela from Tel Dan, in: BN 79 (1995) 17–24; G.A. Rendsburg, On the Writing bjtdwd in the Aramaic Inscription from Tel Dan, in: IEJ 45/1 (1995) 22–25. Kritisch dazu N.P. Lemche, The Israelites in History and Tradition. London & Louisville, KY 1998, 38–43.

den Bau eines Palastes besorgt habe, hängt mit der Legendenbildung um David zusammen.
Nach 2 Sam 10,6–19 befanden sich unter den Gegnern Davids bei seinem Ammoniterfeldzug vor Rabbat Ammon auch eine Koalition von Aramäerstaaten (Bet-Rehob, Zoba, Maacha und Tob), die Joab allesamt in die Flucht schlagen konnte. Hadad-Eser, der König von Aram-Zoba, war damals der mächtigste Herrscher und kontrollierte Damaskus, Galiläa und Nord-Transjordanien. Als die Aramäer sich unter der Führung von Hadad-Eser von Aram-Zoba gegen David in Helam[149] versammelten, konnte David »700 aramäische Kriegswagen vernichten und 40 000 Reiter töten« (2 Sam 10,18). Die aramäischen Könige, die in einem Vasallitätsverhältnis zu Hadad-Eser standen, erkannten die Überlegenheit der Israeliten an, schlossen Frieden und unterwarfen sich (2 Sam 10,19). Toï, der König von Hamat und Gegner des Hadad-Eser, gratulierte David zu seinem Sieg und schickte ihm Gefäße aus Gold, Silber und Bronze (2 Sam 8,9–10). Damaskus befreite sich aus der Herrschaft des Hadad-Eser, indem eine Freischar unter der Führung von Reson die Macht übernahm und Reson Stadtkönig wurde (1 Kön 11,23–25). Die Auseinandersetzungen mit den Aramäerstaaten ergaben sich aus ihrer Unterstützung für die Ammoniter. Der Bericht über die Kriegshandlungen gegen die Ammoniter (2 Sam 10,1 –11,1.16–27; 12,26–31) wurden in die Thronnachfolgegeschichte Davids eingearbeitet, die insgesamt dem dtr Geschichtswerk angehört. Mit dem ammonitischen König Nahasch unterhielt David noch freundschaftliche Beziehungen. Unter seinem Nachfolger Hanun wurde Davids Gesandtschaft, die eine Kondolenzbotschaft zum Tode des Nahasch überbringen wollte, von Hanun schwer beleidigt. Die Ammoniter, die Davids Rache fürchteten, bewarben sich nun um die Unterstützung durch die Aramäer von Bet-Rehob, Zoba, Maacha und Tob. In den eigentlichen Kriegsbericht wurde die Geschichte des Hetiters Urija und seiner Frau Batseba eingeflochten (2 Sam 11). David ließ die ammonitische Hauptstadt Rabba belagern, übernahm nach der Eroberung die ammonitische Krone, plünderte die Stadt und zwang die Einwohner des ammonitischen Reiches zu Fronarbeit (2 Sam 12,26–31).
In einem einzigen Vers (2 Sam 8,2) wird die Unterwerfung der Moabiter berichtet. Zwei Drittel des Volkes ließ David umbringen, der Rest wurde ihm untertan und tributpflichtig. Wahrscheinlich ist hier nur vom moabitischen Einflußgebiet nördlich des Arnon die Rede und nicht vom eigentlichen, südlich gelegenen Kernland der Moabiter. Der Wahrheitsgehalt dieser knappen Notiz ist zweifelhaft.
Auch das Königreich der Edomiter soll David besiegt haben (2 Sam 8,13f.; 1 Kön 11,15f.; 1 Chr 18,12): »Er schlug Edom im Salztal, 18 000 Mann, und setzte in Edom Vögte ein... So wurde ganz Edom von David unterworfen« (2 Sam 8,13f.). Nun ist allerdings nachgewiesen, daß es in Edom zur Zeit

[149] Die Lokalisierung ist nicht gesichert.

Davids noch kein Königreich gab[150]. Außerdem ist im AT damit zu rechnen, daß mit der ziemlich undefinierten Bezeichnung Edom auch die Landschaft zwischen Beerscheba und dem Toten Meer gemeint sein kann.

b. Jerusalem als neues Reichszentrum

Vielleicht im Zusammenhang mit den ausklingenden Auseinandersetzungen gegen die Philister wurde die Notwendigkeit einer neuen Hauptstadt in zentraler Lage deutlich. David konnte das in Personalunion geeinte Reich unmöglich weiterhin vom abseits gelegenen und judäisch geprägten Hebron aus regieren. Zudem hatte sich der südliche kanaanäische Querriegel in der Vergangenheit als eine Gefahrenquelle erwiesen, die eine innere und äußere Einigung des Reiches gefährdete. Die alte Jebusiterstadt Jerusalem, am östlichen Ende des südlichen Querriegels gelegen und weder zu Juda noch zu Israel gehörend, schien ihm der geeignete Ort für die neue Hauptstadt zu sein. Indem David mit seinen eigenen Söldnern die Stadt eroberte, wurde sie zu seinem persönlichen Besitz. Er konnte sie so zum Kristallisationspunkt seines Machtanspruches und zum gemeinsamen Zentrum der zwei Teilreiche machen. So ging es darum, diese Stadt mit Privilegien auszustatten, die den Anspruch, der neue Mittelpunkt des aus zwei Teilen bestehenden Reiches zu sein, untermauern konnten. Deshalb verankerte David eine alte, sakrale Tradition einzelner Stämme aus dem Norden in der neuen Hauptstadt: Die Bundeslade[151], ein Kultobjekt, über das außerhalb der Texte, die dem DtrG und dem ChrG zugerechnet werden (Ex 25–40; Dtn 10; 31; Jos 3–6; 1 Sam 3–6; 2 Sam 6; 15; 1 Kön 8; 1 Chr 13; 15; 2 Chr 5; 24), nur ganz wenige Belege im AT vorhanden sind (Jer 3,16 und Ps 132,8), und deren historische Herkunft und Funktion stark von der theologischen Konzeption der Autoren beeinflußt ist, stand zuerst in Schilo. Bei den Kämpfen gegen die Philister in Afek wurde sie erbeutet (1 Sam 4) und in verschiedenen philistäischen Städten (Aschdod, Gat und Ekron) sowie in Bet-Schemesch aufgestellt, bis sie einen vorläufigen Platz in Kirjat-Jearim[152] fand. David ließ die Bundeslade feierlich in seine neue Residenzstadt Jerusalem einholen (2 Sam 6). Bei aller Ungewißheit über die historische Vergangenheit der Bundeslade scheint sie doch von den Nordstämmen Efraim und Benjamin zu kommen, so daß vor allem der Norden mit der Überführung der Lade religiös und kultisch an die neue Residenz angebunden wurde. David erweiterte seine Machtposition durch die Übernahme einer kundigen Priesterschaft und durch die Grundlegung einer jerusalemisch orientierten Königsideologie. Entscheidend ist, daß er dadurch die Grundlagen für einen

[150] Wahrscheinlich ist nicht vor der Mitte des 9. Jh.s v. Chr. mit einem selbständigen Königreich Edom zu rechnen. Siehe dazu J.R. Bartlett, Edom and the Edomites, (JSOT, SS, 77), Sheffield 1989, 103–113; Ders., The Rise and Fall of the Kingdom of Edom, in: PEQ 104 (1972) 26–37: M. Weippert, Edom. Tübingen 1971.

[151] Siehe dazu E. Reuter & M. Görg, s.v. Lade, in: NBL, Lfg. 9. Zürich & Düsseldorf 1994, Sp. 574–578.

[152] Heute *Dēr el-Azhar* bei *Abū Ġōš*, etwa 13 km westlich von Jerusalem.

Territorialstaat schuf, ausgestattet mit einem eigenen Machtzentrum, dem sich die Stämmeverbände von Juda und Israel unterzuordnen hatten.

c. *Die Verwaltung*

Das Reich Davids war von Anfang an kein Einheitsreich. Davids Proklamation als König über den Südstamm Juda und über die Nordstämme war unter ganz verschiedenen Bedingungen und nicht zu gleicher Zeit erfolgt. Von daher kann seine Herrschaft über Gesamtisrael nur als eine Art Personalunion verstanden werden. Die beiden Reiche blieben unterschiedlich nach Herkunft, Geschichte und Eigenheit inmitten der Nachbarvölker und -stämme. Der Dualismus zwischen Norden bzw. Osten und Süden war so tief verankert, daß nur mit einem zielbewußten Konzept eine gegenläufige Entwicklung eingeleitet werden konnte. Was sie näher zusammenbringen konnte, waren gleichgelagerte politische Interessen und eine gemeinsame Zukunft.

Für die Gestaltung einer effektiven Verwaltung brauchte David eine zuverlässige Beamtenschaft und eine verwaltungstechnische Durchgliederung seines Reiches[153]. Das ging nicht ohne Interessenkonflikte mit den Stämmen, die eine zentrale, übergeordnete Verwaltungsinstanz bis dahin nicht kannten. Verwaltungsstrukturen und geeignete Beamte für diese neuen Aufgaben fand David in den von ihm unterworfenen kanaanäischen Stadtstaaten vor. Diese wiederum waren weitgehend von der ägyptischen Tradition des Beamtentums beeinflußt, so daß es nicht verwundert, daß viele Beamtentitel, die uns überliefert sind, ägyptischen Ursprungs sind.

Das AT überliefert uns zwei »Kabinettslisten« aus der Regierungszeit Davids (2 Sam 8,16–18 // 1 Chr 18,15–17 und 2 Sam 20,23–26). In ihnen wird Joab als Heerführer (*ʿal-haṣṣaba*) des Heerbannes Israels und Judas aufgeführt. »Sprecher des Königs« (*mazkir*, wörtl.: »der ins Gedächtnis ruft«) ist Joschafat. Zadok und Abjatar (2 Sam 8,17) werden als »Priester« erwähnt, in der jüngeren Liste 2 Sam 20,25f. taucht in der gleichen Funktion neben diesen noch Ira auf. Die mehrfache Besetzung dieses Amtes könnte auf das Anliegen zurückgehen, die religiösen Traditionen der verschiedenen Interessengruppen möglichst ausgewogen zu berücksichtigen. Seraja wird als »Staatsschreiber« (*sofer*) bezeichnet: er ist damit der Vorgesetzte der Zivilverwaltung. Benaja war der »Befehlshaber der Kereter und Peleter«[154]. Damit wird deutlich, daß David weiterhin eine eigene Söldnertruppe besaß, die unabhängig vom Heerbann Israels und Judas operieren konnte. Adoniram schließlich »beaufsichtigte die Fronarbeiten« (2 Sam 20,24). Das läßt darauf schließen, daß es unter David Zwangsarbeiter gegeben hat.

[153] Zur Beamtenstruktur zur Zeit Davids und Salomos siehe U. Rüterswörden, Die Beamten der israelitischen Königszeit. Eine Studie zu sr und vergleichbaren Begriffen (BWANT, 117), Stuttgart 1985.

[154] Die Bezeichnung legt nahe, daß vor allem Soldaten fremder Herkunft, insbesondere Philister, zu dieser Söldnertruppe gehörten (vgl. 2 Sam 15,18).

Eine Gerichtsinstanz zur Zeit Davids war schon auf gemeindlicher Ebene vorgegeben. 2 Sam 14,4–20 läßt jedoch ahnen, daß es in besonderen Fällen eine Art Berufungsinstanz beim König gegeben hat, der in schwierigen Fällen persönlich und als letzte Rechtsinstanz eingreifen konnte.
Weitere Titel sind vielleicht nicht institutionalisiert, sondern als gelegentliche Ehrentitel zu verstehen. So wird der Titel »Ratgeber« *(jo`eṣ*, manchmal auch pluralisch; 2 Sam 16,23//1 Chr 27,33) Ahitofel und Jojada beigelegt. Hier liegt möglicherweise die Keimzelle dessen, was später als eine Art »Kronrat« betrachtet werden kann. Rehabeam scheint sich auf ein solches Gremium zu stützen (1 Kön 12,6–9). Huschai wird als »Freund Davids« bezeichnet (2 Sam 15,37; 16,16; 1 Kön 4,5; 1 Chr 27,33); auch hier liegt wahrscheinlich kein fester Beamtentitel vor. Dagegen erwähnt 1 Kön 4,6 Ahischar als »Palastvorsteher« (*'ašer `al habbajit*); der Titel ist in 1 Kön 4,6; 16,9; 2 Kön 15,5; 19,2; Jes 22,15; 36,3 belegt. 1 Chr 27,25–34 schließlich präsentiert eine Liste der Verwalter des königlichen Besitzes, die jedoch eher spätere Verhältnisse in die Zeit Davids zurückprojiziert.

d. Die religiöse Entwicklung

Es ist berechtigt, an der historischen Zuverlässigkeit der dtr Sicht hinsichtlich der politischen Geschichte des vereinigten Königreiches zu zweifeln. Die Bedenken sind noch schwerwiegender, wenn es um die Darstellung der religiösen Situation in der Regierungszeit Davids geht. Das (geschichts-)theologische und ideologische Anliegen der nachexilischen Gemeinde ist es, nachzuweisen, daß die vom einen Gott Jahwe Israel anvertraute Offenbarungsreligion durch die Untreue des Volkes, insbesondere durch die Vermischung der reinen Jahwereligion mit dem kanaanäischen Glaubensgut veruntreut und verdorben wurde, bis sie in verschiedenen Reformansätzen (Hiskija, Joschia, später Esra und Nehemia) wieder ihre vermeintlich ursprüngliche Form annehmen konnte.
Eine gemeinsame, zentralisiert gestaltete Religion wäre das ideale Bindemittel gewesen für eine tragfähige Verschmelzung der beiden Reichsteile Juda und Israel. Es ist anzunehmen, daß gerade in diesem Bereich Wesentliches von David und seinem Nachfolger geleistet worden ist. Dabei hatte er sicher Rücksicht zu nehmen auf die Bevölkerungsgruppen, die er seinem vereinigten Königreich einverleibt hatte, insbesondere auf die religiösen Gewohnheiten und Überzeugungen der kanaanäischen Stadtstaaten und der Philister. Die kulturelle Durchdringung und Assimilation der verschiedenen Interessengruppen wird mit einer religiösen Vermischung einhergegangen sein. Die Überführung der Bundeslade in das neue Reichszentrum Jerusalem mag als Initialzündung für eine völkerverbindende Religion gedeutet werden. Je weiter die Inkulturation der spezifischen stammesgebundenen religiösen Anschauungen in der sich etablierenden Monarchie voranschritt, um so mehr wurden auch lokale kanaanäische Vorstellungen integriert. Dazu gehörten gewiß der Bau des Jerusalemer Tempels unter Salomo, die Opferpraxis und Ausgestaltung des Kultbetriebes, aber auch

die Entfaltung und Etablierung einer Königsideologie, die sich unter den Stämmen erst durchsetzen mußte. Diese nahm Elemente auf, die zunächst unvereinbar mit dem traditionellen Gefüge der Stämme schienen, wie z.B. die Dynastiebildung in der Staatsführung, die Theokratie, die den König als adoptierten Gottessohn betrachtete und seine Bedeutung für das Wohl des ihm anvertrauten Volkes hervorhob.

2.3.6. Davids Nachfolge

Die Geschichte von der Thronnachfolge Davids ist ein literarisches Kunstwerk (2 Sam (7)9–20 und 1 Kön 1–2)[155]. Der Bericht ist stark tendenziös und in die dtr Darstellung der Geschichte Israels eingebaut, andererseits ist er die einzige uns zur Verfügung stehende Quelle für diesen Zeitabschnitt. Hauptziel der historischen Novelle ist die Legitimation Salomos gegenüber seinen zahlreichen Konkurrenten und damit die Rechtmäßigkeit der tatsächlichen Fortsetzung der Dynastie. Es ist nicht ganz klar, ob noch andere Interessen sonst die historische Zuverlässigkeit berühren; viel hängt auch davon ab, ob man das Werk als eine literarische Einheit betrachtet oder ob man mit redaktionellen Überarbeitungen rechnet, die eigene Ziele verfolgen.

Neuralgischer Punkt in der Organisation des vereinigten Königreiches Davids war die Frage der Thronnachfolge. Zumindest im nördlichen Landesteil war bei den israelitischen Stämmen die Tradition eines von Jahwe jeweils neu designierten Führers lebendig. Das hatte sich schon in der schwachen Unterstützung für den Nachkommen Sauls gezeigt und in der Bereitschaft, den als Führer zu akzeptieren, den die Geschichte und die politischen Realitäten als geeigneten Mann erscheinen ließen. Gegen Ende der Regierungszeit Davids bekam diese Frage besondere Bedeutung. Die neu eingesetzte Verwaltung, der Königshof und der politische Druck sowie das Beispiel der Nachbarstaaten, das alles führte dazu, daß sich Davids Königtum auf eine dauerhafte Dynastie hin entwickelte.

Das literarische Dokument, das als Gründungsurkunde für die davidische Dynastie gelten soll, ist uns in 2 Sam 7 erhalten. Das Kap. ist in hohem Maße

[155] Vgl. L. Rost, Die Überlieferung von der Thronnachfolge Davids (BWANT III/6), 1926; R.N. Whybray, The Succession Narrative (Studies in Biblical Theology, 2nd series 9), 1968; W. Brueggemann, David and His Theologian, in: CBQ 30 (1968) 156–181; Ders., On Trust and Freedom. A Study of Faith in the Succession Narrative, in: Interpr 26 (1972) 3–19; J.W. Flanagan, Court History or Succession Document? A Study of 2 Samuel 9–20 and 1 Kings 1–2, in: JBL 91 (1972) 172–181; E. Würthwein, Die Erzählung von der Thronfolge Davids – Theologische oder politische Geschichtsschreibung?, in: ThSt 115. 1974; F. Langlamet, Pour ou contre Solomon? La Rédaction prosolomonienne de I Rois, I–II, in: RB 83 (1976) 321–379.481–528; D.M. Gunn, The Story of King David. Genre and Interpretation (JSOT, SS, Bd. 6), 1978; A.R. Bowman, The Crises of King David. Narrative Structure, Compositional Technique and the Interpretation of II Samuel 8,15–20,26. Th. D. Diss. Union Theol. Seminary Virginia 1981 (DisAbstracts Intern. 42, 1981/1982, 3198); T. Veijola, Gesammelte Studien zu den Davidüberlieferungen des Alten Testaments. Göttingen 1990.

ein Produkt der Theologie und hat infolge verschiedener Bearbeitungen eine sehr komplizierte Entstehungsgeschichte[156]. Als Ausgangspunkt der messianischen Erwartung hatte es zudem eine enorme Wirkungsgeschichte. Ein zu postulierender Grundbestand des Kap. mag den Anfang des Geschichtswerkes über Davids Thronnachfolge gebildet haben. Die dtr Erzählung in 2 Sam 7 läßt keinen Zweifel daran, daß nicht nur David, sondern die davidische Dynastie von Anfang an die notwendige Legitimation durch Jahwe besaß. Der Verlauf der Thronfolgegeschichte deckt dann jedoch auf, daß David gerade im Bereich seiner Nachfolge versagt hat, weil er sich im fortgeschrittenen Alter nicht eindeutig für einen seiner Söhne entscheiden konnte. Das löste ein Intrigenspiel aus, das so weitreichende Folgen hatte, daß der Fortbestand der Dynastie gefährdet war. Wichtige Thronprätendenten waren Amnon, Abschalom und Adonija. Amnon schied durch die blutschänderische Beziehung zu seiner Halbschwester Tamar aus (2 Sam 13). Das Zaudern Davids, seinen Sohn Amnon einer gerechten Strafe zuzuführen, war für Abschalom Anlaß, seinen Bruder Amnon umzubringen. Daraufhin wurde Abschalom vom Hof entfernt und konnte nur durch geduldige und zähe Vermittlung von Joab zurückkehren (2 Sam 14). Abschalom versuchte zielstrebig, die Thronfolgefrage in seinem Sinne zu entscheiden. Er initiierte einen sorgfältig vorbereiteten Staatsstreich (2 Sam 15–19). In Hebron ließ er sich zum König ausrufen (2 Sam 15,7–11). Er konnte offensichtlich vor allem auf die Unterstützung der Nordstämme rechnen. David floh mit seinem engsten Gefolge aus der Hauptstadt Jerusalem nach Mahanajim im Ostjordanland. Damit hatte David aufgegeben, was für eine Königsherrschaft charakteristisch war: seine Residenzstadt, den Hof und seinen Harem, sein Schatzhaus und die Bundeslade. Indem Abschalom in Jerusalem einmarschierte und den Harem seines Vaters übernahm, dokumentierte er seine Herrschaftsübernahme. Nach der historischen Novelle ließ Abschalom sich von einem David zugeneigten Ratgeber, dem Arkiter Huschai, überreden, erst den gesamten Heerbann von Juda und Israel aufzubieten, um David dann in einem Entscheidungskampf zu schlagen. Den vernünftigeren Rat des Ahitofel, David gleich nachzusetzen und ihn zu töten, schlug er in den Wind. »Der Herr hatte es so bestimmt; der gute Rat Ahitofels sollte durchkreuzt werden, weil der Herr Unheil über Abschalom bringen wollte« (2 Sam 17,14). Damit hatte David Zeit,

[156] Vgl. H. van den Bussche, Le Texte de la Prophétie de Nathan sur la dynastie Davidique, in: ETL 24 (1948) 354–394; M. Noth, David und Israel in 2. Sam. 7. 1957 [= Gesammelte Studien, 334–345]; G.W. Ahlström, Der Prophet Nathan und der Tempelbau, in: VT 11 (1961) 113–127; E. Kutsch, Die Dynastie von Gottes Gnaden. Probleme der Nathanweissagung in 2. Sam. 7, in: ZThK 58 (1961) 137ff.; H. Tsevat, Studies in the Book of Samuel III, in: HUCA 34 (1963) 71–82; H. Gese, Der Davidsbund und die Zionserwählung, in: ZThK NF 61 (1964) 10–26 [= Vom Sinai zum Zion. München 1974, 113–129]; A. Weiser, Die Legitimation des Königs David, in: VT 16 (1966) 325–354; G. Hentschel, s.v. Natanweissagung, in: NBL, Lfg. 10. Zürich & Düsseldorf 1995, 903f.

sich auf einen Kampf einzustellen. Während er selbst in Mahanajim blieb, lieferten seine Heerführer Joab, Abischai und der Gatiter Ittai im Wald Efraim eine Schlacht. Abschaloms Truppen erlitten eine vernichtende Niederlage. Gegen Davids ausdrücklichen Befehl tötete Joab den mit seinen langen Haaren im Geäst einer großen Eiche hängengebliebenen Abschalom. Der Tod seines Sohnes Abschalom erschütterte David (2 Sam 19). Seiner Rückkehr nach Jerusalem stand nun allerdings nichts mehr im Wege. Die Judäer holten ihn feierlich heim. Der Benjaminiter Scheba versuchte zwar noch einmal, den restlichen Heerbann Nordisraels für einen erneuten Aufstand gegen David zu mobilisieren (2 Sam 20); Davids Söldnertruppe und der judäische Heerbann schlugen die Revolte nieder. Diese Begebenheit markiert symptomatisch den tiefen Gegensatz zwischen Juda und Nordisrael.

1 Kön 1–2 erzählt schließlich die letzte, entscheidende Episode über Davids Thronfolge. Nun betrachtete sich Adonija, der vierte der in Hebron geborenen Kinder Davids, als legitimer Nachfolger seines Vaters. Ihn unterstützten Joab und der Priester Abjatar. Im Gegenzug favorisierten der Priester Zadok, der Hofprophet Natan und der Söldnerführer Benaja den Davidssohn Salomo. Seine Mutter Batseba konnte sich nach dem atl. Text auf ein früheres Versprechen Davids stützen (1 Kön 1,17). Da Salomo gebürtiger Jerusalemer war, dürfte ihn auch der jebusitische Stadtadel empfohlen haben. David selbst spielte bei der Entwicklung der folgenden Ereignisse kaum mehr eine eigenständige Rolle. Die Intrigen der verschiedenen Parteiungen am Hofe bestimmten den Verlauf der Thronnachfolge. Als Adonija an der Rogel-Quelle bei Jerusalem zum Opferfest einlud, die Gegenpartei aber nicht, vermutete diese zu Recht einen Staatsstreich. Batseba und Natan sprachen bei David vor. David ließ daraufhin Salomo an der Gihon-Quelle zum König salben (1 Kön 1,38–40). Nach dem Tode Davids übernahm Salomo endgültig die Herrschaft und ging konsequent daran, die prominenten Vertreter der Gegenpartei zu eliminieren. Adonija und Joab fanden dabei den Tod, der Priester Abjatar wurde auf sein Landgut in Anatot verbannt.

3. Salomo

3.1. Literarische Quellen

Der biblische Text (1 Kön 3–11) bezieht sich nach eigener Angabe auf eine »Chronik von Salomo« (1 Kön 11,41), von der uns jedoch sonst nichts bekannt ist. Der biblische Stoff in 1 Kön 3–11 ist eine Sammlung verschiedenster Einheiten meist unbekannter Herkunft und unterschiedlicher Abfassungszeit. Hier ist alles zusammengebracht, was man mit der Person des Salomo verbinden konnte: in geringer Zahl einige Reminiszenzen an den historischen Salomo, dann das dtr Bild des Salomo und schließlich die

Idealgestalt des weisen und vorbildlichen Königs, wie er in die Spätgeschichte eingegangen ist.
Das textliche Quellenmaterial erlaubt uns nicht, ein umfassendes historisches Bild Salomos und seiner Zeit nachzuzeichnen. Die Wirkungsgeschichte der Salomogestalt freilich ist schon innerhalb des Textkomplexes 1 Kön 3–11 greifbar und setzt sich in der Folgezeit fort. Es ist eine deutliche und schon früh einsetzende Idealisierung festzustellen (Salomo »in seiner Pracht und Herrlichkeit«, als weiser König und Tempelbauer). Auch die dtr Geschichtsschreibung befaßt sich intensiv mit Salomo. Er ist einerseits Tempelbauer, andererseits Götzendiener, verführt von seinen Frauen (1 Kön 11,1–8). Um Davids willen bleibt ihm dennoch das Königtum erhalten (1 Kön 11,9–13).
Kernstück der Textsammlung ist der Bericht über den Tempelbau (1 Kön 6,1 –9,9), der um Listen, Erzählungen, annalenähnliche Notizen, dtr Interpretationen und späte Idealisierungen erweitert worden ist. Beachtenswert ist, daß sich auch signifikante Texte finden, die nicht dem dtr Geschichtswerk zugeordnet werden können, so z.B. die Überlieferung des salomonischen Urteils (1 Kön 3,16–28), der Besuch der Königin von Saba (1 Kön 10,1–13) sowie die Erwähnung der Feinde Salomos Hadad und Reson (1 Kön 11,14–25).
Die Salomo-Überlieferung in Chr ist in der Idealisierung seiner Person noch einen Schritt weiter gegangen: hier ist Salomo ein König ohne jeden Makel.

3.2. Der archäologische Befund

Vieles, was noch vor einigen Jahren der Bautätigkeit des großen Herrschers Salomo zugeschrieben wurde, ist mittlerweile in Frage gestellt. Das frühe 10. Jh. ist archäologisch immer weniger nachweisbar, und die Chronologie der in diese Zeit datierten Schichten wird korrigiert werden müssen[157]. Die archäologische Arbeit von K.M. Kenyon (1964 und 1974) lieferte für Jerusalem angeblich einige brauchbare Hinweise auf die Zeit Salomos[158]. Ihre Ergebnisse wurden in neuester Zeit von einigen israelischen Archäologen

[157] S. dazu vor allem I. Finkelstein, The Date of the Settlement of the Philistines in Canaan, in: Tel Aviv 22 (1995) 213–239; ders., The Archaeology of the United Monarchy: An alternative View, in: Levant XXVIII (1996) 177–187; ders., The Stratigraphy and Chronology of Megiddo and Beth-shan in the 12th–11th Centuries B.C.E., in: Tel Aviv 23 (1996) 170–184; ders., Bible Archaeology or Archaeology of Palestine in the Iron Age? A Rejoinder, in: Levant XXX (1998) 167–174.

[158] Das gilt u.a. für den sog. »Millo« (vgl. 1 Kön 9,15). Es handelt sich um eine gestufte Quaderstruktur über der SB-zeitlichen Terrassierung, die eine Plattform schuf für öffentliche Bauten. Vgl. K.M. Kenyon, Digging up Jerusalem. London 1974, 99–106; dies., Die Bibel und das Zeugnis der Archäologie. Düsseldorf 1980, 46–69; Jerusalem Revealed. Archaeology in the Holy City 1968–1974. Edited by Y. Yadin. New Haven & London 1976; M. Küchler, s.v. Jerusalem, in: NBL, Lfg. 7. Zürich 1992, 299–300.

weiter ergänzt[159]. So wurde eine Verlängerung der Stadtmauer postuliert, die wegen der Stadterweiterung nach Norden unter Salomo notwendig gewesen sein sollte. Nach neueren Untersuchungen ist die chronologische Verankerung der Befunde in der salomonischen Zeit nicht zu halten, und auch aus dem 10./9. Jh. sind kaum sichere archäologische Spuren in Jerusalem auffindbar. Vom salomonischen Palast und Tempel (1 Kön 6f.) ist bis heute archäologisch nichts nachgewiesen. Die herodianische Tempelesplanade hat hier alles zugedeckt, und derzeit sind keine Ausgrabungen im Bereich des Tempelplatzes möglich.

In Megiddo (*Tell el-Mutesellim*)[160] wurden in verschiedenen Grabungskampagnen die Palastbauten 1723 und 6000 sowie die Kasemattenmauer im Stratum VA freigelegt, die zunächst auf die Regierungszeit Salomos zurückgeführt wurden. Aber diese Funde – ebenso wie die noch später zu datierenden berühmten »Pferdeställe« (Stratum IV A, vielleicht aus der 2. Hälfte des 8. Jh. v. Chr.), die in 1 Kön 9,15ff. literarisch bezeugt zu sein scheinen[161] – müssen einige Jahrzehnte nach Salomos Regierungszeit angesetzt werden[162].

Auf vergleichbare archäologische Befunde (6-Kammer-Tor und Kasematten-Mauer) stieß man in Geser (*Tell Ğezer*, 11 km südsüdöstlich von Lydda)[163] und Hazor (*Tell el-Qedāḥ* oder *Tell el-Waqqāṣ*)[164]. Auch hier behauptet 1 Kön 9,15, Salomo habe »die Mauern dieser Städte gebaut[165]«. Auffallend bei diesen Ausgrabungsorten war vor allem das Stadttor, das zwei- oder dreikammrige Aussparungen auf jeder Seite des Durchgangs aufwies. Diese Toranlagen sind jedoch kanaanäischen Ursprungs und das Ergebnis eines langen militärtechnischen Entwicklungsprozesses, der bis in die Zeit der Könige des Nordreiches andauerte. Toranlagen wie in Megiddo wurden auch in Aschdod, Lachisch und Tell Ira gefunden. Sie werden dort dem 8.–7. Jh.v. Chr. zugewiesen!

159 Y. Shiloh, in: BA 42 (1979) 165–171; ders., in: BA 44 (1981) 161–170; W.G. Dever, Monumental Architecture in Ancient Israel in the Period of the United Monarchy, in: T. Ishida (Hrsg.), Studies in the Period of David and Solomon and Other Essays. Tokio 1982, 269–306; Ausgrabungen B. Mazar 1968–1978 am südlichen Abhang des Tempelberges; N. Avigad 1969–1983 im Jüdischen Viertel der Altstadt; Y. Shiloh 1978–1985 in der Davidstadt; M. Broshi auf dem Westhügel.

160 Ausgrabungen G. Schumacher 1903–1905; C.S. Fisher, P.L.O. Guy und G. Loud 1925–1935; Y. Yadin 1960–1970; seit 1994 I. Finkelstein & D. Ussishkin (Institut für Archäologie der Universität Tel Aviv), seit 1998 unter Beteiligung des Instituts für AT der Universität Rostock (H. M. Niemann).

161 Soweit es sich überhaupt um Ställe und nicht um multifunktionale Bauten handelt!

162 Vgl. I. Finkelstein, The Archaeology of the United Monarchy: an Alternative View, in: Levant XXVIII (1996) 177–187.

163 Ausgrabungen R.A.S. Macalister 1902–1909; A. Rowe 1934; G.E. Wright-W.G. Dever-J.D. Seger u.a. 1964–1974; W.G. Dever 1984.

164 Ausgrabungen von J. Garstang 1928; Y. Yadin 1955–1958, 1965 und 1968–1970; A. Ben-Tor 1990. In Stratum X/IX (Mitte 10.–Mitte 9. Jh.) wurde die Westhälfte des Tells mit einer Toranlage und einer Kasematten-Mauer befestigt.

165 Zu überlegen wäre, ob das hebr. *bana* nicht auch als »restaurieren«, »wiederaufbauen« verstanden werden kann.

In Dan (*Tell el-Qāḍī*)[166] im Norden sowie in Beerscheba (*Tell es-Seba`*)[167] im Negeb weisen die Stadttoranlagen dagegen ein vereinfachtes Torschema auf, mit nur zwei Aussparungen auf jeder Seite. Ein negatives Ergebnis lieferten die Ausgrabungen in *Tell el-Ḫlēfe*[168], etwa 2 km südöstlich von Elat gelegen, das zunächst mit dem biblischen Ezjon-Geber, dem Hafen Salomos am Roten Meer (1 Kön 9,26f.), identifiziert wurde. Ein Hafenbecken mit Schiffsbauanlagen konnte dort nicht gefunden werden[169]. Ebenfalls negativ waren die Ausgrabungen in Timna[170], ca. 28 km nördlich des Golfs von Elat, wo die sog. Kupferminen bzw. Säulen Salomos nicht auf ihn zurückzuführen sind, weil sie schon zwischen dem 12. und 10. Jh. v. Chr. aufgegeben wurden.

3.3. Die Herrschaft Salomos

3.3.1. Die Verwaltung

Für die Durchführung seiner Bauvorhaben war der König auf eine durchorganisierte Verwaltung angewiesen. Eine Art Frondienst muß es bereits unter David gegeben haben, wie der Hinweis auf Davids Frondienstminister Adoniram zeigt. Mit einem Ausbau des Frondienstes unter Salomo ist zu rechnen. 1 Kön 5,27–32 (nachdtr Nachtrag) und 9,15–23 geben darüber Aufschluß. 1 Kön 5,27–32 spricht von 30 000 Fronpflichtigen, von denen Salomo abwechselnd jeden Monat 10 000 in den Libanon schickte. Ferner ist von 70 000 Lastträgern, 80 000 Steinhauern sowie 3 600 Werkführern die Rede. Der späte Text mag insoweit aufschlußreich sein, als er auf eine straffe Organisation der anstehenden Arbeiten hinweist. Zu den Fronarbeitern werden sicher auch Angehörige der Nord- und Südstämme gehört haben, obwohl 1 Kön 9,20–22 genau das Gegenteil behauptet[171].

Innenpolitisch bedeutsam war die neue Verwaltungsstruktur des Reiches. 1 Kön 4,7–19 enthält eine historisch zuverlässige Urkunde, die die 12 Verwaltungsbezirke des nördlichen Teils des Reiches auflistet: 1. das Gebirge Efraim (das alte Stammesgebiet Efraim und Manasse), 2. fünf Städte im Hügelland (Makaz, Schaalbim, Bet-Schemesch, Elon und Bet-Hanan), 3. drei Städte im nördlichen Hügelland (Arubbot, Socho und Hefer), 4. den

[166] Ausgrabungen von A. Biran ab 1966.

[167] Knapp 5 km östlich des modernen Beerscheba. Ausgrabungen von J. Perrot 1951–1960; Y. Aharoni 1969–1975.

[168] Ausgrabungen durch N. Glueck.

[169] Deshalb versucht man Ezjon-Geber andernorts zu lokalisieren, so z.B. auf der der Küste vorgelagerten Insel *Ǧezīret Far`ūn* (14 km südwestlich von Elat). Dort wurden Siedlungsreste von der SB III bis zur EZ II freigelegt, darunter eine 3–4 m breite, turmbewehrte Kasemattenmauer und Keramik edomitischer Herkunft sowie eine natürlich und künstlich geschützte Hafenanlage.

[170] Ausgrabungen von B. Rothenberg ab 1959.

[171] 1 Kön 5,27 spricht dafür, daß Salomo Leute aus ganz Israel zum Frondienst ausgehoben hat. Auch wäre die Unzufriedenheit der Nordstämme nach dem Tode Salomos, wie sie in 1 Kön 12,4.10f. beschrieben wird, sonst nicht verständlich.

Höhenrücken von Dor, 5. drei Städte in der Ebene Jesreel und in der Bucht von Bet-Schean (Taanach, Megiddo und Bet-Schean), 6. Ramot-Gilead (mit den Zeltdörfern Jaïrs, dem Kreis Argob im Baschan), 7. Mahanajim, 8. Naftali, 9. Ascher und Bealot, 10. Issachar, 11. Benjamin, 12. das Land Sihons in Gilead und Baschan.

Es fällt auf, daß in dieser Liste Dan, Sebulon, der Südteil der Küstenebene, die Bucht von Akko und Juda fehlen. Das mag unterschiedliche Gründe haben. Für den Südteil der Küstenebene und die Bucht von Akko könnte die Eigenständigkeit (Philister bzw. Phöniker) und die Nichteingliederung dieser Gebiete in das salomonische Reich der Grund sein, für Juda vielleicht doch die Ausgliederung dieses Landesteils aus dem hier genannten Abgabensystem. An die Spitze eines jeden Gaues stellte Salomo einen Statthalter (*niṣṣab*). Dagegen war im Land Juda ein Vogt oberster Verwalter. Jeder der zwölf Statthalter hatte dafür zu sorgen, daß der König und sein Haus einen Monat lang mit den entsprechenden Naturalabgaben versorgt wurden. 1 Kön 5,2f., ein jüngerer Anhang zur Gauliste, zählt mit bewunderndem Unterton den täglichen Bedarf des Palastes auf und sieht auch darin einen Aspekt der Größe und Herrlichkeit Salomos.

Die Kabinettsliste aus der Regierungszeit Salomos liegt in 1 Kön 4,2–6 vor. Im Vergleich zu den Listen, die sich auf die davidische Zeit beziehen (2 Sam 8,16–18 und 20,23–26), ergibt sich eine Ausweitung der Verwaltung. Die schon bekannten Ämter wie »Priester« (nun nicht mehr doppelt besetzt, sondern nur durch Asarja, dem Enkel Zadoks), »Staatsschreiber« (doppelt besetzt durch Elihoref und Ahija, beide Söhne des Schischas; Hinweis auf die gewachsenen Verwaltungsaufgaben?), »Sprecher des Königs« (immer noch Joschafat, der Sohn Ahiluds), »Heerführer« (Benaja, der Sohn Jojadas), »Aufseher über die Fronarbeiten« (immer noch Adoniram, der Sohn Abdas) werden ergänzt. Neu hinzu kommen die Titel »Vorgesetzter der Statthalter« (Asarja, der Sohn [des Propheten?] Natan), »Freund des Königs« (Sabud, ebenso Sohn Natans) sowie der »Palastvorsteher« (Ahischar, Leiter der Verwaltung des königlichen Krongutes).

3.3.2. Die militärische Organisation des Reiches

Von Salomo wird in 1 Kön 9,15–18 berichtet, daß er ein Festungsbauprogramm durchführen ließ: Fronarbeiter bauten die Mauern von Jerusalem, Hazor, Megiddo und Geser; das untere Bet-Horon[172] sowie Baala[173] und Tamar[174] in der Steppe wurden ausgebaut, Vorratsstädte und Städte für die Wagenkämpfer angelegt. Die archäologischen Befunde der meisten hier genannten Ortschaften haben diese Angaben nicht zweifelsfrei bestätigen können.

[172] Heute *Bēt `ūr et-Taḥta*, ca. 18 km nordwestlich von Jerusalem.

[173] Lage unbekannt.

[174] Heute *`Ēn Tamar* (oder *`En el-`aruṣ*). 2 Chr 8,4 hat Tamar durch Tadmor (= Palmyra) in Syrien ersetzt.

Das Militärwesen wurde neu organisiert, indem neben dem Heerbann Judas und Israels sowie der Söldnertruppe nun auch eine königliche Streitwagentruppe aufgestellt wurde (vgl. 1 Kön 5,6.8; 9,22; 10,26). Es ist anzunehmen, daß sich diese Truppe aus den mit dieser Technik erfahrenen kanaanäischen Städtern rekrutierte[175], wodurch der Heerbann, nach der Einführung einer Söldnertruppe durch David, bei der militärischen Verteidigung des Reiches weiter an Einfluß und Gewicht verloren hat. Salomo scheint die getrennte Existenz verschiedener Heeresverbände aufgegeben und das gesamte Heerwesen Benaja unterstellt zu haben. Die Bezeichnung »Befehlshaber über die Kereter und Peleter« für die Söldnertruppe entfällt damit.

3.3.3. Der Bau des Tempels

Als Glanzleistung der Regierungszeit Salomos gilt für die dtr Geschichtsschreibung der Bau des Tempels in Jerusalem (1 Kön 6,1–9,9). Der Bericht ist stark idealisierend und theologisch gefärbt. Nun soll ein Tempel gebaut werden, so wie es die Nachbarvölker auch für ihre Götter getan hatten. Im 4. Regierungsjahr habe Salomo mit den Arbeiten begonnen, im 11. den Tempelbau vollendet. Phönikische Architekten und Bauhandwerker haben das Bauwerk im Stile syrischer Langhaustempel (Vorhalle, Langhaus und Allerheiligstes) errichtet. Im Bereich des heutigen Tempelberggeländes bauten sie auch einen neuen Königspalast. Obwohl das Tempelgebäude ein königliches Heiligtum darstellte, scheint es recht bescheidene Ausmaße gehabt zu haben[176]. Gewiß hat es eine längere Anlaufzeit gebraucht, bis dieser »Reichstempel« zum Volkstempel für alle wurde. Wie die Hauptstadt Jerusalem als einigendes Machtzentrum für die Nord- und Südstämme gedacht war, so sollte auch der Tempel der religiöse Mittelpunkt des neuen Staates werden. Der politischen Grundentscheidung, Jerusalem als Haupt- und Residenzstadt zu bestimmen, folgte somit die ebenso wichtige Entscheidung, ein gemeinsames, zentrales Heiligtum zu schaffen. Die zahlreichen lokalen Heiligtümer auf dem Lande blieben zunächst erhalten; aber es bahnte sich eine neue und mächtige Vorstellung an: Jahwe ist Herr und König über ganz Israel, er wohnt in seinem Tempel, er ist Gründer und Beschützer der davidischen Dynastie. Nach dem politischen Untergang des Nordreiches 721 v. Chr. konnte die Bedeutsamkeit dieser Grunddaten gesteigert werden. Die Kultreform König Joschijas 622 v. Chr. festigte schließlich die exklusive Stellung der Stadt und ihres Tempels.

[175] Anders aber 1 Kön 9,22, eine unzuverlässige Notiz über die Fronbefreiung der Israeliten.

[176] Die idealisierte Beschreibung des salomonischen Tempels in 1 Kön 5,16 – 6,38 hatte eine nachhaltige Wirkung auf die Darstellung der Historiker und Archäologen, die sich mit dem Bauwerk beschäftigt haben. Zum Tempel siehe vor allem Th.A. Busink, Der Tempel von Jerusalem von Salomo bis Herodes. Leiden 1970; H. Weippert, Palästina in vorhellenistischer Zeit. München 1988; A. Mazar, Archaeology. New York 1990, 376–378.

3.3.4. Die Ausdehnung des salomonischen Reiches und die internationalen Beziehungen

Es ist anzunehmen, daß Salomo die ihm assoziierten oder untergeordneten Völker nicht unter seiner Oberherrschaft halten konnte. Von militärischen Expansionen wissen auch die atl. Quellen nichts zu berichten. Nach 1 Kön 11,23–25 sammelte Reson, der von seinem Herrn, dem König Hadad-Eser von Zoba abgefallen war, Männer um sich. Mit seiner Freischar zog er nach Damaskus und wurde dort König. Salomo hatte in ihm lebenslang einen ernsthaften Gegner. Ähnliche Schwierigkeiten bereitete ihm ein edomitischer Prinz namens Hadad (1 Kön 11,14–22). Bei der Vernichtungsaktion und der Eroberung Edoms durch Joab konnte Hadad nach Ägypten fliehen, wo er anscheinend in die königliche Familie aufgenommen wurde. Nach dem Tode Davids und Joabs kehrte er nach Edom zurück.

Salomo wird idealisierend gerühmt als Friedensfürst, der sich vor allem um die innere Ordnung seines Staatswesens, um Wissenschaften und Künste sowie um gute internationale Beziehungen bemüht hat. Seine Weisheit und sein Glanz wurden in den späteren Überlieferungen und in der Literatur sprichwörtlich.

Die außenpolitischen Beziehungen versuchte er durch eine geschickte Heiratspolitik zu begründen und zu stärken. Wiederholt wird hingewiesen auf seine Heirat mit einer ägyptischen Prinzessin (1 Kön 3,1; 7,8; 9,16.24; 11,1), die ihm als Brautgabe die Stadt Geser einbrachte. Es ist äußerst schwierig, den ägyptischen König zu identifizieren, dessen Tochter Salomo geheiratet haben soll. Vorgeschlagen werden die Pharaonen aus der tanitischen 21. Dynastie: Siamun (978–960 v. Chr.)[177] oder Psusennes II. (960–945 v. Chr.). Siamun[178] hatte vorher Geser erobert und eingeäschert (vgl. 1 Kön 9,16). Ob die 21. Dynastie damals tatsächlich die palästinische Küstenebene wieder unter ihre Kontrolle bringen wollte und konnte und wie man sich dann die Beziehung zu Salomo vorzustellen hätte, bleibt ungeklärt.

Der stark dtr geprägte Text 1 Kön 11,1–13 deutet den großen Harem Salomos von 700 Frauen und 300 Nebenfrauen, »Frauen aus den Völkern, von denen der Herr den Israeliten gesagt hatte: Ihr dürft nicht zu ihnen gehen, und sie dürfen nicht zu euch kommen; denn sie würden euer Herz ihren Göttern zuwenden« (1 Kön 11,2), als einen Bundesbruch. Denn sie verführten Salomo dazu, den Götzen der ausländischen Frauen zu opfern. Die Zahlenangabe ist zweifellos übertrieben, andererseits ist anzunehmen, daß Salomo gewiß ausländische Frauen in seinem Harem hatte. Das gilt zumindest für die Mutter seines Nachfolgers Rehabeam, die eine Ammoniterin war (1 Kön 14,21).

Vor allem mit den Phönikiern, insbesondere mit der Stadt Tyrus, scheint Salomo freundschaftliche Beziehungen unterhalten zu haben. Sie drückten sich auch in einem Handelsabkommen mit dem König Hiram aus, der das

[177] Vgl. M. Görg, Die Beziehungen zwischen dem Alten Israel und Ägypten (EdF, Bd. 290), Darmstadt 1997, 77f.

Bauholz und die Handwerker für den Tempelbau bereitstellte und dafür Lebensmittel für sein Haus bekam (1 Kön 5,15–26.32). Nach 1 Kön 9,26–28 und 10,11.22 baute Salomo eine Flotte in Ezjon-Geber. Auch bei diesem Unternehmen soll Hiram Salomo Hilfe geleistet haben, indem er ihm geübte Seefahrer auslieh, um damit in Ofir[179] Gold, Bauholz und Edelsteine zu holen. 1 Kön 9,10–14 berichtet, daß Salomo im Gegenzug 20 Städte in der Landschaft Galiläa an Hiram abtrat. Hiram jedoch gefielen die Städte nicht[180]. Das könnte ein Hinweis darauf sein, daß die Beziehungen zwischen Salomo und Hiram doch nicht so gleichberechtigt waren, wie 1 Kön 9 es darstellt. Wahrscheinlich ist eine politische und ökonomische Abhängigkeit Salomos vorauszusetzen. Weiter betrieb Salomo 1 Kön 10,28f. zufolge einen Pferde- und Streitwagenimport aus Koë (in Kilikien) und Ägypten.
In den Bereich der Legende gehört die Episode des Besuches der Königin von Saba (1 Kön 10,1–13). Historische Informationen über das altsüdarabische Saba setzen erst im 9./8. Jh. v. Chr. ein. Von Königinnen dieser Frühzeit in Saba ist ebenfalls nichts bekannt.

3.3.5. Salomo als »weiser« Herrscher

Die Legendenbildung hat sich insbesondere der exemplarischen »Weisheit« Salomos angenommen. Das Motiv ist bereits in der Episode vom Besuch der Königin von Saba anzutreffen. Noch bekannter ist die Erzählung über das sog. »salomonische Urteil« (1 Kön 3,16–28). Es handelt sich dabei um eine auf Salomo übertragene Wanderlegende. Die dtr und nachdtr bearbeitete Erzählung über die Tempelinkubation Salomos in Gibeon (1 Kön 3,4–15), in der berichtet wird, wie Salomo demütig um ein hörendes Herz bittet, »damit er dein Volk zu regieren und das Gute vom Bösen zu unterscheiden versteht« (1 Kön 3,9), lehnt sich an die sog. ägyptische Königsnovelle an. Jahwe verleiht ihm auf seine Bitte hin »ein so weises und verständiges Herz, daß keiner vor dir war und keiner nach dir kommen wird, der dir gleicht« (1 Kön 3,12). Darüberhinaus schenkt Jahwe ihm auch noch Reichtum und Ehre sowie – wenn er auf Jahwes Wegen geht und seinen Gesetzen und Geboten folgt – ein langes Leben. In 1 Kön 5,9–14 schließlich wird Salomo als der größte Weise aller Zeiten und Länder dargestellt, der 3000 Sprüche und 1005 Lieder verfaßt haben soll. Seine ihm zugesprochene Weisheit dürfte in der Tradition der ägyptischen und vor allem mesopotamischen Listenwissenschaft verwurzelt sein, bei der die verschiedensten Naturphänomene, Pflanzen und Tiere in langen Substantivreihen aufgezählt werden. Tatsache

[178] Inwieweit das Relief, das in Tanis gefunden wurde, auf dieses Ereignis Bezug nimmt, ist ungewiß. Siamun wird dort abgebildet als Besieger von Asiaten, die eine Doppelaxt in der Hand haben. Dadurch werden die Abgebildeten jedoch als Philister ausgewiesen. Vgl. P. Montet, Tanis. Band I, Tf. 9A; J. von Beckerath, s.v. Siamun, in: LdÄ, Band V. 1984, Sp. 921.

[179] Die Lage ist unbekannt.

[180] »Man nennt sie Land Kabul bis zum heutigen Tag« (1 Kön 9,13). Z. Gal, Cabul. A royal gift found, in: BAR 19 (1993) 38–44.84, identifiziert Kabul mit *Ḥorvat Roš Zayit*. Die Ebene von Akko taucht in der Provinzliste 1 Kön 4,7–19 tatsächlich nicht auf.

ist, daß später eine ganze Reihe von pseudepigraphischen Werken Salomo zugeschrieben wurdem (Spr, Hld, Koh, Weish Salomos, Oden Salomos). Historisch zuverlässig sind diese Angaben über die sprichwörtliche Weisheit Salomos allesamt nicht.

4. Das Ende des Einheitsreiches

4.1. Literarische Quellen

Die atl. Angaben über die Zeit unmittelbar nach dem Tod Salomos (926 v. Chr.) sind vergleichsweise knapp; sie liegen in 1 Kön 12–22 vor[181]. Der Paralleltext in Chr liefert kaum zusätzliche Informationen. Bei der Zusammenstellung und Darstellung des Stoffes ist das dtr Auswahlprinzip unübersehbar. Die dtr Redaktion hat ein fast ausschließliches Interesse an den Verhaltensweisen der Könige, soweit es um ihre rechte Jahweverehrung geht. Wahrscheinlich ist mit mehreren, einander ergänzenden dtr Redaktionen z.T. bereits vorliegender Quellen[182] zu rechnen. Eine vollständige und einigermaßen objektive Geschichte der Königszeit ist somit nicht zu erwarten. Hinter den selektiv gewählten Quellen und Fakten steht die Vorstellung einer immer wiederkehrenden Verfehlung Einzelner, die unausweichlich zur doppelten Katastrophe des Untergangs beider Staaten geführt hat bzw. führen wird.

4.2. Die Nichterneuerung der Personalunion

Noch zu Lebzeiten Salomos wurde Jerobeam vom Propheten Ahija zum Herrscher über die zehn nördlichen Stämme bestimmt (1 Kön 11,26–40). Vorausgegangen war Salomos Bundesbruch, zu dem er sich durch seine vielen ausländischen Frauen hatte verleiten lassen (1 Kön 11,1–8). Dementsprechend wird die Abtrennung vom Norden als Strafgericht Jahwes gedeutet, das erst nach dem Tod Salomos eintreffen werde (1 Kön 11,9–13). Der Bericht über die Verwirklichung dieser Ankündigungen ist viel nüchterner und nicht so theologisch überfrachtet: Die Personalunion zwischen Juda und Israel wurde nicht erneuert, weil Rehabeam nicht bereit war, das harte Joch der Steuerlast und des Frondienstes zu erleichtern (1 Kön 12,1–19). Nach dem Tod Salomos scheint der Kronprinz Rehabeam (Sohn der Naa-

[181] Die LXX^{A} hat nach 1 Kön 12,24 einen langen, aus einer hebräischen Vorlage stammenden Einschub. Als weitere Quelle ist noch Flavius Josephus, Antiquitates Judaicae, 8, 212, zu berücksichtigen.

[182] H. Donner, Geschichte, Band 2. Göttingen 1986, 235 unterscheidet folgende Quellen: 1. Ein novellistisches Geschichtswerk über die Auflösung der Personalunion zwischen Juda und Israel (1 Kön 12,1–19); 2. z.T. aus den Regierungsannalen stammende, dtr verarbeitete Mitteilungen über Politik und Religion z.Zt. Jerobeams und Rehabeams (1 Kön 12,25–32; 14,19–31); 3. dtr überarbeitete Prophetenerzählungen (1 Kön 11,29–40; 12,21–24; 14,1–18).

ma aus Ammon) in Jerusalem und Juda ohne größeren Widerspruch die Herrschaft übernommen zu haben (926–910 v. Chr.). Nach 1 Kön 14,21 war er 41 Jahre alt, als er König wurde; er regierte 17 Jahre in Jerusalem.
Im Nordreich scheint sich das alte Ideal des charismatischen Herrschers lange gehalten zu haben: Der König von Jerusalem und Juda war daher nicht von selbst auch König des Nordreiches. 2 Sam 20 läßt aufscheinen, welche Widerstände schon zu Lebzeiten Davids gegen das Davidshaus vorhanden waren. Der Benjaminit Scheba hatte die Parole ausgegeben: »Welchen Anteil haben wir an David? Wir haben keinen Erbbesitz beim Sohn Isais. In deine Zelte, Israel!« (2 Sam 20,1) Erstaunlich ist, daß »alle Israeliten« daraufhin Davids Gefolgschaft verließen und Scheba folgten! Auch Rehabeam sah sich genötigt, selbst nach Sichem zu ziehen und sich dort den Vertretern des Nordreiches zu stellen, um von ihnen durch Akklamation in seiner Königsherrschaft anerkannt zu werden. Wahrscheinlich war der Thronwechsel für das Nordreich eine willkommene Gelegenheit, mit Hinweis auf die drückende Abgabenlast und den harten Frondienst die Personalunion zu kündigen. Rehabeam bat sich eine Bedenkzeit von drei Tagen aus und teilte dann seine kompromißlose Devise mit, die ihm seine jüngeren Ratgeber empfohlen hatten (1 Kön 12,10–11.14). Die Reaktion der Israeliten war unmißverständlich. Sie griffen die Parole Schebas auf und sagten sich los von Rehabeam. Als dieser seinen Fronaufseher Adoniram nach Norden schickte, »steinigte ihn ganz Israel zu Tode« (1 Kön 12,18). Mit Mühe entkam der König und floh nach Jerusalem. Dort versammelte er das ganze Haus Juda und Benjamin, um gegen das Haus Israel zu kämpfen. Der Prophet Schemaja teilte ihm jedoch Gottes Anweisung mit, den Krieg zu unterlassen. Denn die Nicht-Erneuerung der Personalunion sei Gottes eigene Absicht (1 Kön 12,21–24). Diese dtr Deutung des Geschichtsverlaufs setzt bei Rehabeam das Bewußtsein der eigenen militärischen Unterlegenheit voraus.
Im Nordreich brauchte man sich über einen charismatischen Herrscher kaum Gedanken zu machen, denn ein geeigneter Kandidat hatte sich schon längst bewährt und für dieses Amt empfohlen. Der Efratiter Jerobeam, der Sohn Nebats, aus Zereda, war von Salomo zum Aufseher über alle Fronarbeiten des Hauses Josef bestellt worden (1 Kön 11,28). Nachdem der Prophet Ahija ihn, als Reaktion auf den religiösen Abfall Salomos, zum Herrscher über die zehn Stämme im Nordreich bezeichnet hatte, mußte er vor Salomo nach Ägypten flüchten, wo er bei Pharao Schoschenk I., dem Begründer der 22. libyschen Dynastie, politisches Asyl bekam. Vor oder nach den Ereignissen in Sichem kehrte er nach Israel zurück, wo er von den Ältesten zum König über Israel ausgerufen wurde (1 Kön 12,20).

4.3. Außenpolitische Folgen

Für das Südreich Juda hatte das Auseinanderbrechen des von David geschaffenen Reiches Folgen auch für die Verbindungen zu den Nachbarstaaten. Das transjordanische Ammon wird seine Unabhängigkeit neu

errungen bzw. wieder gestärkt haben; die genauen Umstände und der Zeitpunkt sind nicht bekannt. Moab dagegen könnte sich noch eine Zeitlang in politischer Abhängigkeit vom Nordreich Israel befunden haben; denn erst nach dem Tode des Königs Ahab (852 v. Chr.) tritt es wieder politisch selbständig auf. Das flächenmäßig schwer kontrollierbare und dünn besiedelte Edom formierte sich als selbständiger Staat erst, nachdem es sich zur Zeit des Königs Joram (852/47 – 845 v. Chr.) vom judäischen Einfluß gelöst hatte. Die Philister scheinen ihre Selbständigkeit wiedererlangt zu haben: zumindest läßt das umfangreiche Festungsbauprogramm (vgl. 2 Chr 11,5–12)[183], das Rehabeam südlich und westlich von Jerusalem einleitete, darauf schließen. Das philistäische Gat, noch unter Salomo politisch autonom (vgl. 1 Kön 2,39f.) wurde von Rehabeam in dieses Programm, das auf die Sicherung der Reichsgrenze u.a. gegen ägyptische Überfälle abzielte, einbezogen. Ansonsten gehörten der Küstenbereich sowie die Region von Beer-Scheba offensichtlich nicht mehr zum Staatsgebiet. Die Aramäerstaaten hatten sich schon unter Salomo von der davidischen Einflußnahme emanzipiert (vgl. 1 Kön 11,23–25). In Damaskus formierte sich ein neuer, starker Aramäerstaat, der zum gefährlichen Konkurrenten und Gegner des Nordstaates Israel werden sollte. Vordringlich war jedoch für Juda die Klärung und Festlegung der Grenze zum Nachbarstaat Israel. Die Hauptstadt des Südreiches Juda, Jerusalem, lag zu nahe an dieser Grenze, besaß außerdem nach Norden keine natürliche Verteidigungslinie. Der Höhenzug nördlich von Jerusalem gehörte zum Stammesgebiet Benjamin, und der Riß der staatlichen Trennung zwischen Juda und Israel verlief mitten durch dieses Stammesgebiet. Es war somit oberstes Anliegen der ersten judäischen Könige, die Grenze des Südreiches so weit wie möglich nach Norden hin zu verschieben. Der Reststaat Juda lag politisch abseits. Wichtige Durchgangsstraßen verliefen nicht durch sein Gebiet. Militärisch war die Bedeutung Judas ebenfalls nicht hoch einzuschätzen. Das waren die Voraussetzungen dafür, daß der kleine Südstaat, nachdem der Grenzverlauf mit dem nördlichen Nachbarstaat geklärt war, erst viel später als Israel in die internationalen Auseinandersetzungen hineingezogen wurde.
Auf diesem Hintergrund ist die Kampagne des Pharao Schoschenk I. (AT: Schischak), des Begründers der 22., der sog. »bubastidischen« Dynastie im Jahre 922 v. Chr. zu sehen, die für Juda jedoch ohne unmittelbare politische Folgen blieb. Als biblische Quellen kommen dafür 1 Kön 14,25–26 und 2 Chr 12,2–11 in Betracht. Sie berichten davon, daß der Pharao die Schätze des Tempels und des königlichen Palastes raubte, insbesondere auch die goldenen Schilde, die Salomo hatte anfertigen lassen. Rehabeam ließ sie nach

[183] Das Alter dieser Liste ist umstritten. Vielleicht gehört sie in die Zeit des Königs Hiskija (Ende des 8. Jh.s v. Chr.) oder gar Joschija (2. Hälfte des 7. Jh.s). Außerdem ist die Reihenfolge der Festungsorte geographisch nicht logisch geordnet. Zum Alter s. zuletzt N. Na`aman, Hezekiah´s Fortified Cities and the LMLK Stamps, in: BASOR 261 (1986) 5–22; 271 (1988) 74ff. und Y. Garfinkel, 2 Chr 11:5–10, Fortified City List and the LMLK Stamps, in: BASOR 271 (1988) 69–73.

dem Raub durch bronzene ersetzen. 2 Chr 12,4 berichtet zusätzl Eroberung »der Festungen in Juda«. Die Schoschenk-Städtelist bracht an der südlichen Außenwand des Hypostyl-Saales (dem s stiden-Portal) in Karnak, enthält keine Ortsnamen, die eindeutig i lokalisieren sind, ausgenommen Gibeon (Nr. 23). Es ist vorstell Schoschenk Juda vom Norden her erreichte und nach dem Empf geforderten Abgaben das Gebiet wieder verließ[185].

4.4. Jerobeams Religionspolitik

Der dtr Bericht über Jerobeams Religionspolitik ist pauschal, negativ historisch nicht objektiv: Jerobeam wird für die dtr Geschichtsschrei sogar zum Inbegriff des Königs, der Jahwe untreu wurde (1 Kön 15,30. 16,7.19.26 u.ö.). Auf politische und religiöse Eigenständigkeit bedacht, lie Jerobeam in zwei traditionellen Kultstätten am Rande seines Reiches, i Bet-El und Dan, ein goldenes Kalb aufstellen, errichtete Kulthöhen, setzte eigene Priester ein, die nicht zu den Leviten gehörten, und führte ein eigenes zentrales Kultfest ein. Er wollte damit sein Volk davon abhalten, weiterhin nach Jerusalem zu pilgern. So forderte er die Reaktion Jahwes heraus, der durch einen Gottesmann das Ende des Kultortes Bet-El und der Dynastie ankündigen ließ (1 Kön 13 – 14,20).

Eine Neuorientierung der Religionspolitik und eine Rückbesinnung auf die traditionelle, eigenständige Tradition wird sicher ein wichtiges Anliegen Jerobeams gewesen sein. Daß er mit seinen Bestimmungen gegen den »richtigen« Jahweglauben verstoßen wollte, daß die Errichtung der Kultbilder einen Affront gegen die Jahweverehrung in Jerusalem bedeutet hat, ist gewiß zu verneinen. Diese Einschätzung ist vielmehr als polemische Wertung aus dtr Sicht zu betrachten. Es ist anzunehmen, daß Jerobeam im Sinne der sich erst formierenden religiösen Vorstellungen des Stämmekonglomerats in seinem Reich gestaltend eingegriffen hat. Aber auch in Jerusalem hatte sich noch keine lange, eigenständige und das religiöse Bewußtsein prägende Tradition gebildet, David und Salomo hatten diese gerade erst auf den Weg gebracht. Diesen Jerusalemer Kulttraditionen kann zu diesem Zeitpunkt noch keine unangefochtene Traditionsbildung in den beiden Reichen zugesprochen werden. Dennoch werden das salomonische Heiligtum in

[184] G.R. Hughes (Ed.), Reliefs and Inscriptions at Karnak. Vol. III: The Bubastide Portal (Oriental Institute Publications 74), Chicago 1954. Vgl. im einzelnen J. Simons, Handbook for the Study of Egyptian Topographical Lists Relating to Western Asia. Leiden 1937, 95–102; M. Noth, Die Wege des Pharonenheeres in Palästina und Syrien. IV. Die Schoschenkliste, in: ZDPV 61 (1938) 277–304; B. Mazar, The Campaign of Pharaoh Shishak to Palestine (VTS, 4), Leiden 1957, 57–66; K.A. Kitchen, The Third Intermediate Period in Egypt (1100–650 B.C.). Warminster 1973, 293–300.432–437; S. Ahituv, Canaanite Toponyms in Ancient Egyptian Documents. Jerusalem & Leiden 1984; N. Na`aman, Israel, Edom and Egypt in the 10th Century B.C.E., in: Tel Aviv 9 (1992) 79–86: M. Görg, Die Beziehungen zwischen dem Alten Israel und Ägypten, (EdF, Bd. 290), Darmstadt 1997, 89ff.

[185] Vgl. N. Na`aman, Israel, Edom and Egypt in the 10th Century B.C.E., in: Tel Aviv 9 (1992) 81.

Jerusalem und der Glanz der davidischen Dynastie eine gewisse Anziehungskraft, auch auf das Nordreich, ausgeübt haben. Ihr hätte Jerobeam durch die Aufwertung der regionalen Kultorte in seinem Reichsgebiet entgegentreten können. Der Unterschied zwischen Jerusalem und Dan bzw. Bet-El lag deshalb kaum in inhaltlich anderen Traditionselementen, sondern vielmehr im Anspruch auf einen verbindlichen und exklusiven Charakter dieser Heiligtümer. In der kurzen Zeit der davidischen und salomonischen Herrschaft muß sich dennoch eine Anziehungskraft des zentralen Reichsheiligtums in Jerusalem angebahnt haben. Wenn jetzt im Nordreich Israel die Bande mit Jerusalem gekappt und die gewählte Eigenständigkeit der religiösen Kultbräuche trotzdem Gefahr liefen, sich den vorher herrschenden kanaanäischen religiösen Vorstellungen wieder mehr und mehr anzugleichen, kann der Widerstand einzelner kleiner Gruppen im Nordreich gegen diese Religionspolitik verständlich werden.

5. Der Staat Juda bis Jotam (910–734 v. Chr.)

5.1. Literarische Quellen

Über diesen Zeitraum von etwa 175 Jahren liegen kommentierte Auszüge der dtr Geschichtsschreiber und Redaktoren aus den Annalen der Könige von Juda vor. Wiederum sind die dtr Redaktoren selektiv mit dem Material umgegangen und haben sich bei der Auswahl und Wertung des Stoffes von ihrem theologischen Interesse leiten lassen. Zwei kleinere »Erzählungen« scheinen weitgehend von einer deutlichen dtr Bearbeitung verschont geblieben zu sein: 2 Kön 9,1 – 10,27 und 11,1–20 befassen sich mit der Erhebung des Jehu im Nordreich. Das zusätzliche Material, das 2 Chr 13–26 liefert, ist von der historischen Zuverlässigkeit her für eine Rekonstruktion der Ereignisse nicht verwendbar. Als außerbiblisches Quellenmaterial liegt die Mescha-Stele aus dem ostjordanischen Dibon vor.

5.2. Der archäologische Befund

Interessante Bestätigungen für die literarischen Angaben in 1 Kön 15,22 erbrachten die Ausgrabungen in *Tell en-Naṣbe* (Mizpa)[186]. Weitere archäologische Zeugnisse dieser Zeit fanden sich u.a. in Geser, Ramat Rahel, Jerusalem und im Negeb (Beerscheba).

[186] 12 km nördlich von Jerusalem, 7,5 km nordwestlich von Rama. S. dazu M. Broshi, s.v. Tell en-Nasbeh, in: EAEHL, Vol. III. Jerusalem 1977, 912–918; A. Mazar, Archaeology. New York 1990, 437; G. Barkay, in: The Archaeology of Ancient Israel. Hrsg. von A. Ben-Tor. New Haven & London 1992, 308f.; J.R. Zorn, Mizpah. Newly Discovered Stratum reveals Judah's other Capital, in: BAR 23/5 (1997) 28–38.66, der allerdings darauf hinweist, daß die Keramik, die im Zusammenhang mit der Befestigungsmauer (Stratum II) gefunden wurde, nie wissenschaftlich ausgewertet wurde und offensichtlich verlorengegangen ist.

Abija (910–908 v. Chr.), dessen Herkunft mütterlicherseits in den biblischen Angaben widersprüchlich überliefert wird[187], hatte sich während seiner dreijährigen Herrschaft vordringlich um die nördliche Grenzziehung seines kleinen Reiches zu kümmern. 2 Chr 13,3–20 berichtet in diesem Zusammenhang von einem Krieg mit Jerobeam, in dem Abija 400 000 Mann, Jerobeam 800 000 Mann aufmarschieren ließ. In einer Rede an Jerobeam und seine Krieger faßte Abija noch einmal zusammen, was er an religiösen und politischen Fehlentwicklungen im Nordreich feststellen konnte. Trotz trickreicher Taktik Jerobeams gelang es Abija, 500 000 Mann des gegnerischen Heeres zu schlagen und Jerobeam die Städte Bet-El, Jeschana und Efron mit ihren dazugehörigen Tochterstädten wegzunehmen. Der Bericht ist eine eigenständige Komposition des Chronisten, ohne daß ältere Quellen dabei verwendet wurden[188]. Wie die spätere Geschichte zeigt, kann es sich höchstens um lokale Auseinandersetzungen gehandelt haben, ohne daß eine Seite einen entscheidenden Vorteil aus dem Gerangel erzielen konnte. Tatsächlich kam es zu einer ersten Entscheidung erst unter Abijas Nachfolger Asa. Die Grenzkämpfe zwischen Asa (908–868 v. Chr.) und Bascha führten nach 1 Kön 15,16–22 zunächst zu einem territorialen Gewinn für Bascha, der bis nach Rama[189] vordringen konnte und die Ortschaft sofort ausbaute. Weil Bascha damit die wichtigsten Zugangsstraßen nach Jerusalem von der Küste und vom Norden versperrte, suchte Asa ein Bündnis mit dem Aramäerkönig Ben-Hadad von Damaskus. Dieser mußte dafür sein Bündnis mit Bascha kündigen. Asa bot alles, was es noch an Silber und Gold im Tempelschatz gab, auf, um seine Bündnispolitik durchzusetzen. Danach schickte Ben-Hadad »seine Heerführer gegen die Städte Israels und verwüstete die Städte Ijon, Dan, Abel-Bet-Maacha, ganz Kinneret sowie das ganze Land Naftali« (1 Kön 15,20). So blieb der israelitische Ausbau von Rama unvollendet und Asa konnte seine nördliche Grenze vorschieben bis Geba[190] und Mizpa, die er mit dem Baumaterial, das Bascha in Rama hatte liegen lassen, zu Festungen ausbaute (1 Kön 15,22)[191]. Ins Reich der Legen-

[187] 1 Kön 15,9f.//2 Chr 15,16 nennt Maacha als Großmutter des Asa und Enkelin des Abschalom (vgl. noch 1 Kön 15,2). 2 Chr 11,20–22 nennt Maacha als die Lieblingsfrau des Rehabeam, die ihm vier Söhne – darunter Abija – gebar. Unter seinen 28 Söhnen wählte Rehabeam Abija, den ältesten Sohn seiner Frau Maacha, als Nachfolger aus. 2 Chr 13,2 wiederum nennt Michaja, eine Tochter Uriëls aus Gibea, als Mutter des Abija.

[188] So P. Welten, Geschichte und Geschichtsdarstellung in den Chronikbüchern (WMANT, 42), Göttingen 1973, 116–129: S. weiter Th. Willi, Die Chronik als Auslegung (FRLANT, 106), Göttingen 1972, 175.188.

[189] Im Stammesgebiet Benjamin, knapp 10 km nördlich von Jerusalem. Heute *er-Rām*.

[190] Heute *Ǧebaʿ*, 3 km östlich von Rama auf der Südseite des *Wādī eṣ-Ṣuwēnīt* gegenüber von Michmas.

[191] Für diese These gibt es allerdings nicht die eindeutigen archäologischen Beweise, die Badè, McCown und A. Mazar noch behauptet haben. Für die Datierung der Stadtmauer von Mizpa in die Zeit nach dem 8. Jh. siehe zuletzt H. Katz, A Note on the Date of the »Great Wall« of *Tell en-Naṣbe*, in: Tel Aviv 25/1 (1998) 131–133.

de gehört 2 Chr 14,8–14. Der Kuschiter Serach, der mit einem Heer von einer Million Mann und 300 Kampfwagen bis nach Marescha vorgerückt war, wurde vom kleineren Heer des Asa (immerhin 300 000 Mann!) geschlagen, wobei die Judäer reiche Beute machen konnten.

Der Bericht über eine religiöse Reform in 1 Kön 15,9–15//2 Chr 14,1–4 nimmt die Reformbestimmungen des dtr Programms vorweg: Asa entfernte die Hierodulen aus dem Land und beseitigte alle Götzenbilder. Er entmachtete seine Großmutter Maacha, weil diese der Aschera ein Schandbild errichtet hatte. Allein die Kulthöhen ließ er unberührt. Offensichtlich liegt hier ein dtr literarisches Schema vor, daß in einer Art Wellenbewegung Reform und Antireform im dtr Sinne aufeinander folgen und das damit Asa in die Fußstapfen Davids treten läßt. Die historische Zuverlässigkeit dieser Angabe ist dementsprechend kritisch zu bewerten. 1 Kön 15 weiß recht wenig über die extrem lange Regierungszeit Asas von 41 Jahren zu berichten. 1 Kön 15,23 gibt als Todesursache eine »Erkrankung an den Füßen«[192] an. 2 Chr 16,12 wirft Asa vor, daß er sich in seiner Krankheit auf Ärzte verließ und nicht auf den Herrn.

Während in Israel die Dynastie der Omriden herrschte (878 – 845 v. Chr.), blieb Juda von Auseinandersetzungen mit seinem nördlichen Nachbarn verschont. Der Grund ist in den außenpolitischen Auseinandersetzungen zu suchen, die das Nordreich insbesondere mit dem Aramäerreich von Damaskus hatte. Unter König Joschafat (868–847 v. Chr.) ist sogar eine politische Abhängigkeit des Südreiches vom politisch potenteren Nordreich vorauszusetzen. Joschafat zieht als Bundesgenosse bzw. Vasall mit in den Krieg des Königs Ahab gegen den König von Aram, um die Festung Ramot in Gilead[193] wieder in Besitz des Nordreiches Israel zu bringen (1 Kön 22,3–38). Ein ähnliches Vasallitätsverhältnis ist vorausgesetzt, wenn 2 Kön 3,4–27 über die Heeresfolge des Joschafat im Krieg gegen die Moabiter berichtet. Allerdings sind beide Berichte als novellistische Geschichtserzählung bzw. Prophetenlegende aus dem Komplex der Elischa-Überlieferungen ohne großen historischen Wert. Die Erzählungen sind nicht an den konkreten Namen Ahab, Joram und Joschafat festzumachen[194]. Ähnlich wie bei Asa versucht die summarische Zusammenfassung in 1 Kön 22,41–50 Joschafat als einen getreuen Jahwe-Verehrer darzustellen, der die von Asa angefangene religiöse Reform zu Ende führen wollte, indem er die letzten Hierodulen aus seinem Land entfernte (1 Kön 22,47). Die dtr Formelhaftigkeit schmälert allerdings die historische Aussagekraft der Angaben.

[192] Damit kann durchaus eine Erkrankung an der Genitalregion gemeint sein. Vgl. Ex 4,25; Jes 6,2 und 7,20.

[193] Heute *Tell er-Ramīṯ*.

[194] Nach J.M. Miller & J.H. Hayes, A History of Ancient Israel and Judah. Philadelphia 1986, 275, handelten die Erzählungen zunächst von anonymen Königen des Nord- und Südreiches, die dtr Erzählungen hätten die Angaben dann bei ihrer Verzahnung mit konkreten Königsgestalten chronologisch einordnen wollen. Die Erzählungen sind deshalb ein Beispiel dafür, wie die Erzähler späterer Generationen sich die Vergangenheit vorstellten.

Ebenso ist es mit der Aussage in 1 Kön 22,48, die von der Unterwerfung Edoms handelt[195] und als Einführung und Begründung der Episode fungiert, die von der Handels-Flotte (Tarschisch-Flotte) im Hafen von Ezjon-Geber berichtet. Mit ihr wollte der König Gold aus Ofir holen. Das Projekt scheiterte kläglich, als die Schiffe schon im Hafen zerschellten. Ein Kooperationsangebot des Königs Ahasja von Israel wurde abgeschlagen. Im Gegenteil berichtet 2 Chr 20,35–37 von einem vertraglichen Zusammenschluß beider Könige, mit dem Ziel, Schiffe zu bauen. Das Paktieren mit dem frevelhaften König von Israel ist für den Chr der Grund für das Scheitern des Unternehmens. Der chronistische Text (2 Chr 17,1 – 21,1) geht bei Joschafat weit über den Textbestand von 1 Kön hinaus. Aus Chr läßt sich allerdings kaum etwas zur Klärung der historischen Situation in der Zeit des Joschafat gewinnen, denn die hier gemachten Angaben über die Tributleistungen der Philister und Araber (2 Chr 17,11), den Ausbau der Festungen (2 Chr 17,2.12f.19), die Rechtsordnungen (2 Chr 17,7–9; 19,5–11) und Kriegshandlungen sind als Betrachtungen der nachexilischen Gemeinde zu sehen: Bei allem Wohlwollen, mit dem der Chr Joschafat betrachtet, gutheißen kann er dessen Verschwägerung mit dem israelitischen König Ahab und seine Unterstützung für Israel bei verschiedenen Kriegshandlungen nicht (vgl. 2 Chr 19,1–3).
Die Abhängigkeit Judas wurde durch die Heirat des Nachfolgers Joram (852/47 – 845) mit einer Tochter des Ahab von Israel, Atalja, besiegelt (2 Kön 8,18.26). Nach 2 Kön 8,20–22 befreiten sich die Edomiter unter seiner achtjährigen Herrschaft endgültig von der Oberherrschaft Judas.
Daß sowohl das Nordreich Israel wie das Südreich Juda etwa 7 bis 8 Jahre lang von Königen regiert wurden, die den gleichen Namen Joram/Jehoram trugen, hat die Frage aufgeworfen, ob nicht beide Reiche von einem und demselben König aus dem Nordreich mit Namen Joram regiert wurden[196]. Als Ahasja von Israel kinderlos starb, folgte sein (Bruder[197]) Joram auf den Thron von Samaria, »im zweiten Jahr Jorams, des Sohnes Joschafats, des Königs von Juda« (2 Kön 1,17). Der judäische König Joram war mit Atalja, »einer Enkelin Omris« (2 Kön 8,26), zugleich der Schwester Jorams von Israel verheiratet. Wenn es nun um den gleichen Joram gehen würde, der bereits seit zwei Jahren über Juda herrschte und nun auch die Königsherrschaft über Israel übernahm, dann wären Israel und Juda etwa für zehn Jahre wieder politisch vereint gewesen, geführt von einem judäischen König,

[195] Von einer Unterwerfung Edoms kann nur unter der Ägide der nordisraelitischen Könige die Rede sein. Als Joram nach seiner Herrschaft über Juda auch die über Israel erlangen konnte, fiel ihm die Kontrolle über Edom automatisch zu, die er allerdings nach 2 Kön 8,20 wieder verlor.

[196] Vgl. dazu J. Strange, Joram, King of Israel and Judah, in: VT 25 (1975) 191–201; J.M. Miller & J.H. Hayes, A History of Ancient Israel and Judah. Philadelphia 1986, 280–282; G. Garbini, History & Ideology in Ancient Israel. London 1988, 37.

[197] Einige ältere Übersetzungen – nicht aber der masoretische Text – bezeichnen ihn als »sein Bruder«.

der eine omridische Prinzessin, Atalja, geheiratet hatte[198]. Ahasja kam im Laufe der Regierungszeit Jorams auf den judäischen Thron. Entsprechend den Kräfteverhältnissen hatte Ahasja von Juda Joram bei außenpolitischen Aktionen[199] Waffenhilfe zu leisten. Als beide sich in der zweiten Residenz des nordisraelitischen Reiches, in Jesreel, aufhielten, brach die Revolte des israelitischen Offiziers Jehu aus, die der Omridendynastie gewaltsam ein Ende setzte (vgl. 2 Kön 9–10). Ahasja wurde auf der Flucht auf der Höhe von Jibleam[200] umgebracht.
Nach dem Tod ihres Ehemannes riß Atalja, die omridische Witwe des Königs (845 – 840 v. Chr.), die Macht an sich (vgl. 2 Kön 11). Um ihre Herrschaft abzusichern, rottete sie alle männlichen Mitglieder des davidischen Königshauses aus[201], nur ihr Enkel, der junge Prinz Joasch, konnte entkommen. Als sich die Stimmung bei den Militärbefehlshabern immer deutlicher gegen Atalja richtete, machte Joscheba, Tochter des Joram und Schwester des Ahasja, die Existenz des jungen Joasch nach sechs Jahren bekannt. Die Soldaten sowie die zusammengeströmte Menge jubelten ihm zu, proklamierten ihn als neuen König und ermordeten kurzerhand Atalja und ihren Anhang.
Der Jahwepriester Jojada erscheint in der dtr Darstellung der Ereignisse bei der Revolte als Anführer im Hintergrund. Er organisiert auch die Inthronisation des jungen Königs (2 Kön 11,12): Ataljas Sympathie bzw. Propaganda für den Baalskult in Jerusalem mag für ihn einen zusätzlichen Grund zum Aufstand gebildet haben[202]. Es werden allerdings Zweifel erhoben, ob Joasch tatsächlich ein Sproß aus der rechtmäßigen davidischen Dynastie gewesen ist. Schließlich konnte niemand die Zuverlässigkeit der Behauptung Jojadas nachprüfen. Aufschlußreich ist die Reaktion im Lande, die in der Notiz in 2 Kön 11,20 festgehalten wird: »Alle Bürger des Landes waren voll Freude, die Stadt aber blieb ruhig.« Die eifrigsten Verfechter eines Sturzes der Atalja mögen sich auf dem Lande befunden haben[203].

[198] Diese Darstellung steht in klarem Widerspruch zu der Darstellung der Redaktoren von 2 Kön und Chr: sie sprechen vom Tod der beiden, voneinander zu unterscheidenden Joram (2 Kön 8,24; 9,21–26 und 2 Chr 21,18–20). Es ist nicht auszuschließen, daß die Redaktoren bei der Auswahl und Bewertung ihrer Quellen Fehler machten bzw. sich im Unklaren über die Ereignisse waren: die Texttradition von 2 Kön 1,17 ist nicht eindeutig (in einigen Hss. wird Joram als Bruder des Ahasja bezeichnet), die üblichen Hinweise auf das Buch der Chroniken der Könige von Juda und Israel fehlen beim Bericht über Joram von Israel und Ahasja von Juda.

[199] Nach 2 Kön 8,28 geschah dies bei den Aramäerkämpfen.

[200] Heute *Ḫirbet Bel`ame* im *wādī Bel `ame*, 2 km südlich von *Genīn*.

[201] Nach 2 Chr 21,16–17 führten die Philister und Araber die Söhne und Frauen des Joram weg, »es blieb ihm kein Sohn außer Joahas, dem jüngsten von ihnen«. Daß Atalja bei der Beseitigung der davidischen Nachkommenschaft ihre Hände im Spiel hatte, scheint jedoch plausibler.

[202] Vor allem 2 Kön 11,12 scheint eine nachträgliche dtr theologische Reflexion zu sein. Vgl. S. Herrmann, Geschichte Israels in alttestamentlicher Zeit. München 1973, 280.

[203] Unter *`am ha'areṣ* versteht man in der dtr Theologie die Klasse der vermögenden Grundbesitzer des Landes Juda, den sog. Landadel. Vgl. Dazu H. Donner, Geschichte, Band 2. Göttingen 1986, 253.

Als siebenjähriges Kind wird der neu ausgerufene König Joasch (840–801 v. Chr.) einen Vormund, sehr wahrscheinlich in der Person des Priesters und Königsmachers Jojada, gehabt haben (vgl. 2 Kön 12,3 // 2 Chr 24,2f.14f.22). 2 Kön 12,5–17 berichtet von einer königlichen Verordnung, die die Einnahmen des Tempels (Weihegaben, auferlegte Abgaben, freiwillige Spenden) den Priestern zuweist, so daß diese sie für Ausbesserungsarbeiten am Tempel einsetzen konnten. Die Priester hatten das eingegangene Geld jedoch nicht für den Tempel verwendet. Deshalb stellte Jojada einen Opferkasten neben dem Altar rechts vom Eingang des Tempels, in den das Geld eingeworfen wurde. Der Schreiber des Königs und der Hohepriester hatten nun dafür zu sorgen, daß die Spenden für den richtigen Zweck verwendet wurden. Nach 2 Kön 12,18f. griff der Aramäerkönig Hasaël die Stadt Gat an und eroberte sie. Als er sich anschließend anschickte, Jerusalem anzugreifen, nahm Joasch alle Weihegaben und Schätze des Tempels und des Palastes, um sich damit freizukaufen. Für diese Angaben besitzen wir keine außerbiblische Bestätigung. Es verwundert, daß die Aramäer so tief in das judäische Land und bis an die Grenzen Philistäas eingedrungen sein sollen.
Nach vierzigjähriger Herrschaft wurde Joasch von zwei seiner Diener erschlagen (2 Kön 12,21f.). 2 Chr 24,25 ist in der Darstellung der Motive des Königsmordes deutlicher: Der Sohn des Jojada, der Prophet Secharja, hatte den König wegen seiner Religionspolitik öffentlich angegriffen. Daraufhin ließ der König Secharja im Hof des Tempels steinigen. Joasch Tod wird somit als Strafe für diese Blutschuld und für seinen Abfall von Jahwe gedeutet. Die lange Regierung des Joasch ist eher symbolisch und nicht als genaue Zeitspanne aufzufassen[204].
Wenig zuverlässig sind die Angaben über Joasch' Nachfolger Amazja (801 – 773 v. Chr.) in 2 Kön 14,1–22, der 29 Jahre regiert haben soll. Am glaubwürdigsten ist noch die Notiz, daß er die Mörder seines Vaters hinrichten ließ (2 Kön 14,5f.). Anders verhalt es sich mit dem Hinweis auf seinen Sieg über die Edomiter und die Einnahme von Sela[205], das er in Jokteel umbenannte. 2 Chr 25,11f. berichtet in diesem Zusammenhang davon, daß die Judäer im Salztal 10 000 Mann der Seïriter erschlugen, 10 000 Mann nahmen sie lebend gefangen und stürzten sie von der Höhe eines Felsens herab. Es ist eher anzunehmen, daß Edom nicht unter die ständige Kontrolle und Herrschaft Judas kam. Legendenhafte Züge weist die Schilderung in 2 Kön 14,8–14 (// 2 Chr 25,17–24) auf, die von einem seltsamen Kräftemessen zwischen Amazja und Joahas von Israel berichtet. Im judäischen Bet-Sche-

[204] Vgl. die 40-jährige Regierungszeit des David und Salomo. Zum chronologischen Problem s. J.M. Miller & J.H. Hayes, A History of Ancient Israel and Judah. Philadelphia 1986, 296.

[205] Schon die Peshitta identifiziert Sela mit Reqem, dem späteren Petra der Nabatäer. Danach auch Flavius Josephus, Antiquitates Judaicae. Buch IV, Kap. 7, 1; Eusebius von Cäsarea, Onomastikon der Biblischen Ortsnamen. Ed. E. Klostermann. GCS: Eusebius Werke III, 1. Nachdruck 1966, 142,7f..144,7–9. Wahrscheinlicher ist die Identifizierung mit *es-Sil'*, südlich von Tafila. Vgl. J.M. Miller & J. Hayes, A History of Ancient Israel and Judah. Philadelphia 1986, 306.

mesch traten sich beide Könige gegenüber. Die Judäer wurden geschlagen und König Amazja gefangengenommen und nach Jerusalem gebracht. Joahas ließ einen Teil der Stadtmauer Jerusalems niederreißen, plünderte den Tempel- und Palastschatz und nahm Geiseln mit nach Samaria. Daraus können wir vielleicht entnehmen, daß das Vasallitätsverhältnis Judas Israel gegenüber unter Amazja noch andauerte. Eine Verschwörung gegen König Amazja in Jerusalem zwang ihn zur Flucht nach Lachisch, wo er von seinen Verfolgern erschlagen wurde.

Nach dem Mord an Amazja machte »das ganze Volk von Juda« den sechzehnjährigen Sohn Asarja/Usija (773–736 v. Chr.) zum König (2 Kön 14,21). Der Name des Königs ist nicht eindeutig überliefert: In 2 Kön 15, 13.30.32.34; Hos 1,1; Am 1,1; Jes 1,1 und 6,1 wird der Name Usija überliefert, möglicherweise ist das der Thronname des mit seinem Geburtsnamen Asarja 2 Kön 14,21; 15,1.6–8.27 gekannten Königs[206]. Die Chronologie der Herrschaft Asarjas ist ebenso unsicher, was u.a. auch Konsequenzen für die Datierung des Propheten Jesaja hat, der nach Jes 6,1 sein Berufungserlebnis im Todesjahr des Usija hatte.

Angesichts seiner überlangen Regierungszeit (nach 2 Kön 15,1–7 51 Jahre) verwundert das weitgehende Stillschweigen der biblischen Texte[207]. Asarja/Usija wird angesichts seiner langen Regierungszeit kaum gewürdigt. Da im Nordreich Jerobeams II. eine Zeit des Wohlstandes herrschte, könnte Juda durchaus ebenso eine Blüte erlebt haben. Nach 2 Kön 14,22 baute Asarja die Hafenstadt Elat aus, die er (von den Edomitern?) zurückerobert hatte.

2 Chr 26,6–15 stellt den König als erfolgreichen Herrscher dar, zumindest in der ersten Hälfte seiner langen Regierungszeit, als er noch vom Tempelpriester Secharja begleitet wurde. So soll er die Philisterstädte Gat, Jabne und Aschdod zerstört haben. In der Nähe von Aschdod baute er Städte aus. Außerdem waren ihm die Araber, die in Gur-Baal wohnten, die Mëuniter sowie die Ammoniter untertan. Jerusalem wurde unter seiner Regierung mit weiteren Türmen verstärkt und mit Zisternen ausgestattet. Ausdrücklich wird seine Sorge für die Landwirtschaft hervorgehoben. Er beschäftigte Acker- und Weinbauern in den Bergen und im Fruchtland und besaß große Herden in der Schefela. Das Heer war gut organisiert und ausgestattet. »Doch als er mächtig geworden war, wurde sein Herz übermütig, und er handelte verkehrt« (2 Chr 26,16): er drang in den Tempel ein und wollte auf dem Rauchopferaltar Opfer darbringen, ein Privileg, das nur »den Priestern, den Söhnen Aarons« (2 Chr 26,18), zustand. Der König wurde mit Aus-

[206] Vgl. J. M. Miller & J. Hayes, A History of Ancient Israel and Judah. Philadelphia 1986, 310. Nach G. Garbini, History & Ideology in Ancient Israel. London 1988, 38ff. hätte der judäische König Asarja unter dem Namen Usija auch die Herrschaft über das Nordreich Israel übernommen.

[207] Nach G. Garbini, History & Ideology in Ancient Israel. London 1988, 40f. sind die meisten biblischen Angaben über Salomo ursprünglich Informationen über Asarja: »These all lead us to suppose that in all probability a fairly later biblical redactor beautified Solomon with the plumes of Azariah, who moreover was made to die a leper.«

satz[208] bestraft. Die Krankheit schloß den Zutritt zum Tempel aus. Als Aussätziger mußte er fortan in einem abgesonderten Haus wohnen, sein Sohn Jotam übernahm die Regierungsgeschäfte. Die historische Zuverlässigkeit dieser chronistischen Angaben ist zumeist zweifelhaft[209].
Einen außerbiblischen Beleg für die Außenpolitik des Usija vermutete man lange Zeit in den Annalen Tiglat-Pilesers III.[210] 738 formierte sich eine antiassyrische Koalition nordsyrischer Fürsten, darunter auch [Azar]jau KURja-u-di. Dem König Asarja kann jedoch die Führerrolle in einer antiassyrischen Koalition nicht zugeschrieben werden. Zudem ist die Nennung seines Namens nicht gesichert. Außerdem wurde festgestellt, daß das Zitat nicht zu den Annalen des Tiglat-Pileser III., sondern zu denen des mehr als 100 Jahre später regierenden Sanherib gehört[211].
Der Redaktor von Kön benützt bei der Angabe der Grabstätte des Königs die traditionelle, stereotype Formel: »Asarja entschlief zu seinen Vätern; man begrub ihn bei seinen Vätern in der Davidstadt« (2 Kön 15,7). Offensichtlich konnte er keine präzisen Angaben über die Grablege machen. 2 Chr 26,23 berichtet dagegen: »Man begrub ihn bei seinen Vätern auf dem Feld bei der Grabstätte der Könige; denn man sagte: Er war aussätzig.« Flavius Josephus[212] gibt an, der König »sei allein in seinem eigenen Garten beerdigt worden«. Offensichtlich sah sich das späte Judentum der Schwierigkeit gegenüber, die Grabstätte eines Unreinen zu lokalisieren. Vor etwa 70 Jahren tauchte überraschend eine Steinplatte auf (34 cm breit, 35 cm lang, 6 cm stark), die sich als Epitaph des Königs ausgab: »Zu diesem Platz wurden die Gebeine des \`Uzzija, des Königs von Juda, überbracht. Keiner soll ihn öffnen!«[213]. An der Authentizität dieser Grabplatte, die angeblich aus

[208] Nach E.V. Hulse, The Nature of Biblical Leprosy, in: PEQ 107(1975) 87–105, wurde Lepra erst im 1. Jh. v. Chr. in Palästina registriert. Es muß sich also um eine andere Hautkrankheit handeln.

[209] Vgl. zuletzt F. Bianchi & G. Rossoni, L'armée d'Ozias (2 Chr 26,11–15) entre fiction et réalité: une esquisse philologique et historique, in: Transeuphratène 13 (1997) 21–37, die darauf hinweisen, daß sowohl archäologische wie philologische Argumente nahelegen, daß Chr hier nicht auf eine Quelle aus dem 8. Jh. zurückgreift, sondern selbsttätig redigiert. 2 Chr 26,11–15 ist daher zwischen dem Ende des 4. und dem Anfang des 3. Jh. zu datieren.

[210] Tontafelfragment K 6205 = Annalen Z. 102–120. Siehe dazu TUAT, Band I, 370. Vgl. H. Tadmor, Azriyau of Yaudi, in: Scripta Hierosolymitana, 8. Jerusalem 1961, 232–271. Dafür spricht, daß Asarja Herrscher von Juda war, als Menahem über Samaria regierte. Die Lokalisierung der assyrischen Ortsangabe KURJa-u-da-a-a mit dem Staat Ja´udi (Sam´al) in Nordsyrien wird dadurch erschwert, daß ein König von Ja´udi mit dem Namen IAz-ra-ja-a-u nicht belegt ist.

[211] Vgl. N. Na\`aman, Sennacherib´s »Letter to God« on His Campaign to Judah, in: BASOR 214 (1974) 25–39. Der Name ist dann vielleicht als Hiskija zu lesen: dieser hat tatsächlich an einer antiassyrischen Koalition teilgenommen.

[212] Flavius Josephus, Antiquitates Judaicae. 9,227.

[213] Vgl. E.L. Sukenik, An Epitaph of Uzziah King of Judah, in: Tarbiz 2 (1931) 288–292 (hebr.); Ders., in: Palestine Fund Quarterly Statement 63 (1931) 217–221; 64 (1932) 106–107; W.F. Albright, The Discovery of an Aramaic Inscription relating to King Uzziah, in: BASOR 44 (1931) 8–10; J.P.M. van der Ploeg, in: JEOL 11 (1949/50), Tafel XVI, Abb. 20; D. Conrad, Grabinschrift des Königs Ussia aus Jerusalem, in: TUAT, Band II. Gütersloh 1988, 576; Jerusalemer Bibel-Lexikon. Hrsg. von K. Hennig. Neuhausen-Stuttgart 1990, s.v. Usija, S. 910.

der Zeit zwischen 50 v. und 50 n. Chr. stammen soll, darf mit Recht gezweifelt werden: Die Namengebung (Usija statt Asarja), die Besonderheiten der aramäischen Sprache sowie die Paläographie geben Grund dazu[214].
Der fünfundzwanzigjährige Kronprinz Jotam (756? bis 734 v. Chr.) übernahm nach dem Tod seines Vaters Asarja für 16 Jahre die Königsherrschaft (2 Kön 15,5.6.32–38). Er wird vom Dtr durchaus positiv beurteilt, weil er im Jerusalemer Tempel das obere Tor hinzugefügt. haben soll. Während oder kurz nach der Beendigung der Herrschaft Jotams verbanden sich Israel (Pekach) und Damaskus (Rezin) gegen den Südstaat (vgl. 2 Kön 15,37).

5.4. Die religiöse Situation im 9. und 8. Jh. in Juda

Im Zusammenhang mit der religiösen Situation im Lande während des 8. Jh. ist auf die Funde von *Kuntilet el-´Ağrūd* und *Hirbet el-Kōm* hinzuweisen[215]. Kuntilet el-´Ağrūd wurde 1976 bis 1978 von Ze´ev Meshel ausgegraben. Der Ort ist als eine Karawanserei aus dem 8. Jh. gedeutet worden. Es handelt sich um einen befestigten Rastplatz auf dem Karawanenweg durch die östliche Sinaiwüste, in der Nähe von einigen Quellen, auf halbem Weg zwischen der Oase Kadesh-Barnea und dem Golf von `Aqaba[216]. Auf einem Hügel isoliert liegt ein befestigter Lagerplatz mit Schutzraum und Vorrichtungen für die Reisenden. In seinem Eingang befindet sich ein Zweiraum-Komplex mit vergipsten Sitzbänken und seitlichen Abstellräumen, der von den Archäologen als ein kleines Heiligtum gedeutet wurde. Hier und auch auf anderen Mauern sind verschiedene hebräische Inschriften eingraviert. Erst wenige davon wurden veröffentlicht. Eine davon lautet: »Möge Jahwe begünstigen«, eine andere: »Gesegnet sei Ba`al, am Tag... der Name des Il am Tag...« Ein großes Votiv-Steingefäß hat die Aufschrift: »Gehört zu `Avadyau, Sohn des `Adnah. Möge er gesegnet werden durch Jahwe«. Diese Hinweise auf einen religiösen Synkretismus werden übertroffen durch den Fund von großen Vorratsgefäßen (Pithoi), auf denen man typisch phönikische Abbildungen fand, wie z.B. das säugende Kalb bei seiner Mutter-Kuh, den heiligen Baum des Lebens und Löwen – Motive, die auch sonst in der israelitischen Ikonographie bezeugt sind[217]. Auf einem großen Vorratsgefäß sind u.a. zwei Abbildungen des ägyptischen ithyphallischen Zwerggottes Bes dargestellt, des Schutzpatrons der Musik und des Tanzes, einer apotropäischen Gottheit. Am oberen rechten Rand sitzt eine halbnackte,

[214] Vgl. das harte Urteil von G. Garbini, History & Ideology in Ancient Israel. London 1988, 44: »A modern forgery produced in Sukenik's circles. The poor Azariah has thus been hoaxed twice«.

[215] Siehe dazu William G. Dever, Recent Archaeological Discoveries and Biblical Research. Seattle & London 1990, 140–148, auch Abb. 43–47; J. Renz, Die Althebräischen Inschriften. Teil 1: Text und Kommentar (Handbuch der Althebräischen Epigraphik), Darmstadt 1995, 59–61.

[216] Ca. 50 km südlich von Kadesch.

[217] Siehe die Elfenbeinschnitzereien aus der gleichen Zeit.

weibliche Figur, die eine Lyra in den ausgestreckten Händen hält. Die hebräische Inschrift, die über die Abbildungen läuft – und deshalb nicht zur Abbildung gehört –, ist gut leserlich und enthält eine Segensformel, die mit dem Satz endet: »Ich segne dich durch Jahwe unseren Beschützer (oder Jahwe von Samaria?) und durch seine Aschera.«

Weitere synkretistische Indizien zeigt die Grabinschrift Nr. 3 von *Ḫirbet el-Kom*[218] aus dem letzten Viertel des 8. Jh. Die bedeutende Siedlung aus der EZ II erlebte im 7./6. Jh. v. Chr. ihren Höhepunkt. Nach dem Auftauchen von EZ II-Keramik auf dem Jerusalemer Antiquitätenmarkt führten die Israelische Altertümerverwaltung und die Hebrew Union College, Jerusalem, unter Leitung von W.G. Dever Notgrabungen durch[219]. Eine 6-zeilige Inschrift wurde oberhalb einer nach unten zeigenden Hand eingemeißelt. Die Inschrift nennt in Z. 2f. den Auftraggeber und ʿUriyahu,«der von Jahwe gesegnet war; und von seinen Feinden hat er ihn durch seine Aschera errettet...« [220]

Zusammen mit der Auffindung von Aschtarte-Statuetten an zahllosen Fundplätzen[221] liegt damit ein beredtes Zeugnis über den synkretistischen Glauben der Bevölkerung im Südreich vor: auch bei der Jahwe-Verehrung kann von einer monotheistischen Ausrichtung bzw. von einer Monolatrie in breiten Kreisen der Bevölkerung keine Rede sein.

6. Der Staat Israel bis Jerobeam II. (907–787 v. Chr.)

6.1. Literarische Quellen

Das dtr Geschichtswerk bildet wiederum die Hauptquelle für diesen Zeitabschnitt. Man bekommt den Eindruck, daß dieses Geschichtswerk viel mehr über das Nordreich zu berichten weiß als über Juda. Nur paßten der politische Erfolg und die wirtschaftliche Prosperität nicht in das theologische Bild der dtr Geschichtsschreiber, so daß dadurch die historische Zuver-

[218] Ca. 14 km westlich von Hebron, 10 km südöstlich von Lachisch am *wādī es-Saffar* gelegen. Zu der Inschrift siehe J. J. Renz, Die althebräischen Inschriften. Teil 1: Text und Kommentar, (Handbuch der Althebräischen Epigraphik, Band I), Darmstadt 1995, 202–211.

[219] W.G. Dever, in: HUCA 40/41 (1970) 139–174; D. Barag, in: IEJ 20 (1970) 216–218; A. Lemaire, in: RB 84 (1977) 595–608; S. Mittmann, in: ZDPV 97 (1981) 139–152; Z. Zevit, in: BASOR 255 (1984) 39–47; J.M.F. Hadley, in: VT 37 (1987) 50–62; W.H. Shea, in: VT 40 (1990) 110–116; H.P. Müller, Kolloquialsprache und Volksreligion in den Inschriften von Kuntillet ʿAǧrud und Ḫirbet el-Qom, in: ZAH 5 (1992) 40–44.

[220] D. Conrad, Drei Inschriften von Khirbet el-Qom, in: TUAT, Band II. Gütersloh 1991, 556–558; J. Renz, Die althebräischen Inschriften. Teil 1: Text und Kommentar, (Handbuch der Althebräischen Epigraphik, Band I), Darmstadt 1995, 202–211.

[221] Vgl. O. Keel & C. Uehlinger, Göttinnen, Götter und Gottessymbole (Quaestiones Disputatae, 134), Freiburg 1992; R. Kletter, Judaean Pillar-Figurines and the Archaeology of Asherah (BAR International Series, 636), Oxford 1996; K.J.H. Vriezen, Archeologische sporen van cultus in Oud-Israël, in: B. Becking & M. Dijkstra (hg.), Één God alleen...? Over monotheïsme in Oud-Israël en de verering van de godin Asjera. Kampen 1998, 31–58.

lässigkeit der Angaben gemindert wird. In diesen Texten wird ein prosperierender und politisch potenter Staat vorausgesetzt, der seine politischen Kontakte mit Phönikien durch Heiratspolitik konsolidiert hat, die Kontrolle über Moab ausübt und verschiedene größere Bauhaben durchführt. Im einzelnen stehen als Quellen zur Verfügung: 1. dtr redigierte Auszüge aus den »Annalen der Könige von Israel«; 2. Sagen, die vom Auftreten des Propheten Elia berichten (1 Kön 17,1 – 19,18; 21; 2 Kön 1,2–17). In diesem Sagenkranz wird eine radikale Opposition des Jahweglaubens zum Baalsglauben dargestellt. Wunderberichte durchsetzen die Textkomposition. Darunter sind auch wunderhafte Erzählungen, die keinen geschichtlichen Bezug haben, wie z.B. 1 Kön 17,8–16 (Elija in Sarepta und der Ölkrug, der nie versiegt), 1 Kön 18 (das Gottesurteil auf dem Karmel) oder 2 Kön 5 (die Heilung des aramäischen Feldherrn Naaman; 3. entsprechende Sagen über den Propheten Elischa (1 Kön 19,19–21; 2 Kön 2,1–25; 3,4 – 8,15; 13,14–21), die geschichtlich nicht sicher verankert sind[222]; 4. Historisch verankert scheinen zwei novellistisch gestaltete Geschichtserzählungen über die Kriege des Nordreiches gegen die Aramäer (1 Kön 20,1–43 und 22,1–38). Zunächst wurden diese Erzählungen anonym tradiert. Sie scheinen zuerst mit Ahab und Joschafat (statt mit der ursprünglichen Jehu-Zeit?) in Zusammenhang gebracht worden zu sein; außerdem vermitteln sie ein gegenläufiges Bild von der politischen Stärke der israelitischen Könige. Diese wurden nämlich von Aram stark bedrängt; 5. Ein Bericht über die Kampagne des Jehoram gegen die Moabiter (2 Kön 3,4–27) mit der theologischen Tendenz, Elischa und Joschafat aufzuwerten; 6. Der dtr Bericht über die Revolte des Jehu (2 Kön 9,1 – 10,27); 7. Das chronistische Geschichtswerk 2 Chr 17–20, das sich im Grunde nur am Rande für das Nordreich interessiert und die politischen Kontakte zwischen Juda und dem sündigen Israel als Grund für das Mißlingen judäischer Politik (u.a. Jehoram) darstellt. Methodisch arbeitet Chr gern mit Kontrastfiguren. 8. Für die Herrschaft Jerobeams II. (787 – 747) und für die Sozialverhältnisse in Israel im 8. Jh. v. Chr. kann auch das Amosbuch herangezogen werden.
Als wichtigste außerbiblische Quelle stehen uns die Mescha-Stele sowie die Annalen-Inschriften des Salmanassars III.[223] (858–824 v. Chr.) zur Verfügung. Weitere Quellen sind die assyrischen Königsinschriften bis Adad-Nirari III. (810–783 v. Chr.). Für den nordsyrischen Bereich und den Einfluß von Damaskus sind noch die Melqart-Stele[224] und die Zakkur-Stele[225] aus Hamat (ungefähr aus dem Jahre 785 v. Chr.) heranzuziehen.

[222] Die Redaktoren schoben diese Sagen in den Rahmen der Königsherrschaft des Jehoram ein, der anonyme König von Israel ist jedoch wahrscheinlicher ein Vertreter der Jehu-Dynastie (vgl. 2 Kön 13,14–19).

[223] Übersetzungen: ARAB, Band 1/2. 1926/27; AOT²; ANET, TGI³; A. Jepsen, Von Sinuhe bis Nebukadnezar. Stuttgart & München 1975; TUAT, Band I, 4.

[224] TUAT, Band II. Gütersloh 1986, 625. Die Basaltstele wurde 1939 in Breğ (etwa 7 km nördlich von Aleppo) gefunden und stammt von Bir-Hadad, dem König von Aram (Damaskus).

[225] TUAT, Band I. Gütersloh 1985, 626–628.

Die Schoschenk-Städteliste[226] (945–924 v. Chr.) aus Karnak ist auf die Erwähnung von Städten aus dem Nordreich hin zu prüfen. Eine wichtige Quelle für die wirtschaftliche Situation im Nordreich bilden die 63 Ostraka von Samaria[227], die in einer Art Lagerraum im westlichen Teil der Akropolis gefunden wurden. Es handelt sich um Wirtschaftstexte aus der Zeit zwischen 795 (Joasch) und 776 v. Chr. (Jerobeam II.), die von Schreibern in der Hauptstadt Samaria angefertigt wurden. Die Ostraka beziehen sich auf die Lieferungen an den königlichen Palast durch die Reichsdomänen und erwähnen den Herkunftsort der Abgaben sowie die Namen der Verantwortlichen. Aus den Angaben wird klar, daß die Gaueinteilung und das Abgabensystem aus der Zeit Salomos im selbständigen Nordreich weitgehend intakt geblieben war. Aufschlußreich sind auch verschiedene Siegel und Stempelabrollungen aus dieser Zeit[228]. In neuester Zeit sorgte die Auffindung von zwei Fragmenten einer Stele in Dan für Aufsehen, weil angeblich erstmals in einer außerbiblischen Quelle die Bezeichnung »Haus Davids« vorkam[229]. Die Deutung dieser Angabe und des Gesamtinhaltes der Stele ist jedoch noch umstritten.

6.2. Der archäologische Befund

Die Ergebnisse einiger Ausgrabungen in Städten des Nordreichs, die umfangreiche Bauvorhaben (Samaria III–IV, Megiddo IV A und Hazor VII–V) aufzeigen, sowie weitere Hinweise in anderen Orten (u.a. Tirza II, Sichem VIII–VII) tragen dazu bei, die sozialen und wirtschaftlichen Verhältnisse im Nordreich zu erfassen. Zerstörungsschichten an verschiedenen Orten aus dem späten 8. und frühen 7. Jh. sind wahrscheinlich mit assyrischen Kampagnen in Verbindung zu bringen.

6.3. Die politische Geschichte

Gleich nach der Abtrennung vom Südreich mußte der designierte König des Nordreichs Israel, Jerobeam I. ben Nebat (927–907 v. Chr.) eine neue Residenzstadt suchen. Der Standort der ersten königlichen »Hauptstadt«, Gibea

[226] J. A. Wilson, The Campaign of Sheshonk I, in: ANET, 263–264.

[227] Vgl. KAI, 183; ANET, 321; A. Lemaire, Inscriptions Hébraïques, Tome I: Les Ostraca. Paris 1977, 21–81; TUAT, Band I, 248ff.; A.F. Rainey, Towards a Precise Date for the Samaria Ostraca, in: BASOR 272 (1988) 69–74, datiert die Ostraka in die Zeit um 784–783.

[228] Ein Siegel aus Megiddo erwähnt als Besitzer »Schema, den Diener von Jerobeam«, wahrscheinlich einen königlichen Beamten des Jerobeam II. Vgl. dazu J. M. Miller & J. H. Hayes, A History of Ancient Israel and Judah. Philadelphia 1986, 295.

[229] Zu der Stele siehe vor allem A. Biran & J. Naveh, An Aramaic Stele Fragment from Tel Dan, in: IEJ 43 (1993) 81–98; É. Puech, in: RB 101 (1994) 215–241; A. Lemaire, in: BAR 20 (1994) 30–37; B. Halpern, The Stela from Dan: Epigraphic and Historical Considerations, in: BASOR 296 (1994) 63–80; A. Biran & J. Naveh, The Tel Dan Inscription: A New Fragment, in: IEJ 45 (1995) 1–18; B. Becking, The second Danite Inscription: Some Remarks, in: BN 82 (1996) 21–29.

(heute *Tell el-Fūl*) im Stammesgebiet Benjamin, lag unmittelbar an der Staatsgrenze, nur knapp 5 km nördlich von Jerusalem. Nach 1 Kön 12,25 verlegte Jerobeam deshalb die Residenz nach Sichem im samarischen Gebirge, wo er zum König ausgerufen worden war. Unklar ist, weshalb Jerobeam von Sichem weiter nach Penuël im Ostjordanland (am Jabbok) zog. Möglicherweise wollte er damit an die Tradition des Königtums Sauls anschließen, dessen Sohn Ischbaal dort einst residiert hatte. Daneben befand sich eine weitere Residenz in Tirza (*Tell el-Fār'a* Nord), nordöstlich von Sichem (vgl. 1 Kön 14,17). Diese Mehrzahl der Residenzen läßt darauf schließen, daß es dem Nordreich an einer eindeutigen Hauptstadt fehlte. Das mag mit den unterschiedlichen Stammesinteressen im Nordreich zusammenhängen.

Das Gebiet des unabhängigen Nordreiches lag verkehrsgeographisch und strategisch zentral. Damit war das Staatsgebiet gefährdet. Am Kreuzungspunkt der großen Verkehrsverbindungen von Nord nach Süd und von West nach Ost gelegen, waren die westlichen Grenzen gegen die Philister und die potentiellen Feinde, die die Küstenstraße als Anmarschweg benützen könnten, die nördlichen Grenzen gegen die Aramäer von Damaskus, die südöstliche gegen die Moabiter zu verteidigen. Dazu kam noch das Festhalten gewisser oppositioneller Kreise am charismatischen Königsideal, das eine dynastische Kontinuität des Königshauses immer wieder in Frage stellte.

Die Auswirkungen des Feldzuges Schoschenks in dessen 20./21. Regierungsjahr[230] waren für das Nordreich viel direkter zu spüren als für das Südreich, wenn auch diese Kampagne nur eine Episode in der ägyptischen Außenpolitik ohne große Nachwirkungen für Israel blieb. Die ägyptischen Quellen, eine Stele[231] sowie die Städteliste, die Schoschenk an der südlichen Außenwand des großen Säulensaals (das sog. Bubastiden-Portal) in Karnak hat anbringen lassen[232], erwähnen tatsächlich vor allem Orte in Zentral-Palästina, im Negeb und in der Küstenebene. Das Itinerar dieser ägyptischen Kampagne könnte so rekonstruiert werden, daß Schoschenk über die Küstenebene und den Negeb, unter Umgehung von Juda, weiter nach Israel

[230] Das genaue Datum ist umstritten. Nach D.B. Redford, Egypt, Canaan, and Israel in Ancient Times. Princeton 1992, 312 könnte der Feldzug in Schoschenks ersten Regierungsjahren stattgefunden haben (im Jahre 930 v. Chr., d.h. noch unter Salomos Regierungszeit). D.M. Rohl, Some Chronological Conundrums of the 21st Dynasty, in: Ägypten und Levante III. Wien 1992, 134–136 plädiert für das Jahr 925.

[231] Für N. Na'aman, Israel, Edom and Egypt in the 10th Century B.C.E., in: Tel Aviv 9 (1992) 85f., hat diese Stele kaum einen historischen Quellenwert. Ebenso D.B. Redford, Egypt, Canaan, and Israel in Ancient Times. Princeton 1992, 314, der darauf hinweist, daß die summarischen Sätze dieser Stele sich nicht unbedingt auf die Kampagne im 5. Regierungsjahr Rehabeams beziehen.

[232] Vgl. dazu M. Noth, Die Schoschenkliste, in: ZDPV 61 (1939) 277–304 (ABLAK, Band II, 73–93). Die Städteliste reiht sich ein in das Genre der Städtelisten, deren bekanntestes Beispiel die Liste des Thutmosis III. im gleichen Tempel von Karnak darstellt. So ist damit zu rechnen, daß spätere Pharaonen solche Listen als Fundgruben für die Erstellung eigener Städtelisten ausgeschlachtet haben, ohne daß für den Historiker noch auszumachen ist, ob der betreffende Pharao tatsächlich die genannten Städte erobert hat.

vorstieß und von dort aus in verschiedenen Richtungen[233] – auch nach Mahanajim im Ostjordanland – Plünderungen vornahm. Erst auf der Rückkehr hätte er dann auch Tribut von Juda gefordert[234]. Eine dauerhafte Inbesitznahme Palästinas bzw. eine Wiederherstellung der verlorengegangenen Kontrolle über dieses Gebiet war offensichtlich nicht geplant.
Ansätze einer Dynastiebildung sind in der Thronbesteigung des Sohnes des Jerobeam I., Nadab (907–906 v. Chr.; vgl. 1 Kön 15,25–32), zu erkennen. Mit dem Heerbann zog er aus, um die Philister zu bekämpfen. Als er das philistäische Gibbeton[235] belagerte, wurde er von Bascha, dem Sohn Ahijas aus dem Stamm Issachar, getötet. Das gesamte Haus Jerobeams wurde ausgerottet. Aus der kurzen Notiz wird klar, daß die Philister inzwischen ihre unabhängige Position wiedererlangt hatten.
In einer Dynastiebildung des Vorgänger-Königshauses sah der Usurpator Bascha (906–883 v. Chr.) offensichtlich eine große innenpolitische Gefahr, so daß er alle Angehörigen des Hauses Jerobeam ausrottete. Es ist verwunderlich, daß wir von der 23-jährigen Herrschaft Baschas (vgl. 1 Kön 15,33) aus dem AT so wenig erfahren (1 Kön 15,33 – 16,7). Der Dtr hält ihn für einen sündigen König, so daß ihm der Prophet Jehu, der Sohn Hananis, der ihn wahrscheinlich auch als neuen König im Auftrag Jahwes designiert hatte (vgl. 1 Kön 16,2), nun seinen Untergang und die Vernichtung seines Hauses voraussagt. Bascha wurde in Tirza – auf dem efraimitischen Gebirge – begraben (vgl. 1 Kön 16,6), wo er auch seine Residenz gehabt hatte (vgl. 1 Kön 15,33).
Entgegen der prophetischen Drohung Jehus trat Baschas Sohn Ela (883 – 882 v. Chr.) als Nachfolger auf dem Thron an. Seine Herrschaft war jedoch nur von kurzer Dauer, denn schon in seinem zweiten Regierungsjahr zettelte ein Befehlshaber seiner Kriegswagentruppe, Simri, eine Verschwörung an und erschlug den König, der sich völlig betrunken im Haus eines Palastvorstehers aufhielt. Das Wort Jehus wurde nun erfüllt, indem Simri das ganze Haus Baschas ausrottete. Auch Simris Herrschaft (882 v. Chr.)

[233] Erwähnt werden in der Städteliste Megiddo, Rehob, Bet-Schean, Schunem und Taanach. In Megiddo wurde eine fragmentarisch erhaltene Stele mit seinem Namen gefunden. Das ist ein Hinweis darauf, daß Schoschenk diese Stadt erreicht hat, nicht daß er die Stadt und ihre Umgebung für längere Zeit in Besitz hielt.

[234] D. M. Rohl, Some Chronological Conundrums of the 21st Dynasty, in: Ägypten ud Levante III. Wien 1992, 133–141, hebt die Widersprüche zwischen den biblischen Angaben und den ägyptischen Quellen hervor. Schoschenks Kampagne gegen Juda und Israel können zwei verschiedene Aktionen gewesen sein. D.B. Redford, Egypt, Canaan, and Israel in Ancient Times. Princeton 1992 datiert die Kampagne in die Regierungszeit des Salomo. Jerobeam wäre im Zuge dieser Kampagne als Schützling Schoschenks nach Israel zurückgekehrt und hätte mit Hilfe der Ägypter die Herrschaft dort übernommen. Ähnlich G. Garbini, History & Ideology in Ancient Israel. London 1988, 29f., der es für möglich hält, daß die biblischen Verfasser das positive außenpolitische Bild des Salomo nicht mit dem Raubzug des Schoschenk verdunkeln wollten.

[235] *Tell el-Melāt*, etwa 5 km südwestlich von Geser. Anders K. Elliger, in: BHH, Band I, 566f.: *ʿĀqir*, während *Tell el-Melāt* mit Altaqu (Eltheke) zu identifizieren wäre.

dauerte nicht lange: nur sieben Tage konnte er sich als König in Tirza halten. Das chronologische System von 1 und 2 Kön ist für die Omridenzeit fragwürdig. Es gibt Textvarianten in den Handschriften und in dem masoretischen System Widersprüche. Es ist anzunehmen, daß das masoretische Chronologie-System wiederholt überarbeitet wurde.
Bei der Belagerung des philistäischen Gibbeton hörte das Kriegsvolk von der Verschwörung Simris und rief Omri[236], den Befehlshaber des Heeres, noch am gleichen Tag im Lager zum König aus. Daraufhin beendete Omri vorläufig die Belagerung und zog nach Tirza. In auswegloser Lage zündete Simri den Wohnturm des königlichen Palastes, in dem er Zuflucht gesucht hatte, über sich an und fand den Tod (1 Kön 16,15–18). Omri fand jedoch nicht uneingeschränkte Zustimmung und Gefolgschaft in Israel. Die Hälfte des Volkes sprach sich für Tibni, den Sohn Ginats, aus. Omri konnte erst nach etwa 4 Jahren (nach dem Tode Tibnis?) die ungeteilte Herrschaft über Israel ausüben.
Mit Omri (882/78 – 871 v. Chr.) wird erstmals im Nordreich eine Dynastie gegründet, die sich über drei Generationen erstreckte, was zu einer Konsolidierung des Königtums führte. Das wirkte sich auch innenpolitisch aus: zunächst durch die Gründung der neuen Residenzstadt Samaria, dann aber auch durch den Versuch, eine einheitliche, von der Krone bestimmte Religionspolitik durchzuführen, die der Vielfalt der religiösen Formen und Ausprägungen gerecht werden sollte. Aber gerade diese führte dazu, daß das politische und religiöse Urteil des Dtr über diese Dynastie vernichtend ausfällt. Die dtr Geschichtsliteratur wird damit der politischen Bedeutung der Omriden-Dynastie nicht gerecht. Die Omriden schafften es, eine konsequente Außenpolitik zu betreiben, indem sie Verträge mit ihren potenten Nachbarn schlossen. Zudem stärkten sie die eigene militärische Schlagkraft, so daß die Voraussetzungen für eine territoriale Stabilität und Ausdehnung geschaffen wurden. Nur ein entscheidender Faktor der internationalen Großwetterlage konnte die politische und militärische Planung durchkreuzen: Das Neuassyrische Reich schickte sich gerade in dieser Zeit an, seine imperialistische Großmachtpolitik durchzusetzen, was Konsequenzen für die gesamte Region in Palästina-Syrien hatte. Die biblischen Quellen schweigen sich für diesen Zeitabschnitt über die assyrische Bedrohung aus. Aus den Inschriften der assyrischen Könige, zuerst bei Assurbanipal II. (884–858), der etwa zeitgleich mit Omri herrschte, erfährt man von der Planung und erfolgreichen Durchführung der Kampagnen gegen die Kleinfürstentümer in Nord- und Mittelsyrien. Die Zielrichtung der assyrischen Expansionspolitik wird bei Assurbanipal II. schon sichtbar: es geht um die Sicherung der assyrischen Handelswege, die Gründung von assyrischen Handelskolonien, den Arbeitsdienst Gefangener (u.a. bei der Gründung der neuen Residenzstadt Kalaḫ) und die Tributleistungen der unterworfenen

[236] Über seine Herkunft teilt 1 Kön 16 nichts mit, während bei den vorhergehenden Königen ihre Stammesangehörigkeit angegeben wird.

Völker. Bei einer Kampagne im Jahre 875 erreichte der assyrische König Assurbanipal II. erstmals das Mittelmeer. Er trieb Abgaben von Byblos, Sidon und Tyrus ein. Damit berührten die Assyrer direkt die Grenze des Nordreiches.

Eine Entscheidung von weitreichender Bedeutung traf Omri in seinem 6. Regierungsjahr, nachdem er seine Residenz in Tirza aufgab, die anläßlich des Selbstmordes des Simri in Brand gesetzt worden war. Er suchte eine neue Hauptstadt für sein Reich. 1 Kön 16,24 berichtet, daß Omri von Schemer für zwei Talente Silber den Berg Samaria kaufte, dort seine Palastgebäude errichten ließ und die neue Hauptstadt Samaria[237] – nach dem Namen des Verkäufers – nannte. Der neue Standort hatte erhebliche Vorteile: Er war zwar auf einem relativ niedrigen Hügel von 430 m gelegen, lag aber viel näher an den wichtigsten Verkehrsstraßen[238] als Tirza. Die Verbindung zwischen Sichem und der Jesreel-Ebene führte an Samaria vorbei. Durch den Kauf des Grundstücks erwarb Omri sich eine Art Krongut. Das Bodenrecht der »Israeliten« kannte keine Grundstücksverkäufe. In der späteren Gesetzgebung von Lev 25,23 wird festgehalten, daß »das Land nicht endgültig verkauft werden darf; denn das Land gehört mir, und ihr seid nur Fremde und Halbbürger bei mir«. Diese spätere Rechtsgrundlage, die weitgehend ein theoretischer gesellschaftlicher Anspruch geblieben ist, deutet sich selbst als eine völlig konträre Auffassung zum »kanaanäischen« Bodenrecht. Archäologisch konnte man auf dem Hügel von Samaria zwei Bauschichten unterscheiden, Stratum I mit dem bescheidenen Palastbau auf der Hügelspitze geht auf Omri zurück, der zweite Palastbezirk in Stratum II auf Ahab[239]. Neben Samaria scheint die Dynastie jedoch noch eine zweite Residenz in Jesreel unterhalten zu haben (vgl. 1 Kön 21; 2 Kön 9–10).

Nachfolger Omris wurde sein Sohn Ahab (871 – 852 v. Chr.). Durch eine geschickte Heiratspolitik wurden politische Abhängigkeiten und Verbindungen mit Phönikien und Juda geschaffen. Die Frau Ahabs, Isebel, wird in 1 Kön 16,31 »Tochter Etbaals[240], des Königs der Sidonier[241]«, genannt[242].

[237] Heute *Sebastye*.

[238] Nl. an der Nord-Süd-Straße, besser als *via maris* bekannt. Zugleich lag Samaria im Tal (heute: *wadi eš-ša'air*), durch das die wichtigste Ost-West-Verbindung lief, vom Mittelmeer bis Sichem.

[239] Grundriß der königlichen Akropolis bei A. Mazar, Archaeology. New York 1990, 407.

[240] Die masoretische Vokalisation des Namens ist wohl unkorrekt: richtiger Itto-Baal (»Mit ihm ist Baal«).

[241] Sehr wahrscheinlich war Isebel eine Prinzessin aus Tyrus. »Sidon« war für den Verfasser eine generalisierende Bezeichnung für »Phöniker«. So wird der Baalskult, den Isebel in der neu gegründeten Haupstadt Samaria installierte, wohl dem Stadtgott von Tyrus, Melqart, gegolten haben.

[242] Vgl. Flavius Josephus, Antiquitates Judaicae, VIII, 316–318; ders., Contra Apionem, I, 116, der diese Angabe insoweit korrigiert, als er Isebel als Tochter des Ittobaal, des Königs von Tyrus und Sidon bezeichnet. Er stützt sich dabei auf die Angaben von Menander von Ephesos. Zur kritischen Bewertung dieser »historischen Quelle« siehe vor allem S. Timm, Die Dynastie Omri (FRLANT, 124), Göttingen 1982, 200–231. Möglicherweise ist die biblische Isebel eine literarische Fiktion, der genaue Name der (phönikischen?) Frau Ahabs wäre dann unbekannt. Isebel wird von den dtr Redaktoren nur negativ beurteilt.

Jehoram von Juda, Sohn des Joschafat, hatte Atalja als Frau, eine Tochter Ahabs (vgl. 2 Kön 8,18 und 8,26), womit zumindest die Konfrontation zwischen Nord- und Südreich beseitigt werden konnte. Schwieriger gestaltete sich die Beziehung zum starken Aramäerreich von Damaskus, mit dem das Haus Omri immer wieder zu kämpfen hatte. Das bezeugt vor allem der archäologische Befund in Unter-Galiläa, wo um die Mitte des 9. Jh. etwa 52 % aller Siedlungen vernichtet wurden[243], soweit diese Zerstörungen nicht mit der Kampagne Salmanassars II. gegen die phönikische Küste im Jahre 841 zusammenhängen. Die atl. Geschichtsschreibung läßt über diese Spannungen nicht allzuviel verlauten, außer in der Annalennotiz 2 Kön 8,28f., in der über Kampfhandlungen des letzten Omriden Joram gegen den Aramäerkönig Hasaël bei Ramot-Gilead[244] berichtet wird. Die weiteren Angaben in 1 Kön 20 und 22, die von Aramäerkriegen unter Ben-Hadad erzählen, sind ursprünglich anonyme Überlieferungen, die erst vom dtr Geschichtsschreiber in die Zeit Ahabs datiert wurden[245]. Ebenso sind den Elischa-Sagen in 2 Kön 6,8 – 7,20 der historische Wert abzusprechen: sie berichten von einem nicht näher genannten König von Israel, der gegen Ben-Hadad kämpfte[246]. Der dtr Verfasser datierte diese Kriege in die Zeit des Joram.

Ein Schlaglicht auf die geschichtliche Situation Israels wirft die Mescha-Stele, in der festgehalten wird, daß Omri Moab eroberte[247]. Unter Ahab hatte sich die israelitische Herrschaft über Moab zunächst noch behaupten können (vgl. 2 Kön 1,1; 3,4–5). Allerdings ist mit »Moab« wahrscheinlich nicht das moabitische Kernland um das heutige el-Kerak gemeint, sondern das Gebiet nördlich vom Arnon (*Wādī el-Mōǧib*). Israel hatte in der Umgebung von Dibon (*Ḏībān*) die Ortschaft Jahaz befestigt. Es gelang dem moabitischen König Mescha, das Gebiet nördlich vom Arnon (»das Land Madeba«) zurückzuerobern.

Die Stele wird um 840 v. Chr. datiert. Die oben gerundete, etwa 1,1 m hohe und 0,6 m breite Basaltstele wurde 1868 im Bereich der südlichen Toranlage des antiken Dibon (*Ḏībān*) durch den elsässischen Missionar F. A. Klein entdeckt. Klein erkannte sofort die Bedeutung des Fundes und informierte

[243] Vgl. vor allem Z. Gal, The Lower Galilee in the Iron Age II: Analysis of Survey Material and its Historical Interpretation, in: Tel Aviv 15/16 (1988/89) 56–64. Die Ausgrabungen in *Tell Mador* und *Horvat Roš Zayit* bestätigten die Ergebnisse des Surveys.

[244] Heute *Tell er-Rāmiṯ* im nördlichen Ostjordanland.

[245] Dadurch entsteht ein Widerspruch zu den assyrischen Angaben auf der Monolith-Inschrift und dem Schwarzen Obelisken (Gegenspieler von Salmanassar III. sind Ahab und Hadad-Eser von Damaskus).

[246] Diese Namensnennung ist nicht sehr hilfreich, weil mindestens drei Könige mit diesem Namen in Damaskus regiert haben. Vgl. J.A. Dearman & J.M. Miller, The Melqart Stele and the Ben Hadads of Damascus: Two Studies, in: PEQ 115 (1983) 95–101. Der Name Ben-Hadad könnte im atl. Sprachgebrauch als stereotype Bezeichnung für jeden aramäischen König in Damaskus verwendet worden sein.

[247] Abbildung in Großer Bildführer zur Bibel. Hrsg. von C. Masom & P. Alexander. Gießen [4]1992, 76.

den preußischen Konsul. Dieser bekundete sein Interesse, aber neben dem deutschen Professor Petermann aus Berlin bemühten sich auch Engländer und Franzosen, die von der Stele gehört hatten, den Stein zu erwerben. So viel Aufsehen um einen Stein kam der lokalen Bevölkerung verdächtig vor. Sie glaubten deshalb, daß es mit dem Stein ein besonderes Bewandtnis haben müsse. Sie erhitzten die Stele, gossen kaltes Wasser über sie, und durch die rasche Abkühlung zersprang sie in viele Stücke. Die Hoffnung auf einen Schatz im Innern des Steines hatte sich damit zwar nicht erfüllt; doch konnte man immerhin die Bruchstücke als Amulette etwa in Kornspeichern verwenden. Beinahe wäre auf diese Weise der überaus wichtige Text verlorengegangen, hätte nicht der französische Forscher Charles Clermont-Ganneau bereits zuvor einen Abklatsch von der Stele herstellen lassen. Der Abklatsch durch Clermont-Ganneau vor der Zerstörung ermöglichte die Ergänzungen der erhaltenen Stücke (seit 1873 im Louvre, Paris)[248]. Die Inschrift weist Worttrenner und Striche zur Absetzung von Sinnabschnitten auf.

Da die Inschrift der Mescha-Stele das Ende der Dynastie Omris (Z. 5–8) voraussetzt und der Eroberungszug Meschas in die ersten Jahre Jehus fällt, kommen als Datum für die Inschrift Meschas nur die Jahre zwischen 842 und 838 in Frage. Die wichtigsten Passagen, die zur Geschichte des Nordreiches Israel beitragen, lauten:

(1) Ich bin Mescha, der Sohn des Kmsch(it)[249], König von Moab, aus Dibon[250]. Mein Vater war dreißig Jahre lang König über Moab, und ich wurde König nach meinem Vater. Und ich errichtete dieses Höhenheiligtum für Kamosch[251] in Qericho[252] als Panier[253] der Rettung, denn er errettete mich von allen meinen Drängern und ließ mich meine Lust[254] sehen an allen meinen Feinden.

Als Omri (5) König war über Israel, da hatte er Moab lange Zeit gedemütigt, denn Kamosch war erzürnt über sein Land. Und sein Sohn[255] folgte ihm nach, und auch er sprach: »Ich werde Moab demütigen.« Noch in meinen

[248] Kopien befinden sich in den archäologischen Museen von Amman, Kerak und Madeba.

[249] Mescha von Moab (vgl. 2 Kön 3,4ff.) regierte in Dibon; der Vatersname ist nach einer fragmentarischen Inschrift aus *el-Kerak* zu ergänzen. Siehe BASOR 172 (1963) 1–9; 175 (1964) 50f.

[250] Bei der Ausgrabung in Dibon ist ein Fragment einer Inschrift – vermutlich auch von Mescha – gefunden worden. Vgl. F. Winnett & W. L. Reed, The Excavation at Dibon (Dhibân) in Moab. AASOR 36/37. New Haven 1964, 23 und Tafel 12,6 und BASOR 125 (1952) 20–25. Vgl. Jos 13,17; Jes 15,2; Jer 48,18.

[251] Im Bereich dieses »Höhenheiligtums« ist offensichtlich die Stele von Mescha aufgestellt und schließlich 1868 wiederentdeckt worden.

[252] Eine unbewaldete (*qrḥ* = kahl sein) Kuppe unmittelbar bei der ummauerten Stadt Dibon; ein neues von Mescha errichtetes Viertel oder ein neuer Vorort von Dibon?

[253] St. Timm, Die Dynastie Omri, (FRLANT, 124), Göttingen 1982, 159: »als D[ankeszeichen? für die] Rettung.«

[254] St. Timm, Die Dynastie Omri, (FRLANT, 124), Göttingen 1982, 159: »und weil er mich über alle meine Feinde (einen Triumph) hat sehen lassen«.

[255] Gemeint ist Ahab.

Tagen sprach er so, aber ich triumphierte über ihn und über sein Haus und Israel ging zugrunde, ja, es ist für immer zugrunde gegangen. Omri hatte sich des ganzen Landes von Madeba[256] bemächtigt, und (Israel) wohnte darin während seiner Regierungszeit und der Hälfte der Regierungszeit seiner Söhne – vierzig Jahre, aber während meiner Regierungszeit wohnte Kamosch darin[258]. Und ich baute Baal-Meon (wieder auf)[259] und machte das Wasserbecken darin, und ich baute (10) Qirjaton (wieder auf)[260].
Die Leute des Stammes Gad wohnten seit jeher im Gebiet von Ataroth[261], und der König von Israel hatte Ataroth für sich ausgebaut. Ich griff die Stadt an und nahm sie ein. Ich tötete alles Volk der Stadt als Opfer für Kamosch und Moab. Ich brachte von dort den Altar ihres Dwd[262] und schleifte ihn vor Kamosch in Qerejoth[263]. Und ich ließ dort wohnen Leute aus Sharon und Leute aus Mẖrt[264].
Und Kamosch sprach zu mir: »Auf, nimm Nebo[265] von Israel weg!« Da (15) brach ich bei Nacht auf und bekämpfte es von Tagesanbruch bis zum Mittag. Und ich nahm es ein und tötete alles; 7000 Männer nebst Beisassen[266], Frauen und (Beisas)sinnen und Konkubinen[267], denn ich hatte sie im Bann Aschtar-Kamosch[268] geweiht. Und ich nahm von dort die (Gerä)te Jahwes und schleifte sie vor Kamosch.

256 Vgl. Num 21,30; Jos 13,9.16; Jes 15,2; 1 Chr 19,7. Heute Madeba.

257 Die Zahl erscheint gegenüber der dtr Chronologie (33 Jahre für die Gesamtheit der Omriden-Dynastie) erheblich aufgerundet. Die Schwierigkeit wäre zu umgehen, wenn man mit Hilfe von G. Wallis das Wort *ḥsy* mit »Abschnitt« statt numerisch mit »Hälfte« wiedergeben dürfte. Dann stimmt die Chronologie zwar noch immer nicht genau, aber doch wenigstens ungefähr mit der des AT überein. Vgl. G. Wallis, Die vierzig Jahre in der 8. Zeile der Mesa-Inschrift, in: ZDPV 81 (1965) 180ff. Die 40 Jahre sind jedoch ohnehin eine stereotype Zahl.

258 St. Timm, Die Dynastie Omri, (FRLANT, 124), Göttingen 1982, 159: »Aber Kemosch ließ es in meinen Tagen (zum Staat Moab) zurückkehren.«

259 Baal-Meon (Z. 30: Beth Baal-Meon) – Num 32,29.38; Jos 13,17; Ez 25,9; Jer 48,23; 1 Chr 5,8 – heute *Māʿīn*, ca. 7 km südwestlich von Madeba.

260 Identisch mit *Ḫirbet el-Qurēye* (Kuschke, in: ZDPV 77,24ff. trotz Y. Aharoni, The Land of the Bible, 307, Anm. 67), 10 km westlich von Madeba. Vgl. Num 32,37; Jer 48,1–23.

261 Auch Num 32,3.34 = *Ḫirbet ʿattarus*, 15 km nw. von *Ḏībān*.

262 Die Übersetzung von *ʾrʾl* mit Altar ist wahrscheinlich, es handelt sich keinesfalls um einen Eigennamen. *Dwd* (vgl. Jes 5,1) ist Bezeichnung für eine Gottheit. Siehe H.-P. Müller, in: TUAT, Bd. I, 648: »Und ich holte von dort den Altarherd ihres (Gottes) Dod«; N.P. Lemche, The Israelites in History and Tradition. London & Louisville 1998, 45f.; K.A.D. Smelik, Historische Dokumente aus dem Alten Israel, Göttingen 1987, 35: »den Feuerherd seines Oheims«.

263 Wohl identisch mit *Qureyat ʿaleyan*, 10 km nordöstlich von *Ḏībān*, am *Wādī el-buṭm* (K.H. Bernhardt, in: ZDPV 76 (1960) 136ff.). Vgl. Am 2,2; (Jer 48,24?).

264 Die Lage der beiden Ortschaften ist unbekannt.

265 Nebo = *Ḫirbet el-Muḫayyet*, am Hang des Berges Nebo (*Ǧebel en-Nebā*), 10 km sw von *Ḥesban*. Vgl. Num 32,3.38; Jes 15,2; Jer 48,1.22; 1 Chr 5,8.

266 Mask. und fem. Wortbildung von hebr. *ger*.

267 St. Timm, Die Dynastie Omri, (FRLANT, 124), Göttingen 1982, 159 »Sklavinnen (?) «.

268 Obwohl Worttrenner die beiden Götternamen trennen, eine (zweigeschlechtliche?) Gottheit. Vgl. die Statuette von Amman, in: *ADAJ* 1 (1951) 37 (Pl. 14).

Und der König von Israel hatte Jahas[269] erbaut und wohnte darin während seines Feldzuges gegen mich. Da vertrieb ihn Kamosch vor mir, und (20) ich nahm 200 Mann aus Moab, alle seine Elite[270] und brachte sie nach Jahas, und ich nahm es ein, um es Dibon anzugliedern.
Ich habe Qeriho gebaut: die Mauern des Parks und die Mauern der Akropolis. Und ich habe seine Tore gebaut, und ich habe seine Türme gebaut. Und ich habe den Königspalast gebaut und machte das Doppelbecken[271] der Grundwasserquellen inmitten der Stadt. Weil es keine Zisterne inmitten der Stadt – in Qeriho – gab, sprach ich zu allem Volk: »Macht (25) euch jeder in seinem Haus eine Zisterne.« Ich ließ aber die Gruben[272] aushauen für Qeriho mit Hilfe von gefangenen Israeliten...[273]
Die Mescha-Stele ist ein Baubericht. Sie will zunächst festhalten, daß Mescha »die Höhe in Qeriho« gebaut hat, auch wenn diese Mitteilung jetzt in der Menge ruhmreicher Taten, die Mescha sich zuschreibt, fast untergeht. Zu den Topoi der Bauinschriften gehören u.a. Schilderungen der ungünstigen Bedingungen, die im Lande herrschten, als ein König seine Regierung antrat. So wird hier betont, daß zu Beginn von Meschas Regierungszeit Moab von Israel unterdrückt wurde. Doch jetzt ist Israel »für immer zugrunde gegangen«. Letzteres ist, wie die Geschichte zeigt, übertrieben. Es gelang Mescha lediglich, die moabitische Tributpflicht Israel gegenüber abzuschütteln und das Land Madeba zurückzuerobern. Die Zeitspanne der 40 Jahre der Herrschaft des Omri und seiner Söhne bezieht sich damit allein auf die israelitische Herrschaft über die Region von Madeba. Die Zeitangabe sagt nichts Explizites aus über die Dauer des Vasallitätsverhältnisses gegenüber Israel.
Sowohl die Mescha-Stele wie der biblische Text sind historisch nicht sehr vertrauenerweckend. Die Darstellung Meschas, die sich für die Bautätigkeit des Königs interessiert, besitzt keinen chronologischen, sondern einen sachlichen Aufbau. Außerdem weist diese Stele die für diese Textgattung typischen Züge auf. Was den Text allerdings auszeichnet, ist, daß er ein zeitgenössisches Dokument darstellt. Dagegen bleibt es unklar, in welcher Zeit 2 Kön 3 entstanden ist. Vielleicht enthält der Text einen historischen Kern, um den sich eine legendenhaft und theologisch ausmalende Schale gelegt hat. Der Parallelbericht in 2 Chr 20,1–30 läßt das historische Geschehen noch mehr zur Nebensache werden.
Die Bedrohung der politischen Selbständigkeit durch die assyrische Expan-

[269] Identisch mit *Hirbet Iskander* über dem *Wādī el-wala*. Vgl. Jos 13,18; Jes 15,4; Jer 48,34.

[270] K.A.D. Smelik, Historische Dokumente aus dem Alten Israel, Göttingen 1987,35: »Seine ganze Division«.

[271] Vgl. K. Galling, Kritische Bemerkungen zur Ausgrabung von *el-ğib*, in: BiOr 22 (1965) 242ff. In *el-ğib* (Gibeon) und Geser sind Doppel-Wasserbecken gefunden worden. K.A.D. Smelik, Historische Dokumente aus dem Alten Israel, Göttingen 1987, 35: »zweiteiliges Reservoir für die Quelle«.

[272] Mit Gruben (*mkrtt*) sind die des Wasserbeckens gemeint.

[273] Text: K. Galling, Textbuch zur Geschichte Israels. Tübingen ^{2}1968, 51–53.

sionspolitik spitzte sich unter Ahab zu. Salmanassar III. (858–824) besiegte 853 in der Schlacht bei Qarqar (*Ḫirbet Qerqūr* im nördlichen Teil des syrischen *Ġab*) eine Koalition von 12 syrischen und phönikischen Kleinstaaten unter der Führung von Hadad-Eser von Damaskus und Irchuleni von Hamat[274], unterstützt von ägyptischen und arabischen Truppen[275]. Beteiligt war auch Ahab: 2000 Streitwagen und 10 000 Soldaten (wahrscheinlich zu hoch gegriffene Zahlen) hatte er in den Kampf gegen die Assyrer geschickt. Juda und Edom dagegen werden nicht erwähnt. Vielleicht war Juda zu dieser Zeit politisch und militärisch von Israel abhängig, so daß es nicht als eigenständiger Koalitionspartner erwähnt wird. Der Sieg der Assyrer hatte kaum unmittelbare politische Folgen; Salmanassar setzte seine Kampagne nicht weiter fort.

1 Kön 22,39 berichtet, daß Ahab ein Elfenbeinhaus[276] gebaut und Städte ausgebaut habe[277]. Ob es sich um den Bau von Festungsanlagen handelt und welche Städte hier gemeint sind, verrät der Text nicht. Zumindest für Sichem, Bet-El, Tell el-Melāt, Tirza, Samaria, Dor[278], Tell Qasīle, Bet-Schean, Hazor, Dan, Jesreel[279] und Megiddo konnten Baumaßnahmen der omridischen Zeit nachgewiesen werden[280].

Hervorgerufen durch die im AT niedergelegte Kritik der prophetischen Bewegung (insbes. des Elia und Elischa) hat man den Omriden eine grundlegende Aktivität bei der Bewältigung des Konfliktstoffes zwischen

[274] Vgl. dazu M. Elat, The Campaign of Shalmaneser III against Aram and Israel, in: IEJ 25 (1975) 25–35; J. A. Brinkman, A Further Note on the Date of the Battle of Qarqar and Neo-Assyrian Chronology, in: JCS 30 (1978) 173–175.

[275] Einen Bericht über die Schlacht hielt Salmanassar III. u.a. auf seinem berühmten Monolithen fest. Vgl. dazu M. Weippert, Edom. Tübingen 1971, 600f.; ANET³, 278f.; TGI³, 49f.; TUAT I/4, 360–362. S. dazu N. Na`aman, Two Notes on the Monolyth Inscription of Shalmanasser III from Kurkh, in: Tel Aviv 3 (1976) 89–106.

[276] Die Elfenbeinarbeiten, die im Palastbereich von Samaria gefunden wurden, dienten zur Vertäfelung und Verzierung von Gebäuden und Möbeln. Sie weisen einen phönikischen Stil mit z.T. ägyptisierenden Elementen auf. S. dazu J.W. Crowfoot, J. M. Crowfoot & K. M. Kenyon, Samaria-Sebaste, Band II. London 1938, Taf. 5–6, 17 und 22. Vergleichbar sind die Fundstücke aus Megiddo und Arslan Tasch (heute im Museum von Aleppo). Die Elfenbeinarbeiten aus Nimrud, Ninive und Sippar sind Beutestücke der Assyrer.

[277] Der gleiche Satz – ohne die Erwähnung vom Elfenbeinhaus – findet sich bei den Angaben über Asa in 1 Kön 15,23. Der Wiederaufbau von Jericho (1 Kön 16,34) zur Zeit Ahabs ist unhistorisch. Die Notiz bezieht sich auf den Fluch von Josua über Jericho in Jos 6,26 und ist vom dtr Bearbeiter in das negative Gesamtbild über Ahab hineingenommen.

[278] Vgl. E. Stern, The Many Masters of Dor, Part 2: How Bad was Ahab?, in: BAR 19/2 (1993) 25.

[279] Nach D. Ussishkin & J. Woodhead, Excavations at Tel Jezreel 1992–1993: Second Preliminary Report, in: Levant 26 (1994) 47 war Jesreel möglicherweise die zentrale Militärbasis für die königliche Streitmacht, wo u.a. auch die königliche Kavallerie und Streitwagen stationiert waren. Vgl. noch A. Mazar, Archaeology. New York 1990, 410.

[280] S. dazu J. M. Miller, The Omride Dynasty in the Light of Recent Literary and Archaeological Research. Diss. Phil. Emory University 1964, 140–150; A. Mazar, Archaeology. New York 1990, 406–416.

»Kanaanäertum« und jahwistischem Glauben unterstellt[281]. Es ist jedoch fraglich, ob es zur Zeit des Ahab bereits einen ethnischen Gegensatz bzw. eine Unterscheidung zwischen Kanaanäern und Israeliten gegeben hat. Aufgrund der neuen Erkenntnisse über die Vor- und Frühgeschichte Israels ist es zweifelhaft, ob beide Begriffe überhaupt je als ethnische Bezeichnungen zu verstehen sind. Die eher soziologisch bestimmten Gegensätze zwischen den beiden Gruppierungen bekamen jedoch mehr und mehr eine ausgesprochen religiöse Komponente. Es wäre wahrscheinlich treffender, von einer kleinen Gruppe zu sprechen, die sich der kanaanitischen Kultur und Gesellschaft widersetzte und diesen Gegensatz auch religiös untermauerte. Daß es sich hier zunächst um eine Minderheit handelte und das Volk einem Glauben anhing, in dem Jahwe neben den »kanaanäischen Göttern« durchaus einen Platz hatte, legt 1 Kön 19,18 nahe: vom gesamten Volk hätten sich nur 7000 Mann nicht mit dem kanaanäischen Baalsglauben eingelassen. Der religiöse Eifer dieser Minderheit, personifiziert in einigen wenigen Prophetengestalten des Nordreiches – die Mehrheit der Propheten wird vom königlichen Hof unterhalten und im loyalen Dienst Ahabs und Isebels gestanden haben (vgl. 1 Kön 18,19: »die vierhundertfünfzig Propheten des Baal und die vierhundert Propheten der Aschera, die vom Tisch Isebels essen«) –, wurde von den dtr Redaktoren auf anachronistische und polemische Weise dargestellt, indem ihnen die exklusive Jahwe-Verehrung zugeschrieben wird. Diese exklusive Jahwe-Verehrung wurde von den dtr Bearbeitern in der Gestalt des Elia verdichtet (1 Kön 17–19.21; 2 Kön 1), so daß es uns nicht möglich ist, die Ereignisse zu rekonstruieren. Die novellistisch bearbeitete Geschichte vom Weinberg bzw. Obstgarten des Nabot (1 Kön 21), ebenfalls spät anzusetzen[282], spiegelt deshalb genauso wenig einen historischen Vorgang aus dem Privatleben Ahabs wider. Eine dramatische Steigerung bekommt die Auseinandersetzung in der Szene des Gottesurteils auf dem Karmel (1 Kön 18,17–40). Die Geschichte ist stark stilisiert und idealisiert, macht jedoch kaum deutlich, ob die Klärung und Abgrenzung der Anhängerschar Jahwes unter den Omriden bereits damals in eine entscheidende Phase getreten war.

Nach den biblischen Angaben scheint Ahab auf einen Ausgleich zwischen den beiden Bevölkerungselementen hingewirkt zu haben. Damit setzte er sich zumindest bei den Eiferern für Jahwe heftiger Kritik aus. Noch aggressiver scheint sich der Widerstand gegen das Treiben der Frau Ahabs, Isebel, formiert zu haben, die angeblich selbst Jahwepropheten verfolgt und Jahwealtäre zerstört haben soll (vgl. 1 Kön 18,4.13; 19,2.10.14). Der Baals-

[281] Die innenpolitischen und religiösen Bestrebungen der Omriden wurden vor allem von A. Alt, Der Stadtstaat Samaria, in: Berichte über die Verhandlungen der Sächsischen Akademie der Wissenschaften zu Leipzig, Phil.-Hist. Klasse, Band 101, Heft 5, Berlin 1954 [= KlSchr, Band 3. München ²1968, 258–302] untersucht.

[282] Vgl. das Gesetz in Lev 25,23ff. allgemein P zugeschrieben, das hier vorausgesetzt wird. Die Ähnlichkeit mit dem sagenhaften Bericht in 2 Sam 11,2 – 12,5 (David und Batseba) ist auffällig.

tempel (vgl. 1 Kön 16,32), den Ahab in Samaria errichten ließ, war wohl als eine Art Zentralheiligtum für die »Kanaanäer« im Nordstaat Israel gedacht. Andererseits gab Ahab seinen beiden Söhnen Joram und Ahasja Namen, die das theophore Element Jahwe enthalten.

Die Prosperität und eigenständige Entwicklung der besitzenden Klasse in den Städten Sichem und Samaria koppelte sich von den Lebensverhältnissen auf dem Land ab, wo die alten Sippenstrukturen und antistädtischen Tendenzen noch lebendig waren. Ahab selbst ist eines natürlichen Todes gestorben[283].

Über die beiden Nachfolger Ahabs ist historisch keine Klarheit zu gewinnen[284]. Über die kurze Regierungszeit Ahasjas (852 – 851 v. Chr.) berichtet 2 Kön 1 nur Anekdotenhaftes im Zusammenhang mit Elija. Der König war in Samaria durch das Gitter seines Obergemachs gefallen und hatte sich verletzt. Er suchte Auskunft über seine Genesungschancen durch eine Befragung des Beelzebul[285], des Gottes von Ekron. Nach 1 Kön 22,50 schlug Ahasja dem judäischen König Joschafat vor, eine Handelsflotte zu gründen, Joschafat aber lehnte ab. Ahasja starb kinderlos, und so folgte ihm sein Bruder Joram (851 – 845 v. Chr.) auf den Thron. Die dtr Beurteilung des Regenten fällt differenziert aus: Er »tat, was dem Herrn mißfiel. Doch trieb er es nicht so schlimm wie sein Vater und seine Mutter; denn er entfernte das Steinmal des Baal, das sein Vater errichtet hatte« (2 Kön 3,2f.).

Bei späteren Kampagnen (849, 848 und 845) tauchte Salmanassar III. immer wieder in Syrien-Palästina auf. Offensichtlich konnte er die antiassyrische Koalition dort nicht in die Knie zwingen. Es fällt auf, daß bei diesen späteren Auseinandersetzungen Israel – im Gegensatz zu Damaskus, Hamat und der stereotypen Wendung von den »zwölf Königen« – nicht mehr erwähnt wird. Wahrscheinlich waren die Könige Ahasja und Joram zu schwach, um sich an der antiassyrischen Koalition zu beteiligen.

Der Thronwechsel von Ahab auf Ahasja war wahrscheinlich Anlaß für den erfolgreichen Versuch der Moabiter, die israelitische Herrschaft über »das Land von Madeba« zu beenden[286]. 2 Kön 3,4–27 berichtet über einen großangelegten Feldzug des israelitischen Königs Joram gegen Moab. Diese moabitische Kampagne ist historisch nicht verwertbar. Die Parallele zum dritten Bericht über die kriegerischen Auseinandersetzungen gegen die Aramäer in 1 Kön 22,1–38 ist frappierend. Mit der Hilfe des judäischen

[283] Vgl. 1 Kön 22,40. Die stereotype Formel »Ahab entschlief zu seinen Vätern« wird normalerweise für einen natürlichen Tod verwendet.

[284] Es ist vielleicht kein Zufall, daß zeitgleich mit diesen beiden Königen in Juda Könige mit dem gleichem Namen – allerdings in umgekehrter Reihenfolge – herrschten, wobei Joram von Juda Schwiegersohn des Ahab gewesen sein soll. Aufgrund der Mescha-Stele schreibt G. Garbini, History & Ideology in Ancient Israel. London 1988, 36f., Omri eine Regierungszeit von 40 Jahren zu. Als einzigen Nachfolger seiner Dynastie erkennt er Ahab an, die beiden israelitischen Könige Ahasja und Joram streicht er aus der Geschichte,

[285] Der Name ist eine Verballhornung von *Ba`al Z^ebul*, »Fürst-Ba`al« statt »Fliegen-Ba`al«.

[286] Vgl. die Mescha-Stele.

Königs Joschafat und des nicht namentlich genannten edomitischen Königs[287] soll Joram von der Wüste Edom her Moab angegriffen haben. Nach sieben Tagen verdursten die Truppen und rufen den Propheten Elischa herbei, der nur aus Rücksicht auf den judäischen König Joschafat das Gotteswort vom Sieg über Moab verkündet. Getäuscht durch die rote Färbung des plötzlich überfluteten Landes wollten die Moabiter sich auf das Lager ihrer Feinde stürzen, wurden aber in die Flucht geschlagen. Die moabitischen Städte wurden zerstört, die Äcker mit Steinen unbrauchbar gemacht, die Wasserquellen zugeschüttet, die Bäume gefällt. Als dem moabitischen König nur noch seine Hauptstadt Kir-Heres[288] übrigblieb, brachte dieser seinen erstgeborenen Sohn auf der Stadtmauer als Brandopfer dar: »Da kam ein gewaltiger Zorn über Israel. Sie zogen von Moab ab und kehrten in ihr Land zurück« (2 Kön 3,27).
Obwohl Joram, der letzte Omride, in der dtr Wertung halbwegs gut wegkommt, rächt sich nach dtr Sicht gerade an ihm die religiöse Untreue der Dynastie. Mit voller Wucht wird das Haus Omri weggefegt. Das läßt zwar nicht eindeutig auf ein gerade in der Omridenzeit um sich greifendes Wachsen und eine Radikalisierung der Anhängerschar Jahwes im Nordreich schließen. Nach der dtr Geschichtsschreibung jedoch war das Haus Omri für diese Kräfte zum Inbegriff des »Kanaanäertums« geworden. Für die Liquidierung der Omriden sah sich Jehu (845 –818 v. Chr.), ein Oberst des Heeres, berufen. 2 Kön 9,1–15a läßt den Dynastiewechsel auf Geheiß des Propheten Elischa in Ramot[289] herbeiführen. König Joram wird von Jehu in Jesreel umgebracht. Der judäische König Ahasja, der sich in der Begleitung Jorams befand, flüchtete, wurde aber bei Jibleam eingeholt und so schwer verwundet, daß er in Megiddo starb. Mit dem Mord an Isebel machte Jehu die Ausrottung der Omriden-Dynastie perfekt.
Die Geschicke der Jehu-Dynastie paßten nun wiederum nicht in das dtr theologische Konzept. In ihm kam dem Kult in Jerusalem eine exklusive Bedeutung zu. Die außenpolitische Bedeutung des von Jahwe designierten Jehu[290] war nicht relevant, und die wirtschaftliche Situation unter dem nicht jahwetreuen Jerobeam II. muß geradezu als prosperierend betrachtet werden: beide Tatsachen standen dem schematischen Urteil des Dtr im Wege.
Die Geschichte von der Ablösung der omridischen Dynastie wird in 2 Kön 9,1 – 10,27 berichtet. Es ist eine Erzählung, die dramatische Züge und vordergründige theologische Tendenzen aufweist. Jehu wird hier als Kämpfer für die Durchsetzung der Jahwe-Religion, die vollständige Ausrottung des omridischen Königshauses als von Jahwe gewollte Tat dargestellt. Der historische Wert der biblischen Angaben ist von daher einzuschränken.

[287] Edom hatte zu dieser Zeit seine Stämmestruktur in eine übergreifende Königsherrschaft umgewandelt und war wohl politisch unabhängig; vgl. aber 1 Kön 22,48.
[288] Heute: *el-Kerak*.
[289] Heute *Tell er-Ramiṯ*, im nördlichen Ostjordanland.
[290] Allerdings legt Hos 1,4 und 8,4 nahe, daß die Usurpation durch Jehu eine Bluttat darstellt, die mit der Auslöschung des Königshauses in Israel geahndet werden wird.

Die Beseitigung des Königshauses mußte noch durch die Machtübernahme in der Residenzstadt Samaria ergänzt werden. Mit Hilfe eines diplomatischen Briefwechsels, gespickt mit Drohungen und Forderungen, gelang es Jehu, die Stadtaristokratie von Samaria so einzuschüchtern, daß sie Jehu eine Ergebenheitsadresse sandten und ihm die Köpfe der umgebrachten Mitglieder der Omriden-Dynastie mit nach Jesreel brachten. Angehörige des judäischen Königshauses, die sich in Samaria aufhielten, wurden ebenfalls umgebracht und ihre Leichen in eine Zisterne geworfen. Wie der Tod Ahasjas wirft auch diese Begebenheit ein grelles Licht auf das unbedeutende politische Gewicht des Südstaates Juda zur Zeit der Omriden- und Jehu-Dynastie. Jehus Verbrüderung mit Jonadab, dem Oberhaupt der jahwetreuen Rechabiter[291], sollte unter Beweis stellen, daß die Bluttat von Jesreel aus rein religiösen Gründen geschehen war. Jehu täuschte die kanaanäische Kultgemeinde der Hauptstadt Samaria, indem er zu einem Opferfest einlud und heimtückisch alle Anwesenden niedermetzeln ließ, den Baals-Tempel zerstörte und profanierte (vgl. 2 Kön 10,18–28).
Außenpolitisch konnte der erfolgreiche Kurs des Hauses Omri nicht fortgesetzt werden. Mit den phönikischen Küstenstädten hat Jehu es sich wahrscheinlich verdorben, mit Juda war seit der Ermordung Ahasjas eine Kooperation nicht mehr möglich. Die Assyrer starteten in dieser Zeit immer wieder Kampagnen nach Palästina-Syrien: Jehu scheint sich an antiassyrischen Koalitionen jedoch nicht beteiligt zu haben. Beim 5. Syrienfeldzug Salmanassars III. im Jahre 841 brachte Jehu seinen auferlegten Tribut. Auf dem sog. Schwarzen Obelisken ist Jehu abgebildet, wie er sich vor dem Großkönig niederwirft[292]. Vielleicht hat Salmanassar bei dieser Kampagne Städte in der Umgebung von Damaskus zerstört.
Im Aramäerstaat von Damaskus hatte ein Usurpator namens Hasaël den Thron bestiegen (vgl. 2 Kön 8,7–15)[293]. Damaskus hatte zunächst seine Kräfte auf die Abwehr verschiedener assyrischer Vorstöße konzentriert, 841 und 838 wurde zumindest das Umland von Damaskus von den Assyrern schwer verwüstet. Nach 838 hatte Hasaël wieder einen Freiraum und ver-

[291] Die Rechabiter lebten zwar im Kulturland, lehnten jedoch alle Kulturerrungenschaften ab und pflegten nomadische Bräuche. Vgl. Jer 35,1–11. Zu den Rechabitern s. S. Abramsky, The House of Rechab, in: EI 8 (1967) 255–264; F. S. Frick, The Rechabites Reconsidered, in: JBL 90 (1971) 279–287.

[292] Es ist eine Ironie des Schicksals, daß der »getreue Jahweverehrer« und Hasser des Hauses Omri in der akkadischen Beischrift »Jehu, Sohn des Omri« genannt wird. Das politische Gewicht der Omriden-Dynastie und das vergleichsweise bedeutungslose Haus des Jehu wird dadurch offenbar. Vgl. Abbildungen in: ANEP², 351–355; Faszinierende Welt der Bibel. Hrsg. von B. M. Metzger u.a. Freiburg 1987, 98; J. Maxwell Miller & J.H. Hayes, A History of Ancient Israel and Judah. Philadelphia 1986, 287 (Detail) ; Großer Bildführer zur Bibel. Hrsg. von C. Masom & P. Alexander. Gießen ⁴1992, 78 (mit Detail). Zum Text siehe TUAT, Band I, 362–363. Das Relief auf dem Obelisken ist das einzige Relief, das einen israelitischen König abbildet!

[293] Auch wenn wir nicht annehmen müssen, daß dies auf Betreiben des Propheten Elischa geschah!

suchte sein Reich zu festigen. Zwei Inschriften aus der Umgebung von Aleppo dokumentieren den (vergeblichen) Versuch des aramäischen Reiches von Damaskus, die Herrschaft über Nord-Syrien dauerhaft zu sichern[294]. Mit seinen Expansionsbestrebungen kam Damaskus notgedrungen in einen Konflikt mit dem Nordstaat Israel (vgl. 2 Kön 8,11f.). Archäologisch konnte eine Unterbrechung der Besiedelung in Unter-Galiläa nachgewiesen werden, die eventuell mit den kriegerischen Auseinandersetzungen zwischen dem Aramäerreich von Damaskus und Israel zusammenhängt: so wurden u.a. *Tell Mador* und *Ḫorvat Roš Zayit* zerstört und nicht wieder aufgebaut[295]. Der ostjordanische Teil des Nordreiches Israel scheint an die Aramäer von Damaskus übergegangen zu sein[296]. Der Expansionsdrang des Hasaël richtete sich sogar gegen Juda: Gat wurde eingenommen, Jerusalem belagert – und nur die horrenden Abgaben (vgl. 2 Kön 12,19: Joasch nahm »alle Weihegaben, die Joschafat, Joram und Ahasja, seine Vorgänger, die Könige von Juda gespendet hatten, dazu seine eigenen Weihegaben und alles Gold, das in den Schatzkammern des Tempels und des königlichen Palastes war, und sandte alles an Hasaël«) führten zum Abzug der Aramäer.
2 Kön 13 faßt die Regierungszeit der beiden Könige Joahas (818 – 802 v. Chr.; V. 1–9) und Joasch (802 – 787 v. Chr.; V. 10–13) zusammen. Ein Appendix über die Regierungszeit des Joasch (V. 22–25) wird von der letzten Elischa-Geschichte eingeleitet (V. 14–19 und 20–21). Zu der Regierungszeit dieser beiden Könige gehören auch die Elischa-Erzählungen in 2 Kön 2; 4,1–8,15. Die militärische Schlagkraft des Nordreiches war sehr geschwächt: 2 Kön 13,7 berichtet, daß dem König Joahas »nur fünfzig Wagenkämpfer, zehn Wagen und zehntausend Mann Fußtruppen« übriggeblieben waren. Das Nordreich wurde vom aramäischen Reich Damaskus schwer bedrängt. Erst das Auftauchen eines »Helfers« (vgl. 2 Kön 13,5) befreite Israel aus seiner Notlage und verschaffte wieder Luft: Die Israeliten »wohnten wieder in ihren Zelten wie früher« (2 Kön 13,5). Mit dem »Retter« könnte Adad-Nirari III. gemeint sein, der zu dieser Zeit eine Kam-

[294] 1. Die sog. Melqart-Stele (1939 in Breğ, etwa 7 km nördlich von Aleppo gefunden). Es handelt sich um eine Basaltstele mit einem Votivtext, den Ben-Hadad (Sohn des Hasaël?) dem phönikischen Gott Melqart geweiht hat. Heute im Besitz des Nationalmuseums von Aleppo. Zum Text TUAT, Band I. Gütersloh 1982, 655; 2. die Stele von König Zakkur aus Hamat, gefunden in ʿAphis (etwa 45 km südwestlich von Aleppo), aus dem Jahre 785 v. Chr.; vier Bruchstücke davon befinden sich heute im Louvre-Museum. Zum Text s. TUAT, Bd. I. Gütersloh 1982, 626–628.

[295] Etwa 52 % der bestehenden Siedlungen wurden damals zerstört. Vgl. dazu Z. Gal, The Lower Galilee in the Iron Age II: Analysis of Survey Material and its Historical Interpretation, in: Tel Aviv 15/16 (1988/1989) 56–64. Warum diese Zerstörungen Salmanassar III. zugeschrieben werden sollten, ist aufgrund der assurfreundlichen Politik Jehus nicht einzusehen.

[296] Nach 2 Kön 10,32f. dehnte sich der Herrschaftsbereich von Damaskus bis nach Aroër am Arnon-Fluß aus, aber diese Ortschaft war wohl moabitisch, nicht israelitisch.

pagne gegen Palästina-Syrien unternahm. In der Tell el-Rimah-Stele[297] wird wahrscheinlich über die letzte Kampagne von Adad-Nirari III. im Jahre 796 v. Chr. berichtet: Dabei konnte Damaskus erobert werden. Der israelitische König Joasch zahlte dem assyrischen König Tribut.

Den Thronwechsel in Damaskus von Hasaël auf Ben-Hadad nützte Joasch, um »die Städte wieder zu entreißen, die dieser (d.h. Hasaël) seinem Vater Joahas im Krieg weggenommen hatte. Dreimal schlug ihn Joasch und gewann die israelitischen Städte zurück« (2 Kön 13,25). Der Bericht über die Auseinandersetzungen mit den Aramäern von Damaskus erinnert an die drei Kriege gegen Ben-Hadad im Kontext der Regierung Ahabs (vgl. 1 Kön 20; 22,1–38). Diese gehören jedoch nicht in die omridische Zeit und beziehen sich wahrscheinlich auf die kriegerischen Auseinandersetzungen, die von Joahas und Joasch erzählt werden. Insoweit hatte Joasch die Hände frei, selber auf Kosten seines südlichen Nachbarn zu expandieren. Nach 2 Kön 14,8–16 hatte der judäische König Amazja König Joasch zum Kampf herausgefordert. Im Bewußtsein seiner Überlegenheit wirft Joasch seinem Kontrahenten Übermut vor und rückt mit einem Spruch die Verhältnisse wieder zurecht: »Der Dornstrauch auf dem Libanon ließ der Zeder auf dem Libanon sagen: Gib deine Tochter meinem Sohn zur Frau! Aber die Tiere des Libanon liefen über den Dornstrauch und zertraten ihn« (2 Kön 14,9). Als er bei Bet-Schemesch[298] Amazja im eigenen Land angriff, wurden die Judäer in die Flucht geschlagen, Ahasja wurde gefangengenommen und nach Jerusalem gebracht. Dort riß Joasch einen Teil der Stadtmauer ein, plünderte den Tempel- und Palastschatz und kehrte mit Geiseln nach Samaria zurück.

In die Regierungszeit des Joasch ist wahrscheinlich die erste Kollektion der Ostraka aus Samaria zu datieren (um 795–794)[299], die 1910 bei Ausgrabungen dort entdeckt wurden. Sie beziehen sich auf die Abgaben an den Königspalast, geleistet von den Krongütern. Sie erwähnen den Herkunftsort des abgegebenen Produkts und den Namen des Verantwortlichen für die Sendung.

Die Herrschaft Jerobeams II. (787–747 v. Chr.) kann durchaus als eine politische und wirtschaftliche Blütezeit (vgl. 2 Kön 14,23–29) betrachtet werden: Anlaß für diese Entwicklung war die allmähliche Befreiung aus der Kontrolle des Aramäerreiches von Damaskus, dessen Kräfte durch die Auseinandersetzungen mit dem Assyrerreich gebunden waren. Allerdings war die prosperierende Wirtschaft in den Städten, insbesondere in Samaria kon-

[297] Gefunden zwischen Ninive und dem Sinjar-Gebirge. Zum Text s. TUAT, Bd. I. Gütersloh 1982, 368f.: »Abgabe von Joasch, dem Samaritaner, von den Tyrern und von den Sidoniern empfing er.«

[298] Heute *Hirbet er-rumēle*, bei *'Ēn Šems*.

[299] Vgl. KAI, 183–187; Y. Yadin, Ancient Judaean Weights and the Date of the Samaria Ostraca, in: ScrH 8 (1961) 9–25, der die erwähnten Abgaben als Tributleistungen an den assyrischen Großkönig deutet; A. Lemaire, Inscriptions Hébraïques. Tome I: Les Ostraca, (Littératures Anciennes du Proche-Orient, 9), Paris 1977, 21–81.

zentriert. Die Kluft zwischen arm und reich, zwischen den mittellosen Bauern und den Großgrundbesitzern wurde größer. Vor allem die Prophetie des Amos, der aus dem judäischen Tekoa stammte, greift die sozialen Mißstände an und droht unverblümt mit der Vernichtung des Nordreiches durch die Assyrer. Das Wiederaufleben des Nordreiches Israel war letztlich dem konsequenten Eingreifen von Adad-Nirari III. und Salmanassar IV. gegen Damaskus zu verdanken. 773 wurde bei der assyrischen Kampagne der Aramäerstaat von Damaskus auf das Kernland reduziert, Israel konnte die alte Grenze »von Lebo-Hamat bis zum Meer der Araba« [300] wiederherstellen (vgl. 2 Kön 14,25). Allerdings ist vor biblischen Übertreibungen zu warnen, wie z.B. in 2 Kön 14,28, wo im MT behauptet wird, Jerobeam habe »Damaskus und Hamat für Juda in Israel zurückgebracht«. Das Eingreifen der Assyrer brachte nur eine vorübergehende Entlastung, bald – vor allem unter Tiglat-Pileser III. (ab 745 v. Chr.) – wurden diese für Israel selbst zur akuten Lebensbedrohung und sollten letztlich 721 den endgültige Untergang bringen. Aus der Zeit des Jerobeam II. stammt die zweite Kollektion der Ostraka aus Samaria (776 v. Chr.)[301]. Der gewaltsame Tod, den Amos 7,11 dem König Jerobeam voraussagt, scheint nicht eingetreten zu sein.

II. DAS NEUASSYRISCHE ZEITALTER (9.–7. JH. V. CHR.)

1. Die internationale Situation

1.1. Chronologische Probleme

Bei der idealisierenden und theologisierenden Beschreibung der Zeit Davids und Salomos fällt es schwer, zu historisch abgesicherten Erkenntnissen zu gelangen. Die Zeit seit der Reichsteilung scheint auf den ersten Blick durch das chronologische Gerüst der biblischen Texte einen sicheren Boden für die geschichtliche Forschung zu bieten. Die biblische Chronologie kann mit einer gewissen Treffsicherheit mit der astronomisch gesicherten Chronologie der assyrischen Könige zwischen 853 und 722 v. Chr. kombiniert wer-

[300] Die topographische Bezeichnungen sind unklar. Wahrscheinlich ist mit zwei Landschaftsbezeichnungen zu rechnen, nicht mit einem oder zwei Ortsnamen. Das »Meer der Araba« ist wohl das Tote Meer (vgl. Dtn 4,49; Jos 3,16; 5,10; 2 Kön 25,5 und Am 6,14), Lebo-Hamat wird oft als Ortsname gedeutet und mit dem heutigen *Lebwe* (in der nördlichen Beqa`) identifiziert. Daß überhaupt Geländegewinne für Israel errungen wurden, legt Am 6,13 nahe; dort wird auf die Eroberung von Lo-Dabar (bis heute nicht sicher lokalisiert; nach J.M. Miller & J.H. Hayes, A History of Ancient Israel and Judah. Philadelphia 1986, 308, irgendwo in Gilead, bei Mahanajim) und Karnajim (nach D. Kellermann, in: ZDPV 97 [1981] 45–61 *Tell `Aštara* bei *Šēḫ Sa`d*, nördlich des Yarmuk-Flusses) angespielt.

[301] Vgl. A. Lemaire, Inscriptions Hébraïques. Tome I: Les Ostraca (Littératures Anciennes du Proche-Orient, 9), Paris 1977, 21–81.

den. Aber bald zeigen sich die ersten Schwierigkeiten[302]. Die dtr Chronologie ist ein relatives System und damit nicht eindeutig[303], an manchen Stellen sogar widersprüchlich[304]. Immerhin beruht das System auf Überlieferungen und ist nicht frei erfunden. Es arbeitet mit Daten zur Thronbesteigung, Regierungsdauer und mit synchronen Vergleichsdaten. Einige wenige Koregentschaften und gleichzeitige, miteinander konkurrierende Herrscher haben für noch mehr Unsicherheit im chronologischen System gesorgt[305]. Zudem ist die theologische Tendenz der dtr Geschichtsschreibung für diese Zeit nicht weniger unverkennbar als bei den Königen David und Salomo. Mangels anderer Quellen bleibt nicht viel anderes übrig, als dem großen Rahmen des Königsbuches zu folgen. Die Selektivität dieser Bücher, die Perspektiven und impliziten Wertungen, die kausale Kohärenz der präsentierten Ereignisse und Fakten vermitteln den Eindruck historischer Zuverlässigkeit. Der Historiker hat es hier schwer, weil er nicht direkt aus historischen Quellen schöpfen, sondern sich nur mit einer tendenziösen Historiographie auseinandersetzen kann.
War die Spätbronzezeit noch gekennzeichnet durch das Gleichgewicht der Großreiche Ägypten und Mitanni bzw. Hatti, so existieren im Vorderen Orient in der Eisenzeit verschiedene kleinere politische Einheiten. Nur auf diesem Hintergrund ist das Entstehen des sog. »Großreiches« Davids und Salomos zu verstehen. Das mosaikartige Gebilde der Kleinstaaten hört erst auf, als sich im 9. Jh. mit dem Neuassyrischen Reich nachdrücklich eine neue Großmacht ankündigt. Es wird ziemlich nahtlos vom Neubabylonischen, Achämenidischen, Makedonischen und Römischen Reich fortgesetzt.

[302] Wichtige Studien zur israelitischen Chronologie liegen vor in den Arbeiten von J. Begrich, Die Chronologie der Könige von Israel und Juda (Beiträge zur Historischen Theologie, 3), Tübingen 1929; S. Mowinckel, Die Chronologie der israelitischen und jüdischen Könige, in: AcOr 10 (1932) 161–277; E.R. Thiele, The Chronology of the Kings of Judah and Israel, in: JNES 3 (1944) 137–186; W.F. Albright, The Chronology of the Divide Monarchy of Israel, in: BASOR 100 (1945) 16–22; A. Jepsen & R. Hanhart, Untersuchungen zur israelitisch-jüdischen Chronologie, (BZAW, 88), Berlin 1964; K.T. Andersen, Die Chronologie der Könige von Israel und Juda, in: ST 23 (1969) 69–114; E.R. Thiele, The Mysterious Numbers of the Hebrew Kings. Grand Rapids [3]1983; K.T. Andersen, Noch einmal: Die Chronologie der Könige von Israel und Juda, in: SJOT (1989) 1–45; W. H. Barnes, Studies in the Chronology of the Divided Monarchy of Israel (HSM, 48), Atlanta 1991; J. M. Weinstein, The Chronology of Palestine in the Early Second Millennium B.C.E., in: BASOR 288 (1992) 27–46; G. Galil, The Chronology of the Kings of Israel and Judah (StHCANET, vol. IX), Leiden 1996.

[303] Das wirkt sich u. a. aus durch Abrundungen der Regierungszeiten, die aufgrund von Vor- und Nachdatierungen berechnet werden. Außerdem ist die Festsetzung des Jahresbeginns nicht eindeutig bestimmt und konsequent durchgehalten. Das palästinische Bauernjahr begann im Herbst, das babylonisch-assyrische Jahr im Frühling.

[304] Vor der Endredaktion der Königsbücher gab es mindestens vier verschiedene dtr Chronologiesysteme. S. dazu vor allem J. Begrich, Die Chronologie der Könige von Israel und Juda (Beiträge zur Historischen Theologie, 3), Tübingen 1929.

[305] So u.a. die Koregentschaft des Jotam mit seinem Vater Asarja/Usija (2 Kön 15,1f.5.7.32f.38) sowie die rivalisierenden Könige Tibni und Omri im Nordreich (1 Kön 16,21f.23.28).

1.2. Das Neuassyrische Großreich

Die Grundlagen für das Neuassyrische Großreich hat Adadnirari II. (912–891) geschaffen, indem er eroberte Gebiete erstmals annektierte und in das eigene Reich integrierte. Er führte eine einheitliche, zentralistische Staatsverwaltung ein. Die eroberten Gebiete machte er zu assyrischen Provinzen, die einem assyrischen Statthalter unterstanden, der über assyrische Garnisonen verfügte.

Einen ersten Höhepunkt seiner Macht erreichte dieses Reich unter Aššurnaṣirpal II. (884–858). Die assyrische Eroberungspolitik wurde von systematischen Deportationen unbotmäßiger Völker begleitet. Sein eigenes Kernland umgab er nach und nach mit einem Kranz abhängiger Vasallenstaaten. Dazu schuf er sich neben den alten Hauptstädten Assur und Ninive die neue Residenzstadt Kalaḫ (Nimrud), südlich von Mosul, am Ostufer des Tigris.

Unter Salmanassar III. (858–824) griff Assur erstmals auf den mittel- und südsyrischen Raum über. Vor allem die Aramäerstaaten von Damaskus und Hamat wurden zu Wortführern und Protagonisten des Widerstandes gegen die assyrische Eroberungspolitik. Obwohl Salmanassar III. sich mit den meisten aramaisierten syrohetitischen Staaten Nordsyriens anlegte und bei der Schlacht von Qarqar am Orontes (853) gegen eine Koalition von zwölf syrischen Fürsten kämpfte, konnte er keine endgültige Entscheidung zu seinen Gunsten herbeiführen[306]. Nachdem Salmanassar III. das aramäische Reich Bet-Adini annektiert und so seine Westgrenze vorgeschoben hatte, richtete sich sein vierter Feldzug (842/841) gezielt gegen Damaskus. Etwa gleichzeitig mit der Revolution Jehus im Nordreich Israel war in Damaskus Hasaël als Nachfolger Hadad-Esers auf den Thron gekommen[307]. Salmanassar konnte Damaskus bei diesem Feldzug wahrscheinlich nicht einnehmen. Er zog aber eine Spur der Vernichtung im umliegenden Gebiet: der Obstbaumbestand der Ġouta von Damaskus wurde niedergehauen. Von dort zog der assyrische König weiter südlich in den Hauran und westwärts in die Gegend nördlich von Beirut[308]. Die dadurch eingeschüchterten syrischen Kleinfürsten bemühten sich, ihm umgehend Tribut zu zahlen.

In den letzten Regierungsjahren Salmanassars III. war ein Bürgerkrieg im Lande ausgebrochen: ein Sohn Salmanassars, Aššur-dān-apli, hatte sich gegen seinen Vater erhoben und verschiedene wichtige assyrische Städte auf seine Seite ziehen können. Erst Schamsi-Adad V. (824–811) konnte das Land wieder befrieden. Innere Probleme banden die Kräfte des Landes und verhinderten ein aktives Eingreifen in den syrischen Gebieten. Sein Sohn

[306] Zu den assyrischen Quellen vgl. TUAT, Band I, 360–367.

[307] Vgl. 2 Kön 8,71–15 und die assyrischen Quellen: AOT, 344; ANET, 280.

[308] »Bis zum Gebirge *Ba'lira'si*, das in das Meer hineinragt«. Vgl. TUAT, Band I, 366 (Annalenfragment, Fundort unbekannt) und 367 (Marmorplatte aus Assur). Wahrscheinlich in der Nähe der Stadt Tyrus und nicht am Vorgebirge an der Mündung des *Nahr el-kelb*, 10 km nördlich von Beirut (*Beruta*), zu lokalisieren.

Adad-Nirari III. (811–781) bestieg als Minderjähriger den Thron, setzte aber bald die aktive Außenpolitik Salmanassars III. fort, indem er erneut einen Feldzug gegen Damaskus führte und dessen König unterwarf[309]. Die Tell er-Rimah-Stele[310] erwähnt neben Mari[311] von Damaskus[312] auch Joasch von Samaria[313], Tyrus und Sidon als Tributpflichtige. Eine Steintafel-Inschrift[314] erwähnt darüber hinaus das Hetiterland, Amurru, Edom und Philistäa, das Nordreich Israel wird hier Omri genannt.
Nach diesem tatkräftigen assyrischen Herrscher erlebte das Reich eine Zeit der Schwäche, bei der es sich mit den Medern und Urartäern auseinanderzusetzen hatte. Man kann für diese Zeit ein Zusammenrücken der nordsyrischen Aramäerstaaten feststellen[315]. Die Assyrer bedeuten für die syrisch-palästinische Landbrücke jetzt keine Gefahr.
Für das Gebiet von Palästina wird das Neuassyrische Reich erst zur Herausforderung und Gefahr mit dem Regierungsantritt von Tiglat-Pileser III. (744–727). Vom Anfang seiner Regierung an setzte er sich in der Innen- und Außenpolitik tatkräftig durch. Er organisierte die gesamte Reichsverwaltung neu: größere Verwaltungsprovinzen mit ihren zu mächtig gewordenen Provinzgouverneuren wurden verkleinert, das politische Gewicht auf kleinere Verwaltungseinheiten unter einem Administrator gelegt. Auf Tiglat-Pileser geht die systematische Eroberungs- und Annektionspolitik der Assyrer zurück, die in seiner Nachfolge von den assyrischen Königen weiter praktiziert und auch religiös untermauert wurde. An die Stelle gelegentlicher Militäraktionen, die die Tributleistungen garantieren sollten, trat nun eine konsequente Eroberungs- und Annektionspolitik, die unter der Schirmherrschaft des Nationalgottes Assur stand. H. Donner[316] hat diesen Vorgang analysiert und schematisierend verschiedene Stufen in einem konsequent betriebenen System von Vasallitätsverhältnis unterschieden: von der Einsetzung assurtreuer Fürsten bis hin zur völligen Annektion.
Nordsyrien, das inzwischen unter den Machtbereich der Urartäer geraten war, wurde nach 738 für Assur zurückgewonnen. Interne Konflikte zwischen Israel und Damaskus verhinderten einen organisierten Widerstand gegen Assur. Hamat, lange Zeit Kristallisationspunkt verschiedener Revolten, wurde niedergezwungen, so daß nun auch die von Hamat abhängigen

309 Vgl. AOT, 344f.; ANET, 281f.; TGI^3, 53f; TUAT, Band I, 366–369.
310 Vgl. TUAT, Band I, 368.
311 Die Anrede »Mari«, »Mein Herr«, ist von den Assyrern als Königsname mißverstanden worden.
312 Durchgängig »Eseltreiberland« in den assyrischen Texten genannt.
313 Es geht um Joasch von Israel, vgl. 2 Kön 13,10ff.
314 Vgl. TUAT, Band I, 367f.
315 Das wird vor allem dokumentiert durch die Vertragstexte, die der König Mati-ilu des Landes Agusi (in der Nähe von Arpad), nach seinem Abfall von Assur-Nirari V. mit seinen syrischen Nachbarn geschlossen hat. Vgl. die bekannte Stele von Sfire bei Aleppo. S. dazu KAI, Nr. 222–224; J. A. Fitzmyer, The Aramaic Inscriptions of Sefire (Biblica et Orientalia 19), Roma 1967.
316 H. Donner, Geschichte, Band 2. Göttingen 1986, 297f.

syrischen Staaten und die phönikischen Küstenstädte Tiglat-Pileser III. Tribut zahlten. Ausdrücklich werden in den assyrischen Tributlisten König Raqianu[317] von Damaskus und Menahem von Samaria erwähnt[318]. 734 startete Tiglat-Pileser einen neuen Feldzug in das Land der Philister, der in verschiedenen assyrischen Quellenwerken belegt ist[319]. Mit dieser Kampagne wollte Tiglat-Pileser den östlichen Mittelmeerhandel unter Kontrolle bringen sowie die unter seiner Abwesenheit in Medien und Urartu untreu gewordenen Vasallenstaaten sich wieder unterordnen. Das Ausgreifen nach Philistäa sollte obendrein Ägypten die Lust an einer Intervention verderben. Deshalb stellte der assyrische König am »Bach Ägyptens«[320] eine Stele auf, mit der er die neuen Machtansprüche gegenüber dem ägyptischen Pharao dokumentierte. Der aufständische König von Gaza, Hanunu, war rechtzeitig vor dem herannahenden assyrischen Heer nach Ägypten geflohen. Kämpfe wurden auch gegen Aschkelon und Geser geführt. Das Küstengebiet nördlich der Philisterstädte wurde in die assyrische Provinz Dor umgewandelt. Die großen Handelsmetropolen an der phönikischen Küste dagegen blieben nach wie vor vom assyrischen Provinzsystem ausgespart und behielten ihre relative Unabhängigkeit. Offensichtlich nutzten diese Städte mit einer Halbautonomie den Assyrern mehr, indem sie ihren weitgespannten Mittelmeerhandel zum Nutzen der Assyrer weiter betreiben konnten[321]. Das Nordreich und Juda wurden von den Auseinandersetzungen nicht direkt betroffen. Sie werden im AT in Zusammenhang mit Tiglat-Pileser nicht erwähnt, so daß dieses Schweigen auf eine treue Abgabenpraxis hinweist[322]. Kurz danach ereignet sich der sog. »syrisch-efraimitische Krieg«, über den im Detail bei der Geschichte Judas und Israels noch zu reden sein wird.

Nach der Niederschlagung des philistäischen Aufstandes wandte sich Tiglat-Pileser 733/732 gegen das syrische Kerngebiet. Hier ging es ihm vor allem um die Bezwingung der Stadt Damaskus. Tiglat-Pileser gelang es, Damaskus zu erobern[323], den König Rezin zu töten, die fruchtbare Gouta-Oase um die Stadt und einige seiner Ortschaften zu zerstören und einzelne Gebiete, die inzwischen unter die politische Kontrolle des Stadtstaates

[317] Im AT Rezin genannt. Vgl. Jes 7,1ff.; 8,6; 9,10; 2 Kön 15,37; 16,5.6.9.

[318] Stele aus dem Iran, der genaue Fundort ist nicht bekannt. Vgl. TUAT, Band I, 378.

[319] Vgl. das sog. Epopnymenverzeichnis, ND 400 aus Kalaḫ (siehe dazu TUAT, Band I, 375–376) und ND 4301 mit weiteren Fragmenten, ebenfalls aus Kalaḫ (siehe TUAT, Bd. I, 376–378).

[320] Das *wādī el-ʿArīš*. Nach anderen eher das *wādī Bᵉsor*, südlich von Gaza.

[321] Vgl. B. Oded, The Phoenician Cities and the Assyrian Empire in the Time of Tiglathpileser III., in: ZDPV 89 (1973) 38–49; M. Cogan, Tyre and Tiglath-Pileser III. Chronological Notes, in: JCS 25 (1973) 96–99; 677 eroberte Assarhaddon zwar Sidon und drückte der Stadt eine assyrische Verwaltung auf, benannte sie sogar um in Kar-Assur-Aha-idina (Assarhaddonsburg oder -hafen), das blieb jedoch nur eine vorübergehende Episode.

[322] Dagegen hält A.Alt, Tiglathpilesers III. Erster Feldzug nach Palästina. 1951 (= KlSchr, 2. Band. München ⁴1978, 155–157)

[323] Vgl. die Annalen des Tiglat-Pileser, Z. 203–209. Siehe dazu TUAT, Band I, 372.

Damaskus geraten waren[324], zu annektieren und in das assyrische Provinzsystem einzugliedern. Auch der Hauran, Karnajim und Damaskus selbst wurden in assyrische Provinzen umgewandelt. Das durch Damaskus bereits verkleinerte Israel wurde nach dieser Aktion auf die Hauptstadt und ihre unmittelbare Umgebung reduziert. Die Bevölkerung Israels tötete oder stürzte ihren König Pekach, Tiglat-Pileser deportierte einen Teil der Bevölkerung nach Assur und konfiszierte ihren Besitz. Schließlich ersetzte er auch den gestürzten Pekach durch den assurtreuen Hosea[325]. Unter den Tributzahlern werden auch die Könige von Byblos, Hamat, Sam´al, Mitinti von Aschkelon, Hanunu von Gaza, Sanibu von Ammon, Salamanu von Moab, Qaushmalaka von Edom, Samsi, Königin von Arabien, erwähnt, auch Jauchazu (Ahas) von Juda[326]. Damit war die gesamte Region Palästina-Syrien Assur untertan, so daß weitere Militärexpeditionen nicht mehr nötig waren.

Es scheint so, daß Assur in dieser Zeit eine direkte Konfrontation mit Ägypten tunlichst vermeiden wollte. Wahrscheinlich lag das am neuen Elan, der von der 25. (nubischen) Dynastie ausging. Diese griff bis zum Delta aus und einigte erstmals wieder das Land. Das Wiedererstarken Ägyptens war der Grund, Konflikte mit den unmittelbaren ägyptischen Nachbarn zu vermeiden. So wurden im Südbereich des Reiches widerspenstige und zahlungsunwillige Staatsgebilde (die philistäischen Stadtstaaten[327], Ammon, Moab und Edom) nicht gewaltsam zu assyrischen Provinzen umgewandelt. Einer direkten Auseinandersetzung mit Ägypten ging man aus dem Weg.

Bis zum Untergang der Hauptstadt Ninive im Jahre 612 v. Chr. blieb Assur ein gutes Jahrhundert lang die bestimmende Macht im Vorderen Orient. Es hatte zwar seinen Kern weitab im Gebiet des oberen Tigris, verbreitete aber dennoch Schrecken und Angst im gesamten vorderorientalischen Raum. Vergeblich versuchten unterworfene Städte und Provinzen immer wieder Aufstände anzuzetteln. Bei fast jedem Regierungswechsel auf dem assyrischen Thron gab es solche Versuche, sie wurden ausnahmslos blutig niedergeschlagen, und es folgten Massendeportationen. Die Geschichte Judas und erst recht die des Nordreichs Israel kann in diesem Zusammenhang nur als Randphänomen der Gesamtgeschichte des assyrischen Großreiches gesehen werden.

[324] Das Nordreich Israel hatte vorher wohl einige seiner Gebiete an Damaskus verloren. Dazu gehörten möglicherweise »Megiddo« (mit Galiläa und die Jesreel-Ebene), »Dor« (mit der Küstenebene südwärts bis Jaffa) und »Gilead« (mit dem Ostjordanland, soweit es dem Nordreich gehört hatte). Die Anspielung in den assyrischen Texten auf das »weite Land des Hauses Hazaël insgesamt von... bis Gilead« könnte darauf hindeuten. Vgl. die »Kleine Inschrift Nr. 1« aus Kalaḫ und die Inschrift Tiglatpilesers III. ND 4301 in TUAT, Band I, 373.377

[325] Vgl. Die »Kleinere Inschrift Nr. 1« aus Kalaḫ und ND 4301. Vgl. dazu TUAT, Band I, 374.377.

[326] »Tontafelinschrift« Tiglatpilesers III., aus Kalaḫ in TUAT, Band I, 374–375.

[327] Nur Aschdod wurde vorübergehend zur assyrischen Provinz.

Beim Regierungsantritt Salmanassars V. (727–722) entstanden im assyrischen Reich an verschiedenen Stellen Aufstände und wurden antiassyrische Koalitionen vorbereitet. Im syrisch-palästinischen Raum hoffte man dabei wieder auf Unterstützung seitens Ägyptens. Für das Nordreich erwies sich diese Hoffnung als trügerisch; die Aufstandsbewegung leitete das Ende des selbständigen Staates ein. Nach dreijähriger Belagerung wurde Samaria im Jahre 722/721 eingenommen. Es war offensichtlich die herausragendste Militäraktion der gesamten Regierungszeit Salmanassars V.

Sargon II. (722–705) kam durch einen Staatsstreich als Nachfolger von Salmanassar V. auf den assyrischen Thron, getragen durch eine Partei von Unzufriedenen und Benachteiligten in der Hauptstadt Assur. Seine Herkunft ist unbekannt, und auch der Name Sargon (akkad.: *šarru-kenu*, »*rechtmäßiger König*«), den er sich zugelegt hatte, ist eher als Thronname zu deuten, mit dem er seine Ansprüche auf den Thron und sein politisches Programm – der Name ist ein deutlicher Hinweis auf den großen Sargon I. von Sumer und Akkad (um 2350 v. Chr.) – unterstreichen wollte. Zunächst war der Anfang seiner Regierungszeit eine Periode mit instabilen und ungeklärten Verhältnissen, zumal er Rücksicht zu nehmen hatte auf die Kreise (Wirtschaft und Priestertum) und Orte (Harran und Assur), die ihn bei seinem Anspruch unterstützt hatten.

Thronwechsel bildeten für die Vasallen immer ein Signal, sich vom drückenden assyrischen Joch zu befreien. So mußte sich Sargon gleich zu Beginn seiner Herrschaft mit Aufständen in seinem gesamten Reich auseinandersetzen: in Elam und in Babylon – dort versuchte der chaldäische Stammesfürst Marduk-apla-Iddina[328] ein selbständiges Königreich zu errichten –, während in Syrien die Aufstandsbewegungen zunächst vom mittelsyrischen Staat Hamat (unter Illu-Bi´di) und von Gaza (Hanunu) an der palästinischen Küste ausgingen. Konnte Sargon das babylonische Problem dadurch lösen, daß er Marduk-apla-Iddina 721 den Thron über Babylon anbot, so gelang es ihm nicht, sich gleich dem syrisch-palästinischen Problem zuzuwenden. Infolgedessen fanden die Widerstandsnester in Hamat und Gaza Zeit und Gelegenheit, neue Verbündete zu suchen. So entstanden für die Assyrer nun zwei gefährliche Unruheherde. Illu-Bi´di von Hamat konnte die Vasallenstaaten Arpad und Simirra sowie die assyrischen Provinzen Damaskus und Samerina auf seine Seite ziehen. Hanunu von Gaza seinerseits bemühte sich um eine Koalition mit Ägypten, Juda und einigen Araberstämmen der Wüste[329]. Hiskija scheint jedoch die assurfreundliche Politik des Ahas fortgesetzt zu haben, und somit erscheint Juda auch nicht in der Aufzählung der Beteiligten der antiassyrischen Koalition von 721/720. 720 v. Chr. begann Sargon II. mit der Niederschlagung der Revolte im West-

[328] Im AT wird er Merodach-Baladan genannt (2 Kön 20,12//Jes 39,1).

[329] Die dtr Geschichtsschreiber erwähnen diese Koalitionsverhandlungen nicht. Jes 14,28–32 könnte jedoch eine Anspielung auf diese politischen Machenschaften sein, wenn man vom sekundären Charakter der Überschrift (V. 28) ausgeht und den chronologischen Rahmen anders faßt.

teil seines Reiches, indem er die Verbündeten der nördlichen Aufstandsbewegung bei Qarqar[330] am unteren Orontes schlug, die Stadt Hamat zerstörte, Illu-bi´di gefangennahm, ihn tötete und Hamat in eine assyrische Provinz umwandelte[331]. Arpad, Simirra und Damaskus wurden wieder unterworfen. Samaria wurde ein zweites Mal erobert, seine Bevölkerung deportiert[332]. Danach besiegte Sargon II. den unzuverlässigen[333] Hanunu von Gaza und die ägyptischen Hilfstruppen unter Re´u[334] bei Rapiḫu[335]. Hanunu wurde ins Exil geschickt, Gaza selbst – vielleicht auch andere Philisterstädte, soweit sie am Aufstand teilgenommen hatten[336] – gerieten in das 2. Stadium der Vasallität, die Bevölkerung von Raphia wurde in die Verbannung geschickt. Nach dem System eines radikalen Bevölkerungsaustausches (»two-way-deportation«[337]) ließ Sargon 716 den durch Deportationen nahezu menschenleeren Raum um *Rapiḫu* und *Naḫal Muṣur* mit einer Bevölkerung aus anderen Teilen seines Reiches besiedeln, sicher um damit auch einen festen Schutzwall gegen weitere ägyptische Aktionen zu errichten, die Unruhe an den Grenzen auslösen konnten. Die Aufsicht über diese Kolonie bekam der Scheich Nasiku aus dem Ort Laban[338]. Damit war die Grenze des assyrischen Einflußgebietes für Ägypten deutlich markiert. Der König von Ägypten, in den assyrischen Texten Šilkanni genannt, und ein nicht mehr näher zu bestimmender Kleinfürst aus dem östlichen Delta[339], lieferten Sargon II. ihren Tribut ab. Archäologisch konnte eine ganze Reihe von assyrischen Festungen (*Tell Ǧemme, Ruqeisch, Tell Haror, Tell Sera` [Tell eš-šari`a], Ḫirbet Hoiga*) und Verwaltungszentren in Süd-Philistäa und im Negeb festgestellt werden.

In den darauffolgenden Jahren waren die Kräfte Sargons in anderen Teilen seines Reiches gebunden. Drahtzieher der Unruhen dort war das erstarkte Reich von Urartu, das unter seinem Fürsten Rusa (ca. 730–714) die Nordgrenze Assyriens bedrohte. Die philistäische Küste blieb aber ebenfalls ein

[330] *Hirbet Qerqūr*, nördlich von der Stadt Hamat, unmittelbar östlich des Ansariye-Gebirges.

[331] ĂOT², 348f.; ANET³, 284f.; TGI³, 62; TUAT, Band I/4, 383.

[332] Vgl. die »Große Prunkinschrift« Sargons II. Siehe dazu TUAT, Band I, 383.

[333] Er hatte Tiglat-Pileser schon früher genug Schwierigkeiten bereitet.

[334] Re´u – man las den Namen zunächst als Sib´u/e und identifizierte ihn mit der Angabe in 2 Kön 17,4, wo von So,« König von Ägypten«, die Rede ist – war ein General (akkad.: *Tartanu*) der Kleinfürsten des Nildeltas und offensichtlich dem ägyptischen Pharao (Tefnachte oder Bokchoris der 24. Dynastie von Saïs?) unterstellt. Oder handelt es sich um Osorkon IV., der in Bubastis regierte?

[335] *(Tell) Refaḫ*, etwa 32 km südwestlich von Gaza.

[336] Vgl. Jes 14,29.31, soweit der zeitgeschichtliche Bezug auf diese Ereignisse zutrifft.

[337] Vgl. dazu N. Na`aman, Population Changes in Palestine Following Assyrian Deportations, in: Tel Aviv 20/1(1993) 104–124.

[338] *Tell Abū Selēme*?

[339] W. F. Albright, Further Light on Synchronisms between Egypt and Asia in the Period 935–685 B.C., in: BASOR 141 (1956) 23–26, identifiziert Silkanni mit einem der Osorkon genannten Könige der 23. Dynastie von Tanis. Dagegen spricht jedoch die Chronologie der Saïtenkönige, weil die mit der 22. libyschen Dynastie zeitgleiche 23. Dynastie um 730 v.Chr. endet.

Unruheherd. Dieses Mal ging die Initiative von Aschdod aus, dessen Fürst Azuri um 713 die Tributzahlungen an Assur einstellte und sich um eine großflächige Koalition mit den anderen philistäischen Städten, Juda, Moab, Edom und Ägypten gegen den Unterdrücker bemühte[340]. Vielleicht spielt *Jes 18,1f.* auf die Verhandlungen an, die Gesandte des nubischen Pharaos Schabaka (716–702?) am Hofe in Jerusalem führten.

Zunächst versuchte Sargon den Aufstand unblutig niederzuhalten, indem er Azuri einfach absetzte[341] und durch dessen Bruder, den zuverlässigen Aḫimiti ersetzte. Als die Stadt Aschdod gegen diese Entscheidung jedoch rebellierte und als Protest gegen die assyrische Politik einen gewissen Jamani an die Spitze ihres Stadtstaates stellte, entschloß sich Sargon zu einer erneuten militärischen Aktion. Von Nord-Syrien aus marschierte er heran, belagerte und eroberte Aschdod und Gat. Als Sargon heranrückte, floh Jamani nach Ägypten, wurde jedoch vom nubischen Pharao der 25. Dynastie, Schabaka, an Sargon ausgeliefert. Ägypten hatte die Aufständischen abermals im Stich gelassen. In diesem Zusammenhang berichtet uns Sargon unter dem Jahresdatum 711 ausdrücklich, daß Ägypten (*muṣuri*) »jetzt Nubien (*meluḫḫa*) zugehörig« sei[342]. Auch diese Erhebung war damit fehlgeschlagen, Aschdod wurde besetzt und annektiert. Wiederum erfolgte eine *two-way*-Deportation in den philistäischen Städten. Weil sich die anderen Koalitionspartner rechtzeitig zurückgezogen, sich jedenfalls nicht öffentlich für den Aufstand engagiert hatten, geschah ihnen nichts weiter. Das eindrucksvolle Beispiel der drückenden Übermacht Assurs ließ keine weiteren Experimente zu: es wird für die Nachfolgezeit kein Aufstand aus Palästina-Syrien mehr gemeldet.

Die politische Lage in Ägypten hatte sich in der Tat nun insoweit geandert, als dort die erstarkende nubische 25. Dynastie unter Schabaka nach und nach das gesamte Land wieder einigte. Eine Konfrontation mit den Assyrern erschien Schabaka in diesem Augenblick aber noch nicht ratsam. Das assyrische Reich hatte unter Sargon die Eroberungspolitik konsequent fortgesetzt: es wurde nun unmittelbarer Nachbar Ägypten und die wichtigen Handelswege standen vollständig unter direkter assyrischer Kontrolle, wobei die Eroberung Zyperns (709 v. Chr.) einen Schlußpunkt im Rahmen dieser Politik setzte.

340 Vgl. die Große Prunkinschrift Sargons II. (ARAB II § 52ff. (55 und 62f.); AOT², 349ff.; ANET, 284ff.; TGI³, 62ff., Nr. 32 und 35) und das Prismenfragment aus Ninive (ARAB II, § 62, 193–195; AOT², 350f.; ANET³, 286f.; TGI³, 63f.; TUAT, Band I/4, 381f.384f.). Weiter eventuell Jes 20.

341 Es ist bezeichnend, daß Jamani nach Ägypten floh, um dort politisches Asyl zu bekommen. Die Ägypter lieferten ihn aber kurzerhand an die Assyrer aus, weil sie es nicht zu einem offenen Konflikt mit Assur kommen lassen wollten. Vgl. ARAB. New York 1968 (reprinted), II, § 62f.; AOT, 350f.; ANET, 286; TGI², Nr. 35, 63f.

342 Als assyrische Texte kommen die große Prunkinschrift aus Khorsabad sowie ein Prismenfragment Sargons II. aus Ninive in Betracht. Vgl. ARAB. New York 1968 (reprinted), Band II, § 62.191–195; ANET, 286f.; TGI³, 63f. Nr. 35; TUAT, I/4, 381f.384f.

705 wurde nach dem Tod Sargons II. dessen Sohn Sanherib assyrischer König (705–681). Gleich beim Regierungsantritt entstand eine Aufstandsbewegung, in der – nach dem biblischen Bericht – der judäische König Hiskija (725–697) eine besondere Rolle spielte.
Nach der Unterwerfung der Revolte wandte sich Sanherib unverzüglich nach Philistäa, wo er die rebellischen Städte Aschkelon und Ekron besiegen wollte. Nach der Einnahme von Aschdod deportierte er den König Sidqa von Aschkelon zusammen mit seiner Frau, seinen Söhnen und Töchtern, Brüdern und Verwandten nach Assyrien und setzte an seiner Stelle Scharruludari, den Sohn des Rukibti, des früheren Königs, ein. Auch alle Städte, die von Aschkelon abhängig waren (Bet-Dagon, Jafo, Banajabarqa[343] und Azuru[344]) unterwarf er. König und Einwohner von Ekron bekamen es mit der Angst zu tun. In höchster Not erschien wider Erwarten doch ein ägyptisches Heer unter den Königen[345] von Ägypten, unterstützt durch Bogenschützen, Streitwagen und Pferden des Königs von Meluḫḫa[346], das sich Sanherib in der Schefelah bei Elteke[347] entgegenstellte. Mit dem nubischen Pharao wird wahrscheinlich Schabaka, weniger sein Nachfolger Schabataka/Schebitku (698–690) gemeint sein. Die Assyrer siegten auf der ganzen Linie, viele Ägypter, auch Mitglieder der königlichen Familie, wurden gefangengenommen. Aber die schwere Stunde für Ekron stand erst noch bevor: Die Statthalter und Fürsten wurden getötet, die schuldig gewordenen Einwohner als Beute weggeführt. Padi, der in den Augen der Assyrer rechtmäßige König, wurde aus Jerusalem herausgeholt und wieder in sein Amt eingesetzt. Die ganze Wucht des assyrischen Heeres konnte sich anschließend gegen Juda richten, dessen Gebiet außerhalb der Hauptstadt Jerusalem zunächst zerstört und deren wichtigste Städte belagert und erobert wurden, so daß nur noch Jerusalem übrig blieb. Über das weitere Schicksal von Sanherib ist nur so viel bekannt, daß er im Jahre 681 von seinen Söhnen ermordet wurde[348].
Assur setzte nun alles daran, das nach dem Höhepunkt der nubischen Dynastie schwächer werdende Ägypten zu besiegen. 674 wurde das Heer des neuen Herrschers Assarhaddon (681–669) allerdings noch bei der Stadt Scha-awele[349] vom nubischen Herrscher Taharqa besiegt. Drei Jahre später (671) erneuerte Assarhaddon jedoch seinen Angriff. Nachdem er zunächst

343 *Beⁿē Baraq*, südöstlich von Jafo.
344 Heute *Yāzūr*, südöstlich von Jafo.
345 Eine Variante liest aber den Sing. Ein Plural könnte auf die verschiedenen Teilfürsten des Deltas hinweisen.
346 Die Bezeichnung steht für Nubien, womit also ein Vertreter der 25. »nubischen« Dynastie gemeint ist.
347 In Jos 19,44; 21,23 erwähnt. Altaqu, *Tell eš-šallāf*? S. dazu Y. Aharoni, The Land of the Bible. London 1966, 337f.
348 Vgl. auch 2 Kön 19,37, wo der Eindruck vermittelt wird, daß das Attentat kurz nach seinem Palästina-Feldzug geschah.
349 Wahrscheinlich ist hiermit die ägyptische Grenzfestung Sile gemeint.

die Stadt Tyrus eingeschlossen und ihr eine neue politische Führung gegeben hatte, rückte er über Afek (Provinz Samerina) gegen Raphia vor. Zwanzig Tage lang zog er von dort südwärts durch die Wüste, ging durch das *wādī eṭ-Ṭumilat* an Sile vorbei und drang in das Delta ein. Es gelang seinem Oberbefehlshaber Scha-Nabuschu, die alte Hauptstadt Memphis zu erobern; Taharqa ergriff die Flucht in den Süden[350]. An verschiedenen Stellen im assyrischen Reich ließ Assarhaddon Siegesstelen zur Erinnerung an diese für ihn so wichtige Großtat errichten[351]. Die gesamte Verwaltung wurde im assyrischen Sinne umgestaltet und neu besetzt, indem kleinere Verwaltungseinheiten unter den bereits amtierenden Gaufürsten geschaffen wurden, die von assyrischen Verwaltungsbeamten kontrolliert wurden. Intellektuelle (Schreiber, Ärzte) wurden nach Assur verschleppt, ägyptische Götter- und Königsstatuen nach Assur gebracht[352]. Den Kleinstaaten im Delta, die Pije und Schabaka nur mit Gewalt hatten unterwerfen können, räumten die Assyrer weitgehende Unabhängigkeit ein. Unter ihnen spielte bald der libysche Fürst Necho I. (672–664, Gründer der 26. Dynastie) von Saïs eine führende Rolle. 669 mußte Assarhaddon gegen Taharqa, der vom Süden Truppenverbände herangeführt hatte, erneut ins Feld ziehen. Während dieses Waffengangs starb er in Harran.

Weil seine Kräfte anderweitig gebunden waren, mußte der Nachfolger Assurbanipal (669–626) den geplanten Ägypten-Feldzug zunächst aufgeben. So konnte Taharqa in der Zwischenzeit Memphis und Teile des Deltas zurückerobern. Die meisten Delta-Kleinfürsten, darunter auch Necho, konnte er zum Abfall von den Assyrern bewegen. 667/666 zog Assurbanipal dann aber selbst nach Ägypten, die ungetreuen Deltafürsten wurden nach Ninive verschleppt. Nur Necho konnte durch sein Geschick bewirken, daß er begnadigt und so als »König« von Saïs und Memphis eingesetzt wird. Sein Sohn Psammetich wird als Kronprinz anerkannt. Der letzte Pharao der 25. Dynastie, Tanutamun, versuchte 664 erneut das Land von den Assyrern zurückzuerobern. Im Gegenzug drangen die Assyrer sogar bis nach Theben vor, so daß das gesamte Land unterworfen war. Neun Jahre (bis 655) konnte Assur Ägypten kontrollieren und erreichte damit die größte Ausdehnung seiner Geschichte. Diese gewaltige Dimension des Reiches trug allerdings schon den Keim des einsetzenden Verfalls in sich, weil nach allen Seiten Defensivkriege zu führen waren, die die Kräfte des Reiches aufzehrten und überforderten. 655 konnte Ägypten sich unter Psammetich I.

350 ANET, 293.

351 Vgl. u. a. die 3,72 m hohe Basalt-Siegesstele von Sam'al (heute Sençirli), die sich im Vorderasiatischen Museum von Berlin befindet. S. dazu Das Vorderasiatische Museum. Staatl. Museen zu Berlin. Mainz 1992, Abb. 116, S. 180; weiter die zwei großen Stelen (die eine ist 3,8 m hoch) aus *Tell Aḥmar* (Til Barsip), südlich von Karkemisch am Euphrat gelegen, die sich heute im Museum von Aleppo befinden.

352 Asarhaddon betont in seiner Inschrift auf der Stele von Sençirli, daß er alle Nubier, die ihm in die Hände fielen, ebenfalls verschleppt hatte. Offensichtlich wollte er in Ägypten als »Befreier« gefeiert werden! Vgl. ANET, 293.

(664–610) von der assyrischen Oberherrschaft befreien und wurde wieder unabhängig. Verheerend war zudem der Bruderkrieg, den Assurbanipal gegen seinen Bruder Schamash-Schumukin, den er als Vizekönig von Babylonien eingesetzt hatte, führen mußte. Aufstände gab es in Elam, bei einigen arabischen Wüstenstämmen[353] und vor allem in Südmesopotamien[354]. Dennoch scheint Assurbanipal Herr der Lage geblieben zu sein. Er konnte alle Erhebungen sofort niederschlagen, zeigte keine Spur der Schwäche und war dementsprechend auch aktiv im palästinisch-syrischen Raum, wodurch Sicherheit und Wohlstand in diesem Gebiet ermöglicht wurden[355]. So läutet die Gestalt dieses faszinierenden Königs – der wie kein anderer sich um das geistige und kulturelle Erbe der mesopotamischen Kultur verdient gemacht hat[356] – den nahenden und unaufhaltbaren Untergang des assyrischen Großreiches ein.

1.3. Ägypten

Nach der in der 19. Dynastie (1306–1186) ausklingenden Blütezeit erlebte Ägypten in den darauffolgenden Dynastien ab 1200 v. Chr. deutlich eine Periode des außenpolitischen Niedergangs. Von außen herausgefordert durch die Übergriffe der Seevölker und Libyerstämme, die man nur mit Mühe durch die Zuweisung von Siedlungsgebieten integrieren konnte, schrumpfte der Einfluß Ägyptens in Nubien und in Syrien-Palästina zusehends. Dieser Machtverlust wurde vor allem nach dem Tod des Ramses III. (1184–1153), dem letzten bedeutenden Herrscher der Ramessidenzeit, sichtbar, als nacheinander die Pharaonen der 20. Dynastie (Ramses IV. bis Ramses XI. 1153–1070) herrschten und die Zentralgewalt durch die Verselbständigung der Tempeldomänen – vor allem in Theben – ausgehöhlt wurde. Die beiden Landesteile Ober- und Unterägypten drifteten immer mehr auseinander, lokale Fürstentümer entstanden und verfolgten ihre eigenen politischen Ziele. Das gesamte Land wurde durch Arbeiter- und Söldneraufstände erschüttert[357]. Die Streikbewegung in Theben legt davon ein beredtes Zeugnis ab. Weil das gesamte Versorgungssystem nicht mehr funktionierte, legten die Nekropolenarbeiter die Arbeit nieder. Der Niedergang der Glaubensvorstellungen wurde in dieser Zeit des wirtschaftlichen Verfalls durch die zunehmenden Grabplünderungen schonungslos

[353] Vgl. M. Weippert, Die Kämpfe des assyrischen Königs Assurbanipal gegen die Araber, in: WdO 7 (1973/74) 39–85; 8 (1975/76) 64.

[354] Vgl. S. S. Ahmed, Southern Mesopotamia in the Time of Ashurbanipal (Studies in Ancient History, 2), Den Haag 1968.

[355] Vgl. N. Na`aman, The Kingdom of Judah under Josiah, in: Tel Aviv 18 (1991) 34f.

[356] Besonders zu erwähnen ist seine große Keilschrift-Bibliothek, die man bei den Ausgrabungen in Ninive entdeckt hat und die die wichtigste Literatur Mesopotamiens umfaßte.

[357] Vgl. dazu W. Spiegelberg, Zwei Beiträge zur Geschichte der thebanischen Nekropolis. Straßburg 1898; G. Botti & T.E. Peet, Il Giornale della Necropoli di Tebe. Torino 1928.

offengelegt[358]. Es gärte in allen Bevölkerungsschichten. Das begünstigte den Partikularismus. Die verstreut angesiedelten Libyer-Stämme unter ihren Lokalfürsten nützten solche Tendenzen gerne zur Ausweitung der eigenen Machtbefugnisse aus. Am Ende der 20. Dynastie etablierte sich in Theben eine Priesterdynastie unter Herihor, die die Königswürde für sich beanspruchte, während sich in Tanis (im Delta) mit Smendes (21. Dynastie) ein zweites Machtzentrum formierte. Wenn auch die Einheit des Reiches nicht immer offen angefochten wurde, ja sogar angenommen wurde, daß der Reichsgott Amun beide Herrscher, Herihor wie Smendes, als seine Beamten in Ägypten eingesetzt habe und nur Amun der eigentliche und einzige König des Landes sei, so war doch für diesen Zeitraum eine praktische Zweiteilung des Landes gegeben. Von einer gezielten Außenpolitik Ägyptens konnte in dieser Situation kaum die Rede sein: Ägypten verlor seine asiatischen Provinzen, bald auch Nubien und die östliche Wüste (mit ihren Goldminen). Theoretisch wurde die Herrschaft über Palästina-Syrien zwar weiterhin aufrecht erhalten, tatsächlich aber auf eine rein ideelle Führungsrolle beschränkt, was im Reisebericht des Wen-Amun[359] trefflich dokumentiert wird. Die libyschen Führungselemente im mittelägyptischen Herakleopolis versuchten mit der sog. »Bubastiden-Dynastie« (die 22. Dynastie, 945–722) und der 23. »tanitischen« Dynastie (808–715) vom Delta aus die Einheit Ägyptens wenigstens nominell aufrecht zu erhalten: Ihre Söhne setzten sie als Hohepriester in den wichtigsten Zentren des Landes ein, ohne allerdings verhindern zu können, daß libysch geprägtes Kleinstaaten-Denken jeder straffen Zentralisierung im Weg stand. Nur wenige der Kleinfürstentümer (die 22. Dynastie in Tanis/Bubastis, die 23. Dynastie in Leontopolis, Fürstentümer in Herakleopolis und Hermopolis; Athribis und einzelnen Delta-Städten sowie das Westdelta) besaßen überregionale Bedeutung. Außenpolitisch trat nur Schoschenk I. (945–924) hervor, der zur Zeit des judäischen Königs Rehabeam einen Feldzug nach Palästina unternahm.

Neben und nach der 24. (saïtischen) Dynastie, die sich im Delta unter Tefnacht und Bokchoris etablierte (725–712) und nach Süden vorzudringen versuchte, formierte sich ein neues Machtzentrum im äußersten Süden, in Napata am Ǧebel Barkal (Nähe des 4. Nilkataraktes). Die nubischen Herrscher der 25. Dynastie (712–664) griffen den Norden an, und über die Zwischenstation Theben (unter Kaschta, bis 740) gelang es ihnen nach und nach, das gesamte Land wieder zu einen. Pije (740–713) konnte alle konkurrie-

[358] Vgl. dazu T. E. Peet, The Great Tomb Robberies of the Twentieth Egyptian Dynasty. 2 Bände. Oxford 1930; A. Cappart, A.H. Gardiner & B. van de Walle, New Light on the Ramesside Tomb-Robberies, in: JEA 22 (1936) 169–193.

[359] Zum Text siehe A. Erman, Die Literatur der Ägypter. Leipzig 1923, 225–237; TGI[2], 41–48; M. Lichtheim, Ancient Egyptian Literature. A Book of Readings. Volume II: The New Kingdom. Berkeley 1976, 224–230.

renden Kleinfürstentümer Mittel- und Unterägyptens ausschalten[360]. Beständigkeit führte er allerdings nicht herbei, weil er sich mit der formalen Anerkennung seiner Herrschaft durch die vielen Kleinkönige des Deltas begnügte und sich rasch wieder in seine ferne Hauptstadt Napata zurückzog. Die anarchische Aufspaltung blieb somit bis zu Psammetich I. (26. Dynastie, 664–610) unverändert. Erst als seine Nachfolger Schabaka (712–698) und Schebitku (698–690) im Kernland präsent blieben, konnte eine Außenpolitik, die diesen Namen verdient, wieder betrieben werden. Aber in Palästina-Syrien hatte das neuassyrische Reich schon längst seine eigenen Akzente gesetzt, und es diktierte nun die Politik dieses Großraumes. Die nubischen Könige haben eine direkte Konfrontation mit den Assyrern möglichst vermieden. Die Assyrer stießen jedoch nach Ägypten vor und beendeten 664 die 25. Dynastie, indem sie nach und nach die wichtigsten Machtzentren des Landes eroberten. 664 starb Taharqa im fernen Napata, ohne Ägypten wiedererobert zu haben. Dem letzten König der 25. Dynastie, Tanutamun, gelang es gleich nach seiner Thronbesteigung, nach Norden bis Memphis vorzudringen. Dort stieß er jedoch auf den heftigen Widerstand der Deltafürsten, die sich unter der Führung von Necho I. einer erneuten nubischen Herrschaft entgegenstemmten. Während Necho I. bei dieser Auseinandersetzung den Tod fand, flüchtete sein Sohn Psammetich zu den Assyrern. Das assyrische Heer stellte die alte Lage wieder her und setzte Psammetich I. (664–610) in das erweiterte Erbe seines Vaters ein. Diesmal drangen die Assyrer aber bis nach Theben vor und plünderten die Stadt. Theben verlor für immer seinen alten Glanz. Die Assyrer setzten einen nubischen Statthalter über ganz Oberägypten ein[361].
Die 26. Dynastie verstand es jedoch unter Psammetich I. (664–610) und Necho II. (610–595), ihre Position zwischen den Nubiern und den Assyrern auszunutzen, und trieb durchaus ihre eigene nationale Politik, indem sie die Reichseinheit wiederherstellte und das Land zu einer kulturellen Blüte führte. Dem aufkommenden Neubabylonischen Reich unter Nabopolassar, der sich 626 in Babylon als König hatte ausrufen lassen, begegneten Psammetich und Necho II. dadurch, daß sie von nun an kräftig die Assyrer unterstützten.

1.4. Israel unter Secharja, Schallum und Menahem (747–742 v. Chr.)

Nach der relativen Blütezeit unter Jeobeam II. geriet das Nordreich Israel in eine Situation der politischen Instabilität. Das Fehlen einer Dynastiebildung verhinderte eine politische Kontinuität. Die Bevölkerung selbst war

[360] Vgl. den berühmten Siegesbericht des Pije. Siehe dazu W. Wolf, Das Alte Ägypten (DTV, 4332), München ²1978, 214–216; E. Kausen, in: TUAT, Band I, 557–585.

[361] Die assyrischen Quellen (insbes. der sog. Rassam-Zylinder des Assurbanipal) und die »Traumstele« des Tanutamun widersprechen sich in der Darstellung und Bewertung der Ereignisse. Zum Rassam-Zylinder, s. ARAB, Vol. II. New York 1968, §§ 763–840 (S. 290–323). In der Traumstele wird die militärische Konfrontation als ägyptischer Sieg dargestellt. S. dazu J.H. Breasted, Ancient Records of Egypt. Bd. 4. London 1988 (reprint), No. 919–934.

aufgespalten in pro- und antiassyrische Parteiungen. Auch das Wiedererstarken des aramäischen Reiches von Damaskus wirkte sich negativ auf Israel aus. Der Versuch, eine dynastische Kontinuität zu begründen, mißlang: Jerobeams Sohn Secharja wurde 747 neuer Herrscher (2 Kön 15,8–12). Bereits nach sechs Monaten wurde er gestürzt, getötet und durch den Usurpator Schallum ben Jabesch ersetzt (2 Kön 15,13–16). Nach einer einmonatigen Herrschaft wurde Schallum von Menahem ben Gadi (747–738) aus Tirza erschlagen (2 Kön 15,14). Neben den Grausamkeiten, die Menahem in Tifsach[362] begangen hat, erwähnt 2 Kön 15,16f. von ihm eine zehnjährige Herrschaft in Samaria. Außerbiblisch ist die Regierungszeit Menahems in den Annalen Tiglat-Pilesers III. bezeugt[363]. Nach der Zerschlagung einer antiassyrischen Koalition syrischer Fürsten wurde der Aramäerstaat von Hamat annektiert und eine ganze Reihe von Kleinstaaten (u.a. Kommagene, Damaskus, Tyrus, Byblos, Que, Karkemisch, Hamat, Sam´al, Arabien) lieferte daraufhin ihre Tribute ab. Unter ihnen erscheint auch Menahem von Samaria. Nach 2 Kön 15,19–20 hatte Menahem dabei die Nebenabsicht, mit assyrischer Hilfe die eigene labile Herrschaft zu festigen, wofür er allerdings eine horrende Tributleistung aufbringen mußte (tausend Talente Silber). Das war nur dadurch möglich, daß er der wohlhabenden Bevölkerungsschicht in Israel eine Kopfsteuer von je fünfzig Silberschekel auferlegte. Menahem blieb bis zu seinem Lebensende ein getreuer assyrischer Vasall. Er starb als letzter israelitischer König eines natürlichen Todes (vgl. 2 Kön 15,22).

1.5. Der judäische König Ahas (ca. 734–725 v. Chr.) und der syrisch-efraimitische Krieg

1.5.1. Die Quellenlage

Als biblische Quellen kommen 2 Kön 15,29f.; 16,5.7–9 (//2 Chr 28,16–21) sowie Jes 7,1–17; 17,1–11[364] und Hos 5,1f.; 5,8 – 6,6[365]; 8,7–10 in Betracht. Die Passagen aus 2 Kön sind stark dtr überarbeitete Auszüge aus den »Annalen der Könige von Juda und Israel«. Das theologische Werturteil des Dtr ist unübersehbar, wenn er Juda unter dem frevelhaften König Ahas in

[362] Die Identifizierung dieses Ortes ist schwierig, weil nur ein Tifsach am Euphratufer bekannt ist. Die lukianische Rezension des griechischen Textes liest Tappuach (heute *Tell Šeḫ abu Zarad* oder das nahe gelegene *Selft*), ein efraimitisches Dorf in der Nähe von Tirza, was wohl zutreffender als die Ortsangabe in MT ist.

[363] Stele aus Kalaḫ. Vgl. dazu M. Weippert, Menahem von Israel und seine Zeitgenossen in einer Steleninschrift des assyrischen Königs Tiglatpileser III. aus dem Iran, in: ZDPV 89 (1973) 26–53; Übersetzung in: TUAT, Bd. I, 370f.

[364] Daß auch Jes 10,27b–34 auf dem Hintergrund des syrisch-efraimitischen Krieges zu interpretieren sei, behauptet H. Donner, Israel unter den Völkern (VTS, 11), Leiden 1964, 30–38: ders., in: ZDPV 84 (1968) 46–54.

[365] Siehe dazu vor allem A. Alt, Hosea 5,8–6,6. Ein Krieg und seine Folgen in prophetischer Beleuchtung, in: Neue Kirchliche Zeitschrift 30 (1919) 537–568 [= Kleine Schriften zur Geschichte des Volkes Israel, Band II. München ⁴1978, 163–187].

assyrische Abhängigkeit geraten läßt. Unter Hiskija gewinnt Juda seine Unabhängigkeit zurück, um sie unter Joahas an die Ägypter zu verlieren. Die Einzelheiten aus dem Jesaja- und Hoseabuch sind schwer in Einklang mit den Überlieferungen in 2 Kön zu bringen; es ist jedoch zu berücksichtigen, daß Jes 7 ein später Text ist und daß 2 Kön 16 sich zuallererst für den kultischen Aspekt der Auseinandersetzung (Aufstellung eines heidnischen Altars im Jerusalemer Tempel) interessiert und die außenpolitischen Implikationen nur am Rande und in Verbindung mit dem Kultaspekt erwähnt.
Die außerbiblischen Quellen umfassen die Inschriften von Tiglat-Pileser III.[366], Salmanassar V.[367] und Sargon II.[368]. Diese assyrischen Quellen bieten höchstens einen chronologischen Rahmen, in den man dann die biblischen Angaben einzuordnen versuchen kann. Über den Krieg selber wird darin nicht berichtet.

1.5.2. Chronologische Probleme

Die Chronologie der einzelnen dokumentierten Ereignisse dieser Zeit ist problematisch. Sowohl bei der Festlegung der Regierungszeit des Ahas, der Regentschaft des Jotams sowie des Regierungsantritts Hiskijas herrschen Unsicherheiten. Die genaue Datierung der nordisraelitischen Könige zwischen 738 und 732 ist ebenso umstritten. Nach den assyrischen Quellen schloß Tiglat-Pileser eine erste Kampagne in Nordsyrien um 738 ab. Die dort ausgebrochenen Aufstände wurden im Einzelfall mit der Errichtung assyrischer Provinzen beendet. Schon damals empfing er auch Tribute einiger Fürsten aus dem Süden, darunter Menahems von Israel, Rezins von Damaskus und Tubails[369] von Tyrus[370].
Eine zweite Kampagne im Westen seines Reiches[371] führte Tiglat-Pileser in den Jahren 734–732. Dort war im südlichen Palästina-Syrien eine größere Revolte ausgebrochen. Nachdem er 734 zunächst an der Mittelmeerküste den Widerstand gebrochen hatte, schwenkte Tiglat-Pileser ins Binnenland

[366] Die Annalen aus Kalaḫ, Z. 195–240, ND 4301 + 4305 sowie die kleinere Inschrift Nr. I. Siehe dazu H.C. Rawlinson, The Cuneiform inscriptions of Western Asia, III. London 1870, Tafel 10, Nr. 2. Siehe weiter E. Vogt, Die Texte Tiglat-Pilesers III. über die Eroberung Palästinas, in: Bib 45 (1964) 348–354.; Zu ND 400 aus Nimrud, 1950 bei den englischen Ausgrabungen entdeckt, siehe D. J. Wiseman, in: Iraq 13 (1951) 21ff.; ders., 18 (1956) 117ff.; P. Rost, Die Keilschrifttexte Tiglat-Pilesers III. nach den Papierabklatschen und Originalen des Britischen Museums. 2 Bände. 1893, 78ff. Übersetzung der wichtigsten Texte in TGI^3, 54ff.57–59; TUAT, Bd I/4, 371–374.376–378.

[367] Von ihm fehlen allerdings direkte historische Texte.

[368] Übersetzung in TUAT, Bd. I/4, 379–387.

[369] In den Annalen Tiglat-Pilesers heißt der Fürst von Tyrus allerdings Hiram. Vielleicht hängt das mit der späteren Redaktion der Annalen zusammen.

[370] Vgl. L. D. Levine, Two Neo-Assyrian Stelae from Iran. Toronto 1972, 19; zur Übersetzung TUAT, Bd I, 378; ANET, 283.

[371] Das Ziel wird angegeben mit Philistäa. Vgl. den assyrischen Eponymenkanon Cb I (II R 52). Siehe dazu A. Ungnad, Art. Eponymen, in: Reallexikon der Assyriologie, Band 2. 1938, 412–457.

um und konnte nach länger anhaltendem Widerstand 732 Damaskus zerstören. Im Zuge dieser Kampagne bestätigte er auch Hosea, der vorher Pekach beseitigt hatte, als König von Samaria[372]. Aufgrund der assyrischen Quellen gewinnen wir für die Geschichte Nordisraels zwei Fixpunkte: Menahem muß schon 738/7 in Samaria regiert haben, Hosea 732. Dazwischen sind nun nach biblischen Angaben weitere zwei Könige einzuordnen: Pekachja, Sohn des Menahem, und dessen Adjutant, Pekach, Sohn des Remalja. Nach 2 Kön 15,23 regierte Pekachja zwei Jahre, 2 Kön 15,27 schreibt Pekach eine Regierungszeit von zwanzig Jahren zu (vgl. noch 2 Kön 16,1). Diese Angaben sind mit dem assyrischen chronologischen Rahmen unvereinbar. Vielleicht kann man das Problem so lösen, daß Pekachs zwanzig Jahre eine Herrschaft über Teile des Landes vor seinem Regierungsantritt über das Gesamtreich einschließen.

1.5.3. Die geschichtliche Situation am Vorabend des Krieges aufgrund der biblischen Quellen

Nach der ersten Kampagne gegen den Westen im Jahre 738 herrschte vier Jahre lang Ruhe in Palästina und Syrien. 734 unternahm Tiglat-Pileser einen erneuten Feldzug gegen das Philisterland, insbesondere gegen die Stadt Gaza. Auf seinem Weg dorthin wurde Untergaliläa zerstört und die Bevölkerung teilweise deportiert[373]. Der Stadtkönig von Gaza, Hanun, wartete das Eintreffen der assyrischen Truppen nicht ab, sondern floh rechtzeitig nach Ägypten. Im Ort *Naḫal Muṣur*, am »Bach von Ägypten«[374], gründete Tiglat-Pileser einen assyrischen Militärstützpunkt, wahrscheinlich als Ausgangspunkt für einen geplanten Eroberungszug nach Ägypten. Als Hanun aus Ägypten zurückkam und sich dem assyrischen König unterwarf, begnadigte dieser ihn.

Das Nordreich Israel stand währenddessen wahrscheinlich unter der politischen Dominanz von Damaskus, wo König Rezin vermutlich mithalf, König Pekachja abzusetzen. Dieser wurde durch den antiassyrisch gesinnten Pekach ersetzt[375]. Als Rezin und Pekach Ende 734 auch den Südstaat Juda in eine antiassyrische Aufstandsbewegung hineinzuziehen versuchten, bot ihnen Ahas von Juda – in richtiger Einschätzung der realen Machtverhältnisse – die Stirn. Daraufhin entstand der sog. »syrisch-efraimitische Krieg«, bei dem das Aramäerreich von Damaskus und der Nordstaat Is-

[372] Vgl. die »kleinere Inschrift Nr. I« Tiglat-Pilesers; Übersetzung bei TUAT, Bd. I, 373–374, Z. 17–18; ANET, 284.

[373] Vgl. Z. Gal, The Lower Galilee in the Iron Age II: Analysis of Survey Material and its Historical Interpretation, in: Tel Aviv 15/16 (1988/89) 56–64.

[374] *Wādī el-ʿArīš*.

[375] So kann man den Hinweis in 2 Kön 15,25 deuten, wo von »fünfzig Mann aus Gilead« die Rede ist, die Pekach bei dieser Verschwörung gegen Pekachja behilflich waren. Gilead stand damals sehr wahrscheinlich unter der Kontrolle von Damaskus, das seinerseits die Führerrolle der Aufstandsbewegung gegen die Assyrer innehatte.

rael[376] Juda in die antiassyrische Koalition zwingen wollten. Dabei beabsichtigten diese sicher nicht, das Land und sein militärisches Potential zu schwächen. Den koalitionsunwilligen Ahas wollten sie durch einen koalitionsfreudigen Aramäer mit dem Namen Ben-Tab´el[377] ersetzen. In dieser prekären Situation suchte Ahas den Anschluß an Assur, indem er Tiglat-Pileser einen freiwilligen Tribut lieferte und an ihn einen Appell um assyrische Hilfe gegen seine beiden Bedränger richtete. Als Tiglat-Pileser auf diesen Hilferuf einging und gegen Damaskus marschierte, wurden die Angreifertruppen von Jerusalem abgezogen. Das Nordreich Israel unter seinem König Pekach wurde 733 bezwungen, das Staatsgebiet verkleinert: Galiläa und Gilead wurden in die assyrischen Provinzen *Magiddū* und *Gal´aza* umgewandelt. Vielleicht richtete Tiglat-Pileser bei der gleichen Gelegenheit auch die Küstenprovinz *Dū´ru*[378] ein. Es erfolgte eine Deportation der Oberschicht nach »Assur«. Damaskus wurde 732 von den Assyrern eingenommen, das Staatsgebiet zur assyrischen Provinz gemacht.

1.5.4. Die Darstellung des Krieges bei J. Begrich[379]

J. Begrich machte eine geballte antiassyrische Koalition in den Jahren 737–735 in Palästina und Syrien aus, also ein Jahr nachdem Tiglat-Pileser 738 dieses Gebiet unter seine Kontrolle gebracht hatte und seine Kräfte nun in einer Militäraktion gegen Medien und Urartu gebunden waren. Die antiassyrische Koalition war umfassend. Neben dem Anführer Rezin von Damaskus zählten auch Nordisrael, die philistäischen Städte, die Edomiter, die arabischen Wüstenstämme sowie Ägypten dazu. So erschien Ahas von Juda als Außenseiter und die Koalition wollte mit einer Belagerung Jerusalems den widerstrebenden König absetzen und durch Ben-Tabe`el ersetzen. Bei dieser Aktion konnten die Philister bzw. Edomiter Juda Gebiete entreißen (Ortschaften in der Schefelah bzw. die Hafenstadt Elat). Nur zu gerne ging Tiglat-Pileser auf den Hilferuf von Ahas ein. Es lag in seinem Interesse bei der Kampagne 734, die philistäischen Städte endgültig unter seine Kontrolle zu bringen und damit Ägypten als mächtigen Förderer des

[376] Eine Beteiligung der Philisterstädte ist nach den Ereignissen von 734 mehr als unwahrscheinlich. Vgl. dazu C. S. Ehrlich, Coalition Politics in Eight Century B.C.E. Palestine: The Philistines and the Syro-Efraimite War, in: ZDPV 107 (1991) 48–58.

[377] Jes 7,6 entstellt den Namen zu *Tab´al* (»Gut nicht«), LXX und Esra 4,7 vokalisieren richtig *Tab´el*. Über seine Herkunft herrscht bis heute Unklarheit. Vielleicht stammte er selbst aus dem judäischen Königshaus, muß dann aber für seine antiassyrische Position bekannt gewesen sein. Eine Verwandtschaft mit der nachexilischen Familie der Tobiaden aus dem Ostjordanland wird auch in Erwägung gezogen. Andere bringen ihn in Verbindung mit dem König Tubail von Tyrus. Vgl. dazu A. Vanel, Tabe´el en Is VII 6 et le roi Tubail de Tyr, in: VTS 26 (1974) 17–24; J. Maxwell Miller & John H. Hayes, A History of Ancient Israel and Judah. Philadelphia 1986, 329.

[378] Dor (heute *el-Burǧ*, bei *eṭ-Ṭanṭūra)*.

[379] J. Begrich, Der Syrisch-Efraimitische Krieg und seine weltpolitischen Zusammenhänge, in: ZDPV 83 (1929) 213–237 (= Gesammelte Studien zum AT (ThBü, 21), München 1964, 99–120).

Widerstandes auszuschalten sowie Rezin mit seinen Verbündeten zu isolieren. Erst als die ägyptische Gefahr durch die Unterwerfung Philistäas ausgeschaltet war, richtete sich seine geballte Militärmacht gegen Damaskus und das Nordreich Israel, die er von Philistäa aus angriff. Damaskus leistete jedoch unerwartet erbitterten und erfolgreichen Widerstand, woraufhin Mitinti von Aschkelon einen erneuten Aufstand gegen Assur riskierte. Im Jahre 732 wurde aber Damaskus endgültig besiegt, Israel mußte sich mit Gebietsverkleinerungen abfinden und einen neuen, von Tiglat-Pileser eingesetzten König, Hosea, akzeptieren.

1.5.5. Kritik an der Darstellung Begrichs

Kritik gegen die Darstellung des geschichtlichen Ablaufs durch Begrich und gegen sein Verständnis der politischen Gesamtsituation wurde bald laut[380]. Bedenken wurden vor allem gegen den sachlichen Zusammenhang zwischen den Kampagnen von Tiglat-Pileser in den Jahren 734–732 und dem sog. syrisch-efraimitischen Krieg erhoben. Man behauptete, dieser Krieg sei nur aus dem Gerangel um die lokale Herrschaft in der Region entstanden, als vor allem die Suprematiebestrebungen von Damaskus mit den Expansionstendenzen Judas (unter Asarja und Usija) in Konflikt gerieten. Philister und Edomiter nutzten die Schwierigkeiten Judas beim syro-efraimitischen Krieg aus. Sie annektierten Gebiete Judas, ohne irgendeiner antiassyrischen Koalition beigetreten zu sein. Die Kampagne Tiglat-Pilesers III. kam für sie völlig überraschend und war keine Antwort auf den Hilferuf des Ahas. Eine umfassende antiassyrische Koalition, die entsprechend Druck auf Ahas ausgeübt hätte, ist nicht auszumachen, weil weder Ägypter noch Philister[381] einer solchen Aufstandsbewegung beigetreten waren. So haben wir es eher mit einem lokalen Kleinkrieg zu tun, der das Machtgefüge des assyrischen Reiches nicht in Frage stellte.
Noch radikaler geht R. Bickert[382] vor, indem er den betreffenden biblischen Texten abspricht, daß sie ursprünglich von dieser militärischen Auseinandersetzung berichtet hätten: er bestreitet überhaupt die Existenz des sog. syrisch-efraimitischen Krieges.

[380] Noch im gleichen Jahr K. Budde, Jesaja und Ahaz, in: ZDMG 83 (1929) 213–237; B. Oded, The Historical Background of the Syro-Efraimite War Reconsidered, in: CBQ 34 (1972) 153–165; H. Cazelles, Problèmes de la guerre Syro-Efraimite, in: EI 14 (1978) 70*–78*; Siehe dazu jedoch kritisch C. S. Ehrlich, Coalition Politics in Eight Century B.C.E. Palestine: The Philistines and the Syro-Efraimite War, in: ZDPV 107 (1991) 48–58.

[381] Erst 733 trat Aschkelon einer antiassyrischen Koalition bei, ansonsten hatten die Philisterstädte relativ schnell gelernt, wie sie unter den wechselnden Herrschaften überleben und ihre wirtschaftliche Prosperität sichern konnten.

[382] R. Bickert, König Ahas und der Prophet Jesaja. Ein Beitrag zum Problem des syrisch-efraimitischen Krieges, in: ZAW 99 (1987) 361–384.

1.5.6. Eine Rekonstruktion der Ereignisse

Der sog. syrisch-efraimitische Krieg hat nicht so stattgefunden, wie die biblischen Berichte es beschreiben[383]. Die Drohungen gegen Juda wurden nie in die Tat umgesetzt. Das politische Debakel, das Damaskus und das Nordreich unter Tiglat-Pileser traf, hatte nichts mit dem sog. syrisch-efraimitischen Krieg und dem Hilferuf des Ahas zu tun[384]. Kriegerische Handlungen eines antiassyrischen Bündnisses gegen Juda finden im Rahmen der Auseinandersetzungen Tiglat-Pilesers III. mit Palästina-Syrien nach den Jahren 735 keinen Platz. 734 ist Tiglat-Pilesers Feldzug gegen Gaza zu datieren, der ihm die Kontrolle über die wichtigen Handelswege verschaffen sollte[385]. Die Flucht des Fürsten von Gaza, Hanun, nach Ägypten, weist nicht auf eine Beteiligung Ägyptens an einer umfassenden antiassyrischen Koalition hin, zumal Hanun sich später dem assyrischen Joch unterwirft und nach Gaza zurückkehren kann. Rezin von Damaskus konnte nur auf Hiram von Tyrus als Partner rechnen[386]. Ansonsten sind die zusammenfassenden Listen der niedergeschlagenen Gegner nicht eindeutig zeitlich differenziert. Erst *nach* der Kampagne gegen Gaza entsteht eine umfassende antiassyrische Koalition, so daß bei den militärischen Aktionen Tiglat-Pilesers in den Jahren 733 und 732 neben Damaskus auch Aschkelon, Israel, Tyrus und arabische Stämme unter Samsi zu den Gegnern Assurs gezählt werden. Das Nordreich Israel wurde dabei besiegt und in das zweite Stadium der Vasallität überführt, indem Tiglat-Pileser Hosea (731–723) als König über Israel einsetzte, das Nordreich verkleinerte, ihm aber seine staatliche Selbständigkeit beließ. Diese Aktion verfehlte ihre Wirkung nicht auf das syrisch-palästinische Gebiet. Alle Kleinstaaten dieser Region beeilten sich, Tribut zu zahlen[387], darunter auch Ahas von Juda.

1.5.7. Eine Einführung assyrischer Kulte unter Ahas?

Wenn anzunehmen ist, daß der politische Einfluß Assurs im gesamten syrisch-palästinischen Raum ab der Mitte des 8. Jhs dominierte, muß diese

383 So zuletzt noch J. A. Soggin, Einführung in die Geschichte Israels und Judas. Darmstadt 1991, 158.

384 2 Kön 16 hat als Thema die Aufstellung eines heidnischen Altares im Jerusalemer Tempel.

385 Vgl. C. S. Ehrlich, Coalition Politics in Eight Century B.C.E. Palestine: The Philistines and the Syro-Efraimite War, in: ZDPV 107 (1991) 54. Tiglat-Pileser errichtete dementsprechend in Gaza ein Zollhaus, mit dem er die assyrischen Handelsinteressen durchsetzen wollte.

386 Vgl. Inschrift Tiglatpilesers III. ND 4301 und dazu TUAT, Band I, 377. Die ostjordanischen Staaten und Ägypten werden in den assyrischen Texten in diesem Zusammenhang überhaupt nicht erwähnt.

387 Vgl. die Tontafelinschrift K 3751 aus Kalaḫ (= II R 67), Z. 7´–12´: Kummuh (Kommagene), Quë, Byblos, Hamat, Sam´al, Gurgume, Milid (Malatia), Tabal, Tunu, Tuhanu, Ischtundi, Arwad, Ammon, Moab, Aschkelon, Juda (König Jauchazi, d.h. Ahas), Edom und Gaza. Siehe dazu TUAT, Band I, 375. Bemerkenswert ist, daß Hosea von Israel in dieser Liste fehlt. Dafür wird er in einer anderen Abgabenliste erwähnt: im Jahre 731/730 soll er Tribut in der babylonischen Stadt Sarrabanu geleistet haben.

Situation auch für den religiösen Bereich Folgen gehabt haben[388]. Schließlich wurden die assyrischen Eroberungen im Namen des Staatsgottes Assur durchgeführt und als Siege des Nationalgottes über die Götter der unterworfenen Völker betrachtet. Daß in den Hauptstädten unterworfener Staaten assyrische Götterbilder oder Altäre als Herrschaftssymbole der Siegermacht aufgestellt wurden, ist für Gaza unter Tiglat-Pileser III., für das südbabylonische Meerland und für die Mannäer südlich des Urmia-Sees unter Sargon II. sowie für Ägypten unter Assarhaddon dokumentiert[389]. So sind auch assyrische Kulte und Kultpraktiken in Jerusalem nicht auszuschließen, vor allem während der langen Regierungszeit des Königs Manasse.

Die biblischen Berichte über das Eindringen assyrischer Kulte sind vor allem im dtr Geschichtswerk vorzufinden, das den König Joschija, der mit ihnen aufräumen wird, zur idealen Königsgestalt nach David macht. Es ist auch anzunehmen, daß Manasse als Vorgänger und Kontrastfigur dabei nicht gerecht behandelt wird. Die Idealgestalt Joschija sollte in um so leuchtenderen Farben erscheinen.

Ein erster Hinweis auf assyrische Kultbräuche findet sich allerdings schon für die Regierungszeit des Ahas, in einer Zeit also, als Juda sich im ersten Stadium der Vasallität befand. Im Jahre 732 v. Chr. traf der judäische König Tiglat-Pileser III. in Damaskus. Den Altar, den er dort sah, ließ er abmessen und ein Modell nach Jerusalem schicken, damit ein ähnlicher Altar im Tempel zu Jerusalem aufgestellt werde. Allerdings verrät der Text nicht, ob es sich um einen aramäischen oder einen von den Assyrern errichteten Altar im Hauptheiligtum von Damaskus handelt. Der neue Altar wurde an zentraler Stelle im Jerusalemer Tempel aufgestellt, so daß der alte, bronzene Altar ein wenig zur Seite gerückt werden mußte. Es ist schwierig, den historischen Sachverhalt hinter diesen Andeutungen zu ergründen. Vielleicht verschweigen die Autoren dieses Textes gezielt, daß der Damaszener Altar für den assyrischen Staatskult errichtet wurde. Nach 2 Kön 16,10 soll dieser Altar orthodox gewesen sein und im Dienst des Jahwekultes gestanden haben[390], was sich darin erweist, daß der Priester Urija keinen Protest dagegen erhob. Doch erwähnt dann 2 Kön 16,18 deutlich eine Neuerung aufgrund assyrischer kultischer Vorstellungen: »Ferner ließ er den überdachten Sabbatgang, den man an den Tempel angebaut hatte, und den äußeren Zugang für den König vom Haus des Herrn entfernen. Er tat dies mit Rücksicht auf den König von Assur«. Aber vielleicht geht es hier um eine Maßnahme, die im Zusammenhang mit den Tributabgaben zu sehen ist. Ob Ahas grundlegende kultische Erneuerungen im Sinne der assyrischen Herrscher durchgeführt hat, ist historisch nicht mehr greifbar.

[388] Vgl. dazu vor allem M. Cogan, Imperialism and Religion: Assyria, Judah and Israel in the 8th and 7th centuries B.C. (SBL.MS, 19), 1974, S. 49ff.

[389] Vgl. H. Spieckermann, Juda unter Assur in der Sargonidenzeit (FRLANT, 129), Göttingen 1982, 322–344.

[390] So z.B. J. M. Miller & J. H. Hayes, A History of Ancient Israel and Judah. Philadelphia 1986, 346.

1.6. Das Nordreich bis zum Untergang Samarias (721 v. Chr.)

1.6.1. Die Quellen

Als biblische Quelle kommt hauptächlich 2 Kön 17 in Betracht. Daneben geben die Annalen Sargons II. und Salmanassars V. sowie die Babylonischen Chroniken weitere Informationen. Zwei Ostraka aus Tell el-Qasīle[391] und Ostraka aus Samaria[392] liefern einen bescheidenen Beitrag zur Sozial- und Wirtschaftsgeschichte dieser Zeit. Aufschlußreiche Ergebnisse erzielte die archäologische Arbeit von Zvi Gal in Unter-Galiläa, wo eine Reihe von wichtigeren Ortschaften (insbesondere in *Ḥorvat Roš Zayit*, *Tell Mador* und *Tell Gat-Hefer*) ausgegraben und größere Oberflächenerkundungen (surveys) durchgeführt wurden[393]. Eine weitere literarische Quelle liefert Flavius Josephus über diese Periode in seinen Antiquitates Judaicae, IX.

1.6.2. Der Untergang Samarias

Tiglat-Pileser III. war 733/732 gegen Damaskus und seine antiassyrischen Koalitionspartner gezogen. Damaskus wurde erobert und zerstört, sein König Rezin getötet, Teile des Staatsgebietes in assyrische Provinzen umgewandelt. Im Zuge dieser Verwaltungsmaßnahmen entstanden die assyrischen Provinzen Megiddo, Gilead und Dor, die dem nordisraelitischen König Pekach genommen wurden – soweit sie nicht schon vorher von Damaskus beherrscht waren. Die assyrischen Annalen[394] melden die Zerstörung des »Hauses Omri« (als pauschale Bezeichnung für das Herrscherhaus in Nordisrael) und verschiedener Städte in Unter-Galiläa (Daberath, Hanathon, Yotbah, Schim`on bzw. Schimron, Rumah und Tell Qarnei Hittin). Es wurden 13 520 Bewohner ins Exil verschleppt[395]. Die archäologischen Oberflächenerkundungen (surveys) von Zvi Gal konnten tatsächlich festhalten, daß die Landbevölkerung in Unter-Galiläa im späten 8.–7. Jh. auffallend zurückgegangen ist[396]. In Megiddo und an anderen Orten wurden assyrische Stützpunkte gebaut[397].

[391] Es handelt sich um zwei Ostraka aus dem letzten Viertel des 8. Jh. S. dazu J. Renz, Die Althebräischen Inschriften. Teil I: Text und Kommentar (Handbuch der Althebräischen Epigraphik, Band I), Darmstadt 1995, 227–231.

[392] J. Renz, Die Althebräischen Inschriften. Teil I: Text und Kommentar (Handbuch der Althebräischen Epigraphik, Band I), Darmstadt 1995, 135–144. Ostrakon 1 (mit *lmlk*-Siegel) weist auf eine Öllieferung. Die Schrift zeigt phönikischen Einfluß.

[393] Z. Gal, Lower Galilee during the Iron Age (ASOR, Dissertation Series, 8), Winona Lake, Ind. 1992. Seine Ergebnisse über die Siedlungslücke ab dem späten 8. Jh. decken sich mit den Befunden aus Ober-Galiläa (Hazor und Kinneret) und hängen seiner Meinung nach zusammen mit der Kampagne von Salmanassar III.

[394] Vgl. die Annalen Tiglat-Pilesers III. in TUAT, Band I, 372–373

[395] Vgl. dazu N. Na`aman, Population Changes in Palestine Following Assyrian Deportations, in: Tel Aviv 20 (1993) 105. Dagegen TUAT, Band I, 372–373; dort ist eher »Haus Hazaël« statt »Haus Omri« zu lesen und die danach erwähnten Städte sowie die Angaben über Deportierte beziehen sich nicht auf Galiläa.

[396] Z. Gal, Lower Galilee in the Iron Age II: Analysis of Survey Material and Its Historical Interpretation, in: Tel Aviv 15 (1988–1989) 56–64.

[397] Archäologisch wurden solche Stützpunkte inzwischen in *´Ayyelet haš-Saḥar* (bei Tell Hazor) und *Tell el-`Orēme* nachgewiesen.

Die Bevölkerung des Nordreiches bzw. die dortige proassyrische Partei hatte nach den assyrischen Quellen ihren König Pekach, der das Land in die antiassyrische Koalition geführt hatte, gestürzt und getötet[398]. Tiglat-Pileser setzte dafür Hosea als König ein[399]. Nach 2 Kön 15,30 war Hosea aktiv an der Konspiration und am Mord gegen Pekach beteiligt. Er scheint seine Tributzahlungen, auch gegenüber dem Nachfolger Salmanassar V. (727–722)[400], pünktlich geleistet zu haben. Erst gegen Ende seiner Herrschaft (724) kündigte er das Treueverhältnis und stellte seine Zahlungen an Salmanassar V. ein. Dabei rechnete er mit der Hilfe Ägyptens. Er bat »So, den König von Ägypten«, um politische und militärische Hilfe (vgl. 2 Kön 17,1–6). Aber dieser Schritt war der Anfang vom Ende des Nordreiches. Der biblische Name für den ägyptischen Pharao »So« bezeichnet keine Einzelgestalt, sondern dürfte die Hauptstadt der damals regierenden 24. Dynastie, Saïs, verkörpern. Damals regierte im Ostdelta Tefnacht (725–718 v. Chr.)[401].

Außer auf das damals in sich zerstrittene und geteilte Ägypten hat sich Hosea noch auf andere Bundesgenossen stützen können, denn er wird kaum als Einzelkämpfer den Aufstand gegen die übermächtigen Assyrer gewagt haben. Es könnten sich noch einige Philisterstädte am Aufstand beteiligt haben[402]. Hosea wurde von den Assyrern gefangengenommen, die Stadt Samaria drei Jahre lang belagert (vgl. 2 Kön 17,5; 18,9–10) und schließlich 722 v. Chr. von Salmanassar V.[403] eingenommen[404]. Es ist anzunehmen, daß ein Teil der Bevölkerung ins Südreich Juda floh[405].

[398] Vgl. die »Kleinere Inschrift Nr. I« aus Kalaḫ in TUAT, Band I, 374.

[399] Er zahlte 731 seinen Tribut an Tiglat-Pileser in der südbabylonischen Stadt Sarrabanu. Vgl. dazu R. Borger & H. Tadmor, Zwei Beiträge zur atl. Wissenschaft auf Grund der Inschriften Tiglatpilesers III., in: ZAW 94 (1982) 244–251.

[400] Vgl. 2 Kön 17,3.

[401] Zuletzt hat nochmals D. L. Christensen, The Identity of »King So« in Egypt (2 Kings XVII 4), in: VT 39 (1989) 140–153, den Namen So als Thronnamen des Tefnacht gedeutet. Dagegen identifizierte K. A. Kitchen, The Third Intermediate Period in Egypt, 374–375, ihn mit Osorkon IV. (ca. 730–715 v. Chr.), dem letzten Herrscher der 22. Dynastie; A. R. W. Green, The Identity of King So of Egypt – An Alternative Interpretation, in: JNES 52 (1993) 99–108, argumentiert vorwiegend aus historischen Gründen für eine Identifizierung mit Pije aus der 25. Dynastie.

[402] Vgl. Flavius Josephus, Antiquitates Judaicae, IX, 283–287, mit Hinweisen auf eine Aufstandsbewegung der Philister zur Zeit Salmanassars V. Flavius Josephus beruft sich bei seiner Schilderung auf »Die Geschichte von Tyrus«, die von Menander von Ephesos (ca. 200 v.Chr.) verfaßt wurde und verlorengegangen ist.

[403] Sargon II. (722–705) berichtet in seinen Annalen über die Eroberung Samarias, die er für sich in Anspruch nimmt. Siehe dazu TUAT, Band I, 379. Dagegen spricht vor allem die Babylonische Chronik, Tafel K 84,2–11, 356. Vgl. dazu A. K. Grayson (Ed.), Assyrian and Babylonian Chronicles. Locust Valley, N.Y. 1975, 73; ANET[3], 301f.; TGI[3], 60; TUAT, Bd. I, 401f., wo die Eroberung Samarias als einziges Ereignis der Regierung Salmanassars V. erwähnt und dadurch herausgehoben wird.

[404] Siehe dazu B.E.J.H. Becking, De ondergang van Samaria: Historische, exegetische en theologische opmerkingen bij II Koningen 17. Proefschrift Rijksuniversiteit Utrecht 1985, 22–33; S. Timm, Die Eroberung Samarias aus assyrisch-babylonischer Sicht, in: WdO XX/XXI (1989/1990) 62–82; J.H. Hayes & J.K. Kuan, The Final Years of Samaria (730–720

Sargon II. hat in seinen Annalen weitere Details über die Eroberung Samarias und das Schicksal des Staates geliefert[406]. Möglicherweise beteiligte Samaria sich in dieser verzweifelten Situation erneut an einem von Hamat und Gaza initiierten Aufstand und wurde 720 ein zweites Mal niedergezwungen und seine Bevölkerung dezimiert: »Samaria belagerte und eroberte ich. 27 290 seiner Einwohner schleppte ich fort. 50 Streitwagen hob ich unter ihnen aus, und die Übriggebliebenen ließ ich ihrer Berufsarbeit nachgehen. Einen General setzte ich als Statthalter über sie ein, und ich legte ihnen den von einem früheren König (auferlegten) Tribut (erneut) auf[407].«

Aus dem Rumpfstaat des Nordreiches bildete Sargon die assyrische Provinz Samerina. Die Hauptstadt ließ er »umwandeln und größer machen als sie vorher war«[408]. 27 280 Einwohner[409] wurden ins Exil geschickt (vgl. auch 2 Kön 17,6), wobei er »Leute aus Ländern, die er mit seiner Hand erobert hatte, darin einziehen ließ«[410]. Das Exil der Deportierten aus dem Nordreich wird mit Kalaḫ[411], dem Gebiet des Ḫabūr-Flusses (Nebenfluß des Eufrat), mit Gosan[412] und Medien[413] angegeben. Es muß sich vorwiegend um die Oberschicht (Verwaltungsbeamte, Großgrundbesitzer und Priester[414]) gehandelt haben, weil die Übriggelassenen »ihrer Berufsarbeit nachgehen« konnten[415]. Die samarischen Wagentruppen wurden in das assyrische Heer eingegliedert. Da es eine Rückkehr dieser Deportierten in ihr angestammtes Land nicht gegeben hat, sind sie irgendwann in der dortigen Bevölkerung aufgegangen. Neu angesiedelt in Samaria wurden Bevölkerungsteile aus Babylon, der babylonischen Stadt Kutha[416], dem mittelsyri-

BC), in: Bib 72 (1991) 153–181; G. Galil, The Last Years of the Kingdom of Israel and the Fall of Samaria, in: CBQ 57 (1995) 52–64.

405 Vgl. M. Broshi & I. Finkelstein, The population of Palestine in Iron Age II, in: BASOR 287 (1992) 47.

406 TUAT, Band I, 379.

407 Vgl. die Große Prunkinschrift Sargons II. in TUAT, Band I, 383.

408 Vgl. die Annalen Sargons II. Siehe dazu TUAT, Band I, 379.

409 In der »Großen Prunkinschrift« Sargons II. sind es 27290 Deportierte.

410 Vgl. den Kalaḫ-Prisma Sargons II. Siehe dazu TUAT, Band I, 382. Nach Sargon werden auch einige seiner Nachfolger noch weitere Fremdsiedler in das samarische Gebiet deportiert haben (vgl. Esra 4,2.9).

411 Ein Distrikt nördlich von Ninive.

412 Das antike Guzana, heute *Tell Ḥalāf*, das vor der Eroberung durch die Assyrer Hauptstadt eines Aramäerreiches gewesen war und dessen Palastanlage von Baron Frh. von Oppenheim ausgegraben wurde.

413 Im Gebiet des Zagros-Gebirges.

414 Nach Ri 18,30 wurden z.B. auch die Priester des Reichsheiligtums von Dan deportiert.

415 Vgl. die »Große Prunkinschrift« Sargons II. Siehe dazu TUAT, Band I, 383.

416 *Tell Ibrahaim*, nordöstlich von Babylon. Bei Flavius Josephus wird der Begriff »Kuthäer« für die Proto-Samaritaner angewendet, er schließt sie damit aus dem Volk Israel aus. Vgl. F. Dexinger, Der Ursprung der Samaritaner im Spiegel der Frühen Quellen, in: F. Dexinger & R. Pummer (Hrsg.), Die Samaritaner (WdF, 604), Darmstadt 1992, 120–121.

schen Hamat und den bis heute nicht identifizierten Städten Awa[417] und Sefarwajim[418] (vgl. 2 Kön 17,24). Da Hamat jedoch erst 720 von den Assyrern erobert wurde, müßten ihre Einwohner nach den anderen nach Samaria deportiert worden sein. Als Sargon II. 716 eine weitere Kampagne gegen Ägypten und die Königin Samsi von Arabien durchführte, siedelte er in Samaria auch noch »Araber aus entfernten Regionen« an. In seinen Annalen[419] und in seiner Zylinder-Inschrift[420] berichtet Sargon II., wie er außerdem die »Tamudi[421], Ibadidi, Marsimani und Chajappäer, ferne Araber, welche die Wüste bewohnen, keinen Vorsteher oder Verwalter kennen und keinem einzigen König Tribut geliefert hatten, mit der Waffe Assurs niederstreckte. Ihre Reste deportierte ich und siedelte sie in Samaria an«. Damit ging Sargon II. nach der Methode der »two-way-deportation« vor, indem er aufständische Gebiete durch Deportationen entvölkerte und diese durch Importe fremder Bevölkerungselemente auch wieder neu besiedelte. Nach Esra 4,2.10 dauerte die Neubesiedlung noch unter Assarhaddon (680–669 v. Chr.) und Assurbanipal (668–627 v. Chr.) an, indem diese assyrischen Herrscher Babylonier (aus Erech, Babylon und vielleicht auch aus Sippar) und Elamiter (aus Susa) nach Samaria deportierten. Wie das Leben der durchmischten Bevölkerung in der neuen assyrischen Provinz Samerina konkret gestaltet wurde, wissen wir nicht[422]. Die Bevölkerung hatte Abgaben abzuführen, ohne daß ein Unterschied zwischen der zurückgebliebenen Restbevölkerung und den Zwangsangesiedelten gemacht wurde[423]. Die Restbestände des nordisraelitischem Heeres wurden in die assyrische Streitmacht eingegliedert[424].

Die religiöse Situation im ehemaligen Nordreich nach der assyrischen Eroberung bleibt unklar. Die Neueingewanderten haben ihre eigene Göt-

[417] N. Na`aman, Population Changes in Palestine Following Assyrian Deportations, in: Tel Aviv 20 (1993) 110, lokalisiert Awa am Uqnu-Fluß, in der Nähe des babylonisch-elamitischen Grenzlandes.

[418] N. Na`aman, Population Changes in Palestine Following Assyrian Deportations, in: Tel Aviv 20 (1993) 110, lokalisiert Sefarwajim als Siedlung im chaldäischen Territorium von Bit Awukani. Vgl. 2 Kön 18,34 und 19,13.

[419] Vgl. TUAT, Band I, 380.

[420] Gefunden in Ḫorṣabād. Vgl. TUAT, Band I, 386.

[421] Mit Tamud ist Nordwest- und Zentralarabien gemeint.

[422] Der Textkomplex 2 Kön 17,7–41 ist zu sehr von der nachexilischen, antisamaritanischen Polemik beeinflußt. Die Geschichte von der Löwenplage, unter der die Neueinwanderer zu leiden hatten, trägt deutlich folkloristische Züge.

[423] Vgl. die Annalen Sargons II. Siehe dazu TUAT, Band I, 379: »Und Abgaben wie bei den Assyrern legte ich ihnen auf.«

[424] Das Kalaḫ-Prisma spricht von 200 Streitwagen, die er für sein Heer aushob, die »Große Prunkinschrift« von 50. Vgl. TUAT, Band I, 382.383.

[425] Darüber bringt 2 Kön 17,29–33 eine Notiz, die allerdings völlig entstellte Namen dieser Götter nennt (Sukkot-Benot aus Babel, Nergal aus Kuta, Aschima aus Hamat, Nibhas und Tartak aus Awa, Adrammelech und Anammelech aus Sefarwajim). Daneben sollen sie auch Jahwe gedient haben. Vielleicht ist die gesamte Liste nur gelehrte Spekulation späterer Verfasser.

terverehrung beibehalten und weitergepflegt[425]. Die alten Kultorte (Bet-El[426], Mizpa, Gilgal) haben andererseits nicht aufgehört zu existieren. Eine gegenseitige Beeinflussung ist anzunehmen. Die Episode der Pilger aus Sichem, Schilo und Samaria, offenbar Nicht-Deportierte, in Jer 41,4f.11, legt nahe, daß diese die Verbindung zu Jerusalem bewahrt hatten. 2 Kön 17 will im Grunde die Existenz von Jahwe-Verehrern unter den Zurückgebliebenen im ehemaligen Nordreich nicht wahrhaben. Der Text zeugt von der tiefen Entfremdung, die sich seit dem Untergang Samarias, der Durchmischung der Bevölkerung und der daraus entstandenen neuen Lebensbedingungen vollzogen hat. Eine nachexilische Aktualisierung (2 Kön 17,34a.41) macht die Bevölkerung regelrecht zu Heiden und bringt sich selbst damit in Verlegenheit. Denn wie kann man dann noch das Vorhandensein von Jahweverehrern im Norden erklären? Grund für diese Disqualifizierung bzw. Negierung ist der nach dem Dtr synkretistische Kult im Norden[427]. Möglich ist, daß die Eingewanderten z. T. den Landesgott Jahwe verehren lernten, wie sie auch den aufoktroyierten assyrischen Göttern huldigten. Daß ein Teil der Bevölkerung im Norden dem Untergang ihres Staates entfliehen konnte, indem sie rechtzeitig in das Südreich auswanderten, ist anzunehmen. Theologische Sondertraditionen[428] könnten dabei transferiert worden sein. Um so mehr konnte sich nun der Süden (z. B. der Dtr) als der rechtmäßige und einzige Vertreter »Gesamtisraels« betrachten. Die in den Einzelheiten nicht mehr rekonstruierbare Entstehung einer eigenständigen »samaritanischen« Gemeinde[429] mit ihrer Abhebung gegenüber der Jerusalemer Gemeinde führte zu einer offenen gegenseitigen Ablehnung, die noch Jahrhunderte nachwirken sollte, bis diese samaritanische Gemeinde wegen ihrer zahlenmäßigen Unterlegenheit in unserer Zeit nur noch ein schwaches Überbleibsel darstellte[430].

[426] Dieser Tempel wurde nicht von den Assyrern, sondern erst 100 Jahre später von Joschija zerstört (vgl. 2 Kön 23,15–20).

[427] Zu diesem Komplex siehe vor allem F. Dexinger, Der Ursprung der Samaritaner im Spiegel der Frühen Quellen, in: Die Samaritaner. Hrsg. von F. Dexinger & R. Plummer (WdF, 604), Darmstadt 1992, 89.

[428] Über Inhalt und Umfang dieser Sondertraditionen gibt es keine einheitliche Meinung. Es liegen keine konkreten Texte vor. Zu den Überlieferungsstoffen könnten königliche Annalen des Nordreiches, die Quelle E des Pentateuch, ältere Bestandteile des Dtn, die ersten Fassungen des Amos- und Hoseabuches gehören, sowie einzelne prophetische Erzählungen über Elija und Elischa.

[429] Siehe dazu die verschiedenen Beiträge von F. Dexinger, J. Ben-Zvi, M. Delcor, G.E. Wright und F. M. Cross, Jr. in: Die Samaritaner. Hrsg. von F. Dexinger & R. Pummer (WdF, 604), Darmstadt 1992.

[430] Ihre Zahl wird 1991 auf 550 berechnet. Vgl. dazu Sh. Talmon, Die Samaritaner in Vergangenheit und Gegenwart, in: Frankfurter Universitätsreden, Heft 42. Frankfurt 1972, 71–83 (= Die Samaritaner. Hrsg. von F. Dexinger & R. Pummer (WdF, 604), Darmstadt 1992, 379–392].

1.7. Juda von Hiskija bis Amon (725–640 v. Chr.)

1.7.1. Literarische Quellen

Als biblische Quellen stehen uns die dtr Texte in 2 Kön 18–25, die Parallelstellen Jes 36–39, 2 Chr 28–32 sowie einige Kapitel des Jeremiabuches zur Verfügung. 2 Kön ist für eine historische Rekonstruktion allerdings nur bedingt heranzuziehen. Das dtr Schema mit seiner Aufteilung der Könige in gute (Hiskija und Joschija) und schlechte (Ahas und Manasse) wird der historischen Bedeutung dieser Könige nicht gerecht. Als biblische Quellen für die Revolte Hiskijas gegen Assur stehen uns 2 Kön 18,7b, ein dtr Auszug aus den Annalen der Könige von Juda sowie die Jesaja-Überlieferungen (Sprüche in Jes 18, 30,1–5; 31; 22,1–14; 1,4–9 und Legenden über seine Tätigkeit in 2 Kön 18,13–20,19//Jes 36–39) zur Verfügung. Sie sind historisch fragwürdig, allenfalls kritisch einzusetzen, weil sie sehr spät redigiert wurden.

Wir sind auf die assyrischen Annalen und die babylonischen Chroniken angewiesen. Die geschichtliche Epoche umfaßt die Regierungszeit der assyrischen Könige Tiglat-Pileser III., Salmanassar V., Sargon II., Sanherib, Assarhaddon und Assurbanipal. Ihre Regierungsdaten sind unterschiedlich genau überliefert. Am besten sind die von Sargon II. und Sanherib dokumentiert. Zu den wichtigsten historischen Texten aus der Regierungszeit Sargons II.[431] zählen seine Annalen, das Ninive-Prisma, das Kalaḫ-Prisma, das Assur-Prisma, die sog. »Große Prunkinschrift« aus Ḫorṣabād, die »Kleine Prunkinschrift« aus dem gleichen Ort, die Zypern-Stele, die Inschrift »Pavé des portes IV«, die Zylinder-Inschrift aus Ḫorṣabād und der sog. Assur-Freibrief. Unter den Inschriften Sanheribs[432] sind insbesondere der sechsseitige sog. Taylor-Zylinder Kol. II,34–III,4[433], das Chicago-Prisma, die Stier-Inschrift aus Ninive[434], dazu die Reliefs der Eroberung von Lachisch aus dem Palast Sanheribs in Ninive[435] zu nennen.

[431] Zusammengestellt in TUAT, Band I, 378–387.

[432] Eine gute Zusammenstellung des Materials bei R. Borger, Babylonisch-assyrische Lesestücke. Roma 1963, Heft 2, 59–80; Heft 3, Taf. 43–51. Vgl. auch die Übersicht mit Literaturangaben bei E. Vogt, Sennacherib und die letzte Tätigkeit Jesajas, in: Bib 47 (1966) 427–437.

[433] AOT², 352–354; ANET³, 287f.; TGI³, 67–69; TUAT I, 4, 388–391.

[434] Alle Inschriften auch bei D. D. Luckenbill, The Annals of Sennacherib. The University of Chicago, Oriental Institute Publications 2 (1924) 68–70, und in ARAB II.

[435] AOB², 137–141; ANEP², 372f.; jetzt zusammengestellt, vorzüglich abgebildet und gezeichnet bei D. Ussishkin, The Conquest of Lachish by Sennacherib (Publications of the Institute of Archaeology, 6), Tel Aviv 1982; A. Lemaire, Lakish: Archéologie, Épigraphie et Histoire, in: E.-M. Laperrousaz (Ed.), Archéologie, Art et Histoire de la Palestine. Paris 1988, 99–118.

1.7.2. Hiskijas Krieg gegen die Philister

Nach 2 Kön 18,8 (//2 Chr 28,18) hat Hiskija die Philister bis Gaza zurückgeschlagen und einige unter Ahas verlorengegangene Gebiete rückerobert[436]. Auch die assyrischen Annalen scheinen eine Dominanz Judas über einige Philisterstädte nahezulegen, wenn berichtet wird, daß »die Statthalter, Fürsten und Einwohner von Ekron ihren König Padî, einen vereidigten Vasallen Assurs, in eiserne Ketten legten und ihn in feindlicher Absicht Hiskija von Juda auslieferten[437]«. Vielleicht waren ihm einige Städte und Gebiete von den Assyrern nach den Feldzügen von Tiglat-Pileser III. und Sargon II. gegen die Philister zugesprochen worden oder Hiskija hat in der Zeit des Regierungswechsels zwischen Sargon und Sanherib oder schon während der Kampagnen von Sargon die bedrängte Lage der Philisterstädte ausgenützt und seine Kontrolle über Teile des philistäischen Gebietes ausgedehnt. Offenbar neigten die Assyrer dazu, Randgebiete kleiner Staaten je nach Treue-Verhalten ihrer Vasallen in einem einfachen Verwaltungsakt hin- und herzuschieben, wie auch die Abtrennung des Umlandes Jerusalems zur Zeit des Sanherib nahelegt.

1.7.3. Die Revolte gegen Assur unter Hiskija von Juda (725–697 v. Chr.)

Nach *2 Kön 18,4* hat Hiskija in seinem Land eine religiöse Reform durchgeführt, Kriege gegen die Philister und einige mißlungene Aufstände gegen die Assyrer organisiert. Das biblische Werturteil über diesen König ist positiv. Wie Joschija sei Hiskija einer der wichtigsten Könige gewesen, die nach David das Land regiert haben. Das AT läßt aber damit einen Widerspruch aufscheinen: einerseits sagt es, daß Hiskija in seinem außenpolitischen Bemühen gescheitert ist, andererseits erscheint Hiskija wegen seiner religiösen Reformen als Idealgestalt.

Zunächst scheint Hiskija die proassyrische Politik seines Vaters Ahas fortgesetzt zu haben. In der Liste der Aufständischen, die sich in den Jahren 721–720 gegen Assur erhoben (die Übriggebliebenen von Hamat, Gaza und Samaria), fehlt Juda. Bei der Aufstandsbewegung aus den Jahren 713–711, die sich unter der Führung der Philisterstadt Aschdod formierte, befanden sich weitere philistäische Städte, Edom, Moab und vielleicht auch Babylon, wo Marduk-apla-Iddina II.[438] gegen Ende seiner ersten Regierungsperiode (721–710) diese antiassyrische Revolte unterstützt oder sogar initiiert haben

[436] Dazu würde die Notiz von 2 Kön 18,8 (2 Chr 28,18) passen, die berichtet, daß Hiskija die Philister bis Gaza geschlagen hatte. Die assyrischen Annalen Sanheribs (ANET^3, 287f.; TUAT, Band I/4, 389) berichten von der Auslieferung des Königs Padi von Ekron an Hiskija.

[437] Der dritte Feldzug Sanheribs (701 v. Chr.), in: TGI^3, 67–69; TUAT, Band I, 389.

[438] Merodach Baladan in 2 Kön 20,12–19//Jes 39,1–8 und 2 Chr 32,25–39. Er soll eine Gesandtschaft nach Jerusalem geschickt haben, die dort freundlich empfangen wurde und Hiskijas Waffenlager anschauen durfte. Wie bei den Ägyptern ist auch hier die Initiative wohl eher von Babylon und nicht von Hiskija ausgegangen.

kann. Auch die nubische 25. Dynastie scheint unter Schabaka diese Revolte unterstützt zu haben[439].

Ob man mit Dtr den Impuls zu der Aufstandsbewegung, die beim Regierungsantritt Sanheribs 705 ausbrach, und die Führung dem judäischen König Hiskija zuschreiben kann, ist eher unwahrscheinlich, wenn man bedenkt, daß der unbedeutende Staat Juda dann selbstbewußt Verhandlungen mit den Ägyptern und dem babylonischen König Marduk-apla-Iddina II. (721–710 und 704–703) angeknüpft hätte[440]. Die biblischen Berichte legen jedoch ausdrücklich nahe, daß das Signal zum Aufstand von dem judäischen König Hiskija (725–697) ausging. Seine Erhebung dokumentierte Hiskija wie die anderen Revoltierenden im Jahre 705 durch die Einstellung seiner Tributzahlungen[441].

Die Übergangszeit nach dem Tod Sargons II. war günstig für eine solche Initiative. Sanherib war ganz damit beschäftigt, die in Elam, Babylonien und bei den Bergvölkern im Zagros-Gebirge ausgebrochenen Aufstände niederzuschlagen. 701 v. Chr. hatte Sanherib nach der Niederschlagung seiner Gegner die Hände frei für eine breitangelegte Kampagne gegen Palästina-Syrien. Beim Anmarsch der assyrischen Truppen gegen den Westen sank der Widerstandswille bei den meisten Aufständischen. Die Angst vor der drückenden assyrischen Überlegenheit und einer grausamen Bestrafung führte dazu, daß die untreuen Vasallen dem assyrischen König üppige Begrüßungsgeschenke und ihre Abgabenleistungen entrichteten. Der sog. Taylor-Zylinder umfaßt eine Liste der beteiligten Vasallen[442]. Zu ihnen gehören u. a. Menahem von Samaria, Tuba'lu von Sidon[443], Abdili'ti von Arwad[444], Urumilki von Byblos, die Philisterstädte Aschdod, Aschkelon, Ekron (*Tell Miqne*') und Samsimuruna[445]. Vielleicht waren auch die ostjordanischen Staaten Ammon, Moab und Edom involviert[446]. Denn genannt werden Puduili von Ammon, Kamoš-nadbi von Moab, Aiarammu von Edom und »die Könige des Landes Amurru insgesamt«. Die antiassyrische Koalition hatte sich wieder um eine tatkräftige Unterstützung durch Ägypten bemüht. Es war jedoch Babylons König Marduk-apla-Iddina II. (721–710 und wiederum 704–703) – und nicht Hiskija –, der wahrscheinlich

[439] Vielleicht geben Jes 18,1–8 und 20,1–6 (Besetzung Aschdods) darauf einen Hinweis.

[440] Dies jedoch gegen den Widerstand des Propheten Jesaja (vgl. Jes 30,1–5 und 31,1–3), der auch das politische und militärische Übergewicht der Ägypter im Verhältnis zu den Judäern unterstreicht (Jes 30,2).

[441] ANET, 287; TUAT, I, 389f.

[442] Vgl. ARAB II, § 232ff.; AOT[2], 352ff.; ANET, 287f.; TGI[3], 67ff.; TUAT, Band I, 388.

[443] Luli, der König von Sidon, war beim Herannahen Sanheribs in die »Ferne geflohen, mitten ins Meer, und verschwand auf immer«. Der Machtbereich dieser Stadt reichte damals bis nach Akko.

[444] Der Inselstaat (heute: *er-Ruād*) ist der heutigen Stadt Tartus in Syrien vorgelagert.

[445] Nicht näher identifiziert.

[446] Die Mitglieder der antiassyrischen Koalition sind nicht mehr sicher auszumachen. Die Liste der Tributäre braucht nicht identisch zu sein mit den Verschwörern, die von Anfang an gegen Assur konspiriert hatten.

die führende Macht hinter dem Aufstand war. Er sandte Botschafter nach Jerusalem[447]. Dagegen sollte Marduk-apla-Iddina II. sich nach 2 Kön 20,12–19 (//Jes 39) an der Koalition unter der Führung von Hiskija beteiligt und eine Gesandtschaft nach Jerusalem geschickt haben. Auf dem Hintergrund dieser widersprüchlichen Meinungen über den Anführer des Aufstandes ist doch eher mit einer politischen Führung Babylons zu rechnen, die seinerseits auf der Suche nach Koalitionspartnern war und sich um eine Mitgliedschaft Judas bemühte[448]. Angesichts des um sich greifenden Aufstandes – auch Aschkelon und Ekron erhoben sich gegen ihn – bereitete Sanherib eine umfassendere Militärkampagne vor. Die phönikische Stadt Sidon mit ihrem untreuen Fürsten Lulî, damals die dominierende Macht im phönikischen Bereich, wurde besonders bestraft. Der Fürst wurde abgesetzt und durch einen assurtreuen Herrscher namens Tuba`lu (`Ittoba`al) ersetzt. Sidqa, der König von Aschkelon, seine Götter und die gesamte Verwandtschaft wurden nach Assyrien deportiert. Sanherib setzte Šarrulūdāri, den Sohn des früheren Königs Rukibti, als neuen Herrscher ein und legte der Stadt Tribut auf.

Die antiassyrische Koalition, die Hiskija initiiert haben soll, hatte Rückendeckung bei Ägypten gesucht, das nun unter der 25., sog. »nubischen« Dynastie wieder auf das internationale Parkett zurückgekehrt war. Schon vorher, bei der Erhebung unter der Führung von Aschdod, hatte man die Ägypter um Unterstützung für die antiassyrische Koalition ersucht. Das muß noch zur Zeit des Pharao Schabaka (716–702?) angelaufen sein[449]. Hiskija ging damals jedoch noch nicht auf das Koalitionsangebot ein und ersparte sich damit erheblichen Ärger. Erst jetzt kam eine ägyptische Truppenabteilung den bedrängten Aufständischen zur Hilfe. Bei Eltheke[450] stießen die Truppen aufeinander. In seinem Siegesbericht auf dem Taylor-Zylinder erwähnt Sanherib als seine Kontrahenten »die Prinzen von Ägypten nebst den Wagenkämpfern von Meluḫḫa«[451]. Damit waren neben lokalen Fürsten des Deltas auch der nubische König Schabaka bzw. Schebitku gemeint.

Die Statthalter und Fürsten von Ekron, die untreu geworden waren, wurden getötet, ihre Leichen an den Türmen der Stadt aufgehängt, die Ein-

[447] Dafür spricht 2 Kön 20,12–19 (//Jes 39). Das wird wohl für das Ende seiner ersten Regierungsperiode zutreffen, d.h. während der Aufstandsbewegung von 713–711. Siehe dazu M. Cogan & H. Tadmor, II Kings, (The Anchor Bible, 11), New York 1988, 258. Nach J. A. Brinkman, Prelude to Empire, Babylonian Society and Politics, 747–626 B.C. Philadelphia 1984, geschah das in seiner letzten Regierungsperiode, so daß die Konspiration dann im Zusammenhang mit den Unruhen von 705, dem Regierungswechsel von Sargon II. zu Sanherib zu sehen wäre.

[448] Vgl. Flavius Josephus, Antiquitates Judaicae, X, 2, 2 (§ 30 Niese), der ausdrücklich die Initiative des babylonischen Königs hervorhebt.

[449] Höchstwahrscheinlich spielt Jes 18,1f. auf die nubische Gesandtschaft am Hof des Hiskija an. Jes 20,1–6 könnte sich auf die Zeit der assyrischen Besetzung Aschdods beziehen.

[450] *Tell eš-šallāf*. Vgl. Y. Aharoni, The Land of the Bible. London 1966, 337f.

[451] TUAT, Band I, 389.

wohner, die sich schuldig gemacht hatten, verschleppt. Padî[452], den die Einwohner von Ekron abgesetzt und an Hiskija ausgeliefert hatte, holte Sanherib aus der Stadt heraus, setzte ihn wieder als König über Ekron ein und legte ihm Tributleistungen auf.

Vielleicht ist die Baumaßnahme, die Hiskija laut 2 Kön 20,20 (// 2 Chr 32,1–4.30; Jes 22,9b; Sir 48,17) durchführen ließ, im Zusammenhang mit der nahenden Bedrohung der Stadt durch Sanherib zu sehen. Hiskija sorgte dafür, daß das Wasser von der außerhalb der Stadtmauer gelegenen Gichon-Quelle (*'Ēn Sittī Maryam*) in einem 513 m langen unterirdischen Wasserkanal unter dem Südosthügel Jerusalems zum innerhalb der Stadtmauern gelegenen Schiloah-Teich (*'Ēn Silwān* oder *el-Birke*) geführt wurde. Diese Arbeit liefert nebenbei einen der ältesten hebräischen Texte, die sechszeilige sog. Schiloah-Inschrift. Als die zwei Arbeitergruppen einander trafen, brachten sie auf der Felswand die Inschrift an, die heute im Antikenmuseum von Istanbul lagert[453]. »[Das] war der Tunneldurchbruch, und dies waren die Umstände des Tunneldurchbruchs: Als die Steinhauer noch die Hacke [schwangen], ein jeder zu seinem Kollegen, und als noch 3 Ellen zu durchschlagen wa[ren, da wurde] die Stimme eines jeden, der zu seinem Kollegen rief, gehört, denn es war ein(?) Spalt im Fels von Süden und [von No]rden. Und am Tag des Tunneldurchbruchs schlugen die Steinhauer, ein jeder seinem Kollegen entgegen, Hacke gegen [Ha]cke, und da flossen die Wasser von der Quelle zum Teich auf einer Länge von 1200 Ellen. Und 100 Ellen war die Höhe des Felsens über dem Kopf der Steinhauer«[454].

1.7.4. Die Zerstörungen in Juda und die Belagerung Jerusalems

Die ganze Wucht des assyrischen Heeres konnte sich anschließend gegen Juda richten, dessen Gebiet außerhalb der Hauptstadt Jerusalem zunächst zerstört und deren wichtigste Städte belagert und erobert wurden, so daß nur noch Jerusalem übrig blieb: »46 mächtige ummauerte Städte sowie die zahllosen kleinen Städte ihrer Umgebung belagerte und eroberte ich durch das Anlegen von Belagerungsdämmen, Einsatz von Sturmwiddern, Infanteriekampf, Untergrabungen, Breschen und Sturmleitern. 200150 Leute, groß und klein, männlich und weiblich, Pferde, Maultiere, Esel, Kamele, Rinder

[452] Die 1996 in *Tell Miqne* gefundene Inschrift im Tempelbereich der Göttin PTGJH erwähnt einen Ikausui, Sohn des Padî, als Erbauer des Tempels. Vgl. S. Gitin, T. Dothan & J. Naveh, A Royal Dedicatory Inscription from Ekron, in: IEJ 47 (1997) 1–16.

[453] Vgl. AOT², 445; ANET³, 321; TGI³, 66f.; J. Renz, Die Althebräischen Inschriften. Teil 1, (Handbuch der Althebräischen Epigraphik, I), Darmstadt 1995, 178–189. Die Inschrift wurde 1880 entdeckt. Als man 1890 versuchte, den Text aus dem Tunnel zu lösen, zerbrach das Felswand-Fragment, konnte aber anhand eines vorher angefertigten Gipsabdruckes rekonstruiert werden.

[454] J. Renz, Die Althebräischen Inschriften. Teil 1. Text und Kommentar (Handbuch der Althebräischen Epigraphik, I), Darmstadt 1995,1781–89. Zum Text siehe weiter KAI, Nr. 189; TGI³, Nr. 38, S. 66–67; K. D. Smelik, Historische Dokumente aus dem alten Israel. Göttingen 1987, 62–68.155.

und Kleinvieh ohne Zahl holte ich aus ihnen heraus und zählte sie als Beute[455]«.
Ob Sanherib selbst die Kampagne leitete, ist unklar. Der Taylor-Zylinder scheint das vorauszusetzen[456], die biblischen Angaben (Jes 36,2; 2 Kön 18,17) reden dagegen von einer Heeresformation, die von hohen Offizieren geführt wurde. Das ganze Umland Jerusalems wurde angegriffen und verheert: die beiden westlich gelegenen Grenzfestungen Lachisch (*Tell ed-Duwēr*)[457] und Libna (*Tell Bornāṭ*) leisteten verzweifelten Widerstand, mußten sich aber 701 v. Chr. nach einer kurzen Belagerung der Übermacht beugen und wurden zerstört[458]. Vor allem die Belagerung und Eroberung der Stadt Lachisch, Sitz einer Kavallerie- und Streitwagen-Einheit[459], ist hervorragend dokumentiert. Sie ist in den Stein-Reliefbildern vom königlichen Palast in Ninive festgehalten[460], literarisch in den sog. Jesaja-Legenden in 2 Kön 18,17 (// Jes 36,2 und 2 Kön 19,8 // Jes 37,8). Mit der anderen westlichen Grenzfestung Libna konnte sie etwas länger der Belagerung standhalten, mußte dann jedoch den aussichtslosen Kampf aufgeben und wurde wie die anderen eroberten judäischen Städte zerstört.
Bei den Ausgrabungen auf dem Tell von Lachisch in den Jahren 1973–1989 wurden insbesondere die topographischen und archäologischen Daten der Südwest-Ecke untersucht. Die Untersuchungen an Ort und Stelle konnten dazu noch einige offen gebliebene Fragen für diese etwa 3500 Einwohner zählende Festungsstadt klären. Die Südwest-Ecke des Tells ist durch einen Sattel mit den umliegenden Hügeln verbunden, so daß sich hier die meist verwundbare Stelle der Stadt befand. Die Assyrer beschlossen von daher gleich bei ihrer Ankunft, ihre Angriffe auf diesen Punkt zu konzentrieren, und richteten ihr Lager auf einem Hügel südwestlich der Stadt ein. Zuerst wurde eine Rampe angelegt, während Steinschleuderer und Bogenschützen die Verteidiger der Mauern von Lachisch fernhielten. Wahrscheinlich wurden für die Arbeit an der Rampe Zwangsarbeiter aus der Umgebung eingesetzt. In Antwort auf diese assyrische Taktik legten die Verteidiger eine zusätzliche Verteidigungslinie an: die Häuser an diesem Mauersektor wurden evakuiert und eine Gegen-Rampe hochgezogen. Auf der Plattform an

455 TUAT, Band I, 389.
456 Kol. III, 20–23.
457 Lachisch war Sitz einer Streitwagen-Einheit. Vgl. D. Ussihkin, The Assyrian Attack on Lachish, in: Tel Aviv 17 (1990) 81–84.
458 Vgl. dazu D. Ussishkin, The Assyrian Attack on Lachish, in: Tel Aviv 17 (1990) 53–86.
459 Vgl. D. Ussishkin, The Assyrian Attack on Lachish, in: Tel Aviv 17 (1990) 81–84: etwa 50 Streitwagen waren hier stationiert, für Juda mag das wohl der Hauptteil seiner Streitmacht gewesen sein.
460 Die Reliefs befinden sich im British Museum in London. Vgl. ANEP, 372ff. Zusammengestellt, abgebildet und nachgezeichnet sind sie bei D. Ussishkin, The Conquest of Lachish by Sennacherib. Tel Aviv 1982, 67–118; Ders., The Assyrian Attack on Lachish: The Archaeological Evidence from the Southwest Corner of the Site, in: Tel Aviv 17/1 (1990) 68, Abb. 10. Siehe dazu weiter AOB, 137–141; R.D. Barnett & Forman, Assyrische Palastreliefs. Praha 1959, 44–49.

der Spitze ihrer Angriffsrampe installierten die Assyrer ihre Belagerungsmaschinen. Angreifer und Verteidiger standen einander in nächster Nähe gegenüber. Ussishkin kann aufgrund seiner archäologischen Untersuchungen eine ziemlich detaillierte Beschreibung des Belagerungsvorgangs liefern. Jerusalem wurde auch belagert, wobei der biblische Bericht über die Gesandtschaft Sanheribs – historisch nicht zuverlässige[461] – Einzelheiten der assyrischen moralischen Kriegsführung aufdeckt (2 Kön 18,17–37). Der Tartan, der Rabsari und der Rabschake stellten sich an der Wasserleitung des oberen Teiches in Jerusalem auf und verhandelten mit dem Palastvorsteher Eljakim, dem Staatsschreiber Schebna und Joach, dem Sprecher des Königs. Sie hielten ihre für die Judäer demoralisierende Rede auf hebräisch, so daß die belagerten Einwohner sie direkt verstehen konnten. Die judäischen Unterhändler baten daraufhin, doch aramäisch mit ihnen zu reden, damit ihre Unterredung im kleinen Kreis bleiben konnte. Als die assyrischen Unterhändler dennoch weiterhin die Belagerten direkt in »judäischer Sprache« anredeten, konnte erst ein Prophetenwort des Jesaja Hiskija wieder Zuversicht einflößen. Er kündigte den jähen Abbruch der Belagerung und den Tod Sanheribs an. Tatsächlich wurde die Belagerung dann – aus ungeklärten Gründen – abgebrochen. Der assyrische Siegesbericht spricht nicht von einer Zerstörung und Plünderung der Stadt: »Ihn selbst schloß ich gleich einem Käfigvogel in Jersualem, seiner Residenz, ein. Schanzen warf ich gegen ihn auf, und das Hinausgehen aus seinem Stadttor verleidete ich ihm[462]«.

Es ist kaum noch historisch zu rekonstruieren, was zu diesem unerwarteten Abbruch der Belagerung geführt haben mag. Spätere Traditionen haben den Vorgang legendar ausgeschmückt. 2 Kön 19,35 (// Jes 37,36) rechnet mit einem Eingreifen eines Engels des Herrn, der in einer Nacht 185000 Mann im assyrischen Lager erschlug. Das könnte auf den Ausbruch einer Seuche schließen lassen. Ob Herodots ebenfalls reichlich legendäre Mitteilung[463] damit in Verbindung gebracht werden kann, ist eher unwahrscheinlich. Vielleicht war Sanherib mit Hiskijas Abgabe eines großen Tributs zufrieden und nahm diese Unterwerfung ohne weitere Belagerung und Zerstörung der Stadt an (vgl. 2 Kön 18,13–16). Allerdings bleibt dann immer noch ungeklärt, warum Hiskija diese Abgabe dem Sanherib nachschickte, als dieser sich wieder nach Ninive zurückgezogen hatte. »Jenen Hiskija warf die Furcht vor dem Schreckensglanz nieder. Die Urbi[464] und seine Elitetruppen, die er zur Verstärkung seiner Residenz Jerusalem hineingebracht und als

[461] Die Berichte sind zu sehr vom Wundercharakter der göttlichen Errettung Jerusalems gefärbt.

[462] TUAT, Band I, 389f.

[463] Herodot, Historien, II, 141. Nach seinem Bericht hätten Mäuse das assyrische Lager heimgesucht. Diese Tiere waren bekanntlich Träger und Verbreiter von Seuchen.

[464] Es ist nicht klar, ob mit dieser Bezeichnung eine Volksgruppe oder eine soziale Schicht gemeint ist.

Hilfstruppen angeworben hatte, ließ er zusammen mit 30 Talenten Gold, 800 Talenten Silber, erlesenem Antimon, großen Blöcken...-Stein, Betten aus Elfenbein, elfenbeinernen Lehnsesseln, Elefantenhaut, Elfenbein, Ebenholz, Buchsbaumholz, allerhand wertvollen Schätzen, sowie seinen Töchtern, seinen Palastfrauen, Sängern und Sängerinnen nach Ninive, der Stadt meiner Herrschaft, hinter mir her bringen. Um Abgabe abzuliefern und Untertänigkeit zu bezeugen, schickte er seinen Gesandten[465]«.
Es ist anzunehmen, daß die Bevölkerung der Stadt durch die Flucht großer Bevölkerungsgruppen aus dem Umland stark zunahm, nachdem Sanherib die westlichen Teile Judas erobert und diese Gebiete den philistäischen Stadtstaaten zugewiesen hatte. Diese abgetrennten Gebiete wurden den Philisterstädten Aschkelon und Ekron kommissarisch zugeschlagen. Vor allem die Stadt Ekron scheint erheblich profitiert zu haben. Im 9./8. Jh. noch eine kleine, unbedeutende Stadt auf der Nordost-Akropolis des Tells, expandierte es plötzlich im 7. Jh. und wurde zu einem wichtigen Industriezentrum[466]. »Seine Städte, die ich geplündert hatte, trennte ich von seinem Lande ab und gab sie Mitinti, dem König von Aschdod, Padî, dem König von Ekron, und Silbel, dem König von Gaza, und verkleinerte (so) sein Land[467]«.
Die Folgen der Kampagne Sanheribs im Jahre 701 waren für Juda verheerend. Die meisten Städte des Staates waren zerstört, viele Bewohner deportiert, ganze Regionen entvölkert. Insgesamt muß diese Kampagne tiefgreifende demographische, sozial-ökonomische und religiöse Veränderungen in Juda verursacht haben. Sicher, man konnte sich glücklich wähnen, daß die Stadt Jerusalem unversehrt geblieben war, das ganze restliche Land war aber verloren. Einen territorialen »Staat Juda« gab es nicht mehr, weil das Herrschaftsgebiet Hiskijas nur noch auf Jerusalem beschränkt war. Mit dieser provisorischen Lösung – irgendwann noch zu Lebzeiten Hiskijas oder unter seinen Nachfolgern wurde das vorher abgetrennte Umland wieder dem König Judas unterstellt – wollte der assyrische König ein für allemal in diesem Gebiet Ruhe schaffen. Die assyrischen Quellen erwähnen, daß eine großangelegte Deportation 200150 Menschen aus Juda umsiedelte. Mag diese Zahl übertrieben sein, Jerusalem war nur noch eine Stadt ohne Umland, mit einer kümmerlichen Bevölkerungszahl, politisch unbedeutend[468].
Dennoch hat die Erfahrung der unerklärlichen Rettung der Stadt und des Tempels in der höchsten Not den Glauben an die Unverletzlichkeit dieser nationalen und religiösen Symbole gesteigert und gefestigt. Man kann

[465] Vgl. TUAT, Band I, 390.
[466] Vgl. S. Gitin, Tell Miqne-Ekron: A Type Site for the Inner Coastal Plain in the Iron Age II Period, in: AASOR 49 (1989) 23–58. Vgl. noch dazu N. Na`aman, Population Changes in Palestine Following Assyrian Deportations, in: Tel Aviv 20 (1993) 114.
[467] TUAT, Band I, 390.
[468] Siehe dazu M. Broshi & I. Finkelstein, The population of Palestine in Iron Age II, in: BASOR 287 (1922) 47. Die Verfasser schätzen die Ausdehnung des übriggebliebenen Stadtstaates auf etwa 30 ha., die Bevölkerungszahl auf nur 7500 Einwohner.

behaupten, daß es zu einer Art Dogmatisierung des Glaubensinhaltes gekommen ist: weder Stadt noch Tempel können gefährdet werden. Jahwe steht unverbrüchlich zu seinem Versprechen, dort zu wohnen. Als der Prophet Jeremia etwa 130 Jahre später – angesichts der babylonischen Belagerung – den Untergang der Stadt und des Tempels ankündigt, empfinden die politisch und militärisch Verantwortlichen das als »Gotteslästerung«.

1.7.5. Die religiösen Reformen des Hiskija

Nach 2 Kön 18,4 hat Hiskija eine Kultreform durchgeführt: »Er schaffte die Kulthöhen ab, zerbrach die Steinmale, zerstörte den Kultpfahl und zerschlug die Kupferschlange, die Mose angefertigt hatte und der die Israeliten bis zu jener Zeit Rauchopfer darbrachten – man nannte sie nehuschtan (Kupferbild).« Somit ließ Hiskija die »eherne Schlange« (*neḥaš hannᵉḥošet)*, auch *nᵉḥuštān*[469] genannt, entfernen. Es wurden Überlegungen angestellt, ob diese Notiz über Kultreformen nicht damit zusammenhängt, daß Hiskija im Jahre 705/4 die assyrische Oberhoheit abschüttelte. Der Dtr stellt Hiskija als einen Vorläufer des Joschija hin[470] und zollt ihm dafür ein besonderes Lob: »Er setzte sein Vertrauen auf den Herrn, den Gott Israels. Unter allen Königen Judas, die nach ihm kamen oder vor ihm lebten, war keiner wie er« (2 Kön 18,5).

Die im Text erwähnten Kultpraktiken weisen aber eher auf kanaanäischen als auf assyrischen Kult hin. Der assyrische Einfluß auf die Religion Judas war damals noch nicht derart, daß von einer Durchdringung die Rede sein kann und deshalb ist auch eine Reaktion Hiskijas gegen eine assyrische Infiltration illusionär. Dagegen scheinen die kanaanäische Götterwelt (insbes. Aschera) und kanaanäisch geprägte religiöse Vorstellungen im Leben der judäischen Bevölkerung neben der Verehrung Jahwes gegenwärtig zu sein. In diese Richtung weisen der Befund der Ausgrabungen in Kuntilet ʿAğrūd aus dem 8. Jh. sowie die Grabinschrift von Ḫirbet el-Kōm, von denen vorher die Rede war.

Die politische Situation lastete nach der Unterdrückung Judas durch Sanherib im Jahre 701 so schwer, daß weder Hiskija noch sein Nachfolger Manasse jemals an eine Kultreform mit ihren politischen Implikationen hätten denken können. Die Loyalität Judas war für die Assyrer anscheinend so überzeugend und glaubwürdig, daß es entweder noch unter Hiskija oder erst unter Manasse die verlorengegangenen Gebiete zurückbekam.

Statt mit einer Kultreform ist zur Zeit Hiskijas eher mit einer allmählichen Einführung assyrischer Kulte in Juda zu rechnen. Das legt der biblische Bericht über die Kultreform Joschijas nahe (2 Kön 23,4–20.24) sowie der stark dtr bearbeitete Bericht über die Regierungszeit Manasses (2 Kön

[469] Num 21,4–9 bringt dieses Kultsymbol in Zusammenhang mit der Wüstenzeit Israels. Eher ist es als ein kanaanäischer Kultbrauch zu interpretieren.

[470] Siehe dazu bes. H. Spieckermann, Juda unter Assur in der Sargonidenzeit. Göttingen 1982, 174ff.; L. K. Handy, Hezekiah´s Unlikely Reform, in: ZAW 100 (1988) 111–115.

21,1–18). Manasse, vom dtr Geschichtsschreiber als Kontrastfigur zu Joschija dargestellt, wurde zum Inbegriff des gottlosen Königs. Gewiß wird Manasse die Hauptverantwortung für die Einführung assyrischer Kulte zu tragen haben, der Grund jedoch, warum diese überhaupt Eingang fanden, lag im politisch törichten Aufstand Hiskijas. Man wird auch annehmen können, daß zumindest der Anfang des assyrischen Einflusses auf den judäischen Kultbetrieb unter ihm und Amon begonnen hat.
Fragt man, über welche Inhalte diese assyrische Kultbeeinflussung sich erstreckte, dann könnte der Hinweis in 2 Kön 23,4 weiterhelfen, obwohl es dort heißt: Er befahl... »alle Gegenstände aus dem Tempel des Herrn hinauszuschaffen, die für den Baal, die Aschera und das ganze Heer des Himmels[471] angefertigt worden waren«. Vermutlich ist die dreifache Benennung als Hinweis auf den assyrischen Kult zu verstehen. Bei Baal und Aschera wäre dann in erster Linie an die Verehrung der assyrischen Gottheiten Assur (assyrischer Reichsgott)[472] und Ischtar (Göttin der Liebe und des Krieges) zu denken. 2 Kön 23,5 sagt ausdrücklich, welche Astralgottheiten gemeint sind: »die Sonne, der Mond, die Bilder des Tierkreises und das ganze Heer des Himmels«. Auch die »Pferde, die die Könige von Juda zu Ehren der Sonne am Eingang zum Haus des Herrn bei der Zelle des Kämmerers Netan-Melech am Parwar aufgestellt hatten« sowie die Sonnenwagen (2 Kön 23,11) weisen auf assyrische Kultbräuche hin und werden als Attribute assyrischer Gottheiten eingesetzt. Möglicherweise weist auch Zef 1,1–6.8f. auf die Einführung assyrischer Kultbräuche und Sitten hin.
Insgesamt ist damit seit Hiskijas letzten Regierungsjahren und vor allem während Manasses langer Regierungszeit mit einer kultischen Überfremdung in Jerusalem und seiner Umgebung zu rechnen. Die Rezeption der assyrischen Kultelemente wurde dadurch erleichtert, daß die assyrischen Gottheiten eine Naturbezogenheit aufwiesen, wie es auch beim Götterpantheon in der kanaanäischen Ausprägung der palästinischen Religion der Fall war. Über den Natur- und Vegetationscharakter fand nur eine Modifizierung der kanaanäisch geprägten Komponente der Jahwereligion statt.

1.7.6. Einschätzung der Herrschaft Hiskijas

Entgegen der Verherrlichung des Königs durch den Dtr und den Chr muß die Beurteilung der Regierungszeit Hiskijas nüchtern und enttäuschend ausfallen: Hiskija hat trotz seiner möglichen Territorialerfolge über die Philister das Land nicht einigen können. Er hat vielmehr durch seinen Aufstand das Land in eine Katastrophe gestürzt, in der ihm nur noch die isolierte Hauptstadt Jerusalem blieb. Das wirft notwendigerweise auch ein Licht auf seine religiösen Reformen, von denen der Dtr spricht. Bei dem allumfas-

[471] Wohl als Sammelbegriff für die assyrisch-babylonischen Himmels- und Gestirngottheiten verwendet.

[472] Die Identifizierung Baal mag auch dadurch erleichtert worden sein, daß man Assur auf akkadisch *belu*, »Herr« nannte.

senden und sich nach der Revolte auch wieder durchsetzenden Einfluß der Assyrer kann von einer umfangreichen religiösen Reform im antiassyrischen Sinne kaum die Rede sein. Die wundersame Rettung aus der totalen Katastrophe im Jahre 701 hat allerdings für die Stadt Jerusalem ein Wiederaufleben der nationalen religiösen Gefühle gefördert.

1.7.7. Manasse (ca. 696–642 bzw. 687–642 v. Chr.)

Rätsel gibt die biblische Darstellung der Regierungszeit Manasses auf. Als Zwölfjähriger auf den Thron gekommen, läßt seine überaus lange Herrschaft (55 Jahre!, vgl. 2 Chr 33,1) eine breite Darlegung erwarten. Aber weder die atl. Quellen (Jer 15,4; 2 Kön 21,1–17; 23,26–27; 24,3–4; 2 Chr 33,1–20) noch die assyrischen Annalen erwähnen diese Zeit gebührend. Angesichts der Religionspolitik Manasses kann man das beharrliche Übergehen durch die dtr Geschichtsschreiber verstehen. Daß die assyrischen Quellen ihn nicht erwähnen, kann mit seiner loyalen Assurpolitik zusammenhängen, die ihn unter den Vasallen nicht auffallen ließ[473]. Die unmittelbar benachbarte philistäische Küste und weiter nördlich der Stadtstaat Sidon, die einen Aufstand gegen Assarhaddon gewagt hatten, haben Manasse offensichtlich nicht für ihre Politik gewinnen können. Juda hatte zudem seine Stellung als Grenzgebiet zwischen dem assyrischen und ägyptischen Einflußbereich verloren, nachdem Assarhaddon 671 den ägyptischen Pharao Taharqa geschlagen und Memphis besetzt hatte. Sein Sohn Assurbanipal konnte 667 Ägypten endgültig besiegen, 663 wurde sogar Theben besetzt. Aber noch während Manasses langer Regierungszeit, im Jahre 656, konnte die neue 26. Dynastie unter Psammetich (664–610) Ägypten wieder einigen und unter ihre Kontrolle bringen, die Assyrer zogen aus dem Land ab.

Die dtr Geschichtsschreibung über Manasse schildert ihn als gottlosen Herrscher, der eine Religionspolitik im Sinne der assyrischen Kontrollmacht ausübte. Wer sich dieser Politik im Lande nicht unterstellte, mußte mit dem Schlimmsten rechnen (vgl. 2 Kön 21,16). Wahrscheinlich hatte Manasse auch keine andere Wahl. Er hatte sich als getreuer Gefolgsmann der assyrischen Politik zu benehmen. Das Land war nach dem Aufstandsversuch Hiskijas wirtschaftlich total ruiniert, das Gebiet so verkleinert, daß zunächst nur noch die Hauptstadt Jerusalem eine gewisse Selbständigkeit behalten konnte. Die anderen städtischen Zentren waren unter den Nachbarn (vor allem den Philistern) verteilt worden. Seine Loyalität scheint ihm letztlich auch die Rückgabe des Umlandes Jerusalems eingebracht zu haben. Die einzigen Hinweise auf eine eventuelle Rebellion gegen Assur datieren aus der Zeit Assurbanipals. Vielleicht hatte Manasse den Augenblick dafür sorgfältig ausgewählt: als Ägypten sich gerade unter Psammetich vom assyrischen

[473] Im Prisma Ninive A des Assarhaddon V 54ff. werden kommentarlos u. a. »12 Könige von der Meeresküste« aufgezählt, darunter »Manasse, König von Juda«. Siehe dazu TUAT, Band I, 397.

Großreich losgelöst hatte oder als die Hände Assurbanipals durch Auseinandersetzungen mit seinem Bruder Šamaššumukīn gebunden waren. Der assyrische Text[474] muß aber nicht unbedingt auf eine Rebellion schließen lassen. Denn daß die unterjochten Fürsten vielleicht mit einer gewissen Regelmäßigkeit persönlich am Hof in Ninive zu erscheinen und ihren Tribut dort abzuliefern hatten, könnte eine assyrische Gepflogenheit gewesen sein. Anders lautet jedoch der legendäre Bericht in 2 Chr 33,10–13. Ihm zufolge wurde Manasse von den Assyrern in bronzenen Ketten nach Babylon gebracht. Und nur nach seiner reuigen Hinwendung zu Jahwe griff dieser ein und ließ ihn wieder als König nach Jerusalem zurückkehren. Nach seiner Rückkehr hat der König neue Maßnahmen im politischen und militärischen Bereich durchgeführt. Er ließ durch den Bau einer neuen, sehr hohen Stadtmauer das Gebiet des Ofel in den Stadtbereich einbeziehen (2 Chr 33,14). Das Umland ist wohl damals wieder unter seine Kontrolle geraten, denn er »bestellte Kriegsoberste für alle befestigten Städte Judas« (2 Chr 33,14).
L. Tatum[475] sieht dieses forcierte Bauprogramm im Zusammenhang mit seiner verstärkten Kontrolle über das Land: Nachdem am Ende des 8. Jh.s das Leben in Judäa durch die assyrischen Kampagnen schwer in Mitleidenschaft gezogen worden war und auch die zentralistische Strategie der davidischen Monarchie darunter gelitten hatte, war die Glaubwürdigkeit der Monarchie weitgehend verspielt. Die Bevölkerung griff zurück auf ältere Siedlungsstrukturen, indem sie sich auf kleine, relativ unabhängige landwirtschaftliche Siedlungen zurückzog[476]. Die Jerusalemer Monarchie antwortete darauf mit der Errichtung eines Systems, das unabhängig von den traditionellen Siedlungsmustern war, indem man die segmentäre traditionelle Führerschicht überging. So restaurierte man überall im Lande die zerstörten Festungen und gründete neue Siedlungen. Manasse könnte am Anfang dieser Neuorientierung der Politik stehen.
So konnten archäologische Ausgrabungen nachweisen, daß unter König Manasse ein nationales Bauprogramm eingeleitet wurde. Eine Reihe von Festungen sowie auch Neugründungen (Arad VII, Ḫorvat Radum, ´Ēn Gedi [Tell Goren VI], Ḫirbet ´Abū Tabaq, Ḫirbet el-Maqāri, Ḫirbet es-Samrā, Ḫirbet Qumrān, Ḫorvat Šilḥā, Tel el-Fūl, Rāmat Rāḥēl, Ḫirbet Abū eṭ-Ṭwēn, Dēr Baġl, Ḫirbet et-Tibneṭṭ, Ḫirbet el-´Abhar, Ḫirbet el-Qaṭṭ, M´ṣad Ḥašavyāhū, Qadeš Barnea, Tell Māśōś, Aroër im Negeb, Beth Zur, Ḫorvat `Uzzā[477] und Tell `Ira) wurden angelegt[478]. Die jerusalemische Tradition,

[474] ANET, 294; TUAT, Band I, 397.

[475] Vgl. L. Tatum, King Manasseh and the Royal Fortress at Horvat `Usa, in: BA 54/3 (1991) 136–145.

[476] Vgl. L. Tatum, King Manasseh and the Royal Fortress at Horvat `Usa, in: BA 54/3 (1991) 142.

[477] Siehe dazu I. Beit-Arieh & B. C. Cresson, Horvat `Uza. A Fortified Outpost on the Eastern Negev Border, in: BA 54/3 (1991) 126–135. Beit-Arieh arbeitet seit 1982 – 26 Jahre nach den Ausgrabungen durch Y. Aharoni – an dieser Stelle und korrigierte die Entstehungszeit der Festung auf das 7. (statt auf das 10./9.) Jh. v. Chr.

[478] Vgl. L. Tatum, From Text to Tell: King Manasseh in the Biblical and Archaeological Record.

markiert durch die Baumaßnahmen, die schon unter Hiskija eingesetzt hatten, durch die Einführung der *lammelek*-Krugstempel[479] und die Errichtung eines neuen Verwaltungssystems, war 701 durch die assyrische Invasion abrupt ans Ende gekommen. Die meisten großen judäischen urbanen Zentren lagen in Trümmern. Es war deutlich geworden, daß die traditionelle judäische Zentralmacht-Politik nicht die Sicherheit der Bürger und des Landes garantieren konnte. Das Volk flüchtete aufs Land, wo es sich in Streusiedlungen leidlich den eigenen Unterhalt verdiente. Die Zentralmacht hatte inzwischen weder die Fähigkeit noch die finanziellen Mittel, die zerstörten Städte wiederaufzubauen. Manasse hat in diesem desolaten Zustand wahrscheinlich das Ruder herumgeworfen, die Urbanisierung wieder forciert, die Zentralmacht gefestigt. Dabei wollte er den traditionellen Machtstrukturen in den bereits bestehenden urbanen Zentren aus dem Weg gehen: Er gründete neue Siedlungen, teilweise auf vorher unbesiedelten Territorien. Ein Kranz von Festungen an den Grenzen, direkt von Jerusalem abhängig und oft von nicht-judäischen Söldnern geführt, sollte nun das Land sichern. Der archäologische Befund deckte als Brennpunkt des Konfliktes im Lande die soziale Auseinandersetzung über die politische Anpassung auf[480].

Im religiösen Bereich war er ebenfalls tätig, indem er die fremden Götter und das Götzenbild aus dem Haus des Herrn entfernte, auch alle Altäre, die er vorher selbst errichtet hatte. Er stellte den Altar des Herrn wieder her und befahl Juda, dem einen Gott wieder aufrichtig zu dienen. Das Volk opferte aber weiterhin – allerdings nur für Jahwe – auf den vielen Kulthöhen, beachtete damit nicht das Zentralisationsgebot der erst später erlassenen Reform des Joschija. Die Angaben des Chr sehen so eher nach einer Ehrenrettung und einem Erklärungsversuch für die lange Regierungszeit Manasses aus, der nach seinen zahllosen Verfehlungen zur späten Einsicht gelangte.

1.7.8. Amon (ca. 642–640 v. Chr.)

Nach einer kurzen Regierungszeit beendete eine Palastrevolte die Herrschaft Amons (2 Kön 21,19–26 // 2 Chr 33,21–25). Er soll die synkretistische Politik seines Vaters weiter verfolgt haben. Der judäische Landadel ließ die Mörder umbringen und rief daraufhin den achtjährigen Joschija zum König aus. Ob hinter diesem *`am ha'areṣ* irgendwelche Kreise standen, die das kultische und religiöse Leben in Juda wieder vom assyrischen Einfluß befreien oder die politische Abhängigkeit unter Assur abschütteln wollten, wissen wir nicht[481].

Ph. Diss., Duke University 1988, 419–472; Dies., King Manasseh and the Royal Fortress at Horvat `Usa, in: BA 54/3 (1991) 136–145.

[479] Siehe dazu A. Lemaire, Remarques sur la datation des Estampilles »lmlk«, in: VT 25 (1975) 678–682; Ders., s.v. Krugstempel, in: NBL, Lfg. 9. Solothurn/Düsseldorf 1994, 560.

[480] Vgl. L. Tatum, King Manasseh and the Royal Fortress at Horvat `Usa, in: BA 54/3 (1991) 145.

[481] Vgl. A. Malamat, The Historical Background of the Assassination of Amon, King of Judah, in: IEJ 3 (1953) 26ff., der die Ermordung Amons eben mit einer Revolte gegen Assurbanipal im Jahre 640/639 in Zusammenhang bringt.

1.8. Der Untergang des neuassyrischen Reiches und Joschija (639–609 v. Chr.)

1.8.1. Literarische Quellen

Der Untergang des Assyrerreiches ist in verschiedenen außerbiblischen Quellen festgehalten worden. Neben den letzten assyrischen Inschriften des Assurbanipal kommen vor allem die nur teilweise erhaltenen babylonischen Chroniken[482] in Betracht, die keine einzelnen Dokumente, sondern eine besondere Art von Literatur darstellen. Es sind selektive Zusammenfassungen von Herrschaftsperioden, die offenbar auf jährlich geführte Aufzeichnungen aus Babylon basieren. Die »Chronik Gadd«[483] deckt z.B. den Zeitraum von 616 bis 609 ab, während eine andere babylonische Chronik aus dem *British Museum* die Ereignisse zwischen 626 und 556 anspricht[484], ein weiteres Fragment ergänzt zudem das fragmentarische Bild[485]. Mehr als ein dürres Grundgerüst von Fakten und chronologischen Daten geben diese Dokumente aber nicht her. Dazu können erstmals die Nachrichten der griechisch schreibenden Historiographen Herodot und Berossos herangezogen werden.

An biblischen Quellen scheint auf den ersten Blick ausführliches Material vorzuliegen. Über die Regierungszeit Joschijas besitzen wir den Bericht von 2 Kön 22–23, der weitgehend als Quelle für die chronistische Darstellung in 2 Chr 34–35 diente. Aber diese Quellen weisen ihre jeweils eigene Problematik auf. Zudem stimmen sie in der Darstellung und Bewertung der Ereignisse nicht überein. Die dtr Geschichtsschreiber haben ihre Berichterstattung in ihren stark dtr gefärbten Rahmen hineingestellt (2 Kön 22,1f.; 23,25–30). Chr berichtet, daß Joschija mit acht Jahren den Thron bestieg, im 8. Regierungsjahr »begann er den Gott seines Vaters David zu suchen« (2 Chr 34,3), im 12. Jahr den Kult in seinem Land von jahwefremden Einflüssen zu reinigen, und erst für das 18. Jahr wird die Auffindung des Gesetzesbuches berichtet (2 Chr 34,8–28). Wenn er als Minderjähriger die Herrschaft übernommen hat, dann geschahen seine Hinwendung zu Gott sowie seine ersten kultpolitischen Maßnahmen noch während dieser Herrschaftszeit[486]. Unterschiedlicher Meinung ist Chr ebenfalls in bezug auf die territoriale Ausdehnung des joschijanischen Reformwerkes. Denn es schließt

[482] Siehe A. K. Grayson, Assyrian and Babylonian Chronicles. Locust Valley 1975. Übersetzungen Vgl. dazu TGI³ (in Auswahl), 72–74, Nr. 44; AOT, 362–365; ANET, 303–305; TUAT, Band I, 401–404.

[483] Vgl. C. J. Gadd, The Newly Discovered Babylonian Chronicle, Nr. 21. 901 in the British Museum. London 1923 (aus dem 10.–16. Regierungsjahr des Nabopolassar) ; J. Lewy, Forschungen zur alten Geschichte Vorderasiens, in: Mitteilungen der Vorderasiatisch-ägyptischen Gesellschaft, Berlin 29 (1924) 69ff.; ARAB. New York 1968 (reprinted), 417–421.

[484] D. J. Wiseman, Chronicles of the Chaldaean Kings. London ²1961; A. K. Grayson, Cronache dell'impero neo-babilonese (626–556 a.C.), in: BiOr 6 (1964) 191–206.

[485] A. R. Millard, Another Babylonian Chronicle Text, in: Iraq 26 (1964) 14–35.

[486] Diese Chronologie hält Th. Oestreicher, Das deuteronomische Grundgesetz, in: Beiträge zur Förderung christlicher Theologie 27/4 (1923) für die richtige.

nicht nur Jerusalem und Juda, sondern auch das Gebiet Simeons ein, das an die Philister übergegangen war, sowie den größten Teil des ehemaligen Nordreiches (2 Chr 34,5–6).
Archäologisch auszuwerten sind die Ostraka von Arad sowie griechische Keramik, die in dieser Zeit an verschiedenen Stellen im Lande gefunden wurde. Die territoriale Ausdehnung des Südreiches Juda nach Süden scheint aufgrund dieser Funde gesichert, wobei auch griechische Söldner im Dienst Judas gestanden haben mögen.

1.8.2. Der Untergang des assyrischen Großreiches

Zwischen 650 und 640 waren die Assyrer aktiv präsent im syrisch-palästinischen Raum, schlugen dort alle Aufstandsbewegungen im Keim nieder und sicherten Wohlstand und Sicherheit der Region[487]. Der Untergang des riesigen assyrischen Reiches schien nach der 38 Jahre langen Herrschaft Assurbanipals um das Jahr 630 unaufhaltsam zu sein. In diesem Jahr hatte Assurbanipal seinen Sohn Aššur-etel-ilāni als Koregenten eingesetzt. Als er im Jahre 627 starb, war das Reich durch interne Machtkämpfe geschwächt. Zudem wurde Assur nun von verschiedenen Seiten in die Zange genommen: Vom Norden her gingen die Meder aus dem nordwestiranischen Hochland unter ihren Königen Phraortes (ca. 647–624) und Kyaxares (ca. 623–584) nach Süden und Westen auf Expansionskurs. Die Kimmerier unter ihrem Führer Sandakscharn bedrohten Assur im Nordwesten, indem sie die lydische Hauptstadt Sardis einnahmen. Babylon, in dem sich aramaisierte Bevölkerungselemente festgesetzt hatten (»Chaldäer«), war schon immer ein Sammelplatz antiassyrischer Ressentiments gewesen. Es machte sich daran, die verhaßte assyrische Herrschaft abzuschütteln. Chaldäische Stämme kontrollierten auch das Gebiet südlich von Babylon.
Nach dem Sohn Assurbanipals, Aššur-etel-ilāni († 627?), und einem Interregnum gelangte ein zweiter Sohn, Sîn-Šarra-iškun, an die Macht[488]. Als dann sein Statthalter in Babylon, Kandalānu, 627 starb (oder umgebracht wurde), erkannten das aramaisierte Babylon, die Gebiete am persischen Golf und die Region südlich der Hauptstadt den Nachfolger nicht an. Nabopolassar (625–605) nahm den Kampf gegen Assur auf. Sîn Šarra-iškun erkannte Nabopolassar notgedrungen als autonomen Herrscher Babylons an. Es gelang Nabopolassar, Uruk zu erobern und dort die assyrischen Truppen zu besiegen. 626 konnte Babylon das assyrische Joch abschütteln. Daraufhin wurde Nabopolassar von der babylonischen Stadtbevölkerung

[487] Vgl. N. Na`aman, The Kingdom of Judah under Josiah, in: Tel Aviv 18 (1991) 34f.

[488] Die Frage ob es sich bei den beiden Nachfolgern um einen und denselben Sohn Assurbanipals handle, der nur im Laufe seiner Regierung den Namen gewechselt hätte, ist noch nicht befriedigend gelöst worden. Doch scheint es wahrscheinlicher, zwei aufeinanderfolgende Söhne anzunehmen. Von der Regierungszeit des Aššur-etel-ilāni ist nur eine einzige Inschrift überliefert (Bauinschrift am Tempel in Kalaḫ). Vgl. ARAB. New York 1968 (reprinted), 408f. Die restlichen Dokumente aus seiner Regierung stammen alle aus Babylonien.

die Königswürde (»König von Akkad«) angetragen. Die Meder ihrerseits belagerten unter ihrem Herrscher Kyaxares 625 und 623 die assyrische Hauptstadt Ninive[489]. In dieser kritischen Phase geschah nun etwas völlig Unerwartetes. Die Ägypter der 26. Dynastie unter Psammetich I. (664–610) kamen den Assyrern zu Hilfe. Assur verzichtete auf die Gebiete jenseits des Eufrats und übergab diese – im Tausch für die dringend erforderliche militärische Unterstützung – der Kontrolle Ägyptens[490]. Ägypten unterhielt wahrscheinlich militärische Stützpunkte in Ribla, Karkemisch, Harran und vielleicht auch in Megiddo. Wahrscheinlich hat die ägyptische 26. Dynastie damals richtig eingeschätzt, daß eine größere Gefahr von dem aufstrebenden Staat Babylon und dessen Streitkräften zu erwarten sei als von den leergebluteten Assyrern.
Außerdem bremsten expandierende skythische Reiterscharen ein Vordringen der Meder nach Süden[491]. 616 wurden die Skythen jedoch von Kyaxares besiegt, und Nabopolassar errang im gleichen Jahr einen militärischen Erfolg gegen Assur bei Qablīnu am Mittleren Eufrat, so daß er sich nun anschickte, die Hauptstadt Assur einzunehmen. In dieser kritischen Situation griff Psammetich mit seinen Truppen ein. Er konnte die Babylonier für eine kurze Zeit zurückdrängen und bedrängte nun seinerseits die Festung Takrīt am Tigris. Nachdem diese Belagerung zu viel Zeit und Kräfte in Anspruch nahm, zogen sich die ägyptischen Truppen wieder zurück und hinterließen ein Assyrerreich, das sich seiner Bedränger nicht mehr erwehren konnte: Der Vorstoß der Meder und Babylonier war nicht mehr aufzuhalten. 614 eroberte und plünderte Kyaxares Tarbiṣu (Šarif-Ḫān) und die Hauptstadt Assur. Babylonier und Meder schlossen einen Freundschaftsvertrag[492], 612 wurde mit vereinten Kräften Ninive nach dreimonatiger Belagerung erobert und zerstört[493]. Alle assyrischen Städte am oberen Tigris wurden anschließend eingenommen und für immer unbewohnbar gemacht. Der assyrische König Sîn-Šarra-iškun kam bei der Feuersbrunst in Ninive um. Der Untergang der Stadt Ninive muß in der damaligen altorientalischen Welt einen ungeheuren Eindruck gemacht haben, war doch die Beendigung

[489] Vgl. E. Ebeling, in: AOT, 362ff.; ANET, 303ff.

[490] Vgl. den Brief des philistäischen Königs Adon von Ekron (?) aus dem Jahre 604/3 v.Chr., der ihn als Vasall Ägyptens ausweist. Die phönikische Küste war ebenfalls unter ägyptischer Kontrolle. Vgl. ARE, IV, 493f.

[491] Zu den Skythen und den diesbezüglichen Angaben Herodots, Historien, I, 105, vgl. R. P. Vaggione, Over all Asia? The Extent of the Scythia Domination in Herodotus, in: JBL 92 (1973) 523–530. Die Bezeichnung »Skythen« umfaßt uneinheitliche Stämme. Insgesamt handelte es sich um indoeuropäische Stämme aus der Krim-Region.

[492] Nach Berossos wurde dieser Vertrag durch die Verehelichung eines Sohnes Nabopolassars mit einer Tochter des Mederkönigs besiegelt.

[493] Vgl. dazu TGI[3] (in Auswahl), 72–74, Nr. 44; AOT, 362–365; ANET, 303–305., ARAB. New York 1968 (reprinted), 417–421. Einen Nachhall fand dieses Ereignis in Nah 2f. (allerdings nicht nach K. Seybold, Profane Prophetie. Studien zum Buche Nahum, (SBS, 135), Stuttgart 1989, der die Sprüche als spätere Glossen auf den Weg zu einer Endredaktion in persischer Zeit betrachtet).

der assyrischen Herrschaft ein langersehnter Wunsch, der bei allen Revolten wie eine unerfüllbare Utopie erschienen sein muß. Ein kurzes Nachspiel erfolgte noch in der Geschichte des assyrischen Reiches: In Ḫarrān (westliches Mesopotamien) hatte sich Aššur-uballiṭ als neuer König über Assur erhoben (611–606) und Kontakte mit den ägyptischen Verbündeten aufgenommen. Aber auch ihm war keine lange und stabile Herrschaft beschieden. Die Stadt wurde von den Babyloniern und ihren Verbündeten[494] eingenommen. Aššur-uballiṭ konnte zwar fliehen, es gelang ihm aber nicht, mit ägyptischer Unterstützung (Necho II., 610–595) die Stadt zurückzuerobern. In dieser Situation kam es zur Begegnung zwischen Necho II. und dem judäischen König Joschija (609). Dem Herrscher Aššur-uballiṭ konnten die Ägypter nicht mehr helfen. Die Babylonier und ihre verbündeten Truppen beseitigten auch die letzten Reste der assyrischen Macht, die damit gänzlich erloschen war. Der letzte assyrische König verschwand spurlos. Damit hatte das große und als unbesiegbar geglaubte Assyrerreich sein Ende gefunden. Ein Großreich, das mit harter Hand die verschiedensten und entlegensten Gebiete unter seiner Herrschaft zusammengefaßt und gehalten hatte, hörte auf zu existieren. Das Vakuum in Palästina-Syrien konnte vorerst Ägypten füllen, nicht aufgrund der eigenen politischen Stärke, sondern weil sich die nächste Großmacht Babylon erst anschickte, das assyrische Großreich zu beerben.

1.8.3. Joschija und seine Reform

Die assyrischen Vasallen scheinen aufgrund der Unterdrückungspolitik so eingeschüchtert gewesen zu sein, daß sich in diesen Jahrzehnten keine ernsthaften Aufstandsbewegungen regten. Um so verwunderlicher ist es, daß ausgerechnet Joschija versuchte, eine eigenständige Politik zu betreiben und das in Syrien-Palästina entstandene politische Machtvakuum für sich auszunützen. Nach der Ermordung seines Vorgängers Amon wurde er als Achtjähriger zum König gekrönt (2 Kön 21,23–24; 22,1), wobei anzunehmen ist, daß die »Bürger des Landes«, die Joschija auf den Thron gebracht hatten, zunächst maßgeblich die Politik des Landes mitbestimmten.

Die Reformmaßnahmen, die Joschija durchführen ließ, hatten unweigerlich auch einen antiassyrischen Aspekt, indem die von Assur betriebenen und eingeführten Kultpraktiken, ein Zeichen ihrer politischen Oberhoheit, nun konsequent entfernt wurden. Eine formelle Kündigung des Vasallitätsvertrages bzw. ein Einstellen der Tributleistungen war beim dahinsiechenden Assyrerreich nicht mehr vonnöten. Die Zeichen der Reformpolitik Joschijas sprachen für sich. Ägypten, das das politische Vakuum nach dem Rückzug Assurs füllte, stand diesen Reformbewegungen nicht im Wege. Der bi-

[494] Die *Ummān manda*, womit vielleicht die Meder gemeint sind. In den babylonischen Chroniken wird die Bezeichnung als archaischer Ausdruck von den babylonischen Schreibern benutzt und vorwiegend für die Meder verwendet. Später werden Skythen und andere Stämme ebenso mit dieser Bezeichnung erwähnt.

blische Bericht von 2 Kön betont die Radikalität des Reformprogramms, die auf eine konsequente und rasche Durchführung schließen läßt. In Wirklichkeit wird sich dieser Entwurf der Kultreinigung und -einigung nicht so hat durchführen lassen, und man muß annehmen, daß es starke Widerstände gab, die an den alten Kultpraktiken[495] festhielten.

1.8.3.1. Der Auslöser der Reformmaßnahmen: der Fund des *sefer hattora* und sein Inhalt

Nach den biblischen Angaben in 2 Kön 22 wurde diese Reform durch die Auffindung eines Dokumentes (*sefer hattora*) ausgelöst, das als heiliges Buch angesehen wurde und ein umfassendes Reformprogramm in Gang setzte. Dieses bezog sich auf kultische Aspekte der eigenen Religion und war damit indirekt auch eine Emanzipation gegenüber der assyrisch politischen und religiösen Verfremdung.

Der König war bei der Verlesung des Buches bestürzt und verlangte eine Befragung des Herrn. Seine Höflinge befragten daraufhin die Prophetin Hulda. Sie bestätigte die unheilvollen Drohungen, die das Buch enthielt, versprach aber dem König wegen seines Entsetzens und seiner Trauer einen natürlichen Tod[496].

Daraufhin wurden die Ältesten Jerusalems und Judas zusammengerufen. Das Gesetzesbuch wurde ihnen vorgelesen. Dann trat der König an die Säule und schloß vor dem Herrn einen Bund, dem das ganze Volk beitrat. In dieser Schilderung erneuerte Joschija den sakralen Bund, wie er für die alten Zeiten schon am Gottesberg (Ex 24,6–8) und beim Landtag zu Sichem (Jos 24,25f.) geschlossen worden war.

Das Programm bezweckte eine Kultreinheit, indem alle fremden, nicht israelitischen und nichtjahwistischen Züge in der Religion beseitigt werden sollten. Im Tempelbezirk wurden alle Elemente des assyrischen Kultwesens weggeschafft (2 Kön 23,4.6f.11f.), die Kultgegenstände für »den Baal, die Aschera und das ganze Heer des Himmels« (2 Kön 23,4) entfernt und im Kidron-Tal verbrannt. Den Kultpfahl schaffte er aus dem Tempel und verbrannte ihn ebenfalls im Kidron-Tal, »die Gemächer der Hierodulen am Tempel« (2 Kön 23,7) wurden niedergerissen, »er entfernte die Pferde, die die Könige von Juda zu Ehren der Sonne am Eingang zum Haus des Herrn... aufgestellt hatten, und verbrannte die Sonnenwagen im Feuer« (2 Kön 23,11), »die Dachaltäre sowie die Altäre... in den beiden Höfen des Tempels... ließ er abbrechen« (vgl. 2 Kön 23,12). Im Stadtgebiet ließ Joschija die kanaanäischen Kultstätten beseitigen, er machte das Tofet im Tal Ben-Hinnom unrein, das im Zusammenhang mit dem Moloch-Kult stand, er

[495] Das ist zumindest archäologisch nachzuweisen für den Tempel in Tell Arad, sogar für die nachexilische Zeit in Lachisch. Elephantine hatte noch lange seinen eigenen Tempel, zwar weit weg vom Stammland Juda, immerhin jedoch mit Verbindungen zu der Priesterschaft von Juda.

[496] Was eben bei der Begegnung des Königs mit Necho II. in Megiddo ausgerechnet nicht eintreten wird!

entweihte die »Kulthöhen östlich von Jerusalem, südlich vom Berg des Verderbens, die Salomo... für Astarte..., für Kemosch... und Milkom... erbaut hatte« (nach 2 Kön 23, 13). In den Ortschaften von Geba bis Beerscheba machte er die Kulthöhen unrein, auf denen Opfer für Baal, die Sonne, den Mond, die Bilder des Tierkreises und das ganze Heer des Himmels geopfert wurden, und setzte ihre Götzenpriester (*k^e^marim*) ab (2 Kön 23, 5.8a).
Die Verbindung zwischen Reformansatz und Auffindung des Gesetzesbuches ist wahrscheinlich das Werk des dtr Bearbeiters. Wenn man dieses Buch an den aus den Reformbestrebungen resultierenden Aktionen Joschijas mißt, dann muß es Anregungen für das politische und religöse Handeln enthalten haben. Die Darstellung in 2 Kön 22–23 konzentriert das ganze Reformprogramm auf ein einziges Reformgeschehen, das mit dem Bundesschluß eingeleitet wird. Das ist sicher eine dtr Vereinfachung und Generalisierung des tatsächlich eher langwierigen und komplizierten Reformbemühens. Wenn die Reformen nicht schlagartig promulgiert und durchgesetzt wurden, dann verwundert es nicht, daß Jeremia zu dem Reformprozeß keine eindeutige Stellung genommen hat. Außerdem entstand dieser Reformprozeß aus einem antiassyrischen Affekt. Fiel einmal die Bedrohung weg, indem sie von einer neuen – der babylonischen – ersetzt wurde, verlor auch das Reformprogramm mit seinen konkreten Zielsetzungen an Gewicht. Das neue Selbstverständnis Israels konnte trotzdem ungebrochen weiterwirken; eben dies geschah z.B. durch das Auftreten Jeremias und Ezechiels.

1.8.3.2. Das Verhältnis Dtn und *sefer hattora*

2 Kön 22–23 schildert nicht den Inhalt des Gesetzesbuches, sondern die Ausführung nach der Lektüre dieses Buches. Ob das aufgefundene Buch mit dem Dtn identisch war, kann zu Recht angesichts der Redaktionsgeschichte des Dtn bezweifelt werden. Weder wissen wir Genaues über die Herkunft[497] noch über die Verfasserkreise des Dtn. Es kann sich beim *sefer hattora* höchstens um eine Art Urdeuteronomium handeln[498], das auf uns unbekannten Wegen in den Jerusalemer Tempel gelangt ist.[499]
Tatsächlich finden sich sowohl formelhafte Wendungen (»von ganzem Herzen und von ganzer Seele« in 2 Kön 23,3 und z. B. Dtn 6,5) wie Droh- und

[497] Es gibt durchaus Argumente für eine Herkunft aus dem ehemaligen Nordreich Israel. Vgl. dazu K. Galling, Das Königsgesetz im Deuteronomium, in: ThLZ 76 (1951) 133–138; A. Alt, Die Heimat des Deuteronomiums, in: Kleine Schriften 2, 250–275; weiterführende Erwägungen bei L. Perlitt, Bundestheologie im Alten Testament (WMANT, 36), Neukirchen-Vluyn 1969, 279–284; siehe auch A.C. Welch, The Code of Deuteronomy. London 1924.

[498] Erstmals in wissenschaftlicher Form vertreten durch M.L. de Wette, Dissertatio critico-exegetica, qua Deuteronomium a prioribus Pentateuchi Libris diversum alius cuiusdam recentioris auctoris opus esse monstratur«. Jena 1805., Ders., Beiträge zur Einleitung in das Alte Testament, I. Halle a. d. Saale 1806.

[499] Zur Stand der Forschung s. S. Loersch, Das Deuteronomium und seine Deutungen (SBS, 22), Stuttgart 1967; H.D. Preuss, Deuteronomium (EdF, 164), Darmstadt 1982.

Fluchformeln im Falle der Nichtbeachtung der Vorschriften (2 Kön 22,16.19 und verstreut über das ganze Dtn). Die Paschafeier, die von Joschija »wie es in diesem Bundesbuch geschrieben ist« (2 Kön 23,21) angeordnet wird, entspricht der dtr Passahfeier von Dtn 16,1–8 (und nicht der Anordnung von Ex 12, die verlangt, daß sie in der einzelnen Familie begangen wird), die im Zentraltempel von Jerusalem gefeiert wird. Beide, das Gesetzesbuch und das Dtn, geben sich selbst als alt aus. Vor allem das zentrale Anliegen von Dtn, die Kultzentralisation (ab Dtn 12), wird von Joschija mit der Abschaffung aller Heiligtümer außerhalb des Jerusalemer Tempels konsequent durchgeführt. Obwohl das Dtn selbst nicht Jerusalem als Ort dieser zentralen Jahweverehrung erwähnt und nur unbestimmt von der »Stätte..., die der Herr, euer Gott, aus allen euren Stammesgebieten auswählen wird, indem er dort seinen Namen anbringt« (Dtn 12,5) redet, wurde unter diesem einen Ort zur Zeit Joschijas bestimmt Jerusalem verstanden. Direkt in Widerspruch zum Buch Dtn war Joschijas konsequente kultische Zentralisationspolitik, insoweit diese für die levitischen Priester außerhalb Jerusalems keine Beschäftigung mehr aufweisen konnte. Das Dtn mahnt das Volk, die Leviten, die ohne Landanteil und Erbbesitz auskommen müssen, nicht im Stich zu lassen (Dtn 12,12.19) und ordnet in seinem Priestergesetz (Dtn 18,1–8) an, daß sie am Kult des Zentralheiligtums aktiv teilnehmen dürfen. Aber in Jerusalem werden die amtierenden Zadokiden ihr Kultmonopol nicht widerstandslos aufgegeben haben. Denn handfeste wirtschaftliche Vorteile waren mit diesem Monopol verbunden. Die Leviten, ihrer Funktion und ihres Lebensunterhalts beraubt, hätten auf dem Land ein Potential der Unzufriedenheit und der Unruhe dargestellt. Joschija ließ sie nach Jerusalem kommen, wo sie allerdings gegen die Anordnung des Dtn keinen Altardienst leisten, dafür aber »von den ungesäuerten Broten inmitten ihrer Brüder« essen durften (vgl. 2 Kön 23,9). Damit hatte der König eine direkte Kontrolle über diese Gruppe. Als Folge späterer Entwicklungen nach Joschija, wahrscheinlich erst nach dem Exil, wurden die Leviten allmählich zu einer eigenständigen Gruppe, die am Tempel untergeordnete Dienste leistete[500]. Das Problem der Leviten wird noch im sog. Verfassungsentwurf Ezechiels (Ez 44) und an verschiedenen Stellen in Chr thematisiert.

Solche Gegensätze zwischen Dtn und dem »Gesetzesbuch« der joschijanischen Reform lassen es unwahrscheinlich erscheinen, daß das Dtn sozusagen speziell für die beabsichtigte Reform geschrieben und daß es hinterlegt wurde, damit es dann »gefunden« werden und als heiliges Buch die vorgenommenen Reformen sanktionieren konnte. Das Dtn enthält doch zu disparates Material, darunter ältere Traditionen Israels, die allerdings von den Verfassern vereinheitlicht und zusammengefaßt worden sind. Als Restaurationsprogramm, das das Dtn tatsächlich in seiner Art auch ist, ist es nicht einfach mit den Absichten der joschijanischen Reform gleichzusetzen. Eher hat Joschija den Grundbestand dieses Buches für sein Programm

[500] Vgl. Num 3,5ff.. Vgl. Lk 10,30–37 für die ntl. Zeit.

in Anspruch genommen und es entsprechend gedeutet, wobei er bewußt auf das Alter der Traditionen Wert legte. Damit entsprach er dem Geist seiner Zeit. Sowohl in Ägypten[501] wie in Mesopotamien[502] kann man feststellen, daß eine bewußte Orientierung an den klassischen Normen und Inhalten der alten Kultur vorgenommen wird.

1.8.3.3. Die territoriale Ausdehnung der Reformmaßnahmen und die politischen Ziele Joschijas: die Wiederbelebung der davidischen Großreichsideologie

Die kultpolitischen Maßnahmen Joschijas erstreckten sich nach 2 Kön 23,4–15.19f.24 auf die Hauptstadt Jerusalem (Tempelbezirk und Stadtgebiet), auf die unmittelbare Umgebung der Hauptstadt sowie auf die Städte Judas »von Geba bis Beerscheba« (2 Kön 23,8a). Joschija hat zudem die Auffindung des *sefer hattora* dazu benützt, Kultreinheit und -einheit in Gesamtisrael durchzusetzen. Obwohl Jerusalem und sein Tempel im Dtn nie eigens erwähnt werden, machte Joschija Jerusalem zum Ort der exklusiven Jahweverehrung. Ob sein Reformprogramm auch bei der Stadtbevölkerung angekommen ist, kann man mit Recht bezweifeln. Im Bereich der Davidstadt – wo nur ein Teil archäologisch erschlossen wurde – fand man während der letzten Grabungskampagnen mehr als 2000 Figurinen[503], die auf eine Verehrung jahwefremder Gottheiten schließen lassen. Wahrscheinlich konnten auch erst jetzt einige eigenständige Traditionen des ehemaligen Nordreiches Eingang in die gesamttheologische Konzeption finden. Durch die Profanierung des ehemaligen Reichsheiligtums in Bet-El (2 Kön 23,15) soll Joschija in die Geschicke des ehemaligen Nordreiches, der assyrischen Provinz Samerina, eingegriffen und damit symbolhaft die frevelhafte Existenz dieses Heiligtums seit Jerobeam I. beendet haben. Ob Joschija außerdem so weit in das ehemalige Nordreich ausgreifen konnte, daß er auch die Höhenheiligtümer in den Städten der Provinz Samerina beseitigte sowie ihre Priesterschaft ausrottete[504], ist zweifelhaft. Es ist eher wahrscheinlich, daß die dtr Geschichtsschreibung durch Übertreibung des außenpolitischen Gewichts des Königs seinen Ruf als großer Reformer festigen wollte.

501 Beispiele sind die Kodifizierung und Weitergabe alter Texte und Rechtsnormen, meist sogar in archaischer Sprache verfaßt, sowie das sog. »Denkmal memphitischer Theologie«, auf dem Schabaka-Stein (25. Dynastie) festgehalten und als Abschrift eines älteren Textes ausdrücklich gekennzeichnet.

502 Hier wäre die Gründung der Bibliothek in Ninive durch Assurbanipal zu erwähnen. Später zeichnete sich auch Nebukadnezzar von Babylonien als Wiederhersteller der alten Tempel aus, wobei er auf die genaue Beachtung der kultischen Vorschriften besonderen Wert legte.

503 Vgl. D.T. Ariel & A. de Groot (Hrsg.), Excavations of the City of David, 1978–1985, vol. 4, (Qedem, 35), Jerusalem 1996, 32.105.

504 Angezweifelt wird diese Notiz in 2 Kön 23,19 u. a. von N. Na`aman, The Kingdom of Judah under Josiah, in: Tel Aviv 18 (1991) 42f. Grundsätzliche Zweifel an einer Annektierungspolitik Joschijas erhob H. Spieckermann, Juda unter Assur in der Sargonidenzeit. Göttingen 1982, 112ff.150ff.

Joschija kann militärisch kaum in der Lage gewesen sein, eine Annexionspolitik im Norden zu betreiben[505], auch wenn das Gebiet der Provinz Samerina – spätestens nach dem Fall Ninives im Jahre 612 – herrenlos geworden war. Archäologisch konnten keine Spuren einer Eroberung in den Gebieten des ehemaligen Nordreiches festgestellt werden. Somit ist der in der dtr Geschichtsschreibung beschriebene Versuch Joschijas, die Verhältnisse unter David und Salomo und deren Großreich wiederherzustellen,. als dtr Ausdeutung zu bezeichnen.

1.8.3.4. Der Tod des Joschija

Das Erscheinen Joschijas in Megiddo (2 Kön 23,29ff.) sollte nicht so gedeutet werden, daß er neben der Provinz Samerina nun auch noch die assyrische Provinz Magiddu annektieren wollte. Die veränderte politische Weltlage veranlaßte Ägypten, das von den Assyrern hinterlassene Machtvakuum durch die eigene Präsenz aufzufüllen. In diesem Rahmen war für eine eigenmächtige Annexionspolitik Judas kein Platz. Im zweiten Regierungsjahr des Pharao Necho II. (610–595) setzte Ägypten seine proassyrische Politik fort. Es kam den letzten Truppen der Assyrer, die aus Ḫarrān vertrieben waren, zur Hilfe. Ḫarrān wurde zurückerobert und Aššur-uballiṭ II. noch einmal als König eingesetzt. Das alles geschah nicht ohne Eigennutz. Denn Ägypten konnte als Lohn für diese Unterstützung den Hegemonieanspruch über Palästina-Syrien reaktivieren. 2 Kön 23,29 berichtet knapp über einen Kriegszug Ägyptens gegen den König von Assur an den Eufrat. Hier muß der MT korrigiert werden[506], denn der Kriegsgegner der Ägypter war nicht Assur, sondern die Babylonier und Meder[507]. Es ist anzunehmen, daß Necho II. die alten assyrischen Vasallen zu sich nach Megiddo rief, um von ihnen die erforderlichen Loyalitätsbekundungen entgegenzunehmen[508]. Aus welchen Gründen Joschija keine Gnade in seinen Augen fand, wissen wir nicht. Vielleicht war es seine offenkundige antiassyrische Politik. Zu einer militärischen Auseinandersetzung mit den Ägyptern braucht es nicht gekommen zu sein. »Der Pharao tötete ihn bei Megiddo, sobald er ihn sah«, heißt es lakonisch in 2 Kön 23,29b. 2 Chr 35,20–25 spricht dagegen von einer Botschaft Nechos an Joschija, um freien Durchzug für seine Expedition zu bekommen, die ihn bis zum Eufrat führen sollte. Im darauf sich entwickelnden Kampf wird Joschija von den ägyptischen Bogenschützen tödlich getroffen und nach Jerusalem gebracht, wo er starb und beigesetzt wur-

[505] So 2 Chr 34,6.

[506] Statt der Präposition *'el* ist *`al* zu lesen.

[507] Vgl. dazu die Babylonischen Chroniken (BM 21901, Rev. 66–75) und Flavius Josephus, Antiquitates Judaicae, X, 5, 1.

[508] Das ist wahrscheinlicher als eine militärische Expedition, denn die phönikische Küste scheint schon unter Psammetich I. unter ägyptischer Kontrolle zu stehen. Vgl. eine Stele des Psammetich aus seinem 52. Regierungsjahr (612 v. Chr.) und Necho II. Siehe dazu N. Na`aman, The Kingdom of Judah under Josiah, in: Tel Aviv 18 (1991) 51.

de. Anscheinend war die dürre Notiz von 2 Kön 23,29b dem Chronisten zu wenig, so daß er das Ende Joschijas weiter ausschmückte.

1.8.3.5. Joschija zwischen Legende und Wirklichkeit: eine Bewertung der Joschijagestalt

So wie die Teilung des Reiches nach dem Tod Salomos in der Sicht des Dtr in der Gründung des »heidnischen« Heiligtums von Bet-El kulminiert, so stellt die Zerstörung eben dieses Heiligtums durch Joschija den Höhepunkt seines Reformprogramms dar (vgl. 1 Kön 13,1–10 mit 2 Kön 23,15–18). Bezeichnend für Joschijas Reformtätigkeit ist die Art und Weise, wie er sein Programm mit der Auffindung eines »heiligen« Buches verknüpft hat. Auch wenn der *sefer hattora* nicht mit dem Dtn, sondern eher mit einer Art »Urdeuteronomium« identisch wäre, wäre diese Schrift die erste, die einen kanonischen und verbindlichen Charakter bekommen hätte.

Die dtr Geschichtsschreibung hat Joschija zu einer Idealgestalt der Nationalgeschichte erhoben, indem sie seine religiösen und außenpolitischen Aktivitäten hervorgehoben hat. Sie hat ihn zum Urheber eines Reformprogramms gemacht, das als »joschijanische Reform« in die Literatur eingegangen ist. Joschija hat dabei die Gunst der politischen Stunde falsch eingeschätzt, seine eigenen Wirkungsmöglichkeiten überschätzt und die sich neu formierende politische Machtkonstellation von Babylon und Ägypten unterschätzt. Von weittragender und nachhaltiger Bedeutung ist jedoch seine Hervorhebung Jerusalems als Zentralheiligtum und die Proklamation des »Urdeuteronomiums« für das Volk Israel gewesen.

III. ISRAEL IM BABYLONISCHEN ZEITALTER UND IM EXIL

1. Die internationale Lage in Ägypten und Mesopotamien

Nach dem Zerfall des assyrischen Großreiches war das Vordringen der ägyptischen 26. Dynastie (Psammetich I. und Necho II.) in Syrien-Palästina nur ein kurzes Zwischenspiel. Die kommende Großmacht war das Neubabylonische Reich unter der chaldäischen[509] Dynastie. Der Begründer dieser Dynastie, Nabopolassar (625–605), hatte Ninive 612 erobert, den Reststaat von Assur in Ḫarrān besiegt und den Thron in Babylon bestiegen. Als der Kronprinz Nebukadnezzar (605–562)[510] die ägyptischen Truppen

[509] Die Chaldäer waren eine aramäische Bevölkerungsschicht, die vorwiegend in Südbabylonien beheimatet war und dort schon im 9. Jh. v. Chr. bezeugt ist.

[510] Die babylonische Bezeichnung Nabû-kudurri-uṣur legt den Namen Nebukadrezar nahe, der auch im AT (Jer 21,2; 29,21 und bei Ez) bezeugt ist. Der Name Nabukodonosor geht auf die griechische Namensform zurück.

unter Pharao Necho 605 bei Karkemisch (Ġerāblus) besiegte[511] und danach noch bei Hamat am Orontes und Aschkelon auch die ägyptischen Rückzugsgefechte für sich entschied, gelang es Ägypten nur mit Mühe 601/600, einen babylonischen Angriff auf Ägypten abzuwehren. Syrien-Palästina fiel den Babyloniern wie eine reife Frucht in die Hände. Der ägyptische Pharao Apries (589–570), in Jer 44,30 Hofra genannt, versuchte den ägyptischen Einfluß in Palästina-Syrien wiederzugewinnen, indem er dort die antibabylonischen Widerstandsbewegungen unterstützte, allerdings ohne nachhaltigen Erfolg. Jerusalem, das sich 589 unter Zidkija gegen Babylon erhoben hatte, konnte er nicht vom Belagerungsdruck befreien (vgl. Jer 37,5.7). Unter seinem Nachfolger Amasis (570–526) gelangte Ägypten noch einmal zu kultureller und vor allem wirtschaftlicher Blüte, indem intensive Kontakte mit Athen, Sparta, Lindos und Samos (Polykrates) gepflegt wurden. 568 unternahm Nebukadnezzar einen Versuch, Ägypten zu erobern, der mißlang. Nach dem Tode Nebukadnezzars im Jahre 562 setzte der Verfall des Neubabylonischen Reiches ein. Sein Sohn Amēl-Marduk (562–560) begnadigte den nach Babylon deportierten König von Juda, Jojachin (vgl. 2 Kön 25,27–30 und Jer 52,31–34). Neriglissar (560–556) konnte mit Hilfe der Gegner des Amēl-Marduk als Nachfolger den Thron besteigen. Er sah sich schon mit dem aufstrebenden Achämenidenreich unter Kyrus II. konfrontiert und konnte die Spannungen und Rivalitäten innerhalb seines Reiches – vor allem unter den Priesterschaften von Marduk in Babylon, denen von Schamasch in Larsa und Sippar sowie denen von Sin in Ur und Ḫarrān – nicht befriedigend lösen. Diese inneren Spannungen spitzten sich unter seinem Nachfolger Nabonid (556–539) zu, als dieser durch die eklatante Bevorzugung des Sin- und Schamasch-Kultes einen offenen Konflikt mit der einflußreichen Marduk-Priesterschaft von Babylon heraufbeschwor. Als er sich für längere Zeit in die Oase Taymā auf der arabischen Halbinsel zurückzog, ließ er sich in Babylon von seinem Kronprinzen Bēl-šarra-uṣur (bibl.: Belsazar) vertreten, der mit seinen religionspolitischen Maßnahmen, u.a. der Abschaffung des großen Neujahrsfestes für den Gott Marduk, den Haß gegen das babylonische Königshaus verstärkte. Auf diesem Hintergrund suchte die babylonische Marduk-Priesterschaft Kontakte mit dem Achämeniden Kyrus. Sie betrachtete diesen als ersehnten Befreier. Die jüdische Exilsgemeinde scheint sich dieser Betrachtungsweise und Heilshoffnung angeschlossen zu haben, indem Deuterojesaja Kyrus als Gesalbten des Herrn bezeichnete, der dem Exil ein Ende bereiten würde. Als Nabonid von seinem Wüstenaufenthalt zurückkehrte, war es für eine Kursänderung schon zu spät. Vergeblich versuchte er die Gunst der Marduk-Priesterschaft zurückzugewinnen, indem er das Neujahrsfest wieder einführte. Kyrus II., der inzwischen auch Kroisos von Lydien 547/6 besiegt hatte und seinen Einflußbereich damit weit nach Westen ausgedehnt hatte, konnte 539 die Stadt Babylon ohne Gegenwehr einnehmen. Der griechische Einfluß in Ägypten nahm stetig zu und mußte

[511] Vgl. TGI[3], 73; TUAT, Band I, 402f.

auf Dauer das expandierende Achämenidenreich unter Kyrus II. reizen. 525 überrannte Kambyses die ägyptischen Grenzbefestigungen.

2. Die letzten Könige Judas

Als außerbiblische Quellen für diese Epoche kommen in Betracht: die Ostraka aus Lachisch[512]. Schließlich sind noch die Ostraka von Arad aus der Schicht VI zu erwähnen[513].

Wieder war es der *ʿam haʾareṣ*, der judäische Landadel, der nach dem gewaltsamen Tod Joschijas 609 v. Chr. die Thronnachfolge regelte (2 Kön 23,30): unter Umgehung des ältesten Sohnes Joschijas, Eljakim, bestimmte man den jüngeren Joahas zum Thronerben. Ägypten, das damals nach dem Abzug der Assyrer die Kontrolle über Palästina-Syrien übernommen hatte, war zunächst noch mit der Rettung der letzten assyrischen Herrschaftsansprüche um Ḫarrān beschäftigt. Als Pharao Necho nach Beendigung der Kämpfe zunächst in Ribla am Orontes sein Lager aufschlug, zitierte er den ohne seine Einwilligung ernannten König Joahas herbei. Dieser bekam keine Gelegenheit, seine Vasallentreue zu beweisen. Er wurde kurzerhand nach Ägypten deportiert. Es ist nichts über sein weiteres Schicksal bekannt.

Zielbewußt führte Necho eine Reorganisation im judäischen Vasallenkönigtum durch. Der übergangene Eljakim wurde als neuer König eingesetzt (608–598), sein Name in Jojakim geändert. Das Land wurde wegen seiner Bestrebungen, eine unabhängige Politik zu betreiben, mit einer schweren Tributleistung von 100 Talenten Silber und 10 Talenten Gold belegt.

Die ägyptische Herrschaft über Palästina-Syrien war nur ein kurzes Gastspiel. Nach der Schlacht bei Karkemisch 605 übernahm das Neubabylonische Reich das gesamte Gebiet (vgl. 2 Kön 24,7), Judäa verharrte damit in einer Position der politischen Abhängigkeit. Wie der Vorgang der Übernahme der politischen Macht durch den Kronprinzen Nebukadnezzar im einzelnen vor sich gegangen ist, bleibt allerdings weitgehend unbekannt[514].

Nachdem Jojakim drei Jahre lang treuer Vasall seines neuen babylonischen Herrn gewesen war (vgl. 2 Kön 24,1), kündigte er seinen Vasallenstatus auf, wahrscheinlich darin von den Ägyptern unterstützt, die sich immer noch Hoffnung auf eine erneute Übernahme Palästina-Syriens machten. Warum Babylon nicht unmittelbar nach diesem Abfall gegen Jojakim einschritt, wissen wir nicht. Vielleicht brauchte die neue Macht Zeit, um ihre Ansprüche auf das ihr zugefallene Gebiet auch tatsächlich durchzusetzen.

512 Vgl. zuletzt J. Renz, Die Althebräischen Inschriften. Teil 1: Text und Kommentar (Handbuch der Althebräischen Epigraphik), Darmstadt 1995, 405–440.

513 Vgl. J. Renz, Die Althebräischen Inschriften. Teil 1: Text und Kommentar (Handbuch der Althebräischen Epigraphik), Darmstadt 1995, 347–403.

514 Die Babylonische Chronik, die von D. J. Wiseman, Chronicles of the Chaldaean Kings. London ^{2}1961, ediert wurde, spricht pauschal von einer »Eroberung des ganzen Landes Hattu«, womit in erster Linie Nordsyrien gemeint ist.

Die babylonischen Quellen äußern sich lediglich über den Aufmarsch im Lande Hatti[515] im Jahre 602 sowie für das Jahr darauf über einen (gescheiterten) Angriff gegen Ägypten. War Judäa zu unwichtig für die Babylonier oder erfolgte Jojakims Abfall erst nach 601/600[516]? Die Niederlage im Kampf gegen die Ägypter könnte für Jojakim wie ein Signal gewirkt haben. Vor allem das Jeremiabuch liefert weitere Einzelheiten über den Charakter und die politischen Ambitionen Jojakims. Dort wird er als unschlüssiger und gewalttätiger Herrscher dargestellt (Jer 22, 13–19; vgl. auch 2 Kön 24,4). Jer 36 berichtet, daß die Unheilsworte des Propheten dem König vorgelesen wurden, während der König die einzelnen Abschnitte abtrennte und ins Feuer warf.

Als die Babylonier 598 auf den Abfall Judäas reagierten, hatte Jojakims Sohn Jojachin inzwischen den Thron bestiegen. Die Umstände der Strafexpedition waren ungewöhnlich, weil Nebukadnezzar seinen Feldzug in der Winterzeit durchführte. Anlaß[517] und Umfang der Expedition werfen Fragen auf. Warum konnte der Aufstand nicht von babylonischen Garnisonen niedergeschlagen werden, die näher am Unruheherd lagen als das 1600 km entfernte Babylon? Nach erst drei Monaten Regierungszeit (vgl. 2 Kön 24,8) sah sich Jojachin 598[518] einer aussichtslosen Situation gegenüber. Er leistete folglich den Babyloniern keinen Widerstand, ließ die Truppen in die Stadt einmarschieren und verhinderte damit die Zerstörung Jerusalems. »Im 7. Jahr, im Monat Kislew, bot der König von Akkad seine Truppen auf und zog nach dem Hetiterlande. Die Stadt Juda belagerte er. Am 2. Adar eroberte er die Stadt. Den König nahm er gefangen. Einen König nach seinem Herzen setzte er dort ein. Seinen schweren Tribut nahm er mit und führte ihn nach Babel«[519].

Die Plünderung der Stadt und vor allem des Tempels konnte Jojachin nicht verhindern. Jojachin selbst, seine Mutter und sein Harem wurden zusammen mit der Oberschicht der Bevölkerung, Teilen der Priesterschaft und der Handwerker (Schmiede und Schlosser) nach Babylonien deportiert. Nach 2 Kön 24,14 betrug die Zahl der Verbannten 10 000, 2 Kön 24,16 rechnet mit 7000 wehrfähigen Männern sowie tausend Schmieden und Schlossern. Der Bekannteste unter den exilierten Priestern ist der Prophet Ezechiel (vgl. Ez 1,1–3). Jojachin wurde als Staatsgefangener mit seinem Gefolge in der

[515] Vgl. BM 21946. Siehe dazu TUAT, Band I, 403.

[516] Das würde heißen, daß die Angabe »drei Jahre« in 2 Kön 24,1 falsch wäre oder die Herrschaft Nebukadnezzars über Judäa erst ab dem Neujahrsfest 604 gerechnet wird.

[517] Nach A. Malamat, The Last Kings of Judah and the Fall of Jerusalem, in: IEJ 18 (1968) 144, Anm. 15, bildete der Aufstand Jojakims den Anlaß. Nach M. Noth, Die Einnahme von Jerusalem im Jahre 597 v. Chr., in: ZDPV 74 (1958) 133–157 [= ABLAK, Band I. Neukirchen 1971, 111–132], war das Ziel Nebukadnezzars hingegen, die Einsetzung eines probabylonischen neuen Herrschers.

[518] Zu den chronologischen Problemen im Zusammenhang mit der ersten Eroberung Jerusalems siehe H. Donner, Geschichte, Band 2. Göttingen 1986, 373, Anm. 20.

[519] TUAT, Band I, 403f.

Hauptstadt Babylon festgehalten und, soweit wir wissen, pfleglich behandelt[520]. Unter Nebukadnezzars Nachfolger, Amēl-Marduk (AT: Ewil-Merodach), wurde Jojachin – zumindest nach der dtr Darstellung, die als Abschluß der dtr Geschichtsschreibung[521] gedacht ist – 562 sogar in den engeren Kreis der Vertrauten des Königs aufgenommen, indem dieser sich mit ihm aussöhnte und »ihm seinen Sitz oberhalb des Sitzes der anderen Könige« anwies, »die bei ihm in Babel waren« (2 Kön 25, 28).
Die Absicht der babylonischen Deportationspraxis unterschied sich von der der Assyrer. Man wollte die umgesiedelten Völker nicht in der örtlichen Bevölkerung aufgehen lassen, sondern gestattete ihnen in den von ihnen gebildeten Siedlungen die Erhaltung eigener Lebensformen und Bräuche. Damit blieb ihnen das Schicksal erspart, das die deportierte Bevölkerung des Nordstaates Israel unter den Assyrern erlebt hatte. Die Hoffnung, irgendwann einmal wieder in die Heimat zurückzukehren, konnte so lebendig bleiben. Daß jedoch mit einer raschen Rückkehr nicht zu rechnen wäre, versuchte der sog. Jeremiabrief an die Exulanten (Jer 29) einzuschärfen.
Einige der Wohnorte der Exulanten sind uns aus dem AT bekannt. Ezechiel hatte seinen Aufenthaltsort in Tel-Aviv (vgl. Ez 3,15), östlich von der Hauptstadt Babylon an einem der großen Bewässerungskanälen gelegen. Dort konnte er die Ältesten der Verbannten zusammenrufen und zu ihnen reden (vgl. Ez 14,1–11; 10; 33,10–20).
Häufig wurde im Zusammenhang mit dieser ersten Eroberung Jerusalems auch eine Verkleinerung des Staatsgebietes Judas angenommen. Nebukadnezzar soll den Negeb den Edomitern übergeben haben[522]. Es ist jedoch wahrscheinlicher, daß die Okkupation des Negeb durch die Edomiter erst bei oder nach der zweiten Kampagne Nebukadnezzars im Jahre 587 erfolgte[523].
Nach der ersten Eroberung Jerusalems mußte Nebukadnezzar einen neuen König »nach seinem Herzen« für den Davidsthron bestimmen. Er erwählte dazu einen Onkel Jojachins (vgl. 2 Kön 24,17)[524], den dritten Sohn Joschijas. Als unmißverständliches Zeichen seiner Oberhoheit änderte er dessen

[520] Vgl. E. Weidner, Jojachin, König von Juda, in babylonischen Keilschrifttexten, in: Mélanges syriens offerts à M. René Dussaud, Band II. Paris 1939, 923–935. Die Keilschrifturkunden enthalten u.a. auch Scheine für Lieferungen an verschiedene Ausländer, darunter für Jojachin und »fünf Söhne des Königs von Juda«; siehe dazu ANET³, 308; TGI³, 78f.

[521] Vgl. dazu E. Zenger, Die dtr Interpretation der Rehabilitierung Jojachins, in: BZ NF 12 (1968) 16–30.

[522] In dem Zusammenhang wurde gerne auf Jer 13,18f. verwiesen. Vgl. A. Alt, Judas Gaue unter Josia, in: PJB 21 (1925), 100–116 [= Kleine Schriften, Band II. München 1953, 276–288]; M. Noth, Geschichte Israels. Göttingen 1966⁶, 256.

[523] Vgl. dazu vor allem J. R. Bartlett, Edom and the Edomites (JSOT, SS, 77), Sheffield 1989, 149f. Die edomitische Kultur in *Ḥorvat Qitmit* kann ebenso aus der Zeit während oder nach der zweiten Kampagne Nebukadnezzars stammen. Siehe dagegen I. Beit-Arieh, The Edomite Shrine at Horvat Qitmit in the Judean Negev. Preliminary Excavation Report, in: Tel Aviv 18 (1991) 93–116.

[524] 2 Chr 36,10 hält ihn für einen Bruder Jojachins.

Namen Mattanja in Zidkija (597–587). Es ist keineswegs gesichert, daß Zidkija als effektiv regierender König von den Babyloniern installiert wurde. Denn der legitime König Jojachin lebte noch im Exil. Zidkija muß eher als eine Art Reichsverweser oder Gouverneur betrachtet werden[525]. Man zählte die Jahre seit der Deportation weiterhin nach Jojachin (vgl. Ez 1,2; 8,1; 20,1; 24,1; 33,21) und die Exulanten selbst rechneten sowieso mit der baldigen Rückkehr des rechtmäßigen Königs und der Exilsgemeinde (vgl. Jer 28,1–4).

Zidkija befand sich in einer äußerst ungünstigen und abhängigen Position. Das Jeremiabuch läßt durchblicken, daß er sich bemühte, bei den anstehenden politischen Entscheidungen den Rat des Propheten Jeremia einzuholen[526]. Zidkija rettete ihm das Leben, als er mit seinem Aufruf (Jer 27,12), den Widerstand gegen die babylonische Fremdherrschaft aufzugeben – vor allem in seiner Auseinandersetzung mit dem »falschen« Propheten Hananja (Jer 28) –, bedroht wurde (Jer 38). Er konnte sich aber angesichts der starken antibabylonischen Oppositionspartei nicht kraftvoll durchsetzen. Dazu fehlten ihm auch die fähigen Männer in der Verwaltung und die glaubwürdigen Priester im Tempelkult, die alle nach Babylon deportiert worden waren.

Der Tempel in Jerusalem stand unter dem religiösen Einfluß der babylonischen Eroberer, die nach der kurzlebigen joschijanischen Reform nun babylonische Kultelemente einführten. Zumindest Ezechiel prangerte in seiner Vision, die er im Jahre 593 im Exil hatte, die Verunreinigung des Kultbetriebes in Jerusalem an (Ez 8). Er sah ein »Bild, das die Eifersucht (des Herrn) erregte« (V. 5) am Eingang des inneren Nordtores, dazu noch »viele Bilder von abscheulichen kleinen und großen Tieren und allen Götzen des Hauses Israel« (V. 10), während die amtierende Priesterschaft für diese Bilder Weihrauchopfer darbrachte (V. 10f.). Am Nordtor saßen Frauen, die Tammus beweinten (V. 14). Zwischen Vorhalle und Altar beteten Männer, mit dem Rücken zum Tempel gewandt, die Sonne an (V. 16). Gewiß war diese Hinwendung zu den fremden Göttern in breiten Schichten der zurückgelassenen Bevölkerung ein Ausdruck der Verzweiflung am eigenen Gott Jahwe, der sich scheinbar in der hereingebrochenen Katastrophe als der unterlegene und schwache Gott gezeigt hatte, der jede Hilfe vermissen ließ.

Während Tyros und Sidon sich gegen Babylon erhoben, konspirierte Zidkija mit dem 595 auf dem ägyptischen Thron herrschenden Psammetich II. Als der Pharao 592/1 in Palästina auftauchte, ließ Zidkija sich von der antibabylonischen Partei überreden und probte den Aufstand. Er unterwarf sich gerade noch einmal rechtzeitig dem babylonischen Herrscher, indem er diesem eine Treue-Botschaft übermittelte (vgl. Jer 51,59).

525 Vgl. G. Garbini, History & Ideology in Ancient Israel. London 1988, 49f., der in diesem Zusammenhang auch auf das Siegel Nr. 108 im Katalog von F. Vattioni, I Sigilli ebraici, in: Bib 50 (1969) 357–388) hinweist, das aus der »Regierungszeit« des Zidkija stammen muß.

526 Jer 24 spiegelt das negative Urteil des Prophetenbuches gegen den wankelmütigen König wider. Die Sprüche stehen jedoch gewiß schon unter dem Eindruck der später erfolgten zweiten Eroberung und Zerstörung der Stadt und des Tempels im Jahre 587.

589/8 erhob sich Zidkija zum zweiten Male gegen Babylon. Wieder mag Ägypten, unter Psammetichs Sohn, Apries (589–570), im AT Hofra genannt, den Anstoß dazu gegeben haben. Das 3. Ostrakon von Lachisch weist auf diplomatische Aktivitäten mit Ägypten hin[527]. Vielleicht haben sich auch Tyrus[528], Ammon (vgl. Ez 21,25) und Edom zunächst diesem Aufstand angeschlossen. Auf jeden Fall war dieses Bündnis zu schwach, um eine Erhebung gegen den damals auf dem Höhepunkt seiner Macht stehenden Nebukadnezzar zu riskieren.

Nebukadnezzar erschien dieses Mal selbst an der Spitze seiner Truppen und begann mit der Eroberung des Umlandes Jerusalems. Offenbar hatte Nebukadnezzar damit keine Mühe. Nur Lachisch (*Tell ed-Duwēr*) und Aseka (*Tell ez-Zakarīye*), zwei Militärfestungen im Hügelland, leisteten nennenswerten Widerstand.

Über Einzelheiten dieses Kampfes sind wir durch 18 beschriebene Tonscherben, die 1935 in einem Raum der äußeren Südwestbastion sowie in der Nähe auf *Tell ed-Duwēr* gefunden worden sind, die sog. Lachisch-Ostraka[529], unterrichtet. Sie befanden sich im Schutt von Stratum II, das durch die Babylonier zerstört worden war und auf 587/6 datiert werden konnte. Drei weitere Ostraka fand man 1938. Die Notizen gingen meist von lokalen Befehlshabern militärischer Außenposten in nahegelegenen Ortschaften an den übergeordneten Kommandanten der zentralen Festung in Lachisch (Hoschja`jahu und Ja´osch). Die 21 Ostraka sind verschieden gut erhalten und nicht durchweg sicher deutbar. Neben regelrechten Briefen, also Schreiben zusammenhängenden Inhalts, gibt es auch bloße Namenlisten von Beamten und möglicherweise beauftragten Boten[530]. Sie geben ein lebendiges Bild von der verzweifelten Lage, in der sich Juda während dieser Zeit befand. Einer der Briefe (Nr. 4) enthält vielleicht einen Hinweis auf den Fall der Festung Aseka. Er lautet:

»*1*Möge Jahwe meinen Herren hören lassen gerade jetzt *2*erfreuliche Nachrichten! Und nun: entsprechend allem, was mein Herr anbefahl, *3*hat dein

[527] Vgl. TUAT, Band I, 621. Vgl. Torczyner, Lachish I: The Lachish Letters. London 1938; W. F. Albright, ANET, 321; ders., in: BASOR 70, 11 und 73,16.

[528] Vgl. Flavius Josephus, Contra Apionem, I, 154ff.

[529] Veröffentlicht von H. Torczyner, Lachish I: The Lachish Letters. London 1938. Die neueste Textfassung mit Bibliographie von D. Diringer in: O. Tufnell-M. A. Murray-D. Diringer, Lachish III, vol. I (1953) 21–23.331–339. Bearbeitungen und Übersetzungen: W. Röllig, KAI, 192–199 (Nr. 2–6.9.13.19 und Literatur) ; J.C.L. Gibson, Textbook of Syrian Semitic Inscriptions, Vol. I: Hebrew and Moabite Inscriptions. Oxford 1971, 32–49; ANET[3], 321f.; H. Michaud, in: Syria 34 (1957) 39–60 (die wichtigsten Ostraka des Brit. Museums); TGI[3], S. 75–78; A. Lemaire, Inscriptions hébraïques, Tome I: Les Ostraca, (Littérature Ancienne du Proche-Orient, 9), Paris 1977, S. 83–143; TUAT, Band I, 620–624 (Ostraka 1–6). Vgl. auch K. Elliger, Die Ostraka von Lachis, in: PJB 34 (1938) 30–58. Der Versuch von J.W. Ganor, The Lachish Letters, in: PEQ 99 (1967) 74–77, die Ostraka in die Zeit Rehabeams zu datieren, hat nicht die geringste Wahrscheinlichkeit für sich.

Knecht getan: Ich habe notiert auf die Tafel alles genau so, *4*wie es [mein Herr] mir anbefahl. Was jedoch mein *5*Herr (mir) anbefahl wegen Beth-Harrapid – dort gibt es keinen *6*Menschen (mehr)! Und was Semachjahu angeht, so hat Schemajahu ihn genommen und *7*ihn zur Stadt gebracht. Und ich – dein Knecht – kann *8*nicht im Augenblick (?) dorthin Anweisung geben, *9*allenfalls, wenn es wieder Morgen wird. *10*Und (mein Herr) soll wissen, daß wir auf die Signalzeichen von Lachisch *11*achten, gemäß allen Anweisungen, die *12*mein Herr gibt, jedoch sehen wir nicht (die Zeichen) von Aseka«[531].

Die Belagerung Jerusalems dauerte im Jahre 589/8 an. Aus dem Lachisch-Ostrakon Nr. 3[532] könnte man den Eindruck gewinnen, daß der Belagerungsring um Jerusalem nicht absolut dicht und die militärische Okkupation des Landes nicht lückenlos war. Ein judäischer General mit dem Namen Konjakhu ben Elnatan konnte sich immerhin noch nach Ägypten begeben, vielleicht wollte er dort um militärische Unterstützung bitten. Außerdem scheint er aus einer anderen Festung eine Abteilung Soldaten mitgenommen zu haben.

Nebukadnezzar schloß Jerusalem ein. Pharao Apries (589–570), der mit seinen Truppen herbeieeilte, konnte die Stadt jedoch nicht wirksam vom Belagerungsdruck entlasten (vgl. Jer 37,5.7.11; Ez 17 und 29–32). Die Rolle des Propheten Jeremia in dieser politisch kritischen Zeit war sehr umstritten. In der prekären Situation einer Belagerung für eine bedingungslose Unterwerfung zu plädieren, konnte bei den politisch Verantwortlichen des Landes kaum auf Gegenliebe stoßen. So wurde er des Verrats und der Kollaboration bezichtigt. Vor allem warf man ihm vor, er untergrabe die Widerstandskraft der Bevölkerung (vgl. Jer 38,4)[533]. Noch vor der Eroberung der Stadt flohen der König und seine Krieger, vielleicht zu den Ammonitern. Bei Jericho wurden sie von den babylonischen Truppen eingeholt, das Heer wurde versprengt und der König gefangengenommen. 587 wurde Jerusalem nach anderthalbjähriger Belagerung vom babylonischen Kommandanten der Leibwache Nebusaradan erobert. Der Tempel, der Palast und alle Häuser Jerusalems wurden in Brand gesteckt, die Stadtmauern niedergerissen und die übriggebliebenen Einwohner ins Exil geführt (vgl. 2 Kön 25,8–21). Der Negeb scheint einen totalen Niedergang erlebt zu haben. Als arabische

530 Vgl. die Namenliste auf Ostrakon 1, die einige für die damalige Zeit charakteristische Personennamen enthält, darunter auch den Namen »Jeremia« und den in Jer 29,3 und 36,10–12.25 bezeugten Namen »Gemarja«. S. dazu J. Renz & W. Röllig, Handbuch der Althebräischen Epigraphik. Bd. I. Darmstadt 1995, 408f.

531 Übersetzung im wesentlichen nach TGI^3, 76f. Es wäre auch möglich, daß die Entfernung vom Absendeort nach Aseka zu weit war, um die Zeichen zu sehen, vielleicht weil der dazwischenliegende (?), unlokalisierte Ort Bet-Harappid ausgefallen war.

532 Vgl. TUAT, Band I, 621f.

533 Auch der Lachisch-Brief Nr. 6, Z. 5–7 scheint darauf hinzuweisen, daß es in Jerusalem Kräfte gab, die die Kampfmoral zersetzten. Vgl. dazu TUAT, Band I, 624: »Und siehe die Worte der [Obersten] sind nicht gut, um die Hände der Chal(däer) zu schwächen, [um zu beschwich]tigen die Hände der Fe[inde]...«

Stämme in das Ostjordanland drängten und damit die Edomiter unter Druck setzten, wichen diese in das weitgehend menschenleer gewordene Negebgebiet aus und siedelten sich dort an.

4. Das Exil

Die biblischen Quellen für diesen Zeitabschnitt sind: Das dtr Geschichtswerk, das mit der Zerstörung Jerusalems 587, einem kurzen Ausblick auf die Situation in Juda nach diesem Ereignis in 2 Kön 25,22–26 und mit der Begnadigung des Königs Jojachin in 2 Kön 25,27–30 (um 560 v. Chr.) endet. Das chronistische Geschichtswerk schweigt sich über die Lage der Exulanten im Exil aus. Nur in der knappen Notiz in 2 Chr 36,18–21 wird festgestellt, daß das Land »während der ganzen Zeit der Verwüstung brach lag, bis siebzig Jahre voll waren« (V. 21). Das Werk endet mit dem Hinweis auf das Edikt des Kyrus, das die Rückkehr der Exulanten gestattete (2 Chr 36,22f.). Mit der Situation der Exulanten beschäftigt sich vor allem der Prophet Ezechiel, der – selber im Exil lebend – dort um 570 v. Chr. gestorben sein muß.
Als außerbiblische Quellen kommen in Betracht: die Babylonische Chronik (für die Jahre 555–539), die sog. Nabonid-Chronik[534], das Schmähgedicht auf Nabonid[535], die Ton-Zylinder des Kyrus[536] sowie weitere Dokumente, die sich mit der Gestalt des babylonischen Königs Nabonid beschäftigen[537].
Zidkija und seine Begleitung wurden als Gefangene nach Ribla (er-Rable) in Mittelsyrien verschleppt. Dort hatte Nebukadnezzar II. sein Hauptquartier aufgeschlagen. Zidkijas Söhne wurden an Ort und Stelle getötet. In Ketten und geblendet wurde der König daraufhin nach Babylon deportiert (vgl. 2 Kön 25,5–7).
Nebusaradan ließ alle Kostbarkeiten des Tempels (die Kultgeräte, das große Wasserbecken für die Reinigungen [das eherne Meer], die ehernen Säulen) und des Palastes nach Babylon bringen. Das Schicksal der Bundeslade ist unbekannt. Wahrscheinlich ging sie beim Brand des Tempels verloren. Der Rest der Stadtbevölkerung und Handwerker wurde deportiert. »Nur von den armen Leuten im Land ließ der Kommandant der Leibwache einen Teil als Wein- und Ackerbauern zurück« (2 Kön 25,12). Das Ausmaß der Deportation scheint viel geringer gewesen zu sein als im Jahre 598/7: Jer 52,28–32 spricht von 832 Jerusalemern. Fünf Jahre später wurden nochmals 745 Judäer verschleppt.

534 ANET, 305–307; vgl. noch den knappen Auszug in TGI³, 79f.
535 Vgl. ANET, 312–315.
536 Vgl. TGI³, 82–84; ANET, 315f.; TUAT, Band I, 407–410.
537 Vgl. den Ur-Zylinder und die Babel-Stele Nabonids. Siehe dazu TUAT, Band I, 406–407; weiter ANET Suppl., 560–563; R. Meyer, Das Gebet des Nabonid, in: SSAW, Phil.-Hist. Kl., 107, Heft 3. 1962, 53–81.

In die Stadt Babylon wurden die Angehörigen der Oberschicht und des Hofstaates gebracht (vgl. 2 Kön 24,15; 25,27–30). Die anderen fanden eine Unterkunft in verschiedenen Ortschaften, wo sie ein ziemlich freies und normales Leben in geschlossenen Exulantenkolonien führen durften. Sie konnten Häuser bauen, Ackerbau und Handel treiben (vgl. Jer 29). Die hochgespannten Erwartungen der Exilsgemeinde wurden weniger von einem Zustand unerträglicher Unterdrückung genährt als von der Sehnsucht nach dem Heimatland Juda (vgl. Ps 137,1), wie es Ez und DtJes dokumentieren. Die Exilsgemeinden waren lokal organisiert. Es gab die Institution der »Ältesten der Gemeinde der Verbannten«[538]. Die Exulanten waren keine Sklaven im eigentlichen Sinne, sondern konnten selbst Knechte und Mägde halten (vgl. Esra 2,65).
Als Aufenthaltsorte der Exulanten werden im AT Tel Aviv (Ez 3,15), Tel Harscha (Esra 2,59; Neh 7,61), Tel Melach (Esra 2,59; Nch 7,61) Kerub-Addon, Immer (Esra 2,59; Neh 7,61) und Kāsifjā (Esra 8,17) genannt. Außer Tel Aviv, das am »Kanal Kebar« lag und damit in der Nähe des alten Nippur, ist keiner dieser Orte genau zu lokalisieren.

5. Juda unter babylonischer Herrschaft

Als biblische Quellen kommen – neben 2 Kön 25,22–26 – einige Kapitel des Jeremiabuches in Betracht (Jer 39–44), die über einzelne markante Ereignisse in Juda nach der Zerstörung Jerusalems berichten. Hauptinteresse dieser Kapitel ist das individuelle Schicksal des Propheten Jeremia bis zu seiner Verschleppung nach Ägypten. Das Buch der Klagelieder ist in unmittelbarem Zusammenhang mit der Eroberung Jerusalems durch die Babylonier zu sehen. Es entstand sehr wahrscheinlich in Juda (vgl. Klgl 2,9.10; 5,4.8.18 und Kap. 5). Die stereotypen Bilder dieser Lieder machen es schwer, Entstehungsort und -zeit zweifelsfrei zu bestimmen. Die alte Tradition, die die Klgl dem Propheten Jeremia zuschreibt[539], ist unhistorisch. Eher muß der Verfasser in den Kreisen der staatlichen Kultprophetie bzw. der Priesterschaft Jerusalems gesucht werden[540]
Nach der Eroberung Judas wurde das Territorium des Staates nicht zu einer eigenständigen babylonischen Provinz umgewandelt. Es ist anzunehmen, daß Juda dem Gouverneur von Samaria unterstellt wurde[541]. Als Verantwortlichen für das eroberte Gebiet setzte Nebukadnezzar einen Judäer aus Jerusalem ein: Gedaljahu ben Ahikam, einen Enkel des Schafan, der Staatsschreiber unter Joschija gewesen war (vgl. 2 Kön 22,12.14; Jer 26,24). Er richtete seinen Verwaltungssitz nicht in der zerstörten Stadt, sondern in

[538] In Ez 8,1 die »Ältesten von Juda«, in 14,1 und 20,1 »Ältesten Israels« genannt.
[539] In der LXX, der Vulgata und neuen Übersetzungen stehen die Klgl hinter dem Jeremiabuch und werden als Klagelieder Jeremias bezeichnet.
[540] Vgl. H.-J. Kraus, Klagelieder (BK, XX), Neukirchen [4]1983, 15.
[541] So haben es ja auch die Achämeniden später gehandhabt.

Mizpa (*Tell en- Naṣbe*) ein[542]. Als Statthalter konnte er die übriggebliebenen Truppen und ihre Befehlshaber, die geflohen waren, in Mizpa empfangen und sie zum Verbleib im Lande bewegen. Dennoch gelang es dem aus der königlichen Familie stammenden Jischmael, Gedalja und seine judäischen und babylonischen Gefolgsleute zu ermorden. In Panik versetzt, rettete sich eine größere Volksgruppe mitsamt den Truppenführern nach Ägypten, aus Furcht vor einem Racheakt der Babylonier (2 Kön 25,22–26). Ausführlicher über diese Episode berichtet Jer 40,–43,4, ein Bericht, der nicht in allen Einzelheiten als historisch zuverlässig gelten kann. Mizpa wird darin als ein Ort geschildert, zu dem alle versprengten Judäer nach der Einsetzung und den beruhigenden Zusicherungen Gedaljas zurückkehrten, so daß der Ort und die Umgebung wieder aufblühten. Aus diesem Bericht wird deutlich, daß Gedalja über bevorstehende Mordpläne gegen ihn informiert worden war, diesen Informationen aber keinen Glauben schenkte. Als Drahtzieher wird Baalis, der König der Ammoniter, genannt. Nun folgt aber in Jer 41,4–10 ein merkwürdiges Zwischenspiel. Am zweiten Tag nach dem Mord, als die Kunde von diesem Ereignis sich noch nicht verbreitet hatte, trafen in Mizpa 80 Männer aus Sichem, Schilo und Samaria ein, die auf dem Pilgerweg nach Jerusalem (»zum Hause Jahwes«) waren. Offensichtlich übte der zerstörte Tempel aufgrund seines einmal erlangten Heiligkeitscharakters immer noch eine starke Anziehungskraft auf Bevölkerungsteile des ehemaligen Nordreiches aus. Jischmael ließ alle Pilger umbringen, mit Ausnahme von zehn Männern, die ihm versteckte Vorräte an Weizen, Gerste, Öl und Honig versprachen. Die gesamte Bevölkerung von Mizpa führte er dann gewaltsam in Richtung Ammon weg. In Gibeon stieß er auf Johanan, den Sohn Kareachs, sowie die Truppenführer. Das gewaltsam entführte Volk lief

[542] Es könnte sein, daß Mizpa sowie das gesamte Stammesgebiet Benjamin von den Babyloniern nicht zerstört wurde. Vgl. A. Malamat, The last wars of the Kingdom of Judah, in: JNES 9 (1950) 227; ders., The Last Years of the Kingdom of Judah, in: L. Perdues u. a. (Hrsg.), Archaeology and Biblical Interpretation. Atlanta 1987, 299–300; Y. Aharoni, The Land of the Bible. Rev. Ed. Philadelphia 1979, 410–411. S. zuletzt J. Zorn, J. Yellin & J. Hayes, The m(w) sh Stamp Impressions and the Neo-Babylonian Period, in: IEJ 44 (1994) 161–183, die als erste das umfangreiche Material an Siegelabdrücken mit dem Stempel *m(w) sh* – von den 42 gefundenen mit der *m(w) sh*-Stempel stammen 30 aus Mizpa – untersucht haben und Mizpa in dieser Periode für so wichtig halten, daß es für diese Art von Vorratshaltung eher als Depot in Frage kam als (das zerstörte) Jerusalem. Siehe neuerdings noch dazu J. R. Zorn, Mizpah. Newly discovered Stratum reveals Judah's other Capital, in: BAR 23/5 (1997) 28–38.66. Stratum 2 deckt die babylonische und persische Periode von 586–ca. 400 v. Chr. ab. Gedalja hätte die Stadt wieder aufgebaut. Die Stadt florierte offensichtlich damals, der *four-room-house*-Typ wurde weiter gebaut. Das alles steht im Gegensatz zu der herkömmlichen Meinung, nur die ärmste Bevölkerungsschicht wäre bei den Deportationen im Lande zurückgeblieben. Riesengroße Vorratsgefäße wurden freigelegt, datiert werden sie in das späte 7. oder frühe 6. Jh., dazu fand man einen Siegelabdruck von Ya'azaniah. Viele der Heimkehrer aus dem Exil siedelten sich in Benjamin, der Region um Mizpa, an. Viele Gefäßstempel tragen die Inschrift *j^{e}hud*, den persischen Namen für Juda. Die Stadt blühte weiter, wie die Reste von geräumigen Häusern bezeugen. Zerstörte Vorratsgefäße auf dem Boden eines Hauses lassen das Ende dieser Siedlungsschicht auf die Zeit um 400 v. Chr. datieren.

zu Johanan über, Jischmael konnte mit acht Mann zu den Ammonitern entkommen. Johanan wollte, aus Angst vor einem Racheakt der Babylonier, das mit ihm ziehende Volk nach Ägypten führen. Der Prophet Jeremia, einer der Verschleppten, wurde um ein Gotteswort gefragt. Er riet von einer Auswanderung nach Ägypten ab. Dennoch wollte Johanan nicht im Lande bleiben und führte Jeremia und seinen Gefährten Baruch mit den anderen nach Ägypten, wo sie bis Tachpanhes[543] kamen. Jeremia soll in Ägypten noch als Prophet aktiv gewesen sein (vgl. Jer 43,8 – 44,30).
Im Land versuchten die babylonischen Autoritäten mit umfangreichen Landvergaben das Leben wieder zu normalisieren. Der Grundbesitz der Verschleppten wurde an die besitzlose Bevölkerung verteilt (vgl. Jer 39,10; 2 Kön 25,12//Jer 52,16; vgl. noch Ez 33,23–27). Daß dadurch Konflikte mit den gut 60 Jahre später heimkehrenden Exulanten vorprogrammiert waren, versteht sich von selbst.
Die Situation im Lande muß in jeder Hinsicht trostlos gewesen sein, auch wenn gute Ernten möglicherweise für einen kurzen Lichtblick sorgen konnten (vgl. Jer 40,12). Die politische Instabilität im Lande, die Hoffnungslosigkeit, die bange Frage, ob die Geschichte des Landes ihren Endpunkt gefunden hatte, das alles lastete auf dem Land. Der König als Symbol nationaler Identität war abgesetzt, die Hauptstadt und der Tempel zerstört, die Oberschicht weitgehend verschleppt. Die Zurückgebliebenen waren nicht in der Lage, die eigene Zukunft in die Hand zu nehmen und wieder Hoffnung auf eine andere, bessere Zeit zu schöpfen. Dagegen wuchs aus der hoffnungslosen Situation der Verbannten allmählich die Erwartung eines Neuanfangs unter veränderten Vorzeichen: das davidische Königtum würde wiederkommen und das Volk aus dieser erniedrigenden Bedrückung befreien.
Eine zusätzliche Bedrohung für das Land ging, wie vorher erwähnt, von den Edomitern aus. Wahrscheinlich hatten sie mit Erlaubnis der babylonischen Besatzung den Negeb übernommen und sich dort angesiedelt. Sie waren selbst in ihrem ursprünglichen Siedlungsgebiet im südlichen Ostjordanland durch vordrängende Araberstämme aus der Ostwüste unter Druck geraten. Auch wenn die genauen Umstände dieses Vorgehens und vielleicht noch weiterer Übergriffe nicht mehr nachgezeichnet werden können, entstand ein glühender judäischer Haß gegen die Edomiter (vgl. Klgl 4,21f.; Jes 34; Jer 49,7–22; Ez 25,12–14; Ob).

6. Die Juden in der Diaspora

Die starken jüdischen Kolonien Ägyptens in der hellenistischen Zeit wurden wahrscheinlich im Kern schon in der frühnachexilischen Zeit gebildet.

[543] Vielleicht Daphne, heute *Defenne*, südwestlich von Pelusium, ein Grenzort östlich des Nildeltas.

Jer 44,1 nennt einige dieser Aufenthaltsorte: Migdol[544], Tachpanhes, Nof (d.h. Memfis) und Patros[545]. Die Flucht vor den Babyloniern war nicht der einzige Grund für eine Ansiedlung im Ausland. Wie die Existenz der jüdischen Militärkolonie von Elephantine zeigt, konnten auch Juden als Militärkolonnen im fernen Oberägypten angesiedelt werden. Aus einem aramäischen Brief dieser Militärkolonie geht hervor, daß auf Elephantine schon vor der persischen Eroberung ein Jahwetempel existierte[546]. So müssen die Wurzeln der jüdischen Diaspora in Ägypten schon in die vorexilische Zeit zurückreichen. Daß nicht diese jüdischen Gruppen, sondern die Diaspora in Babylon politisch und religiös entscheidend für das weitere Schicksal Israels werden sollte, liegt an der starken Assimilation der ägyptischen Diaspora. Die aramäischen Papyri von Elephantine lassen erkennen, wie stark das eigene Selbstverständnis von dort herrschenden Rechtsvorstellungen und von der ägyptisch-orientalischen Religion durchdrungen war[547].

7. Religiöses Leben und theologische Strömungen im Exil

Festzuhalten ist, daß eine kleine, elitäre Minderheit in nacheinanderfolgenden Aktionen nach Babylon in die Verbannung verschleppt wurde und dort weitgehend ihr religiöses und gesellschaftliches Eigenleben entwickeln und fortführen konnte. Diese Verbannten betrachteten sich selbst als den eigentlichen Kern des Volkes, und die exilische wie auch nachexilische Geschichtsschreibung hat dieses Selbstbewußtsein noch untermauert. Die Konzeption des »Restes Israels« wurde, wenn nicht in dieser Zeit und Situation entstanden, wenigstens jetzt bewußt als Eigenprädikat auf die Exilsgemeinde in Babylon bezogen[548]. Diese fühlte sich als Hüterin und Übermittlerin der religiösen und nationalen Traditionen und betrachtete sich als Hoffnungsträger für eine heilvolle Zukunft. Nachdem Jahwe im zerstörten Tempel nicht mehr anwesend, sondern von dort ausgezogen war, glaubte man fest, ihn in der Mitte der Exilsgemeinde zu haben. Dennoch wurde der Verbleib im Exil als das Leben in einem fremden, unreinen Land betrachtet (vgl. Ez 4,13). Der Jahwekult war hier seit der Annahme der joschijanischen Reform

[544] Die Lokalisierung ist unsicher. Vielleicht ist der Ort identisch mit dem Migdol aus Ex 14,2, einer Festung des Sethos I. und Merenptah, heute *Tell el-Ḥēr*, 20 km nordwestlich von Qantara.

[545] Der Name steht allgemein für Oberägypten, Südland.

[546] Der Brief ist eine Eingabe an den persischen Gouverneur von Juda, Bagoas, aus dem Jahre 408 v.Chr. Vgl. dazu ANET, 491f.; TGI^3, 84–87; TUAT, Bd. I, 254–256.

[547] Das machte sich nicht nur in der Namengebung der Militärkolonnen bemerkbar, sondern ganz besonders in der Zusammenstellung ihres Pantheons, wo neben Jahwe auch andere Götter, darunter auch als Anatjahu eine Partnerin für Jahwe, verehrt wurden.

[548] Für eine vorexilische Entstehung der Vorstellung vom »Rest Israels« plädiert O. Carena, Il resto d'Israele. Studio storico-comparative delle iscrizioni reali assire e dei testi profetici sul tema di resto (Supplementi alle Rivista Biblica, 13), Bologna 1985. Viel differenzierter jedoch J. Hausmann, Israels Rest. Stuttgart 1987.

unerlaubt und unmöglich. So wurde Jerusalem zum Ziel der Sehnsüchte und Träume. Wahrscheinlich verdanken wir diese Vorstellung der kleinen Gruppe von exilierten Priestern, die ihre religiöse Identität und ihren Status erhalten wollten und nur in der Stärkung der Position Jerusalems eine Überlebenschance für ihren Stand sahen[549]. Es ist anzunehmen, daß wichtige Teile des Dtr und des Buches Dtn in diesen Kreisen der Gola entstanden sind. Es sind vor allem Ezechiel und DtJes, die uns als Propheten in der Exilsgemeinde greifbar werden.

Das Aufkommen der messianischen Erwartungen im Exil ist besonders deutlich im Ezechielbuch festzustellen. Er muß selbst aus priesterlichen Kreisen gestammt haben (Ez 1,3) und wurde bei der ersten Deportation 598/7 nach Tel Aviv am Kebar-Kanal angesiedelt. 593 wurde er zum Propheten berufen (Ez 1–3) und bis zum Jahre 587/6 hatte er seinen Zuhörern nur Unheil als Strafgericht Jahwes zu verkünden (Ez 4–24). Nach dem Eintritt der Katastrophe über Jerusalem und Juda im Jahre 587 orientiert sich seine Botschaft völlig neu. Er tritt als Künder einer gründlichen Erneuerung und Wiederherstellung auf. Es ist die Exilsgemeinde, in der das Wunder der Neugeburt geschehen wird (bes. Ez 37). Ezechiel kündigte der Exilsgemeinde aber nicht nur das Ende der Verbannung durch eine Tat Jahwes an. Er vertrat außerdem die Vorstellung einer Wiedervereinigung des seit Jerobeam geteilten Landes, was einer Wiederkehr der glanzvollen Zeit der davidischen Monarchie gleichkam (vgl. Ez 34, 17–31; 37,21f.). Aus den Kreisen seiner Schüler stammt der sog. »Verfassungsentwurf« (Ez 40–48) für das Leben im wiedererstandenen und ungeteilten Israel. So haben sich diese Erwartungen allerdings nicht erfüllt. Die Hoffnung ist jedoch bei den Exulanten lebendig geblieben und hat das Leben sowie das Selbstverständnis des nachexilischen Judentums nachdrücklich geprägt.

Der anonyme Prophet, der DtJes genannt wird, hat in Jes 40–55 ein streng monotheistisch und universalistisch geprägtes religiöses Denken hinterlassen. Seinen Mitverbannten verkündete er die Heimkehr nach dem Muster des Exodus aus Ägypten. Er nennt auch deutlich das Instrument in Gottes Hand bei dieser Aktion: den persischen Herrscher Kyrus II., der mit dem neubabylonischen Reich aufräumen wird. Für die heimgekehrte Gemeinde wird es eine umfassende Restauration geben. Der Tempel wird aufgebaut werden, Heil und Friede werden nach Israel einkehren. Die gesamte Diaspora wird sich dort versammeln und alle Völker werden zum Zion wallfahren.

Wie die Exilsgemeinde ihr Kultleben und ihre gottesdienstliche Praxis organisiert hat, wissen wir nicht. Es ist anzunehmen, daß sich in dieser Gemeinde schon Frühformen von synagogalen Gottesdiensten entwickelt haben. Möglicherweise haben die Priester, Leviten und Tempelsänger darin Funktionen übernommen. Daß man in der Gemeinde, angesichts des fehlenden Tempeldienstes in der Fremde nach alten und neuen Formen des religiösen Bekenntnisses gesucht hat, ist anzunehmen. Das Sabbatgebot, das Geflecht

[549] So vor allem G. Garbini, History & Ideology in Ancient Israel. London 1988, 62.

von Speisegeboten sowie die Beschneidung bekamen in der Zeit des Exils einen besonderen Bekenntnischarakter, indem sie als Unterscheidungsmerkmale die Partikularität des Volkes Israel im Exil hervorhoben. Zu diesem und dem folgenden Kapitel ist der Ergänzungsband von J. Maier zu vergleichen[550].

IV. ISRAEL UNTER ACHÄMENIDISCHER HERRSCHAFT

1. Das Achämenidenreich

Originäre persische Quellen über das Achämenidenreich[551] sind sehr spärlich. Dafür sprechen über diese Zeit die Begründer und Vertreter der griechischen Geschichtsschreibung (Herodot, Thykidides, Xenophon, Ktesias, Diodor, Strabo, Isokrates, Plutarch). Außerdem streift auch Flavius Josephus in seinen Antiquitates Judaicae die persische Geschichte.
Dem Perserreich unter Kyrus II. war es inzwischen gelungen, das konkurrierende Mederreich auszuschalten. Der letzte König der Meder, Astyages, wurde aus seiner Hauptstadt Ekbatana vertrieben. In Kleinasien konnte Kyrus 546 das lydische Königreich des Kroisos trotz babylonischer und ägyptischer Hilfe für Kroisos seinem Reich einverleiben. Als die religiösen Auseinandersetzungen in Babylon unter dem König Nabonid (555–539) die Priesterschaft der Stadt aufbrachten, konnte Kyrus diese Lage ausnützen und mit der Unterstützung der rebellierenden Priester 539 in die Stadt einziehen[552]. Unter seine Herrschaft fällt auch der erste Kontakt mit den hellenistischen Städten Kleinasiens und so mit der hellenistischen Kultur.
Der Anfang der persischen Herrschaft und die Gründung eines neuen, umfassenden Weltreiches muß den Zeitgenossen wie der Beginn eines neuen Zeitalters vorgekommen sein. In diese setzte man hochgespannte Erwartungen, sowohl in Babylon als auch im ganzen Reich. In diesem Zusammenhang sind ebenfalls die Erwartungen im exilierten Judentum zu sehen, auch wenn sie noch so sehr vom eigenen Glauben an Jahwe als dem Weltherrscher geprägt waren. Den achämenidischen Machthabern ging es nicht um die Zerschlagung der unterworfenen Völker, die unter dem Verlust ihrer eigenen Identität in ein übergeordnetes Einheitsreich aufgehen sollten, wie sie von den Assyrern zuerst praktiziert und von den Neubabyloniern übernommen worden war. Die persische Politik gründete vielmehr auf dem

[550] J. Maier, Zwischen den Testamenten. Geschichte und Religion in der Zeit des Zweiten Tempels (NEB, Ergänzungsband 3 zum AT), Würzburg 1990.
[551] Der Name stammt vom eponymen Vorfahren dieses persischen Königshauses, Achämenes, Großvater von Kyrus I.
[552] Vgl. den Tonzylinder mit akkadischer Inschrift, den er bei dieser Gelegenheit anfertigen ließ. Siehe dazu ANET, 315f.; TGI[3], 82–84; TUAT, Band I, 407–410.

Prinzip der »Toleranz«. Auch wenn dieser moderne Begriff mißverständlich ist und auf die damalige Politik der Achämeniden nicht einfach übertragen werden kann, scheinen die Erfahrungen der Assyrer und Babylonier die Achämeniden dazu bewogen zu haben, aus praktischen und ökonomischen Gründen die unterworfenen Völker in ihrer Identität weiter existieren zu lassen, solange damit die Oberherrschaft der Perser nicht in Frage gestellt wurde. Es lag den Herrschern viel daran, in jedem von ihnen abhängigen Gebiet eine gut funktionierende Verwaltung und gut abgesicherte ethnische und religiöse Gruppen zu haben, deren Rechte möglichst von der imperialen Autorität garantiert waren[553]. Die Verwaltung war straff organisiert. Weil vor allem zur Zeit der sog. Perserkriege die Auseinandersetzungen mit den Griechen enorme Potentiale an Soldaten und Ressourcen erforderten, wurde auch die achämenidische Abgaben-Politik zu einer drückenden Last für alle unterworfenen Völker. Die straffe Verwaltung zeigte sich auch in der einheitlichen Verwaltungssprache, die für das Gesamtreich übernommen wurde, dem sog. Reichsaramäischen. Sowohl nach innen wie auch nach außen errang diese Sprache eine beherrschende Stellung. Zum Teil verdrängte sie die lokalen Dialekte. Eine Variante dieses Aramäischen ist das sog. Biblisch-Aramäische, das in den Büchern Esra 4,8–6,18; 7,12–26 und Dan 2,4–7,28 vorliegt.

Als Kyrus 529 bei kriegerischen Auseinandersetzungen mit den Massageten im Nordosten seines Reiches fiel, führte sein Sohn Kambyses (530–522) die Expansionspolitik fort und griff 525 erfolgreich Ägypten an. Sein Bild ist durch die scharfe Polemik der bis dahin privilegierten Priesterklasse in Ägypten stark entstellt worden und ist in die griechische Geschichtsschreibung eingegangen[554]. Die Schuldzuweisung für den Mord an seinem Bruder Bardiya mag dabei eine entscheidende Rolle gespielt haben[555]. Als sich daraufhin ein »Magier« mit dem Namen Gaumata gegen ihn erhob und sich als seinen Bruder ausgab, geriet das persische Reich ins Wanken. Entgegen seinem schlechten Ruf hat Kambyses nachweislich den ägyptischen Kult nicht nur toleriert, sondern auch gefördert[556].

Mitten in den Thronwirren, die von Gaumata ausgelöst wurden, konnte Dareios I. (522–486), der aus einer Nebenlinie des achämenidischen Königs-

[553] In diesem Zusammenhang ist die Redaktion des Pentateuchs in der achämenidischen Zeit zu sehen. Vgl. dazu F. Crüsemann, Le Pentateuque, une Tora. Prolégomènes à l'interprétation de sa forme finale, in: Le Pentateuque en question. Hrsg. von A. de Pury. Genève ²1991, 339–360; E. Blum, Studien zur Komposition des Pentateuch (BZAW, 189), Berlin & New York 1990.

[554] Vgl. Diodor, Strabo, Plutarch, Clemens Alexandrinus, Flavius Josephus. In einem Erlaß hatte Kambyses die Einkünfte der Priesterschaft an den Tempeln gekürzt.

[555] Vgl. dazu M. L. Lang, Prexaspes and Usurper Smerdis, in: JNES 51(1992) 201–207.

[556] Vgl. die Inschrift auf dem sog. Naophoros des Vatikan vom saitischen General Udjahorresnet, die sich auf den Kult der Göttin Neith von Sais bezieht. Siehe dazu A. Tulli, Il Naoforo Vaticano, in: Miscellanea Gregoriana. Roma 1941, 211–280. Im Serapeum von Saqqara stiftete er einen prachtvollen Sarkophag für den verstorbenen Apisstier.

hauses stammte, sich gegen alle Konkurrenten durchsetzen[557]. Die »tolerante« Religionspolitik wurde von Dareios I. konsequent fortgesetzt. In seinem 3. Regierungsjahr ordnete er an, alle ägyptischen Gesetze bis zum 44. Jahr des Amasis zu sammeln. Er ist als Bauherr des Hibis-Tempels in der Oase el-Kharga und anderer Tempel in el-Kab, Memfis und Busiris bekannt. Dareios II. kümmerte sich mit einem Dekret zur Regelung der Passahfeier um den Kult der jüdischen Militärkolonie von Elephantine[558]. Auf diesem Hintergrund wird man die Diskussion um die Historizität eines Erlasses zur Wiederherstellung des Tempels und der Stadtmauern in Jerusalem zu interpretieren haben. Dareios ist in die achämenidische Geschichte vor allem als Reformer der Reichsverwaltung eingegangen. So ordnete er die Satrapien des Reiches neu[559]. Die syrisch-palästinische Region wurde als Satrapie Transeufrat (Reichsaram.: *ʿAbar Nahᵃrā*) bezeichnet und wahrscheinlich von Tripolis aus verwaltet[560]. Durch die Einführung der Reichsmünze, des sog. Dareikos, wurde die Wirtschaft innerhalb des Riesenreiches stark gefördert. Die Residenzstädte Persepolis und Susa wurden großartig ausgebaut. Außenpolitisch ist seine Regierungszeit gekennzeichnet von den ersten Konfrontationen mit der griechischen Welt: 500/499 begann der ionische Aufstand, die Schlacht bei Marathon (490) bildete den Anfang der eigentlichen sog. Perserkriege.

Sein Nachfolger Xerxes (486–465/4) wurde von der Konfrontation mit den Stadtstaaten des griechischen Festlandes ständig herausgefordert. Nach seinem anfänglichen Erfolg und dem Durchzug durch den Küstenengpaß der Thermopylen, die ihm 480 die Zerstörung des unbefestigten Athen ermöglichten, erlitt seine Flotte im gleichen Jahr eine Niederlage bei Salamis. In der Landschlacht bei Plataiai 479 besiegten die Athener die griechischen Bundesgenossen der Perser und befreiten nacheinander alle ionischen Städte und Zypern.

Nach der Ermordung des Xerxes folgte sein Sohn Artaxerxes I. Longimanus (465/4–425) auf den persischen Thron. In seiner Regierungszeit begann 460 der ägyptische Aufstand des Inaros, der vom persischen General Megabyzos erst 454 niedergeschlagen werden konnte. In den Auseinandersetzungen mit den griechischen Stadtstaaten kam ihm der Bruderkrieg zwischen Sparta und Athen (ab 431) gelegen. In rascher Thronfolge regierten nach ihm sein Sohn Xerxes II., sein Bruder Sogdianus und der Satrap Oxos,

557 Vgl. dazu vor allem die »Inschrift aus Behistun« auf einer Felswand, etwa 60 m über einem Quellsee, auf dem Weg zwischen Kirmanshah und Hamadan (dem antiken Ekbatana). Der Text gibt aufgrund der Selbstdarstellung und Propagandaabsicht des Dareios historische Probleme auf. S. dazu TUAT, Band I, 419–450; J. Wiesehöfer, Das antike Persien. Zürich 1993, 33–43.

558 Das Dekret ist an den Satrapen von Ägypten gerichtet. Siehe dazu TUAT, Band I, 253.

559 Vgl. A. Foucher, Les satrapies orientales de l'empire achéménide, in: CRAIBL 1938, 336ff.; J. Wiesehöfer, Das antike Persien. Zürich 1993, 94–98.

560 So zumindest K. Galling, Studien zur Geschichte Israels im persischen Zeitalter. Tübingen 1964, 48.

als Dareios II. von 424 bis 404. Persien unterstützte im griechischen Bruderkampf Sparta gegen Athen. Artaxerxes II. Mnemon (404–359/8) hatte sich zunächst gegen seinen jüngeren Bruder Kyrus zu behaupten[561] und sah sich verschiedenen Aufständen der Satrapen gegenüber. Ägypten konnte sich 404 vom persischen Joch befreien. Dort bildete Amyrtaios die 28. Dynastie. Unbedeutende Herrscher der 29. Dynastie (399–380) wurden von Regenten der 30. Dynastie abgelöst. Nektanebos I. (380–363) brachte dem Land einen letzten kulturellen und politischen Aufschwung. Nur die inneren Zwistigkeiten (Peloponnesischer Krieg) und Rivalitäten unter den griechischen Stadtstaaten ermöglichten es, daß Persien 387 seine Friedensbedingungen diktieren konnte (sog. Königsfriede des Antalkidas), wobei die Griechenstädte Kleinasiens und Zypern wieder den Persern zufielen. Unter Artaxerxes III. Ochos (359/8–338) blühte das Perserreich ein letztes Mal wieder auf: Ägypten wurde 343 zurückerobert und die aufständischen Satrapen wurden niedergezwungen. Aber in der griechischen Welt bahnte sich inzwischen eine neue Entwicklung an, indem die makedonischen Herrscher die griechischen Kleinstaaten gewaltsam einigten. Mit der Schlacht von Chaironeia 338 v. Chr. beendete der Makedone Philipp II. (359–336) die selbstzerstörerische und widersprüchliche Außenpolitik der Kleinstaaten Griechenlands und beschleunigte damit den Verfall des persischen Reiches. Unter dem letzten Herrscher Dareios III. Kodomannos (337–331) siegte Alexander der Große 333 in der Schlacht bei Issos und 331 bei Gaugamela im Norden Assyriens.

2. Die Rückkehr nach Palästina und der Wiederaufbau

Haben sich die weitgesteckten Hoffnungen der Exulanten und der in Palästina Verbliebenen in Kyrus II. erfüllt? Prüfstein für die Beantwortung dieser Frage waren die Heimkehr der Exulanten und die Wiederherstellung der politischen und religiösen Ordnung in Palästina.

2.1. Literarische Quellen

Für diese Zeit liegen als biblisches Quellenmaterial vor: die Bücher Esra und Nehemia, das chronistische Geschichtswerk und die Prophetenschriften Haggai, die sog. »Nachtgesichte« in Sacharja 1–8 und eventuell auch das anonyme Prophetenbuch Maleachi, dessen Sprüche etwa in die Zeit vor 450 v. Chr. zu datieren wären[562]. Zweifellos stammen auch weitere einzelne prophetische Sprüche und Textabschnitte, z.B. aus der sog. tritojesajanischen Sammlung (Jes 56–66) aus dieser Zeit, sie sind jedoch im einzelnen schwer zu datieren.

[561] Von dieser Auseinandersetzung und dem Einsatz bzw. Rückzug griechischer Söldner im Dienst des Kyrus berichtet Xenophon in seinem berühmten Werk Anabasis.

[562] O. Kaiser, Einleitung in das Alte Testament. Gütersloh 1969, 221, hält eine Ansetzung zwischen 400 und 350 für wahrscheinlich.

Dabei ist die Frage nach der historischen Zuverlässigkeit der Bücher Esra/Neh und der Chronikbücher zu stellen. Ihre literarische Analyse ist schwierig und vor allem ist das genaue Verhältnis zueinander umstritten. Wurden früher die Bücher Esra/Nehemia als ursprünglicher Bestandteil des chronistischen Geschichtswerkes betrachtet, der aus unbekannten Gründen sekundär davon abgetrennt worden ist[563], so betrachtet man sie jetzt eher als zwei verschiedene Werke von einem einzigen Autor bzw. als Geschichtswerk aus einem Guß[564]. Die Chronikbücher befassen sich mit der klassischen nationalen Geschichte aufgrund vorgegebener anerkannter Quellen (dtr Geschichtswerk), während Esra/Neh diese klassische Geschichte durch die Hereinnahme der aktuellen Ereignisse fortschreibt. Über genaue chronologische Kenntnisse des persischen Zeitalters scheint Esr/Neh nicht mehr zu verfügen. Außerdem ist die unterschiedliche Überlieferung von Listen (z.B. Tempelgeräte) und Zahlenmaterial (Heimkehrer und Volksgemeinde) im Komplex Chr/Esr/Neh kaum befriedigend zu erklären. Es ist mit einer Abfassungszeit für das 4./3. Jh. zu rechnen.
Das Material in Esra/Neh ist genauer zu prüfen. Denn die chronistische Bearbeitung und ihr theologisches Interesse ist an verschiedenen Stellen deutlich zu spüren. Angeblich wurden amtliche aramäische Dokumente aufgenommen und verarbeitet. Sicheren Boden hat man überhaupt nicht mehr, wenn die Mission des Esra beschrieben wird. Wieder anders zu bewerten ist die sog. Denkschrift des Nehemia und einige Listen verschiedenen Inhalts.
Als außerbiblische Quellen kommen das III. Esrabuch, Flavius Josephus[565] und vor allem die aramäischen Papyri von Elephantine in Betracht. Zumindest in die Diskussion einbezogen gehören die Sammlung von Krugstempeln und Siegelabdrücke, die N. Avigad 1976 publiziert hat[566], sowie die annähernd 400 Ostraka, die in Tell Beer-Scheba und Arad gefunden wurden[567] und von denen ein Teil aus der Zeit 363–311 v. Chr. stammt. Die Ostraka (ausgenommen die aus Arad) dokumentieren das Alltagsleben einer bäuerlichen Gesellschaft und bezeugen das Vordringen edomitischer Stämme in Süd-Palästina.

563 So noch O. Kaiser, Einleitung in das Alte Testament. Gütersloh 1969, 141.

564 Vgl. O. Kaiser, Grundriß der Einleitung in die kanonischen und deuterokanonischen Schriften des Alten Testaments. Band 1: Die erzählenden Werke. Gütersloh 1992, 142: »Beim derzeitigen Stand der Forschung läßt sich die Zugehörigkeit des Esra-Nehemiabuches zum chronistischen Geschichtswerk auch weiterhin vertreten«. Die Auflösung des ursprünglich einheitlichen Werkes läßt sich dadurch erklären, daß nur Esra/Neh über die Samuel- und Königsbücher hinausgehen. Esra/Neh sind im hebräischen Text der (nachträglich kanonisierten) Chronik vorgeordnet, Chr wird zu den *»K^{e}tubim«* gerechnet und schließt das atl. Schrifttum in der hebräischen Bibel ab, sicher auch ein Zeichen für die späte Entstehung der Chr.

565 Flavius Josephus, Antiquitates Judaicae, Buch 11.

566 N. Avigad, Bullae and Seals from a Post-Exilic Judaean Archive (Qedem, 4), Jerusalem 1976.

567 J. Naveh, The Aramaic Ostraca, in: Y. Aharoni (Hrsg.), Beer-Sheba I. Tel Aviv 1973, 79–82; ders., The Aramaic Ostraca from Tel Beer-Sheba (Seasons 1971–1976), in: Tel Aviv 6 (1979)

2.2. *Die Stimmung bei den Exulanten*

Die Situation der jüdischen Gemeinde im Exil unter den Achämeniden war grundlegend anders als unter der neubabylonischen Herrschaft. Die Juden konnten sich in ihrem Exil offensichtlich frei bewegen, ihre eigenen Glaubensvorstellungen entwickeln und nach ihren überlieferten Bräuchen leben. Die Mehrheit verspürte keine Neigung, in das Heimatland zurückzukehren. Die mächtigen Impulse der Erwartungen des messianischen Heiles gingen aus von der kleinen Gruppe der Zurückgekehrten, die sich ohne Unterstützung und Nachzug der Gemeinden im Exil nicht im Lande zurechtfanden und den materiellen sowie geistig-moralischen Wiederaufbau nicht schafften. Daraufhin entwarfen sie großartige Visionen einer endgültigen und umfassenden Rückkehrbewegung aller Verstreuten. Mit einer umfassenden Durchgestaltung und Beeinflussung der Darstellung der Geschichte dieser Zeit durch diese Kreise ist zu rechnen.

2.3. *Das Kyrus-Edikt*

Ein Prüfstein für die historische Zuverlässigkeit der »Quellen« im chronistischen Geschichtswerk und in den Büchern Esra und Nehemia ist der Text des sog. »Kyrus-Ediktes«. Nach biblischer Auffassung hätte Kyrus II. in seinem ersten Regierungsjahr (538) ein Edikt erlassen, das sich mit dem Tempelbau in Jerusalem und der Frage der jüdischen Exulanten beschäftigte. Angesichts der riesigen Ausmaße des achämenidischen Weltreiches wirft eine Promulgation von Sonderregelungen für die weltpolitisch kaum relevante jüdische Glaubensgemeinschaft zu Recht Fragen auf. Das allgemeine Rechtsempfinden und die Vorstellungen über die Verwaltung des Perserreiches lassen dennoch eine Sonderregelung für die jüdische Volksgruppe im judäischen Land als möglich erscheinen, nicht als Ausnahmeerscheinung, sondern als konkreten Fall einer für die meisten Völker im Reich angestrebten Rechtsregelung. Das hindert nicht daran, den Bericht und die Darstellung darüber im Esrabuch als Komposition aus späterer Zeit – wahrscheinlich aus den Kreisen der wenigen Zurückgekehrten aus Babylon – zu betrachten. Der Bericht wurde von anderen, aktuelleren Interessen inspiriert. Außerdem liegt dieses Edikt in zwei stark voneinander abweichenden Versionen vor: eine aramäische Fassung, die gerne für die Originalfassung gehalten wird (Esra 6,3–5) und eine hebräische (Esra 1,1–4).

1. Esra 6,3–5 (aram.): »[3]Im ersten Jahr des Königs Kyrus hat König Kyrus einen Befehl erlassen, der das Gotteshaus in Jerusalem betrifft: Das Haus soll wieder aufgebaut werden als Ort, an dem man Opfer darbringt. Seine Fundamente sollen erhalten bleiben. Seine Höhe soll sechzig Ellen betragen

182–198; ders., The Aramaic Ostraca from Tel Arad, in: Y. Aharoni (Hrsg.), Arad Inscriptions. Jerusalem 1981, 153–174; I. Eph`al & J. Naveh, Aramaic Ostraca of the Fourth Century BC from Idumaea. Jerusalem 1996; A. Lemaire, Nouvelles inscriptions araméennes d'Idumée au Musée d'Israël. Paris 1996.

und seine Breite zwanzig Ellen. [4]Auf drei Lagen Quadersteinen soll eine Lage Holz kommen. Die Kosten bestreitet der königliche Hof. [5]Auch soll man die goldenen und silbernen Geräte des Gotteshauses zurückgeben, die Nebukadnezzar aus dem Tempel von Jerusalem weggenommen und nach Babel gebracht hat. Alles soll wieder an seinen alten Platz in den Tempel von Jerusalem kommen und in das Gotteshaus gebracht werden.«

2. Esra 1,1–4 (hebr.): »[1]Im ersten Jahr des Königs Kyrus von Persien sollte sich erfüllen, was der Herr durch Jeremia gesprochen hatte. Darum erweckte der Herr den Geist des Königs Kyrus von Persien, und Kyrus ließ in seinem ganzen Reich mündlich und schriftlich den Befehl verkünden: [2]So spricht der König Kyrus von Persien: Der Herr, der Gott des Himmels, hat mir alle Reiche der Erde verliehen. Er selbst hat mir aufgetragen, ihm in Jerusalem in Juda ein Haus zu bauen. [3]Jeder unter euch, der zu seinem Volk gehört – sein Gott sei mit ihm –, der soll nach Jerusalem in Juda hinaufziehen und das Haus des Herrn, des Gottes Israels, aufbauen; denn er ist der Gott, der in Jerusalem wohnt. [4]Und jeden, der irgendwo übriggeblieben ist, sollen die Leute des Ortes, in dem er ansässig war, unterstützen mit Silber und Gold, mit beweglicher Habe und Vieh, neben den freiwilligen Gaben für das Haus Gottes in Jerusalem.«

Die Unterschiede zwischen beiden Fassungen seien hier kurz zusammengefaßt. Die aramäische Version enthält Regelungen für die Finanzierung des Tempelbaus durch den königlichen Hof. Die hebräische Fassung verbindet die Aufforderung zum Tempelbau mit dem Aufruf zur Rückkehr der Exulanten; sie veranlaßt die Babylonier, sich an der Ausstattung der rückkehrwilligen Exulanten zu beteiligen und Spenden für den Tempel zu erbringen. Die hebräische Version ist hierin unglaubwürdig und kann die Spuren chronistischer Formulierung nicht leugnen[568]. Aber ist die aramäische Version aufgrund ihrer aramäischen Überlieferung und ihres Inhaltes an sich damit historisch glaubwürdiger[569]? Die aramäische Fassung gibt vor, aus dem amtlichen Schriftwechsel entstanden zu sein, der zwischen dem Satrap Tattenai von der Satrapie Transeufrat und der Kanzlei Dareios´ I. in Susa 518 geführt wurde. Der Satrap ließ nachfragen, ob eine Genehmigung des Kyrus II. zum Wiederaufbau des Jerusalemer Tempels vorlag. Daraufhin ließ Dareios in den königlichen Archiven nachforschen und es kam ein Edikt des Kyrus zutage, das er in seinem Antwortschreiben an den Satrapen dann wörtlich zitiert. Erst jetzt wurde das Schriftstück in Jerusalem abgeschrieben, archiviert und in eine Sammlung amtlicher Dokumente aufgenommen (Esra 4,6 – 6,18, die »aramäische Chronik von Jerusalem«). Die aramäische Version

[568] Dazu eingehend zuletzt H. Donner, Geschichte, Band 2. Göttingen 1986, 408f.

[569] H. Donner, Geschichte, Band 2. Göttingen 1986, 408, behauptet, daß niemand mehr bestreitet, daß das aramäische Edikt die Kopie eines authentischen Dokumentes aus dem Archiv der persischen Schatzverwaltung in Ekbatana ist. Siehe aber A. H. J. Gunneweg, Esra, Nehemia. Gütersloh 1985, 100ff.; O. Kaiser, Einleitung in das Alte Testament. Gütersloh [5]1984, 180

kann sich durchaus auf eine amtliche Vorgabe des Kyrus gestützt haben, scheint jedoch durch eine Redaktion aus Kreisen der ersten Rückwanderer gegangen und bearbeitet worden zu sein. Eine erste, bedeutende Rückwandererwelle hat es unter Kyrus nicht gegeben, nicht nur, weil die etablierte und gut lebende jüdische Exilsgemeinde in Babylon kaum Interesse gehabt haben kann, alles aufzugeben[570] und einer unsicheren Zukunft in einem zerstörten Heimatland entgegenzusehen. Die Texte selbst lassen eine Rückwanderung erst am Ende der Regierung des Kambyses oder gar unter Dareios I. erfolgen.

2.4. Der Bau des zweiten Tempels

Nach dem Erlaß des Kyrus im Jahre 538 mit der Genehmigung des Tempel-Wiederaufbaus und der Rückführung der Tempelgeräte aus Babylon wurde ein Beamter eingesetzt, der die Durchführung des Ediktes zu überwachen hatte. Sein Name war Scheschbazzar[571]. Nun mag dieser tatsächlich für den Rücktransport der Tempelgeräte zuständig gewesen sein, die Grundsteinlegung des Tempelneubaus hat er nicht durchgeführt (anders Esra 5,14–16). Dies geschah erst 18 Jahre später unter Serubbabel (um 520). Offensichtlich wollten die »Ältesten von Juda« nicht den Eindruck erwecken, es habe einen entsprechenden Befehl für den Wiederaufbau gegeben und man sei dem nicht nachgekommen.

2.5. Die erste Rückwanderwelle unter Serubbabel und weitere Rückkehrbewegungen

Scheschbazzar war kein Führer einer größeren Rückwanderergruppe, wie Esra 1,7–11 nahelegt. Er kam höchstens mit seinem persönlichen Gefolge. Auch hat er sich in dieser Situation kaum mit dem Wiederaufbau des Tempels oder dessen Fundamenten beschäftigen können, wie Esra 3,6ff. 5,16; Sach 4,9 und Hag 1,1–11 es nahelegen.

Die erste nennenswerte Rückwanderung aus Babylon geschah in den letzten Regierungsjahren des Kambyses oder erst unter Dareios I. um das Jahr 520.[572] Eine Rückkehr war auch keine einfache Angelegenheit. Nicht nur, daß man die privaten, gesellschaftlichen und wirtschaftlichen Bande mit den Zurückbleibenden lösen mußte; das Territorium, in das die Rückwanderer einziehen wollten, war kein menschenleeres Land. Die Besitzverhältnisse

[570] Vgl. Flavius Josephus, Antiquitates Judaicae, 11,1, 3, der davon spricht, daß »viele jedoch in Babylon blieben, weil sie ihr Besitztum nicht verlassen wollten«.

[571] Der babylonische Name Samaš-aba-uṣur wird in der LXX, III Esra und Flavius Josephus verschieden wiedergegeben. Er wird in einem Brief des Satrapen Tattenai an Dareios I. vom Jahre 518 erwähnt (vgl. Esra 5,14–16). Man darf vermuten, daß es sich um einen deportierten Judäer handelte.

[572] Grundlegend für diese These ist die Arbeit von A. A. Akarya, The Chronology of the Return from the Babylonian Captivity, in: Tarbiz 37 (1967/68) 329–337.

hatten sich nach der Deportation der Exilierten verändert, die alten Rechte der vorexilischen Zeit waren aufgehoben, der Boden neu verteilt. Um die aufkommenden Streitfragen zu lösen, wurde den Rückwanderern ein Sonderbevollmächtigter mitgegeben, Serubbabel aus dem Hause Davids[573]. Er hatte die Aufgabe, den Tempelbau voranzutreiben und die Integration der Rückkehrwilligen im Lande zu organisieren (Esra 2,2).
Die aufgegliederte Rückwanderliste nennt Angehörige der Großfamilien, die als Vollbürger zu betrachten waren und über Grundbesitz verfügten, Familienangehörige ohne Grundbesitz (nach Herkunftsort gegliedert), Priesterfamilien, Leviten, Tempelsänger, Torwächter, Tempeldiener, Nachkommen der Knechte Salomos. Sie ist in Esra 2 (//Neh 7) überliefert. Sie gibt 42 360 Rückwanderer an, Kinder unter zwölf Jahren und Sklaven nicht mitgerechnet. Am Schluß werden diejenigen aufgezählt, die ihre judäische Herkunft nicht sicher nachweisen konnten (Esra 2,59ff.), und Priester, deren Namen im Geschlechterverzeichnis fehlten (Esra 2,61–63). Es wurden großzügige Spenden für den Wiederaufbau des Tempels gemacht (vgl. Esra 2,68f.). Ein Teil der Rückwanderer muß vermögend gewesen sein. Doch scheint die Liste in Esra keine eigentliche Rückwandererliste zu sein, sondern eine Volkszählungsliste. Der Verfasser des Chronistischen Geschichtswerkes legte offensichtlich Wert darauf, daß die Zerstörung Jerusalems 587 eine Leere im Lande hinterlassen hatte und daß die Angaben über die Rückwanderer mit denen der dann vorhandenen Bevölkerung identisch sind.

2.6. Die Propheten Haggai und Sacharja

Etwa um 520 wurden die Arbeiten am Wiederaufbau des Tempels in Angriff genommen. Zur gleichen Zeit traten zwei Prophetengestalten auf, deren Aussprüche in die Bücher Haggai und Sacharja aufgenommen wurden. Haggai hatte sich mit dem Widerstand der begüterten Schicht auseinanderzusetzen, die aufgrund der wirtschaftlichen Not und der Mißernten im Lande mit dem Wiederaufbau noch nicht anfangen wollte (Hag 1,5–11). Der Prophet versucht ihre Begründung ins Gegenteil zu verkehren, indem er den wirtschaftlichen Niedergang als Folge des Aufschubs der Tempelarbeiten deutet (Hag 1,5.9–11; 2,15–19). Sein Aufruf muß einen bescheidenen Erfolg gehabt haben, denn der Neubau kam nur langsam voran und war auch nicht beeindruckend. Deshalb kündigt er der verzagten Gemeinde ein entscheidendes, zukünftiges Eingreifen Jahwes an, das zur Verherrlichung Jerusalems führen und eine große Völkerwallfahrt zum Zion herbeiführen wird. Das erwartet er für die nächste Zukunft. Er verbindet diese Erwartung mit der Person des Serubbabel, den er als Messias proklamiert (Hag 2,23).

[573] Nach 1 Chr 3,19 ein Enkel Jojachins.

In den sog. Nachtgesichten des Propheten Sacharja (Sach 1,7 – 6,15), die etwa gleichzeitig mit den Prophetenworten Haggais zu datieren sind[574], ist ebenfalls vom Tempelbau die Rede (Sach 1,16f.; 4,6a–10b). Neu ist, daß sich in diesen Sprüchen die Messiaserwartung auf zwei Personen richtet: Serubbabel wird als weltlicher, der Priester Joschua als geistlicher Messias ausgerufen (Sach 4,1–6a. 10b–14; 3,1–10; 6,9–15). Damit wird eine Aufwertung der Priesterschaft sichtbar, die seit der joschijanischen Reform nicht mehr dem König, sondern dem Hohenpriester unterstellt war.

2.7. Samarias Widerstand gegen den Tempelbau

Die Initiative seitens Serubbabels, unterstützt durch die Worte Haggais und Sacharjas, war für die nicht-judäischen Bewohner Palästinas eine Provokation. Esra 4,1 nennt die Widersacher »die Feinde von Juda und Benjamin« und »Volk des Landes«[575]; sie bezeichnen sich selbst als Leute, die von Assarhaddon angesiedelt worden sind, den gleichen Gott verehren und deshalb zusammen mit den Heimkehrern den Tempel bauen wollen. Soweit es um Israeliten geht, die an Jahwe als ihrem Gott festhalten, sollte man von »Proto-Samaritanern« reden, während die zwangsangesiedelten heidnischen Einwohner Samarias besser als »Samarier« zu bezeichnen wären[576]. Für die Proto-Samaritaner war und blieb Jerusalem zunächst ein kultisch relevantes Zentrum. Erst der Ausschließlichkeitsanspruch, erhoben durch die aus Babylon zurückgekehrten Exulanten, verursachte und vergrößerte den Dissens mit den Proto-Samaritanern. Serubbabel, Jeschua und die Oberhäupter der Großfamilien lehnten jede Zusammenarbeit mit Hinweis auf das Kyrus-Edikt ab. Ohne Zweifel ist mit einem langjährigen und zähen Widerstand der Proto-Samaritaner zu rechnen: Schon am Anfang des Tempelbaus 520–518 wird sich Widerstand erhoben haben, der sich unter der Regierung des Xerxes im Jahre 486/5 v. Chr. in einem förmlichen Einspruch ausdrückte.

Der erste Widerstand bildete sich nach der administrativen Reform des Dareios I., als dieser 518 die Satrapie Transeufrat einrichtete und der Satrap Tattenai (Hystanes) die dazugehörige Provinz Samaria inspizierte. Die Verwaltung von Samaria denunzierte die Bauabsichten Jerusalems, so daß die persische Verwaltung nach der Legitimität der Arbeiten fragte. Als Tattenai in dieser Sache einen Brief an Dareios I. schrieb und um Nachforschung in den königlichen Archiven nach einem von Kyrus ergangenen Edikt suchen ließ, fand man in der Festung Ekbatana die entsprechende Erlaubnis aus dem ersten Regierungsjahr des Kyrus (Esra 6). Dareios ließ das Edikt des

[574] In Esra 5,1; 6,14 wird er Sacharja ben Iddo genannt. Nach Neh 12,16 ist er priesterlichen Geschlechts. Er könnte mit Serubbabel aus Babylonien zurückgekehrt sein.

[575] Hebr.: *`am ha´areṣ* in V. 4. Vgl. dazu J. P. Weinberg, Der `m ha'ares des 6.–4. Jh. v. u. Z., in: Klio 56 (1974) 325–335.

[576] So mit F. Dexinger, Der Ursprung der Samaritaner im Spiegel der frühen Quellen, in: Die Samaritaner. Hrsg. von F. Dexinger & R. Pummer (WdF, 604), Darmstadt 1992, 67–140.

Kyrus bestätigen und veranlaßte, daß die Angelegenheit der Befugnis des Satrapen entzogen wurde. Die zweite Phase des samaritanischen Widerstandes erfolgte unter Xerxes (vgl. Esra 4,6), nach dem Tode des Dareios I. (486), wahrscheinlich aufgrund der Absicht, Juda aus dem Provinzverband Samarias herauszulösen.

Im Jahre 515 v. Chr. ist mit dem Abschluß der Bauarbeiten zu rechnen. Nach Esra 6,15–18 wurde der Tempel feierlich eingeweiht. Weder Serubbabel noch der Hohepriester Jeschua werden in diesem Zusammenhang erwähnt. Entweder waren beide bereits gestorben oder die konkrete Aufgabe des Regierungskommissars Serubabbel war mit der Fertigstellung des Tempels erledigt und sein Amt damit beendet. Das seit langer Zeit schwelende Zerwürfnis zwischen Juda und den Proto-Samaritanern erreichte schließlich seinen Höhepunkt, als man in Sichem auf dem Gerizim (*Ǧebel eṭ-Ṭōr*) – wahrscheinlich kurz vor der makkabäischen Zeit[577] – einen eigenen Tempel baute und Jerusalem das Recht absprach, als einziges legitimes Kultzentrum zu gelten. Damit fand ein schon von Anfang an schwelender Rivalitätsprozeß zwischen dem samarischen Norden und dem judäischen Süden einen Abschluß.

3. Die Restauration unter Esra und Nehemia

Wie sah die gesellschaftlich-politische und wirtschaftliche Situation im Lande nach der Einweihung des (im Jahr 515) neuerbauten Tempels bis 450 v. Chr. aus? Es ist davon auszugehen, daß das Dtn als »kanonisches, heiliges Buch« wenigstens vom Anspruch her die praktische Lebensordnung im Lande Juda bestimmte. Jedenfalls wurden in der besagten Epoche außerhalb Jerusalems keine neuen Lokalheiligtümer mehr errichtet. Die Kultzentralisation in Jersualem wurde von niemandem angefochten. Eine geistig-religiöse Instanz zur Regulierung der Lebensordnungen hat es noch nicht gegeben. Nach Serubbabels lautlosem Ausscheiden wird der Hohepriester am Jerusalemer Tempel noch nicht eine Autorität über den Tempel hinaus errungen haben. So sind die Vorwürfe des Buches Maleachi wahrscheinlich symptomatisch für die herrschenden Zustände im Lande. In einem Drohwort gegen die Priester bemängelt der prophetische Text, daß der Opferdienst am Altar nicht ernst genommen wird: nur Gaben von minderwertiger Qualität werden Gott geopfert (Mal 1,6–14; 2,1–9). Weitere Vorwürfe prangern die Praxis der Ehescheidung an (Mal 2,14–16; 3,5) und den allgemeinen Mangel an religiösem Empfinden (Mal 2,17; 3,6–10; 3,13–19).

[577] Der Tempel wird erstmals in 2 Makk 6,2 erwähnt. Nach Flavius Josephus, Antiquitates Judaicae XI, 8, 3–7, ließ »Sanballat«, der sich vom letzten persischen Herrscher Dareios abgewandt und sich den Makedonen angenähert hatte, mit Genehmigung Alexanders des Großen den Tempel bauen mit der Absicht, die Kräfte des jüdischen Volkes damit zu zersplittern. Diese Darstellung gehört in das Reich der Legende.

In dieser Situation war eine religiöse und politische Sammelbewegung notwendig. Das Gemeinwesen mußte nach der Rückkehr der Exilierten erst wieder aufgebaut, ein Ausgleich zwischen Heimkehrern und im Lande Verbliebenen geschaffen werden. In diese Restaurationsphase sind die Gestalten des Esra und Nehemia einzuordnen.

Die Chronologie des Esra und Nehemia sowie ihr zeitliches Verhältnis zueinander ist umstritten. Die Verfasser des chronistischen Geschichtswerks haben die beiden Bücher Esra und Nehemia von ihrem spezifischen theologischen Gesichtspunkt her gestaltet und geordnet. Nach Neh 1,1 und 2,1 traf Nehemia im 20. Jahr des Artaxerxes in Jerusalem ein, wo er sich 12 Jahre lang aufhielt (vgl. Neh 5,14 und 13,6). Die Papyri von Elephantine aus dem Jahre 408 geben uns einen Hinweis, um welchen Artaxerxes es in dieser Angabe geht. Sie erwähnen die »Söhne des Sanballat, des Gouverneurs von Samaria« und eben dieser Sanballat wird als Kontrahent des Nehemia in seiner Denkschrift genannt (vgl. Neh 2,10.19; 3,33; 4,1; 6,1f.5.12.14; 13,28). So muß Nehemias Mission in die Regierungszeit des Artaxerxes I. Longimanus (465/4–425) fallen. Sie dauerte dann von 445/4 – 433/2 v. Chr. Danach kehrte er an den persischen Hof zurück, um »nach einiger Zeit« (Neh 13,6) nach Jerusalem zurückzukommen.

Die Chronologie des Esrabuches ist viel schwieriger zu bestimmen, zumal erhebliche Zweifel an der Glaubwürdigkeit der Darstellung der Mission dieses Restaurators bestehen. Der Chronist läßt Esra vor Nehemia in Jerusalem auftreten. Beide hätten dann eine Zeitlang nebeneinander dort gewirkt. Nach Esra 7,7–9 muß das Anfangsdatum seines Wirkens, »das 7. Regierungsjahr des Artaxerxes«, dann mit dem Datum 458 v. Chr. zusammenfallen.

Gegen diese Darstellung des Chronisten erheben sich jedoch schwerwiegende Bedenken. Von Nehemia wird berichtet, daß er die Umfassungsmauer Jerusalems wiederhergestellt habe. Esra 9,9 läßt durchblicken, daß Esra eine solche Mauer in Jerusalem schon vorgefunden hat. In den ursprünglichen Passagen der beiden Bücher Esra und Nehemia werden die beiden nie nebeneinander erwähnt[578]. So spricht alles dafür, daß Esras Tätigkeit nach der des Nehemia anzusetzen ist. Nehemia fand bei seiner Ankunft noch chaotische Verhältnisse vor. Esra hat dann später eine Neuordnung der religiösen und politischen Verhältnisse durchgeführt, indem er »das Gesetz des Gottes des Himmels« (Esra 7,12) promulgierte. Das chronologische Problem ist so zu lösen, daß der Anfang von Esras Mission in das Jahr 398/7 zu datieren ist, d.h. in die Regierungszeit des Artaxerxes II. Mnemon (404–359/8).

Nehemia ben Chakalja gehörte zu dem Kreis von Exulanten, die nicht mit der Rückwanderungsgruppe zurückgekehrt waren, sicherlich weil er am persischen Hof in Susa Karriere als Mundschenk des Königs gemacht hatte

[578] Die wenigen Ausnahmen stammen vom Chronisten oder vom nachchronistischen Bearbeiter.

(Neh 1,11). Von Verwandten und Judäern darüber informiert, wie trostlos die Lage in Jerusalem war – die Stadtmauern lagen in Trümmern, Stadttore gab es nicht – bemühte er sich beim König um eine offizielle Mission als Wiederaufbaukommissar für Juda (Neh 2,1–8). Mit einem Empfehlungsschreiben an die Gouverneure der Satrapie Transeufrat und einer Vollmacht für Holzlieferungen, die ihm der königliche Domänenverwalter besorgen sollte, zog er 445/4 v. Chr. unter militärischem Geleit nach Jerusalem. Sofort bekam Nehemia Schwierigkeiten mit Sanballat, dem Provinzgouverneur von Samaria, und mit Tobia, dem »ammonitischen Sklaven«, dem Gouverneur der ostjordanischen Nachbarprovinz (Neh 2,10). Damit wurde der Widerstand gegen eine Stärkung Jerusalems, der schon unter der Regierungszeit des Xerxes (um 485) für Unruhe gesorgt hatte (vgl. Esra 4,6), wieder angefacht. Über den Satrapen von Transeufrat ließen die Samarier den persischen König wissen, daß von den Bauarbeiten in Jerusalem eine Gefahr für das ganze Reich ausgehen könnte. Das Schreiben ist in reichsaramäischer Sprache in Esra 4,8–16 erhalten. Artaxerxes I. ließ daraufhin die Bauarbeiten einstellen (Esra 4,17–26). Aber mit der Entsendung Nehemias war das königliche Verbot gegenstandslos geworden. Diese Auseinandersetzungen hatten Nehemia gezeigt, wie vorsichtig er zu Werke gehen mußte. Bei einem nächtlichen Erkundungsritt inspizierte er den Zustand der Stadtmauer (Neh 2,11–15). Die Mauer wurde in Abschnitte unterteilt, so daß die Arbeit an allen Stellen zugleich angefangen werden konnte. Die Arbeitskräfte holte er sich aus Jerusalem und den Ortschaften von Juda. Nachdem auch Widerstand bei der Jerusalemer Bevölkerung gegen die Zwangsarbeit an der Mauer entstanden war, weil sie es als eine weitere Verschlechterung ihrer wirtschaftlichen Situation betrachteten, bewirkte Nehemia einen Schuldenerlaß und verzichtete auf die eigene Besoldung (Neh 5,14–19). Der Widerstand der Gegner wuchs. Man verspottete das Unterfangen (Neh 2,19f.; 3,33–38) und schmiedete eine antijerusalemische Koalition aus allen betroffenen Nachbarregionen: Samaria im Norden, Ammon im Ostjordanland, die Araber mit ihrem Häuptling Geschem aus dem Süden Palästinas und dem nördlichen Hejaz (Neh 4,1–9), die Philister (hier Aschdoditer genannt) im Westen. Daraufhin organisierte Nehemia einen Wachdienst, der Überraschungsangriffe auf die Arbeiter verhindern sollte (Neh 4,10–17). Nach Drohungen und Einschüchterungsversuchen planten die Gegner, Nehemia in ihre Gewalt zu bringen (Neh 6), und nachdem dies alles mißlang, bot man Verhandlungen an, die allesamt von Nehemia abgelehnt wurden. Zuletzt bezichtete man ihn, er wolle mit dem Mauerbau den Abfall vom persischen König vorbereiten und sich selbst als König ausrufen lassen. Die Arbeit an der Stadtmauer wurde trotz dieser widrigen Begleitumstände innerhalb von 52 Tagen beendet (Neh 6,15). Nehemia setzte zwei Militärkommandanten ein und regelte das Öffnen und Schließen der Stadttore (Neh 7,1–3). Bemerkenswert ist die von ihm getroffene Maßnahme, die Einwohnerschaft der Hauptstadt Jerusalem wieder aufzufüllen und zu stärken. Neben der Anwerbung von Freiwilligen ordnete er an, daß ein Zehntel der Einwohnerschaft der Ortschaften auf dem Lande durch das Los bestimmt und nach Jerusalem umgesiedelt werden sollte (Neh 7,4f.; 11,1f.). Dadurch erwirkte er nebenbei eine engere Zusammengehörigkeit zwischen Stadt und Land, weil nun familiäre Bande Stadt und Umland enger zusammenhielten. Die Stadtmauer wurde schließlich feierlich eingeweiht (Neh 12,27–47).

Die Archäologie hat sich mit dem Verlauf der nehemianischen Stadtmauer ausführlich beschäftigt[579]. Es scheint gesichert, daß die Mauer nicht einmal der Linienführung der alten (von Nebukadnezzar II. im Jahre 687/6 zerstörten) Mauer folgte. Vor allem auf der Ostseite des Südosthügels verlief die nehemianische Mauer *nicht* so tief unten am Hang, sondern wurde auf den Rand der Hügelkuppe zurückgenommen. So umschloß die nehemianische Mauer ein wesentlich kleineres Stadtgebiet als die Mauer vor der Zerstörung Jerusalems.

Nachdem Nehemia den Mauerbau vollendet hatte, leitete er eine Verwaltungsreform in der (neu errichteten?) Provinz Jehud ein. Es sieht so aus, als ob er die Ausdehnung der Provinz so übernahm, wie sie von den Babyloniern nach ihrer Eroberung definiert worden war. Aufgrund der Liste der am Mauerbau Beteiligten gehörten dazu die Bezirke Jerusalem, Bet-Kerem (*ʿĒn Kārim*), Mizpa (*Tell en-Naṣbe*), Bet-Zur (*Ḫirbet eṭ-Ṭubēqa*) und Keïla (*Ḫirbet Qila*). Es fällt auf, daß z.B. Hebron nicht zum Gebiet der Provinz gehört – wahrscheinlich befand es sich damals schon in den Händen der Edomiter –, Jericho[580] hingegen wird der Provinz zugerechnet. Nachdem die Männer des einfachen Volkes und ihre Frauen Klage über die gesellschaftlichen Zustände erhoben hatten – ihre Familien gerieten aufgrund der miserablen wirtschaftlichen Lage und der Steuerlast in Sklaverei – setzte Nehemia einen allgemeinen Schuldenerlaß in Kraft und ordnete die Rückgabe verpfändeten oder verkauften Grundbesitzes an (Neh 5,1–13). Damit mußte er einen Ausgleich zwischen den Ansprüchen der Heimgekehrten auf den Grundbesitz ihrer Väter und den nun seit drei Generationen darauf arbeitenden Kleinbauern schaffen. Diese heikle Maßnahme konnte er nur durchsetzen, weil er selbst auf jeden Amtsvorteil verzichtete, keinen eigenen Grundbesitz erwarb und seine Gehaltsansprüche aufgab (Neh 5,14–19). Möglicherweise hatte Nehemia auch die Befugnis, Jehud aus dem Provinzverband Samaria zu lösen und es als eine selbständige Provinz einzurichten. Tatsächlich hören die Kompetenzstreitigkeiten zwischen Samaria und Juda im Laufe der Tätigkeit Nehemias vorläufig auf. Das Amt eines »Gouverneurs von Juda« ist um 408 v. Chr. in den Papyri von Elephantine bezeugt[581]. In die gleiche Richtung deuten Krughenkelaufschriften und Siegelabdrücke

579 Siehe vor allem K. M. Kenyon, Jerusalem. Die heilige Stadt von David bis zu den Kreuzzügen. Bergisch Gladbach 1968, 137–144; E. Otto, Jerusalem – Die Geschichte der Heiligen Stadt (UTB, 308), Stuttgart 1980, 100–109.

580 Jericho hatte bis 722 immer zum Nordstaat Israel gehört.

581 Cowley, Aramaic Papyri of the 5th Century B.C. Oxford 1923, Nr. 30, Z. 1; 31, Z. 1.

aus der Zeit Nehemias, die den Namen Jehud als Bezeichnung der persischen Provinz aufweisen[582]. Später kommen Münzen mit dieser Aufschrift noch dazu[583].

Neh 13 berichtet über weitere Maßnahmen, die in die Zeit des zweiten Aufenthalts Nehemias in Jerusalem datiert werden. Eine Erlaubnis des Hohenpriesters Eljaschib hatte seinem Verwandten, dem ammonitischen Statthalter Tobia, die Nutzung einer großen Kammer im Tempel eingeräumt. Nehemia ließ den ganzen Hausrat Tobijas aus dieser Kammer hinauswerfen, reinigte sie und reservierte sie wieder für den Tempelkult (Neh 13,4–9). Bei der judäischen Bevölkerung waren Mischehen mit philistäischen, ammonitischen und moabitischen Frauen stark verbreitet. Deshalb ließ Nehemia unter Androhung von Gewalt die Judäer schwören, keine derartigen Verbindungen mehr einzugehen. Von den bereits geschlossenen Mischehen wird weiter nichts berichtet, so daß man annehmen kann, daß sie unberührt blieben. Auf religiösem Gebiet tat er sich außerdem durch die Versorgung der Leviten hervor, deren Einkünfte er sicherstellte (Neh 13,10–14). Die Sabbatruhe, die vor allem bei den Exulanten in Babylon zum entscheidenden Unterscheidungsmerkmal in einer fremden Umwelt geworden war, ließ er streng überwachen, und mit einer von ihm erlassenen Marktordnung verbot er judäischen und tyrischen Händlern, am Sabbat weiterhin Handel zu treiben (Neh 13,15–22).

Ist die historische Bewertung der Nehemia-Gestalt noch einigermaßen gesichert, so tappen wir mit Esra weitgehend im dunkeln. Das gesamte Material über ihn ist stark chronistisch überarbeitet und schwer aus diesem Überbau herauszuschälen: Esra ist vom Chr zum großen Gesetzgeber des nachexilischen Judentums gemacht worden. Dem chronistischen Bearbeiter sind deutlich chronologische Unsicherheiten bzw. Unkenntnisse nachzuweisen. Er ordnet die Fakten so, daß sie seinem theologischen Bild von der unter dem Gesetz lebenden nachexilischen Gemeinde entsprechen. In Esra 7,12.14.21.23.25f. wird immer wieder auf das »Gesetz des Gottes des Himmels« verwiesen, das sich in Esras Hand befindet und nach dem die nachexilische Gemeinde im Auftrag des persischen Königs geführt werden soll. Halten wir uns an die Angaben des Esrabuches, dann war Esra ein Priester, der aus einer jerusalemischen zadokidischen Familie stammte (Esra 7,12), die nach Babylon deportiert worden war. Ob Esra tatsächlich vom persischen Hof einen Sonderauftrag dafür bekam, die religiösen Angelegenheiten in der neu errichteten Provinz Jehud zu ordnen, wie es der Chr im Buch Esra wiederholt darstellt, ist unsicher. Es bleibt uns nur, uns mit den Vorstellungen des Chr über diese Gegebenheiten auseinanderzusetzen und darauf zu verzichten, einen zuverlässigen Rekonstruktionsversuch der Ereig-

582 Vgl. N. Avigad, Bullae and Seals from a Post-Exilic Judaean Archive, in: Qedem 4 (1976).

583 Vgl. B. Kanael, Ancient Jewish Coins and their Historical Importance, in: BA 26 (1963) 38–62; L.Y. Rahmani, Silver Coins of the 4th Century BC from Tel Gamma, in: IEJ 21 (1971) 158–160.

nisabläufe herzustellen. Es ist auffallend, daß kein biblisches Buch aus der Zeit nach dem 5. Jh. die besondere gesetzgeberische Rolle eines Esra herausstellt[584]. Erst später – im 2. Jh.? – brachte man die religiösen Reformen des 5. Jh.s mit Esra und nicht mehr nur mit dem »Laien« Nehemia in Verbindung, so daß zu Recht vermutet werden kann, daß priesterliche Kreise des 2. Jh.s für die Idealisierung des Esra – er wird in 4 Esra 14 in die Nähe des Mose gerückt – verantwortlich sind. Nach Darstellung des Chronisten beschäftigte sich Esra – wie Nehemia – mit dem Problem der Mischehen (Esra 9,1 – 10,44), verfuhr allerdings rigoroser, indem er auf eine Scheidung der bestehenden Mischehen drängte (Esra 10,11f.). Vermutlich spiegelt diese Forderung religiöse Vorstellungen des 2. Jh.s v. Chr. wider.

4. Jüdisches Leben ausserhalb Palästinas

Unsere wichtigste Quelle für das Leben jüdischer Gemeinschaften außerhalb Palästinas ist die aramäische Papyrussammlung aus Elephantine (aram.: *Yeb* genannt). 1893 konnten die ersten Papyrusrollen von C. E. Wilbour erworben werden, nachdem Fellachen sie im Ruinenfeld gefunden hatten. Sie stammen von einer jüdischen Militärkolonie, die sich auf der Insel Elephantine angesiedelt hatte und dort ihr eigenes gesellschaftliches und religiöses Leben führen konnte. Wahrscheinlich datiert die Gründung der Kolonie vom späten 6. Jh. Möglicherweise hängt sie also mit der persischen Eroberung Ägyptens um 525 v. Chr. durch Kambyses zusammen. Es handelt sich bei diesen Papyri meist um Briefe und Privatverträge (Eigentumsübertragungen, Erbschaftsangelegenheiten, Eheverträge, Leihgeschäfte) sowie Verwaltungsangelegenheiten und einige wenige literarische Texte. Die jüdische Kolonie besaß einen Jahu-Tempel, der um 410 v. Chr. nach einer Hetzkampagne der Chnumpriester zerstört wurde. Zwei Jahre später wandte sich die Militärkolonie zugleich an Bagoas, den Gouverneur der Provinz Juda und an die Söhne des inzwischen verstorbenen Gouverneurs von Samaria (Sanballat), Delaja und Schelemja[585]. Sie ersuchte darin um Genehmigung und Unterstützung für einen Wiederaufbau des zerstörten Tempels. Aus einem weiteren Brief wird ersichtlich, daß der Gemeinde Speise- und Rauchopfer im neuen Tempel erlaubt wurden[586]. Hervorzuheben ist der Synkretismus im religiösen Bereich, der hier noch weitergepflegt werden konnte, weil sie von dem Monopolanspruch der heimgekehrten

[584] Besonders überraschend ist das Fehlen seines Namens in der Liste der berühmten Männer in Sir 44–50, einer Schrift aus dem Anfang des 2. Jh.s v. Chr. Sir schreibt die Restauration des Kultes nach dem Exil dem Serubbabel und Josua, nicht Esra zu! 2 Makk 1,18–36 berichtet über das seit dem Exil wundersam erhaltene Feuer im Tempel zu Jerusalem und erwähnt in diesem Zusammenhang Nehemia, nicht Esra. Erst Flavius Josephus sowie die apokryphe Apokalypse des Esra fangen mit der Glorifizierung des Esra an.

[585] Cowley, Aramaic Papyri of the 5th Century B.C. Oxford 1923, Nr. 30.

[586] Vgl. Cowley, Aramaic Papyri of the 5th Century B.C. Oxford 1923, Nr. 32.

Exilkreise nicht berührt wurde. Man verehrte neben Jahwe auch Ascham-Bet-El, Anath-Betel und Anatjahu.
Dareios II. erließ 419 an den Satrapen von Ägypten für die Juden der Militärkolonie von Elephantine eine Passahordnung[587]. Dadurch wird deutlich, daß auch die persische Verwaltung die Kolonie als eine Gruppe betrachtete, die der jüdischen Religionsgemeinschaft von Jerusalem und Samaria zugerechnet werden sollte. Dareios kümmerte sich selber um den Kultbetrieb dieser Minderheit. Der letzte Brief aus Elephantine stammt aus dem Jahre 398. Vielleicht ging diese Militärkolonie bei einem der zahlreichen Aufstände gegen die Perser zugrunde.
Polemik gegen die jüdische Diaspora in Ägypten findet sich im Jeremiabuch (Jer 42–44). Die Exilsgemeinde in Babylon fühlte sich als einziger legitimer Träger des Namens Israel mit dem Heilsplan Gottes konform[588], und auch nur bei ihr hat es eine Rückkehrbewegung nach Jerusalem gegeben. Sie ist bestimmend für die Schriftwerdung vielfältiger Glaubenstraditionen Israels geworden. Sie hat einen abgrenzenden Klärungsprozeß gegenüber ihrer religösen und ethnischen Umwelt vorangetrieben und ein Gemeindeleben organisiert, das ohne Tempel in Jerusalem auskommen mußte. Damit hat sie auch Modellcharakter; sie hat Impulse für die Organisation des jüdischen Gemeindelebens in der späteren Diaspora außerhalb Babylons gegeben.

5. Am Vorabend der hellenistischen Zeit

Ist die Quellenlage für Israel nach dem Exil bedauerlich schlecht, so fehlen uns für die Zeit nach Esra und Nehemia bis zur Makkabäerzeit direkte historische Quellen fast gänzlich. Dennoch ist anzunehmen, daß gerade in dieser Zeit ein großer Teil der biblischen Schriften verfaßt wurde bzw. ihre schriftliche Endform bekommen hat. Das mag für die Bücher Jona und Joël, Teile des Jesajabuches (Jes 23.24–27.33) und Sacharja (Sach 9–14) gelten, auch für manche Psalmen. Alle Schriften haben aber gemeinsam, daß sie kaum oder meist keine historischen Angaben zu ihrer Entstehungszeit wie zu irgendwelchen historischen Abläufen geben, so daß sie als historische Quellen nicht in Frage kommen.
Außerbiblisch bilden vor allem die aramäischen Papyri der jüdischen Militärkolonie von Elephantine eine hervorragende Informationsquelle, auch wenn damit das Leben einer zwar jüdischen, aber nicht nach den Regeln der von den babylonischen Rückwanderern geforderten Orthodo-

587 Vgl. TUAT, Band I, 253.

588 Siehe zur Problematik A. de Pury & T. Römer, Terres d'exil et terres d'accueil. Quelques réflexions sur le judaïsme postexilique face à la Perse et à l'Égypte, in: Transeuphratène 9 (1995) 25–34; P. Piovanelli, La condamnation de la diaspora égyptienne dans le livre de Jérémie (JrA 50,8–51,30/JrB 43,8–44,30), in: Transeuphratène 9 (1995) 35–49.

xie repräsentiert wird. Die Papyri aus dem *wādī-ed-Dālīye*[589] aus der Mitte des 4. Jh.s v. Chr. sind leider bis heute noch nicht wissenschaftlich ediert, obwohl sie schon 1962 gefunden wurden. Sie umfassen Rechts- und Verwaltungsurkunden mit Angaben über die Familie des Sanballat.

Die griechische historische Literatur konzentriert sich selbstverständlich auf die großen Auseinandersetzungen der hellenischen Städte mit dem Perserreich, Mitteilungen über Palästina fehlen. Nur Flavius Josephus[590] berichtet über diese Region, allerdings sind seine Angaben weder ergiebig noch hilfreich.

Der zeitgeschichtliche und religiöse Horizont des Judentums »zwischen den Testamenten« ist das Thema des dritten geschichtlichen Ergänzungsbandes in der Reihe »Die Neue Echter Bibel«[591]. Da die Ausführungen dieses komplementären Werkes bis in die persische Periode hineinreichen, sei hier auf diesen Band verwiesen.

589 Siehe den vorläufigen Bericht bei F. M. Cross, Papyri of the 4th Century BC from Dâliyeh: A Preliminary Report on their Discovery and Significance, in: D.N. Freedman & J.C. Greenfield (Hrsg.), New Directions in Biblical Archaeology. 1969, 45–69; P.W. & N. Lapp (Hrsg.), Discoveries in wadi ed-Daliyeh, in: AASOR 41 (1976) ; M. J. Leith, Wadi Daliyeh I. The Wadi-Daliyeh seal impressions (Discoveries in the Judean Desert, XXIV), Oxford 1997.

590 Flavius Josephus, Antiquitates Judaicae, XI.

591 J. Maier, Zwischen den Testamenten. Geschichte und Religion in der Zeit des Zweiten Tempels (NEB, Ergänzungsband 3 zum AT), Würzburg 1990.

C. Anhang: Traditionen über die Vorgeschichte Israels

I. Die Patriarchenüberlieferungen

Zeitgenössische schriftliche Zeugnisse über die Frühgeschichte Israels gibt es nicht, das Material zur Geschichte und Religion der Frühzeit stammt im günstigsten Fall aus der Zeit der Königreiche Israel und Juda[592], meist aus noch späterer Zeit. Man kann weder bestreiten noch beweisen, welche Angaben in den Patriarchenerzählungen historisch verifizierbar sind. Dafür fehlen uns einfach die Mittel. Zudem existiert Israel im ethnisch-soziologischen Sinne in der sog. »Patriarchenzeit« (unabhängig davon, ob man diese ab dem 18. oder 13. Jh. v. Chr. datiert) noch nicht. Auch wenn wir bei den frühgeschichtlichen Angaben des AT deshalb nicht von Geschichtsschreibung im eigentlichen Sinne reden dürfen, lohnt es sich doch, die im AT vorliegenden Daten zusammenzutragen und den Versuch zu wagen, zumindest ein zeitgeschichtliches Bild der späteren Auffassungen Israels über seine Frühgeschichte nachzuzeichnen.
Israel hat, wie oben schon dargelegt, seine Vorstellungen über den eigenen Ursprung, das heißt konkret seine Reflexion über die Verwandtschaft mit bzw. seine Abgrenzung gegenüber anderen Völkern, in die Form von Sagen, in eine Familiengeschichte eingekleidet. Diese Traditionen hat es oft auch noch knapper in Form von kurzen Notizen, eines chronologischen Gerüstes oder geneaologischer Listen festgehalten, die wir allerdings erst in einer schriftlichen Fixierung vorliegen haben, die aus späterer Zeit stammt. Die Reflexion über die eigene Entstehungsgeschichte setzt nach der in ihr auf gezeichneten Entwicklungen ein. Das AT versucht dabei oft recht komplizierte und gegenläufige Tendenzen bzw. Konstellationen auf einfache Muster, auf eine einzelne Person oder einen begrenzten Personenkreis zu reduzieren. Völker, mit denen sich Israel in geschichtlicher Erinnerung verbunden fühlte, wurden in Erzählungen einbezogen, die sich in familiären Verwandtschaftsbeziehungen ausdrückten oder freundschaftliche bzw. feindliche Beziehungen zu den Vorvätern dieser Völker dokumentierten. Es versteht sich von selbst, daß, abgesehen vom Wissen um eine nicht mehr klar definierbare Verwandtschaft, gerade die Schilderung von der aktuellen, emotionalen Beziehung zu diesem oder jenem Volke beeinflußt wurde und nicht so sehr von irgendwelchen Erinnerungen. Das eigene Volk wird, eben-

[592] Es ist bezeichnend, daß erst bei einer staatlichen Zentralisierung (Königsherrschaft) schriftliche Angaben zur eigenen Geschichte auftauchen. Siehe dazu C. Sigrist, Ethnologische Texte zum Alten Testament, Band 1: Vor- und Frühgeschichte Israels. Neukirchen 1989, 7: »Akephalie und Schriftlosigkeit gehören typischerweise zusammen (auch wenn es Ausnahmen gibt) ; umgekehrt sind Zentralisierung und Verschriftlichung ko-evolutionär«.

so wie andere Völker, zurückgeführt, auf einen meist illusionären Ahnherrn, der oft den Namen des betreffenden Volkes trägt, das er repräsentiert (sog. Eponymen, wie z.B. Moab, Ammon, Edom). Das Denken in Genealogien ermöglicht es dem Erzähler, die Gemeinsamkeiten und Differenzen zwischen Völkern darzustellen und zu erklären. Allerdings ist auch festzuhalten, daß die verschiedenen genealogischen Angaben und die Sagen nicht alle aus einer einzigen bestimmbaren Geschichtsepoche stammen. Vielmehr stammen sie aus den verschiedensten geschichtlichen Epochen Israels, dazu noch aus sehr unterschiedlichen literarischen Überlieferungen (vor allem P und J).

In diesem Zusammenhang ist sowohl eine Abgrenzung Israels gegenüber Kanaan wie ein Bewußtsein der Zusammengehörigkeit mit bestimmten Völkergruppen in den Texten des AT festzustellen. Das Fremdheitsbewußtsein gegenüber Kanaan ist stark vertreten (vgl. Gen 9,25–27; die Völkertafel in Gen 10) und in verschiedenen Bereichen empfunden worden. Die Frage ist nur, welche geschichtlichen Erfahrungen hinter jeder dieser Aussagen stehen. So ist z.B. die tiefe Abneigung gegen die kanaanäische Religion in verschiedenen atl. Texten Ausdruck von Erfahrungen, die bei der Bildung der eigenen politischen Identität und der religiösen Konturen gemacht wurden, vor allem im exilischen und nachexilischen Zeitalter. Ebenso scharf will Israel sich von den Philistern[593] abgrenzen, die als eigenständige ethnische Gruppe länger fortbestanden, als man gemeinhin angenommen hat. Die Beschreibung des Vorgangs der Landnahme ist ebenfalls durch theologische Theorien belastet und entspricht keineswegs dem historischen Ablauf. Einen guten Teil des theologisch geprägten Geschichtsverständnisses muß man den verschiedenen Geschichtskonzeptionen (z.B. dem dtr. und chronistischem Geschichtswerk) zuschreiben.

Gleichermaßen ist das Bewußtsein vorhanden – und das ist in genealogischen Listen sowie in Sagen festgehalten –, mit bestimmten Völkern enger als mit anderen zusammenzugehören.

Das äußert sich schon darin, daß Israel innerhalb der Völkerfamilie über Abraham im Völkerstammbaum fest verankert ist (Gen 11,10–26). Viele der hier vorkommenden Personennamen sind in außerbiblischen Texten als Ortsnamen belegt[594]. Die zwei Brüder Abrahams, Nahor und Haran, sind ihrerseits wiederum Stammväter eponymer Gruppenahnherren. Seine zwei Nebenfrauen Hagar und Ketura machen ihn zum Ahnherrn von 16 protoarabischen Nomadengruppen (Gen 25,1–4) bzw. von 12 zum Ismaeliterstamm gehörigen Sippen (Gen 25,12–18). Über seinen Enkel Esau schließlich steht Abraham auch mit den Edomitern in enger Verwandtschaft (Gen 36).

[593] Das spätere Israel macht das Fremdheitsbewußtsein an dem Brauch der Philister fest, daß sie sich nicht beschneiden ließen.

[594] Vgl. Serug, Terach und Nahor.

Mit der großen Gruppe der »Aramäer« hat Israel sich in exilisch-nachexilischer Zeit als immer schon eng verwandt, d.h. zusammengehörig, gefühlt. Das wird aus Erzählungen deutlich, die das genealogische Denken indirekt voraussetzen, wie z.B. die Episoden über Abrahams Aufenthalt und seinen Auszug aus Haran im Zweistromland (Gen 11,31f. und 12,4f.)[595]. In Gen 24,3f.10 soll Isaak eine Frau aus der »Verwandtschaft«, d.h. aus Aram Naharaim (und nicht aus Kanaan!) erhalten. In Dtn 26,5 schließlich heißt es im sog. kleinen geschichtlichen Credo: »Mein Vater war ein heimatloser Aramäer...« Die genealogische Verwandtschaft will nichts anderes als die Zusammengehörigkeit herausstellen.
Das Zusammengehörigkeitsgefühl war dennoch nicht ungebrochen. Wohl auch schon früher, aber noch deutlicher in späterer Zeit (ab dem 8. Jh. v. Chr.) war man sich der unterschiedlichen politischen und religiösen Ausrichtung bewußt. Das führte zu der Erstellung von sog. »Trennungssagen«, bei denen einer der Ahnherren sich von einem Verwandten trennt: In Gen 13 trennt sich Abraham von Lot (Vater von Ammon und Moab), in Gen 31 Jakob von Laban und in Gen 33 Jakob von Esau (Ahnherr von Edom). Dagegen reduzieren Gen 19,30–38 (über den Ursprung der Moabiter und Ammoniter aus der Blutschande der Töchter des Lot mit ihrem Vater) und Gen 25,27–34; 27,1–45 (über den Erstgeburtsstreit zwischen Jakob und Esau) die Abgrenzung auf ein Ereignis, das sich innerhalb der Familie abspielte.
Die zentrale Frage ist bei diesen Angaben immer, aus welcher Zeit sie in ihrer heutigen Form stammen. Denn sie geben nicht unbedingt ein historisches Bild von der ursprünglichen ethnischen Verzahnung der Nachbarvölker Israels, sondern vom ordnenden Denken des (der) Verfasser(s), und dieser hat dabei seine ganz besonderen Absichten, die von aktuellen Beziehungsmustern eingegeben sind. Das wird schon daraus sichtbar, daß historisch gesehen die Eponymen, die in einen Zusammenhang gestellt werden, keine Gestalten beschreiben, die etwa chronologisch gleichzeitig gelebt hätten: Ammon und Moab z.B. haben wahrscheinlich schon im 12. Jh. eigenständige Staaten gebildet, während die arabischen Nomadenstämme, die hier aufgezählt werden, nicht vor der Zeit vom 8. bis zum 6. Jh. historisch greifbar sind. Somit kann die Endfassung dieser Texte in diesem Fall nicht älter sein als die hier festgestellte untere Grenze. Es fällt auf, daß alle Völker und Stämme, mit denen Israel sich enger verwandt fühlt, so wie Israel selber, nicht zu uralten Kulturen gehören, sondern als neue Völker im vorderasiatischen Raum auftauchen: sie erscheinen alle frühestens um 1200 v. Chr.
Israel hat seine eigenen Wurzeln, den Anfang seiner Geschichte an den Gestalten des Abraham, Isaak und Jakob festgemacht. Die Traditionen über diese drei Patriarchen sind im Buch Genesis (ab Gen 12) zusammengetragen und aufbewahrt worden. Meist nimmt man an, daß in der späten End-

[595] Die Stadt am Eufratknie hat in der Geschichte der Aramäer eine bedeutende Rolle gespielt.

redaktion dieser Sagen und mit ihrem Einbau in größere theologische Entwürfe lange mündliche Überlieferungsprozesse des Sagenstoffes vorausgegangen sind[596]. Diese Überlieferungen über die vorstaatliche Zeit Israels weisen allerdings so starke verklärende, sagenhafte und generalisierende Züge auf, daß sie dem Historiker unmöglich machen, in ihnen einen eventuell vorhandenen historischen Kern freizulegen[597]. Wie das Sagenmaterial in schriftlicher Form mit seinem aufgedrückten theologischen Rahmen in den Texten des AT vorliegt, ist es in seiner historischen Verwertbarkeit umstritten und problematisch. Die Verfasser schreiben keine Geschichte im modern-kritischen Sinne, sondern religiöse Historiographie, die nicht empirische Fakten beschreiben will, sondern Entwicklungen und Zustände vor dem Hintergrund bestimmter Glaubensvorstellungen und des eigenen Selbstverständnisses begreiflich machen möchte. In diesen »Geschichten« macht sich im besten Falle eine Erinnerung an bestimmte Vorgänge und Strukturen der eigenen Vergangenheit bemerkbar, wobei die Sage allerdings keinen Wert auf eine möglichst genaue und unbeteiligte Wiedergabe der Ereignisse und Verhältnisse legt, sondern in vereinfachender, erzählerischer Form auch komplizierte und differenzierte Sachverhalte auf eindeutige Situationen und anekdotische Gegebenheiten reduziert. Die Sagen verraten etwas über den geschichtlichen Hintergrund, den Charakter und das Selbstverständnis des Redaktors –, viel mehr jedenfalls als über die konkreten historischen Begebenheiten aus dem Leben der beschriebenen Gestalten selbst. Die Texte geben primär Aufschluß über ihre literarische Entstehungszeit, und das ist meist die Exils- bzw. die nachexilische Zeit, die theologisch und historiographisch die kreativste Periode in der Geschichte Israels war. Außerdem spielen die drei Patriarchen-Gestalten in einer Zeit, in der auch nach biblischem Zeugnis das Volk Israel noch nicht existierte und erst für die Zukunft verheißen wurde. Für die Vor- und Frühgeschichte Israels werden die Patriarchenerzählungen daher kaum etwas abwerfen können. Die drei Gestalten selbst werden genealogisch miteinander in einem Vater-Sohn-Verhältnis verbunden und decken damit einen Zeitraum von drei Generationen ab. Die Erzählfolge scheint in ihren Details nicht von großen politischen Weltereignissen berührt oder durchkreuzt zu sein, die für eine Datierungsfrage des darin enthaltenen Handlungsablaufes herangezogen und ausgewertet werden könnten. Sie führt damit ein in sich

[596] Siehe dagegen allerdings J. van Seters, In Search of History. New Haven & London 1983; N. P. Lemche, Anthropological and Historical Studies of the Israelite Society before the Monarchy (SVT, 37), Leiden 1985.

[597] So erstmals J. Wellhausen, in seiner Nachfolge vor allem die sog. »Minimalisten« J. van Seters, T. Thompson und D. B. Redford. Die Auseinandersetzung findet auch heute noch ihre Fortsetzung. Siehe neuerdings als Gegenpol die sog. »maximalistische« Deutung der biblischen Angaben, u. a. bei K. A. Kitchen, The Patriarchal Age: Myth or History?, in: BAR 21/2 (1995) 48–59.88, und die differenzierte Reaktion darauf von R. S. Hendel, Finding Historical Memories in the Patriarchal Narratives, in: BAR 21/4(1995) 52–59.70, der die Erzählpassagen von Gen als ein »composite of historical memory, traditional folklore and narrative brilliance« auffaßt.

geschlossenes Eigenleben, das ein durch die Abfassungszeit bedingtes, bestimmtes Ambiente vermittelt. Obwohl mit einer mündlichen Überlieferung bestimmter wichtiger Traditionen zu rechnen ist, kann man doch nicht davon ausgehen, daß solche mündliche Überlieferungen über Hunderte von Jahren so weiter tradiert wurden, daß sie in ziemlich unveränderter Form in eine schriftliche Niederlegung übergingen[598].

Vor allem die Wanderungen der Patriarchen fallen ins Auge. Ein System in den Angaben der Wanderstationen ist nicht zu erkennen. Manchmal werden Tausende von Kilometern ohne ersichtlichen realnotwendigen Grund zurückgelegt (vgl. Gen 12,9f.; 13,1.17; 18,1; 20,1; 22,19). Sie können nicht aufgrund der vorausgesetzten nomadischen Herkunft der Patriarchen erklärt werden. Die mit den Stationen verbundenen Erzählungen und Sagen, die in den Patriarchen-Komplex aufgenommen wurden, sind tatsächlich orts-gebunden, so daß die Stationen-Folge nur aus überlieferungsgeschichtlichen Gründen zu der Endgestalt gewachsen ist, wie sie in Genesis überliefert wurde. Die beschränkte Zahl dieser Orte – sie befinden sich alle in Mittel- (Sichem, Bet-El) und Südpalästina (Mamre, Hebron, Beerscheba, Gerar) sowie im Ostjordanland (Gilead, Mahanajim, Penuël und Sukkot) –, zeigt, daß die Erzählungen primär orts- und nicht persongebunden sind. Eine (theologisch) zentrale Gestalt wie z.B. Abraham konnte Erzählstoffe anziehen, hatte dafür aber von Ort zu Ort zu wandern. Die in den Patriarchenerzählungen beschriebenen Wanderwege gehen nicht auf irgendeine geschichtliche oder sozio-ökonomische Erinnerung zurück, sondern sind aus überlieferungsgeschichtlichen Gründen entwickelt[599]. Aus einzelnen ortsgebundenen Sagen wurden Sagenkränze gebildet, die mit einem der Patriarchen in Zusammenhang gebracht wurden. Viele dieser Sagen sind ätiologische Sagen, d.h. sie begründen, warum an einer bestimmten Stelle ein Kult oder Heiligtum eingerichtet wurde bzw. warum jemand einen bestimmten Namen bekommen hat oder warum ein Gebiet zum Eigentum eines neuen Besitzers wurde. Bei den Heiligtümern, über die in Gen erzählt wird, handelt es sich durchwegs um solche, die z.T. schon in der Früh-Bronzezeit oder sogar noch früher existierten, also um Kultorte, die nicht vom Volk Israel eingerichtet wurden. Zudem lassen die darin enthaltenen Gottesbezeichnungen vermuten, daß wir es mit Appellativa kanaanäischer

[598] Am ehesten noch mag ein längerer mündlicher Überlieferungsprozeß bei kultischen Gesetzen (und bei den Psalmen?) angenommen werden. Aber auch diese konnten auf Grund neuer Situationen und Bedürfnisse neu gelesen werden und sich weiter entwickeln.

[599] In letzter Konsequenz dargelegt von Th. L. Thompson, The Historicity of the Patriarchal Narratives (BZAW, 133), Berlin & New York 1974, bes. S. 315: »The intentions of the biblical traditions about the patriarchs are not comparable to those of the modern historian. They are rather sociological, political, and religious. Those attempts as interpretation of these traditions which willfully neglect the implications of their formation and structure can justly be dismissed as historicism. Moreover, we have seen that the biblical chronologies are not grounded on historical memory, but are rather based on a very late theological schema that presupposes a very unhistorical worldview.«

Gottheiten[600] zu tun haben. Das führt zu dem Schluß, daß die in Gen vorkommenden Sagen Reminiszenzen enthalten, die älter sind als die Existenz Israels als Volk und daß das spätere Israel dieses Material sich angeeignet und im Dienste seiner eigenen politischen und historischen Interessen umgedeutet hat, indem es u.a. die in diesen Sagen erwähnten kanaanäischen Gottheiten durch Jahwe und die ursprünglichen Offenbarungsempfänger durch einen Patriarchen ersetzt hat.

Versucht man hinter dem atl. Sagenbestand zu einem einigermaßen gesicherten historischen Kern durchzustoßen, dann ist folgendes festzustellen:

1. Verschiedene alte Kultheiligtümer, die es schon vor der Ansiedlung israelitischer Stämme gegeben hat, sind vom späteren Gesamtisrael übernommen und für sich reklamiert worden, wobei in einem späteren Stadium der theologischen Reflexion die Gründung dieser Heiligtümer auf den eigenen Gott Jahwe bezogen wurde. Diese Darstellung ruft Widersprüche mit anderen atl. Texten hervor, denn einerseits macht Jahwe sich erst im Exodus als Gott Israels bekannt (Ex 3), andererseits hätte er sich damit schon vor der Landnahme den Patriarchen offenbart.

2. Die Patriarchen Abraham, Isaak und Jakob werden sekundär zu Offenbarungsträgern der betreffenden Kultorte gemacht. Damit sind in diesen Sagen sowohl die ursprüngliche Ortsgottheit als auch die menschlichen Offenbarungsträger ausgetauscht. Alt ist nur noch der Kultort selbst, manchmal auch die Geschichte, die mit der Gründung dieses Kultortes verbunden war.

3. Aus dem Eingreifen der israelitischen Geschichtsschreiber und Erzähler wird immerhin deutlich, daß das spätere Israel sich bewußt mit den Gestalten der drei Patriarchen verbunden wissen wollte. Es betrachtete die drei Patriarchen als Begründer der eigenen Geschichte und Religion. Damit ist allerdings nur etwas über den Anspruch ausgesagt, den das spätere Israel in dieser Angelegenheit erhob, nicht über die Historizität dieser Gestalten und ihr religionspolitisches Wirken.

Die Frage nach der Historizität kann indessen kaum befriedigend beantwortet werden. Die drei Patriarchen zeigen, abgesehen von ihrer literarischen Verknüpfung mit verschiedenen Orten und Kultheiligtümern, ein Bild, wie es aus dem Alten Orient von den Kulturnomaden des 2. Jt.s v. Chr. bekannt ist. In unregelmäßigen Abständen werden weite Strecken zurückgelegt und verschiedene Kulturländer aufgesucht. Hier wird kein Bild von sogenannten »Transhumanz-Nomaden« gezeichnet, die im Rhythmus der Jahreszeiten von einem mehr oder weniger festen Aufenthaltsort regelmäßig in ein bestimmtes Kulturland eindringen und dort Schutz oder Überlebensmöglichkeiten suchen. Man kann sich vorstellen, daß die Schilderung der Patriarchen als Kulturlandnomaden sich möglicherweise mit der histo-

[600] Vgl. *´El `olam* von Beerscheba (Gen 21,33), *´el bet-´el* von Bet-El (Gen 31,13; 35,7) ; *´el b$^{e}$rit* oder *ba`al b^{e}rit* von Sichem (Ri 9,4.46) und vielleicht auch *El-Roï* von Beer-Lahai-Roï (Gen 16,13).

rischen Realität bestimmter Stämme oder Clans deckt, die in dem späteren Gesamtisrael aufgegangen sind. In diesem Sinne könnte man die Patriarchen als eine Art Sippenoberhäupter bezeichnen, die als »Urisraeliten« betrachtet werden können.

Da die meisten Patriarchen-Erzählungen über Abraham und Isaak im Süden Palästinas[601] lokalisiert sind, liegt es auf der Hand, die Stämme, die sich später gerade dort angesiedelt haben, nämlich Juda und Simeon[602], als die eigentlichen Traditionsträger der betreffenden Patriarchenüberlieferungen anzusehen.

Dagegen haften die Jakob-Überlieferungen vorwiegend in Mittel-Palästina und im Ostjordanland. Jakob, als prominenter Vertreter und Stammvater der Rahel-Gruppe, gelangte schließlich zu einer gesamt-israelitischen Bedeutung, weil die erste systematische Traditionsbildung über die Vorgeschichte Israels vermutlich in den Rahel-Stämmen erfolgte. Jakob wurde zum eigentlichen Stammvater Gesamtisraels und erhielt in diesem Zusammenhang auch den Zusatznamen »Israel« (vgl. Gen 32,23–33; 35,9f.)[603]. Daß Jakob eine Gestalt war, die ursprünglich den Rahelstämmen zugehörte, kann man noch aus den Hinweisen von Gen 29,16–28 rekonstruieren, aus denen hervorgeht, daß Jakob Rahel mehr als Lea liebte.

Man kann sich das Zusammenwachsen der Abraham-, Isaak- und Jakobtraditionen so vorstellen, daß bei der anschließenden Traditionsbildung in den Lea-Stämmen Abraham und Isaak in das genealogisch aufgebaute System eingefügt und dementsprechend als Großvater und Vater Jakob vorgeschaltet wurden. Das Vorschalten der Lea-Gruppe und ihrer Traditionen könnte wiederum so erklärt werden, daß sich die Seßhaftigkeit der Lea-Gruppe im Süden schon vollzogen hatte, als die Rahel-Gruppe in Mittel-Palästina und im Ostjordanland noch als Nomaden lebten.

Sind die Erzväter historisch gesicherte Gestalten? In allen Erzählungen treten sie als individuelle Persönlichkeiten auf. Ihre Namen sind übrigens mehrfach belegte westsemitische Personennamen. Belege für ihren Gebrauch als Gruppennamen oder Eponymen gibt es außerhalb der Bibel nicht. Die in den Patriarchenerzählungen eigentümlichen und archaisch klingenden Gottesappellativa[604] hielt A. Alt für Bezeichnungen, die sekundär auf Jahwe übertragen wurden, aber selber deutlich Hinweise auf eine Gottesverehrung geben, die polytheistische Züge aufweist[605] und nicht orts-,

[601] Einige dieser Überlieferungen spielen sich in der Bucht von Beerscheba und im Negeb ab.

[602] Teil der Lea-Gruppe.

[603] Vielleicht hat es noch vor den Rahelstämmen in Mittelpalästina eine eigene Gruppe mit dem Namen »Israel« gegeben, deren Namen Jakob dann übernommen hätte.

[604] Z.B. Der Gott (Elohim) (deines, meines, unsres) Vaters Abrahams bzw. Isaaks, Jakobs (vgl. Gen 26,24; 28,13; 32,10, usw.), der Gott Nahors (Gen 31,53), der Schrecken Isaaks (Gen 31,42.53) und der Starke Jakobs (Gen 49,24).

[605] Noch deutlich erkennbar in Gen 31,53, wo zwischen dem Gott Abrahams und dem Gott Nahors gerichtet werden sollte. Die Hinzufügung »beim Schrecken seines Vaters« versucht dann nachträglich den anstößigen Polytheismus der alten Eidesformel zu kaschieren und die beiden Vätergottheiten als eine einzige Gottheit, Jahwe, erscheinen zu lassen.

sondern persongebunden waren. Das deutet nach A. Alt auf typisch nomadische Verhältnisse[606] und nicht auf eine im Kulturland gefestigte Religion.
In ganz großen Zügen ist die historische Entwicklung des Jahweglaubens nach A. Alt so verlaufen, daß die Familiengottheiten zunächst an einer Person festgemacht wurden. Mit der Seßhaftwerdung der verschiedenen Nomadengruppen, die solche Vätergottheiten verehrten, verschmolzen diese Gottheiten mit den lokalen Göttern der kanaanäischen Kultorte. Zusammen mit der Volkwerdung und der Entstehung Gesamtisraels fand eine weitere Verschmelzung der verschiedenen Vätergottheiten zu einer einzigen Gottheit statt, die letztendlich mit Jahwe gleichgesetzt wurde. Die Verehrung Jahwes, das Endprodukt einer langen Entwicklung, wurde in die Vergangenheit zurückprojiziert und Jahwe wurde zu einem Gott, der sich schon den Vätern offenbart hatte.
Diese geschichtliche Rekonstruktion kann nicht in allen Einzelheiten stimmen, dennoch geben manche Historiker A. Alt mit seiner Hauptthese recht, daß die Vätergottheiten als Relikte der Vorgeschichte Israels betrachtet werden können. Bei alledem wäre damit auch eine Erinnerung an frühgeschichtliche Gestalten einzelner Stämme festgehalten worden, auch wenn die Erzählungen über sie für unser historisches Bild wenig beitragen[607]. Außer dem Namen bleibt so für die Geschichte nichts übrig. So ist es von vornherein überflüssig, diese vermeintlich historischen Gestalten zeitlich einordnen zu wollen[608]. Weder die Archäologie noch irgendwelche kulturhistorischen Vergleiche können weiterhelfen, weil der Sagencharakter und der ortsgebundene Charakter einzelner Erzählungen sowie die späte Abfassungszeit des Endtextes am Ende des 7. oder in der Mitte des 6. Jh.s die Überlieferung für den Historiker fragwürdig erscheinen lassen. Vieles von dem, was in diesen Traditionen über Rechtsvorstellungen, Sitten und Bräuche der Patriarchen erzählt wird, kann man dem umfangreichen Vergleichsmaterial aus dem Vorderen Orient gegenüberstellen. Aber der disparate biblische Stoff gibt keinen eindeutigen Hinweis über Herkunft, Werdegang, Migration und genaue kulturelle Umwelt der Patriarchen[609]. Gerade die Angaben über die Herkunft Abrahams aus »Ur in Chaldäa« und über seinen Wegzug nach Haran (Gen 11,28; 11,31 und 15,7) stammen vorwiegend von P und die Hinzufügung »Chaldäa« macht die Mitteilung unglaubwürdig[610].

606 Gegen diese Einordnung als nomadische Religion wurden starke Bedenken angemeldet.

607 So zuletzt H. Donner, Geschichte, Band 1. Göttingen 1984, 78f. und G. Fohrer, Geschichte Israels (UTB, 708), Heidelberg 1977, 39.

608 Die Versuche reichen deshalb auch vom 3. Jt. bis zum Beginn oder Ende des 2. Jt.s Siehe zum einen A. Mazar, Archaeology. New York 1990, 143.225f.; zum anderen W. F. Albright, Abram the Hebrew. A New Archaeological Interpretation, in: BASOR 163 (1961) 36–54; ders., Yahweh and the Gods of Canaan. London 1968, 47–49. Für das Ende des 2. Jt.s plädiert S. Herrmann, Geschichte Israels in alttestamentlicher Zeit. München 1973, 70.

609 Gerade Gen 14, mit seinen historischen Angaben, erweist sich als historisch unbrauchbar.

610 Die Chaldäer werden frühestens im 9. Jh. v. Chr. erwähnt, im 7. Jh. werden sie in Babylon zu einem wichtigen Faktor. Abraham dort anzusiedeln, mag wohl für die jüdischen Exulanten in Babylon ein Hoffnungssignal gewesen sein.

Die Einzelheiten der verschiedenen Sagen sind keine Bausteine für eine Rekonstruktion der Vorgeschichte Israels. Es kam den Verfassern, Sammlern und Redaktoren dieses Textmaterials vor allem darauf an, Gestalten zu präsentieren, die als Hoffnungsträger in düsteren Zeiten gelten können. Sie werden als Träger der göttlichen Verheißung dargestellt; und diese Verheißung wird vom Selbstwertgefühl eines Volkes getragen, das Anspruch auf Geltung und Achtung in dieser Welt hat und im Besitz eines eigenen Landes[611] ist. Letztlich sind uns, historisch gesehen, nicht mehr als Namen verschollener Urahnen, von denen man kaum noch etwas wußte, erhalten geblieben. Ihre Individualität beinhaltet keine Reminiszenzen an konkrete historische Individuen. Die Namen Abraham, Isaak und Jakob sind keine Eponyme, d.h. sie werden vom späteren Israel normalerweise nicht als Gruppennamen gebraucht[612]. Es sind keine sorgfältig überlieferten Namen irgendwelcher Urahnen des Volkes Israel.
Daraus ergibt sich, daß es nicht die Aufgabe eines Historikers sein kann, konkrete Einzelereignisse oder geschichtliche Abläufe aus dem Sagenmaterial herauszufiltern. Eher kann er das Vorstellungsvermögen der späteren Verfasser über das »Ambiente« und die geschichtlichen Voraussetzungen der historischen Entwicklung Israels und seiner Volkwerdung zu schildern versuchen. Der Archäologie und der Geschichte des gesamten Nahen Ostens kommt dabei mehr Gewicht zu als der Untersuchung des atl. Sagenmaterials.
Neben den Sagen, die sich mit den Vorvätern Israels beschäftigen, gibt es zwei weitere große Traditionskomplexe, die für das Selbstverständnis Israels von entscheidender Bedeutung geworden sind: die Traditionen um den Exodus und um den Bundesschluß am Gottesberg. Auch diese beiden Traditionskomplexe haben eine lange und schwierige Entstehungsgeschichte, in der zunächst die mündliche Überlieferung für die Weitergabe sorgte. Der Traditionsprozeß der drei großen Themen (Patriarchen, Exodus und Gottesbund) ist nach langen mündlichen Überlieferungen, schriftlichen Niederlegungen und Redaktionen erst spät im heutigen Pentateuch zu einem literarischen Abschluß gekommen. Vor allem die unverkennbare theologische Akzentsetzung und deutliche Wertung – sie wurden zu konstitutiven Glaubenssätzen und waren Ausdruck des Selbstverständisses des israelitischen Volkes – machen es dem Historiker schwer, sie bedenkenlos als Bausteine für eine Rekonstruktion der Geschichte Israels einzusetzen.
Das Land Kanaan, in dem sich Israel im 12. Jh. v. Chr. als Volk formierte, war schon sehr lange eine gewachsene – wenn auch keine einheitliche – Größe mit einer reichen kulturellen Vergangenheit. Den außerbiblischen Texten zufolge war die Zusammensetzung der seßhaften Bevölkerung in

[611] Biblisch ausgedrückt geht es um die große Nachkommenschaft, die verheißen wird (Gen 12; 13,14–17; 15; 17; 28,13–15 u.ö.)
[612] Eine Ausnahme macht Jakob, der in poetischen Texten durchaus als Synonym für Israel auftreten kann, z.B. Num 23,7.10.21.23 u.ö.

Syrien-Palästina im 2. Jt. v. Chr. sehr heterogen, wobei das semitische Element zu überwiegen scheint. Unter der semitischen Bevölkerung selbst dominierten wiederum die »Kanaanäer«, wobei dieser Begriff nicht eindeutig definiert werden kann[613].

Die mittel- und spätbronzezeitliche Kultur weist eine ausgeprägte und gut entwickelte Stadtkultur auf, die sich, über das ganze Land verstreut, in voneinander unabhängigen Stadtstaaten verbreitet hatte. Diese übten zwar oft ihre Macht auch über Filialsiedlungen aus, konnten sich aber nur in Ausnahmefällen zu übergreifenden, größeren politischen Gebilden entwickeln. Die kanaanäischen Stadtstaaten waren vorwiegend von Stadtfürsten geführt, die manchmal eine dynastische Erbfolge hatten durchsetzen können. Nur die westjordanischen Gebirgsgegenden waren spärlicher besiedelt. Der Uneinheitlichkeit der vorhandenen Bevölkerung wird das AT insoweit gerecht, als es bei der Beschreibung des Landes, das Gott dem Abraham im Bundesschluß verspricht, ein Völkergemisch aufzählt, dessen Einzelbezeichnungen nicht selten für uns ungreifbar erscheinen: »vom Grenzbach Ägyptens bis zum Großen Strom, dem Eufrat, (das Land) der Keniter, der Kenasiter, der Kadmoniter, der Hetiter, der Perisiter, der Rafaïter, der Amoriter, der Kanaaniter, der Girgaschiter, der Hiwiter und der Jebusiter« (Gen 15,18ff.).

Die vier Frauen Jakobs sind die Aramäerinnen Lea und Rahel, die als seine beiden Hauptfrauen gelten, sowie deren beide Sklavinnen Silpa und Bilha (Gen 29,9–29). Von diesen vier Frauen bekommt Jakob zwölf Söhne, die als Eponymen der späteren zwölf Stämme Israels auftreten (Gen 29,32–30,24; 35,16–18; 35,22b–26). Damit werden zwei bzw. vier Gruppen unter den Söhnen gebildet, die sich auf 1. Lea (Ruben, Simeon, Levi, Juda, Issachar, Sebulon) und ihre Sklavin Silpa (Gad, Ascher) und auf 2. Rahel (Josef, Benjamin) und ihre Sklavin Bilha (Dan, Naftali) aufteilen. Man kann nur fragen, welchen Sinn und Zweck diese Aufteilung und Systematisierung gehabt haben mag. Ist es die Frucht genealogischer Spekulation oder gelehrter Konstruktion? Oder steht dahinter doch eine dunkle historische Reminiszenz, die sowohl um die Differenzen als um die Zusammengehörigkeit der einzelnen Stämme weiß? Die Frage ist eine der umstrittensten in der Geschichte Israels. Nur eins ist sicher. Das Israel, das im Zwölfstämme-System beschrieben wird, hat es so niemals gegeben.

H. Donner unterscheidet zwei verschiedene historische Phasen, in denen sich zunächst nomadische Gruppen, die sich zu Stämmen und schließlich zur Lea-Stämmegruppe ausbildeten, im Lande angesiedelt haben; ihnen folgten weitere Stämme, die dann die Rahel-Gruppe bildeten[614]. »Die kom-

[613] Im AT bezeichnet der Begriff – in Retrospektive auf die vor- und frühisraelitische Zeit – primär Palästina wie auch einen Teil seiner Bevölkerung, von dem man sich damit deutlich distanzieren will. Vgl. dazu M. Görg, Art. Kanaan, in: NBL, Lfg. 8. Zürich & Düsseldorf 1992, 438f.

[614] Vgl. H. Donner, Geschichte, Band 1. Göttingen 1984, 61.

plizierte Herleitung der Söhne von vier verschiedenen Müttern ist der genealogische Niederschlag eines Systems, mit dem man die Geschichte »Israels« gliedernd zu begreifen und verständlich zu machen suchte«[615]. Aber damit ist noch nicht geklärt, welchen Sinn das ganze System, vor allem mit den Nebenfrauen, gehabt haben kann. Zielt das System auf eine verschiedene Herkunft der Stämme? Tatsächlich könnte man auf den »konservativen« Charakter des Systems hinweisen. Denn die Stämme, die im System zur Lea-Gruppe gehören, waren lokal zersplittert[616]. Außerdem existierten einige »Stämme« (Simeon und Levi) in der historisch greifbaren Zeit nicht mehr als eigenständige Stämme, obwohl sie im System und in den Erzählungen eine besondere Rolle spielen[617]. Levi stellt dabei ein Sonderproblem dar, denn dieser Drittgeborene der Lea, von dem gesagt wird, daß er es niemals zu einem eigenen Landbesitz gebracht hat, ist wahrscheinlich nie ein eigenständiger Stamm gewesen.

Die Frage nach der Entstehungszeit dieses Systems ist ebenso schwer zu beantworten. H. Donner, der das System für eine »historische Leistung von beachtlichem Rang«[618] hält, meint, daß es stufenweise im Laufe der Landnahme entstanden ist. »Es ist das systematisierende und konservierende Resultat eines verwickelten historischen Prozesses, der in ihm allenthalben seine Spuren hinterlassen hat«[619]. Er wertet es als einen »Versuch, eine im Entstehen begriffene und schriftlich entstandene geschichtliche Größe gewissermaßen fort- und festzuschreiben und genealogisch zu erklären«[620]. Für all diese Fragen hatte M. Noth[621] erstmals eine umfassende Erklärung geliefert, die die Geschichtsdarstellungen Israels lange Zeit bestimmt hat. Er ging von der Beobachtung aus, daß die Geschichtsreflexionen Israels unbeirrt an der Zwölferzahl der Glieder des Systems festhielten, obwohl die geschichtliche Realität dem sicher meist widersprach. Noth stellte zwei verschiedene Ausdrucksformen des Zwölfstämme-Systems fest, eine sogenannte normale mit Levi und Josef[622] und eine literarisch jüngere (Num 26,4b–51) ohne Levi, dafür aber mit Efraim und Manasse[623]. Weiter fand er noch andere Beispiele für Zwölfer-Gruppierungen im AT, nämlich die als Söhne Nahors aufgeführten Eponymen von Aramäerstämmen (Gen

615 H. Donner, Geschichte, Band 1. Göttingen 1984, 61.

616 Sie befanden sich im Süden des Zentralgebirges (Juda und Simeon), in Untergaliläa (Issachar und Sebulon) und im Ostjordanland (Ruben).

617 Siehe z.B. der Stamm, der nach dem ältesten Sohn Ruben genannt wird, aber auch Simeon, Issachar und Gad.

618 H. Donner, Geschichte, Band 1. Göttingen 1984, 62.

619 H. Donner, Geschichte, Band 1. Göttingen 1984, 62.

620 H. Donner, Geschichte, Band 1. Göttingen 1984, 62.

621 M. Noth, Das System der Zwölf Stämme Israels, (BWANT, 4. Folge, Heft 1), Stuttgart 1930 (Neudruck: Darmstadt 1966).

622 Das literarisch älteste Zeugnis für diese erste Gruppierung ist nach M. Noth der Jakobssegen in Gen 49,1–27. Dem Alter nach folgen dann die Erzählungen von J und E über die Geburt der Jakobssöhne in Gen 29,31–30,24.

623 Siehe auch Num 1,5–15; 2,3–31; 7,12–83; 10,14–28.

22,20–24) und die Liste von zwölf als Stammeseponymen gekennzeichneten Söhnen Ismaels (Gen 25,13–26). Auch die Halbierung in Sechser-Gruppen führte er in diesem Zusammenhang auf: die sechs Söhne der Ketura, als Eponyme der proto-arabischen Stämme (Gen 25,1–4) und die sechs Stämme der Horiter von Seïr (Gen 36,20–28)[624]. Für diese Sechser- und Zwölfer-Gruppen fand M. Noth Parallelen im ägäisch-griechischen Bereich[625]: zwar liegen diese räumlich entfernt von Israel und zudem sind sie jüngeren Datums. Aber auffallend war, wie sich hier sechs, zwölf oder sogar vierundzwanzig Gruppierungen von Städten oder Stämmen zusammenfanden, um einen bestimmten Kult in einem gemeinsamen Zentralheiligtum zu pflegen. Die Zahlen sechs, zwölf oder vierundzwanzig hängen dann damit zusammen, daß sich die Mitglieder dieser sogenannten Amphiktyonien abwechselnd im halbmonatigen, einmonatigen oder zweimonatigen Rhythmus die Pflege des Zentralheiligtums teilten.

Dieses griechisch-ägäische Modell übertrug nun M. Noth auf das Zwölfstämme-System Israels. Nach dem Zeugnis des AT selber war es tatsächlich die Verehrung Jahwes, die Israels zwölf Stämme zusammenhielt und sie von ihrer Umwelt trennend unterschied.

Das zentrale Verehrungsobjekt für die zwölf Stämme war die Bundeslade, die ursprünglich ein altes Wanderheiligtum der Nomaden dargestellt hatte, nun aber nach der Landnahme an einem Kultort aufgestellt wurde und so erst zum Mittelpunkt der sich heranbildenden Amphiktyonie werden konnte. Wahrscheinlich war die Bundeslade ursprünglich der religiöse Mittelpunkt der sechs Lea-Stämme gewesen, die damit zunächst eine Sechser-Amphiktyonie gebildet hatten. Der Aufenthaltsort der Bundeslade wechselte im Laufe der Zeit mehrfach: nach Jos 8,30–35 (dtr) stand sie zunächst in Sichem; nach Jos 3–4 war sie in Gilgal aufgestellt und später nach Bet-El gebracht worden (Ri 20,26–28), bis sie zuletzt ins Heiligtum von Schilo gelangte (1 Sam 1–3). Dort wurde sie von den Philistern erbeutet und erst wieder von David feierlich nach Jerusalem überführt.

Die Amphiktyonie-Hypothese von M. Noth war eine Meisterleistung. Mit diesem Modell gab er eine einleuchtende Erklärung für das Bewußtsein der Gemeinsamkeit, das die zwölf Stämme zusammenhielt und das weitere geschichtliche Schicksal Israels bestimmen würde.

In den letzten Jahren häuften sich aber die kritischen Einwände über diese faszinierende Hypothese dermaßen, daß das ganze Gedankengebäude in sich zusammenstürzte. Dabei wurde vor allem auf das Fehlen irgendwelcher

[624] Mit Textemendation, denn es werden 7 Stämme aufgezählt.

[625] M. Noth führt z.B. die pyläisch-delphische Apollo-Amphiktyonie (zunächst aus zwölf, später aus vierundzwanzig Mitgliedern bestehend) an, die allerdings zwei zentrale Heiligtümer besaß (den Tempel der Demeter an den Pylen und das Apollo-Heiligtum in Delphi); den Zwölferbund ionischer Städte der kleinasiatischen Küste (Panionion) um das dem Poseidon Helikonios geweihte Heiligtum auf Mykale, den Verband von sechs dorischen Städten um das Heiligtum des Apollon zu Knidos und den Verband von sechs Stadtgemeinden der Triphylier mit dem Heiligtum des Samios Poseidon.

gemeinsamer religiös-kultischer Handlungen des israelitischen Zwölfstämmeverbandes hingewiesen. Weder eine gemeinsame Feier noch festgelegte sakrale Pflichten scheinen für Gesamtisrael bindend gewesen zu sein[626]. Auch das Fehlen eines festen, anerkannten Standortes für die Bundeslade spricht gegen die Amphiktyonie-Hypothese, denn im griechisch-ägäischen Bereich geht es immer um ein gemeinsames Heiligtum an einem festgelegten Ort und nicht um einen Kultgegenstand, der beliebig transportierbar war. Außerdem scheint die Bundeslade erst nach und nach die überregionale Bedeutung bekommen zu haben, die Noth in seiner Hypothese voraussetzt und die sie erst dann in hervorragender Art bei ihrer Überführung nach Jerusalem durch David bekommen hat. Num 10,35f. und Ex 25,10–22; 37,1–9 legen allerdings eine gesamtisraelitische Bedeutung der Bundeslade nahe. Sie sind aber historisch unbrauchbare Texte, weil sie aus der Situation ihrer Abfassungszeit heraus die Vorgeschichte Israels unter nationalem Gesichtspunkt generalisieren. Ein weiteres Argument gegen die Amphiktyonie-Hypothese von M. Noth stellt das völlige Fehlen gemeinsamer militärischer Handlungen des gesamten Zwölfstämmeverbandes dar[627].

Die Widerlegung der Hypothese von M. Noth hat in der »Geschichte Israels« eine große Aporie hinterlassen. Denn überzeugende alternative Hypothesen fehlen bis heute. In den letzten Jahren wächst der Konsens, die eigentliche Triebfeder für den Zusammenschluß der zwölf Stämme nicht mehr exklusiv im religiösen, sondern ebenso im politischen Bereich festzumachen. Wie diese jedoch konkret vorzustellen ist, bleibt im Bereich der Hypothese. Deutliche und zuverlässige Hinweise auf die Entwicklungsstadien dieses historischen Prozesses fehlen im AT. Andererseits ist es durchaus plausibel und vorstellbar, daß Stammesgruppen, die sich möglicherweise noch durch Herkunft oder durch eine ähnliche politisch-soziologische Situation miteinander verwandt fühlten, sich auch gelegentlich bzw. sogar längerfristig zusammengeschlossen haben, ihre gemeinsamen übergreifenden Interessen vorangestellt und gleichzeitig auf gewisse Partikularinteressen verzichtet haben. Was sie zu diesem Zusammenschluß getrieben hat, kann teilweise aus der Bewußtwerdung der Unproduktivität der vorhandenen Anarchie und des sinnlosen Gegeneinanders erklärt werden, vordringlich aber auch aus der Bedrohung durch einen gemeinsamen Feind oder durch die als unerträglich empfundenen sozial-politischen Strukturen in ihrer unmittelbaren Umwelt.

Die Zwölferzahl ist dann in Wirklichkeit ein Systemprodukt, das nur deshalb herangezogen wurde, um der Vollständigkeit und dem Abgeschlossensein des Gruppenverbandes Ausdruck zu verleihen. Sie ist damit ein End-

[626] Die Theorien im Zusammenhang mit einem gemeinsam begangenen Bundeserneuerungsfest in Sichem, an dem das Gottesrecht neu verkündet wurde (vgl. Ex 19ff.; Dtn 27; Jos 24) hielten der Kritik nicht stand, weil sie den Charakter der tendenziösen Texte nicht berücksichtigten.

[627] Das sog. Bundeserneuerungsfest in Sichem kann höchstens eine regional begrenzte religiös-kultische Überlieferung darstellen.

produkt der systematisierenden Reflexion über die innere Zusammengehörigkeit und braucht daher nicht der historischen Realität zu entsprechen. Es wird nicht immer sechs oder zwölf etwa gleichwertige Einzelstämme gegeben haben, die einen größeren zusammenhängenden Verband gebildet haben. Eher ist damit zu rechnen, daß neue Stämme diesem Verband beitreten wollten oder konnten – andere ihm wieder nicht beitreten durften oder wollten (z.B. die Kalebiter, Keniter, Othnieliter und Jerachmeeliter) – und daß alte Stämme in mächtigere Verbände aufgehen oder einfach ganz in die Bedeutungslosigkeit verschwinden konnten.
Irgendwann fing aber das religiöse Element an, eine wichtige Rolle bei der Konstituierung und Festigung des Zusammenschlusses zu spielen. Einige der Sippen, man kann sie höchstens genauer als »Mose-Schar« bezeichnen, brachten die Traditionen vom Exodus und von ihrem Gott Jahwe in den Verband ein. Diese Gruppen müssen im Laufe der Zeit einen maßgeblichen Einfluß, vielleicht ein Übergewicht über die anderen ausgeübt haben, so daß sie ihre Glaubensformen und -inhalte den anderen weitergeben konnten. Die Ausstattung des Gruppenverbandes mit religiösen Inhalten wird wesentlich zur Festigung und Einigung der Stämmeverbände beigetragen haben.
Mit dieser Darstellung können längst nicht alle Fragen geklärt werden. Mit ihr wird versucht, eine ungefähre Vorstellung von den Bedingungen und Gegebenheiten zu vermitteln, unter denen Gesamt-Israel entstehen konnte. Dabei gab es schon in frühester Zeit gegenläufige Tendenzen der Abgrenzung und Annäherung. Der tiefe Gegensatz zwischen Nord und Süd, zwischen Juda und den anderen Stämmen, muß von Anfang an latent vorhanden gewesen sein. Ob der Hinweis auf den sogenannten südlichen kanaanäischen Städteriegel als Erklärung ausreicht, darf bezweifelt werden. Man kann nur feststellen, daß die Abgrenzungstendenzen in dem Maße zunahmen, als der Sedentarisationsprozeß voranschritt, Juda vergleichsweise politisch einflußreicher wurde und sich der Einführung des Königtums näherte.

II. EXODUS UND BEFREIUNG AUS ÄGYPTEN

Die biblischen Quellen, die uns für das Exodus-Geschehen zur Verfügung stehen, sind hauptsächlich Ex 1–15. Außerbiblische Quellen zu diesem Thema gibt es nicht. Wenn man berücksichtigt, daß die atl. Texte das Ergebnis eines teils vorliterarischen, teils literarischen Redaktions- und späten Kompositionsprozesses sind, wird es erforderlich sein, mit einer gezielten Tendenzkritik zu versuchen, den theologischen Überbau der atl. Texte abzustreifen und nachzuprüfen, was aus dem atl. Textbestand vor dem Hintergrund der ägyptischen Geschichte vorstellbar ist. Angesichts der späten

Abfassungszeit der schriftlichen Erzählungen über die Ereignisse ist die Einbeziehung geschichtlicher Erinnerungen unerläßlich. Der Aufenthalt der Hyksos in Ägypten und ihre Vertreibung bilden höchstwahrscheinlich die eigentliche (und einzige?) historische Grundlage für die biblische Exodus-Geschichte. Die (nach)exilische Erwählungstheologie hat diese in kanaanäischen Volkslegenden überlebenden Erinnerungen an einen Aufenthalt in Ägypten übernommen und entsprechend umgeformt. Die theologische Ausrichtung eines bescheidenen Anfangs, der göttlichen Erwählung und der Bundesverheißung hat aus den Hyksos-Herrschern Gefangene und aus den Vertriebenen Auswanderer gemacht. Damit ist keineswegs gesagt, daß die Hyksos Israeliten waren, sondern daß die Erinnerung an den Aufenthalt der Hyksos in Ägypten und ihre Vertreibung Spuren im Gedächtnis der kanaanäischen Bevölkerung hinterlassen haben[628]. Man kann das Exodus-Geschehen des AT auf zwei Ereignisse reduzieren: 1. Einige vorisraelitischen Sippen sind nach Ägypten eingewandert und haben sich dort eine Zeit lang aufgehalten; 2. Die Gruppe ist wieder aus Ägypten ausgezogen.

1. Das ägyptische Ambiente

Das Phänomen des sich in Ägypten aufhaltenden Stammesverbandes, wie es im AT beschrieben wird, reflektiert die Lebensweise von Nomaden aus den Steppen- und Wüstengebieten, die meist aufgrund klimatischer Verhältnisse gezwungen waren, in ein bestimmtes Kulturland (Ägypten) vorzudringen. Vor allem in Jahren mit nacheinanderfolgendem geringem Niederschlag bot die Steppe keine Existenzgrundlage mehr, und deshalb mußten Nomaden ausweichen, wenn sie überleben wollten.

Daß die ägyptischen Quellen nichts über eine Einwanderung vorisraelitischer Stämme verlauten lassen, braucht uns keineswegs zu wundern. Zunächst kann es sich nur um eine kleinere Gruppe gehandelt haben, denn Gesamt-Israel ist erst nach der Landnahme in Palästina entstanden, nachdem verschiedene Stämme und Elemente dort zusammengewachsen und verschmolzen waren. Der Vorgang der Einwanderung selbst hätte für die Ägypter deswegen keine besondere Bedeutung gehabt. Gerade der Zuzug verschiedener Nomadengruppen ist in der ägyptischen Berichterstattung der Grenzposten ein Dauerthema gewesen.

Im Alten Reich ist Ägypten damit beschäftigt, seine Ostgrenze gegen Nomaden abzusichern oder die Nomadenmigration zumindest unter Kontrolle zu halten. Die Pyramidentexte aus der 5. Dynastie versehen den Namen der Bitterseen am Ostrand des Deltas mit dem Determinativ für »Mauer«. In der Lehre für Merikare (2100 v. Chr.) wird in einem histori-

[628] Vgl. dazu vor allem J. Assman, Moses der Ägypter. Darmstadt 1998, 67ff.

schen Abschnitt das Verhältnis zu den »elenden Asiaten« geschildert[629]. In der Geschichte des Sinuhe, entstanden unter Amenemhat I. (1991–1962), wird von einer Abwehranlage im Ostdelta gesprochen[630]: »Ich gab meinen Füßen den Weg nach Norden und erreichte die ›Mauer des Herrschers‹[631], die gemacht worden ist, um die Beduinen abzuhalten und um die Sandwanderer zu vernichten«. Interessanter – aufgrund des Bildmaterials – ist die Abbildung auf der Nordwand im Grab Nr. 3 des Fürsten Chnumhotep (12. Dynastie) von Beni Hassan: Der Oberjägermeister führt dem Grabherrn Asiaten, Männer, Frauen und Kinder mit ihrem Vieh heran, Steinböcken und zwei beladenen Eseln. Die »37 Aamu«, wie sie in der Beischrift heißen, semitische Beduinen aus der Ostwüste, werden angeführt von dem »Herrscher der Fremdländer«[632].
Aus der Zeit des Sethos II. (1200–1194) stammt das interessanteste Dokument, der Brief eines ägyptischen Grenzbeamten an seinen Vorgesetzten: »Eine andere Mitteilung für meinen (Herrn): wir sind damit fertig geworden, die Schasu-Stämme von Edom durch die Festung des Merenptah in Ṯkw[633] passieren zu lassen bis zu den Teichen von Pitom des Merenptah in Ṯkw, um sie und ihr Vieh durch den guten Willen des Pharao, der guten Sonne eines jeden Landes, am Leben zu erhalten, im Jahre 8, (am Tage) [der Geburt] des Seth, [während der Zeit der 5 Epagomenen][634]«. Nun steht gerade die Herrschaft Sethos´ II. in einem engen zeitlichen Zusammenhang mit der postulierten Zeit der Ein- und Auswanderung »protoisraelitischer« Stämme. Und was über die Schasu-Beduinen im Text gesagt wird, läßt sich mit der Notiz über die Hungersnot vereinbaren, die als Grund für die Einwanderung der Jakobssöhne nach Ägypten angegeben wird. Außerdem sind die ägyptischen Ortsnamen im Gebiet des *wādī eṭ-Ṭumīlāt* (Goschen) zu lokalisieren, in dem sich die Israeliten nach Gen 47,2 angesiedelt haben. Ein Beweis für die Einwanderung israelitischer Stämme ist dieser Brief freilich nicht: Es fehlen Stämmenamen, die sich mit den biblischen Angaben decken, und wir kennen nicht das Verhältnis dieser sog. Schasu-Stämme von Edom zu den späteren Edomitern. Die biblischen Angaben zeigen nur, daß Ägypten schon immer das klassische Zufluchtsland für wirtschaftlich in Not geratene Gruppen und für politisch Verfolgte war. Das scheinen die ägyptischen Texte zu bestätigen.

629 Vgl. A. Erman, Literatur der Ägypter. Leipzig 1923, 116.
630 Siehe Sinuhe B 16f.; TGI³, 2f.
631 Lokalisiert in der Gegend des *wādī eṭ-Ṭumīlāt*.
632 Später wird diese Bezeichnung für die Hyksos-Herrscher verwendet.
633 Die Ruinen von *Ṯkw* sind auf dem *Tell el-Masḫūta* im *wadi eṭ-Ṭumīlāt* zu lokalisieren (östlich des modernen Isma`iliya). Vgl. dazu W. Helck, Tkw und die Ramsesstadt, in: VT 15 (1965) 35–40. Dagegen D. B. Redford, in: VT 13 (1963) 403–408.
634 Papyrus Anastasi VI, 53–60. Zur Übersetzung siehe TGI³, 40f.

2. Exodus und Geschichte

Wir können die Fragen nach einer historischen Verifizierung der biblischen Angaben über den Exodus auf folgende Themenkomplexe reduzieren: 1. Welche »israelitischen« Gruppen waren in Ägypten? 2. Wo hatten sich diese Gruppen in Ägypten angesiedelt? 3. Wann ist ein »Auszug« dieser Gruppen anzusetzen? 4. Wie ist das biblische »Meerwunder« zu interpretieren und wo wäre es zu lokalisieren?

2.1. Welche »israelitischen« Gruppen waren in Ägypten?

Die Tradition eines Aufenthaltes Israels in Ägypten ist erst nach der Konstituierung Israels im Lande zur Gesamttradition des Volkes geworden. In den biblischen Berichten ist eine generalisierende und nationalisierende Tendenz unverkennbar. Was als Schicksal einer begrenzten Gruppe angesehen werden kann, wurde später zum Erlebnis des Gesamtvolkes, das es damals noch nicht gab. Die Josefsgeschichte in Gen 37.39–50 sollte nicht dazu verleiten, aus ihr gesicherte historische Informationen zur Vorgeschichte Israels gewinnen zu wollen, auch wenn das ägyptische Kolorit manchmal genau getroffen wird[635]. Die insgesamt relativ junge Josefsgeschichte mag Elemente der älteren Pentateuchquellen enthalten, in ihrem heutigen Zustand ist sie ein stark von der Weisheitsliteratur beeinflußtes Literaturwerk. Deshalb liefert der Bezug auf Josef, der im Stammesgefüge als Sohn der Rahel geführt wird, noch keinen sicheren Hinweis darauf, daß es Vorfahren der Rahelgruppe waren, die sich in Ägypten aufgehalten hatten. Dagegen spricht z.B. die Orientierung der Leastämme nach Süden oder die Bestimmung des Mose als Levit (Ex 2,1; 6,16–20) und nicht als dem Stamme Josef zugehörig. Wenn es vor der Landnahme kein »Israel« und keinen zusammenhängenden Verband von zwölf Stämmen gegeben hat, dann ist die Frage nach der Identifizierung der Traditionsträger des Aufenthaltes in Ägypten und des Exoduserlebnisses von vornherein sinnlos und unlösbar. Die Frage hängt mit der Beantwortung des Vorganges der Landnahme zusammen. Ist diese in ihrem Globalgeschehen eher als ein innerpalästinischer Vorgang zu betrachten, bei dem ein eventueller Zuwachs von außen (Ägypten) nur sekundär ist, dann hat diese Gruppe ihre Tradition nach ihrem Auszug anderen, bereits im Land lebenden Gruppen, mitgeteilt.

[635] Zum ägyptischen Hintergrundwissen der Josefsgeschichte siehe vor allem J. Vergote, Joseph en Égypte (OBL, 3), 1959, der die Gestalt des Josef in die frühe Ramessidenzeit datieren möchte. Dagegen D. B. Redford, A Study of the Biblical Story of Joseph (SVT, 20), Leiden 1970, der für die Saïtenzeit (Ende des 8. Jh. v. Chr.) plädiert.

2.2. Wo haben sich diese Gruppen angesiedelt?

Die Josefsgeschichte beantwortet die Frage nach dem Aufenthaltsgebiet der Söhne Jakobs und ihrer Nachkommen mit der Angabe »Land Goschen« (Gen 45,10; 46,28f.34; 41,1ff.; 50,8; Ex 8,18 und 9,26)[636]. Damit ist die Region entlang des *wādī eṭ-Ṭumīlāt* gemeint, die natürliche Wegstrecke und bequeme Ost-West-Verbindung, um von Palästina in das ägyptische Delta hineinzukommen. Es ist allerdings zu bezweifeln, ob sich Nomadengruppen zunächst fest ansiedeln und später wieder »ausziehen« konnten. So kann der Hinweis aus Gen 47,11 (»Josef siedelte seinen Vater und seine Brüder an und wies ihnen Grundbesitz in Ägypten zu, im besten Teil des Landes, im Gebiet von Ramses, wie der Pharao verfügt hatte«), kaum glaubhaft gemacht werden. Unzählige Nomaden und Gruppen aus dem Osten haben zwar in der langen Geschichte Ägyptens ihren Weg ins Nilland gefunden. Sie siedelten sich an den ihnen zugewiesenen bzw. von ihnen beanspruchten Orten an. Aber fast alle haben sich nach einigen Generationen der ägyptischen Kultur und Lebensweise angepaßt und fanden keinen Anlaß – als Gruppe – wieder auszuziehen.

2.3. Wann ist ein »Auszug« dieser Gruppen anzusetzen?

Als Grund für den Auszug wird nach Ex 1,8-12 die Unterdrückung der Israeliten angegeben, die von einem ägyptischen König ausging, der »Josef nicht kannte« (Ex 1,8). Im Grunde wird damit ausgedrückt, daß die »Israeliten« als Arbeitskräfte für größere Bauvorhaben herangezogen wurden. Das ist ein Verfahren, das nicht unüblich war bei der bäuerlichen einheimischen Bevölkerung in Ägypten. Es wurde deshalb praktiziert, weil ihre Arbeitskraft in der Überschwemmungszeit angefordert werden konnte, denn in der Landwirtschaft gab es dann nichts zu tun; die Bauern bekamen als Gegenleistung die entsprechenden Lebensmittel zur eigenen Versorgung[637]. Ex 1,11 präzisiert die Bauvorhaben, in denen es um die Errichtung bzw. Ausbau zweier sog. »Vorratsstädte« ging, Pithom und Ramses. Beide Orte konnten inzwischen lokalisiert werden. Pithom (*Pr-Jtm* in *Ṯkw*) ist mit dem *Tell Retabe* im *wādī eṭ-Ṭumīlāt* gleichzusetzen, während »Ramses« die Deltaresidenz der Ramessiden der 19. und 20. Dynastie bezeichnet. Die neuesten Ausgrabungen lokalisieren diese Großraumresidenz auf einem Gelände von etwa 10 qkm zwischen dem *Tell ed-Dab`a* (das alte *Auaris* der Hyksos) im Süden und *Qantir* im Norden[638].

[636] Die LXX nennt in Gen 46,28f. als Ortsnamen *Heroon Polis*.

[637] Es gibt keine gesicherten ägyptischen Belege dafür, daß eingewanderte Nomaden ebenfalls zu einem solchen Frondienst herangezogen werden konnten. Siehe dazu W. Helck, in: ThLZ 97 (1972) 180.

[638] Siehe dazu vor allem die Ausgrabungsberichte von M. Bietak, Tell ed-Dab`a II, in: Denkschriften der Österr. Akademie der Wiss., Band IV. Wien 1975; ders., Art. Ramsesstadt, in: LdÄ, Band V. Wiesbaden 1984, Sp. 128–146.

Sucht man nach einer zeitlichen Einordnung dieser Angaben, kommt die lange Regierungszeit des Ramses II. (1290–1224) am ehesten in Betracht. Semitische Nomaden, die vorher ins Ostdelta eingewandert waren, hätten aus irgendwelchen Gründen den Beschluß gefaßt, wieder nach Palästina auszuwandern, und dort Anschluß bei anderen Gruppierungen in Südpalästina gesucht. Sie hätten sich später zu der neuen politischen Größe »Israel« zusammengefunden. Der »Auszug« selber wird entweder noch unter Ramses II. oder unter dessen Sohn Merenptah (1224–1204) bzw. Sethos II. (1200–1194) stattgefunden haben. Allerdings ist in diesem Zusammenhang noch auf die widersprüchlichen Zeitangaben in 1 Kön 6,1 hinzuweisen: dort wird behauptet, der Tempel Salomos sei 480 Jahre nach dem Auszug aus Ägypten gebaut worden. Damit befänden wir uns in der Zeit um 1440 v. Chr.: damals regierten Thutmosis III. und Amenophis II. das Land, beide tatkräftige Herrscher, deren politische und militärische Kraft allen anderen biblischen Angaben widerspricht. Ex 12,40 (P) gibt die Zahl 430 für die Aufenthaltsdauer der »Israeliten« in Ägypten, Gen 15,13 die runde Zahl 400, Gen 15,16 wiederum spricht von drei bis vier Generationen (d.h. etwa 100 Jahre). Über die zeitliche Einordnung der Ein- und Auswanderung der »Israeliten« scheinen die biblischen Traditionen selbst keine präzisen Erinnerungen mehr zu haben.

Von großer Bedeutung ist die sog. »Israel-Stele« aus dem 5. Regierungsjahr des Merenptah (1219), auch wenn der Text dieser Stele eher neue Fragen aufwirft[639]. Die Siegesstele, deren Vorderseite von Amenophis III. beschriftet ist und die für seinen Totentempel in Theben-West vorgesehen war, wurde von Sethos I. (19. Dynastie) »als Denkmal für seinen Vater Amun« usurpiert. Merenptah verwendet sie wieder für seine Zwecke, indem er die Rückseite beschriftet. In diesem Text lobt er seine militärischen Erfolge gegen die Libyer und erwähnt die Folgen seiner Siege für die Hetiter und die Bewohner Palästinas. Den Schluß des Textes bildet eine zwölfzeilige Strophe, die die Vormachtstellung Ägyptens im Vorderen Orient beschreibt und Merenptah als den Garanten des Friedens deklariert. Neben den Hurritern und Hetitern, neben Kanaan, Aschkelon, Geser und Jenoam ist hier Israel das erste und einzige Mal in einem ägyptischen Text genannt:

»Die Fürsten sind niedergeworfen und sagen: schalom[640]; keiner erhebt mehr seinen Kopf unter den Neun-Bogen[641]. Tḥnw[642] ist zugrunde gegangen, Chatti[643] ist friedlich, Kanaan[644] ist mit (?) allem Schlechten erobert, Aschkelon ist fortgeführt, und Geser gepackt; Jenoam[645] ist zunichte ge-

639 Zum Text siehe TGI ²1968, 39–40; TUAT, Band I. Gütersloh 1985, 544–552.

640 Der ägyptische Text zitiert das kanaanäische Fremdwort!

641 Allgemeine Bezeichnung für alle Fremdvölker der Erde.

642 Bezeichnung für die libyschen Volksstämme.

643 Das Land der Hetiter.

644 Im ägyptischen Sprachgebrauch ist *p3-kn῾n* dem ägyptischen Verwaltungszentrum Gaza gleichzusetzen.

645 Aus den Amarna-Briefen als Januamma bekannt; man identifiziert den Ort mit dem *Tell en-Nā῾am*, südlich des Sees Gennesaret.

macht, Israel liegt brach und hat kein Saatkorn[646]. Ḫr[647] ist zur Witwe[648] geworden für Ägypten. Alle Länder insgesamt sind in Frieden; jeder, der umherschweifte, ist gefesselt durch den König von Ober- und Unterägypten, »Ba-n-Re, Geliebt von Amun«, den Sohn des Re, Merenptah, der mit Leben beschenkt ist wie Re, alltäglich«[649].

Nun möchte man natürlich gerne wisssen, was dieser ägyptische Text mit dem Begriff Israel meint, zumal das Wort mit dem Determinativ für »Volk« versehen ist und nicht mit dem für »Bergland«. Diese frühe Erwähnung des Namens Israel läßt nur den Rückschluß auf die Existenz einer Bevölkerungsgruppe mit diesem Namen in Palästina zu, wobei sich keine sicheren Angaben über den Umfang und die genaue Lokalisierung dieser Gruppe sowie über die genaue Identität dieser Gruppe machen lassen. Wahrscheinlich gab es – vor dem »Auszug« der semitischen Nomadengruppe aus Ägypten – schon eine Stammesgruppe mit diesem Namen in Palästina.

2.4. Wie ist das biblische »Meerwunder« zu interpretieren, und wo wäre es zu lokalisieren?

Das »Exodusgeschehen« ist in der späten Phase der Schriftwerdung gewaltig erhöht und ausgeschmückt worden. Historisch ist aus diesen Erzählungen nichts mehr zu gewinnen, es sei denn, daß die kleine Nomadengruppe, die aus Ägypten wieder weg wollte, ein Rettungserlebnis hatte, in dem eine Wasserflut eine Rolle spielte. Wie stark sich dieses für die Ägypter an sich irrelevante Erlebnis in der Phantasie und in Glaubensvorstellungen späterer Zeiten entwickeln konnte, zeigt die Schilderung in Ex 12,37, wo von 600 000 Mann zu Fuß die Rede ist, Frauen und Kinder nicht mitgerechnet, die diesen Aufbruch aus Ägypten wagten. Der biblische Auszugsbericht (Ex 12,37f.; 13,17–14,31; weiter Num 33,5–10) ist literarisch uneinheitlich und als redaktionelles Kompositionsprodukt zu betrachten. Verschiedene Quellen sind in diesen Bericht eingearbeitet (vor allem J und P, weiter E bzw. nicht zu J und P gehörige Verse).

Die drei literarischen Quellen gehen ganz eigene Wege in der Beschreibung und dem Itinerar des Exodusgeschehens. Der gemeinsame Ausgangspunkt ist die sog. »Ramsesstadt«. J läßt »Israel« von dort nach Sukkot[650] ziehen (Ex 12,37; 13,20) und daraufhin nach »Etam am Rande der Wüste[651]« (Ex 13,20), wobei Jahwe bei Tag in einer Wolkensäule und nachts in einer Feuersäule

[646] Gemeint ist damit, daß Israel nach der vernichtenden Niederlage keine Nachkommen mehr hat, die Ägypten noch gefährlich werden könnten.

[647] Das Land der Hurriter.

[648] Im ägyptischen Text liegt ein Wortspiel vor. Das Bild der Witwe deutet auf das brachliegende Land, das niemandem nutzt.

[649] Text nach TUAT, Band I. Gütersloh 1985, 551f.

[650] Vielleicht zu identifizieren mit dem äg. *Ṯkw* (*Tell el-Masḫuta*) oder dem *Tell Reṭabe* im *wādī eṭ-Ṭumīlāt*.

[651] Bisher nicht eindeutig lokalisiert.

seinem Volk voranzieht (Ex 13,21f.). Die Ägypter setzen den flüchtenden Israeliten nach (Ex 14,5b–6) und holen sie in der Nähe des Ortes ein, wo dann das Meerwunder stattfindet (Ex 14,10b). Der Ort des Wunders muß nach diesem Itinerar bei den Bitterseen oder am Nordende des Golfes von Suez gesucht werden.

Die sog. elohistische Quelle erwähnt zunächst die göttliche Vorsichtsmaßnahme, das Volk nicht auf der bequemen und kürzeren Verbindungsstraße zwischen Ägypten und Palästina – entlang der Mittelmeerküste – ziehen zu lassen. Gott ließ sie einen Umweg machen, »der durch die Wüste zum Schilfmeer führte« (Ex 13,17). Mit dem Schilfmeer *(jam suf)* ist das Seengebiet nördlich vom Golf von Suez gemeint[652], womit der Ort des Wunders in gleicher Weise lokalisiert wird wie bei J.

P macht die genauesten Ortsangaben, was nicht unbedingt die Zuverlässigkeit der Angaben erhöht. Im Gegensatz zu den beiden anderen Quellen verläuft der Exodus entlang der Küstenstraße am Mittelmeer. Jahwe befiehlt auch hier eine Kehrtwendung, ohne daß wir genau erfahren von welcher Route. Dann sollen die Israeliten ihr Lager aufschlagen »vor Pi-Hahirot zwischen Migdol und dem Meer... gegenüber von Baal-Zefon« (Ex 14,2). Migdol ist wahrscheinlich mit *Tell el-Ḥēr* nordöstlich der ägyptischen Grenzfestung *Ṯl* (Sile) zwischen der *via maris* und dem Mittelmeer zu lokalisieren, während Baal-Zefon ein Hügel in der Nähe des Sirbonischen Sees ist. Dieses Gelände liegt etwa 15 km östlich von Pelusium (*Tell Faramā*). Der Hügel von Baal-Zefon war in hellenistisch-römischer Zeit eine Verehrungsstätte für die Gottheit Zeus Kasios. Dabei ist Zeus Kasios eine griechisch-römische Übertragung des alten semitischen Gottes Baal. Für die Seefahrt und die Reisenden entlang der *via maris* war das Gebiet des Sirbonischen Sees eine Gefahrenquelle, weshalb man gerade hier den Beschützer der Seefahrenden und Reisenden verehrte. Die Lokalitäten waren zur Abfassungszeit der Quelle P noch bestens bekannt, so daß man sich ein Meerwunder damals dort sehr gut vorstellen konnte.

Lösungsvorschläge für das Itinerar der Auszugs-Leute und die Lokalisierung des Meerwunders[653] gehen allesamt am eigentlichen Problem vorbei. Die komplizierte und in Einzelheiten widersprüchliche Darstellung der verschiedenen biblischen Quellen und Traditionen lassen keine sicheren historischen Schlußfolgerungen und genauere Lokalisierungen mehr zu.

Das gilt genauso für den eigentlichen »wunderbaren« Vorgang am Schilfmeer. Dabei heben alle Quellenschichten das Eingreifen Jahwes hervor, so daß keine dieser Schilderungen durch irgendwelche »natürlichen« Vorgän-

[652] Anders in 1 Kön 9,26, wo die Bezeichnung den Golf von `Aqaba meint.

[653] So z.B. der Vorschlag von M. Bietak, der sich bei der Ausgrabung des *Tell ed-Dab`a* verdient gemacht hat und sicher die genauesten Lokalkenntnisse des gesamten Gebietes aufweisen kann. Er möchte das Schilfmeer mit einer Zunge des ca. 30 km ostnordöstlich der Ramsesstadt (*Tell ed-Dab`a/Qantir*) gelegenen Ballaḥ-Sees und Baal-Zefon mit dem heutigen *Defenne* oder einem Ort in unmittelbarer Nähe identifizieren. S. dazu M. Bietak, Tell el-Dab`a II, in: Denkschriften der Österr. Akademie der Wissenschaften, Band IV (1975) 135–137.217–220 mit Abb. 45.

ge in dem Seengebiet erklärt werden können. Nachdem eine ägyptische Streitmacht den flüchtenden Israeliten nachsetzt und diese in der Nähe eines Wasserhindernisses einholt, berichtet J, daß Jahwe, der bis dahin Israel vorausging, sich nun zwischen Israel und die herannahenden Ägypter stellt. Damit wird eine ägyptische Attacke in der Nacht verhindert (Ex 14,19b.20). Jahwe läßt daraufhin das Wasser durch einen starken Ostwind austrocknen (Ex 14,21). Beim Anbruch des Tages blickt Jahwe aus der Feuer- und Wolkensäule auf das Lager der Ägypter und bringt es damit in Verwirrung. Die flüchtenden Ägypter werden vom zurückkehrenden Wasser überrascht und kommen bis auf den letzten Mann dabei um (Ex 14,24.25b.27abβ). Die Quelle P hat das Geschehen ins Wundersame gesteigert. Nachdem Mose mit seiner erhobenen Hand das Wasser spaltet, stehen die Wassermassen wie Mauern und lassen eine Gasse frei, durch die Israel abziehen kann (Ex 14,21aαb.22). Nachdem Israel heil ans andere Ufer gekommen ist, bewirkt eine erneute Handerhebung die Wiederherstellung des Normalzustandes, so daß die Ägypter allesamt ertrinken (Ex 14,27aα.28f.). Eine anderen Quelle (E?), die nur fragmentarisch eingearbeitet worden ist, berichtet von dem Engel Gottes, der statt an der Spitze des Flüchtlingszuges nun an das Ende tritt und die Wagenräder der Ägypter hemmt, so daß diese nur schwer vorankamen (Ex 14,19a.25a).
Mehr als der vermutete Vorgang ist die Wirkungsgeschichte dieser Grunderfahrung (Errettung aus schwerster Not) ins Auge zu fassen. Denn diese wurde im späteren Israel zu einem Grundthema des Glaubens, an dem alle Hoffnungen auf Befreiung von Unterdrückung hineininterpretiert wurden. Alle Traditionen zu diesem Thema sind sich einig in der Hervorhebung der alleinigen Wirkkraft Jahwes, der die Rettung möglich machte. Gerade das macht es uns unmöglich, zu irgendeinem historischen Kern des daran zugrundeliegenden Urerlebnisses durchzudringen.

III. DER SINAI, DIE WÜSTENWANDERUNG UND DIE GESTALT DES MOSE

Auf einem zwischen den verschiedenen Pentateuchquellen widersprüchlichen[654] und nicht mehr topographisch rekonstruierbaren Itinerar gelangt das »Volk Israel« an den Gottesberg. Damit tritt ein weiterer Überlieferungskomplex in Erscheinung, der wahrscheinlich erst sekundär mit dem des Exoduswunders und der Landnahme verbunden wurde. Das Problem fängt schon damit an, daß die Pentateuchquellen zwei verschiedene Namen

[654] J erwähnt nach dem Schilfmeer »die Wüste Schur« (Ex 15,22) und das Quellgebiet von Mara (15,23), die Oase Massa-Meriba (17,7) und den Gottesberg (19,2b). P erwähnt in seinem Itinerar die Oase Elim (15,27), die Wüste Sin und Refidim (17,1), schließlich die Sinai-Wüste (19,1). Alle diese Angaben sind nicht sicher lokalisierbar.

für diesen Gottesberg aufweisen, J und P sprechen vom Sinai, E und Dtn/Dtr vom Horeb. Möglicherweise ist Sinai der älteste Name für den Berg der Gotteserscheinung. Der Berg wäre in der Nähe des Golfes von ʿAqaba und damit im ursprünglichen Siedlungsbereich der Midianiter zu suchen. Als diese Tradition in die gesamtisraelitische Überlieferung aufgenommen wurde, könnte diese Verbindung mit den Midianitern nicht mehr akzeptabel geworden sein, so daß man nachträglich den Namen Sinai vermied und vom »Gottesberg« bzw. vom Horeb, einer Regionalbezeichnung im Sinne von »Ödland, Wüstengebiet« ohne genauere Lokalisierung, redete[655].

Weil die Stationen der Wüstenwanderung in den verschiedenen Pentateuchquellen nicht sicher zu lokalisieren sind, bleibt auch die genaue geographische Bestimmung des Gottesberges Sinai unsicher[656]. So wird der Sinai mit Seïr und gleichzeitig parallel mit Paran zusammengebracht, d.h. mit dem Gebiet der Edomiter (südöstlich des Toten Meeres) und mit der Region beim *wādī Fērān* im Südwesten der Sinaihalbinsel (Dtn 33,2)[657]. Man kann höchstens sagen, daß die späte atl.Tradition keine genauen Vorstellungen über die Lage des Gottesberges hatte, es sei denn diese, daß er irgendwo weit weg im Süden bzw. Südosten liegt. Spätestens im 4. Jh. n.Chr. identifizierte die christliche Tradition den Gottesberg mit dem *Ǧebel Mūsā* (2292 m), der im Südsinai in unmittelbarer Nachbarschaft zum noch höheren *Ǧebel Qāṭerīn* (2606 m) liegt[658]. Diese gebirgige Region mag schon in vorbyzantinischer Zeit einen heiligen Charakter besessen haben[659]. Damit ist selbstverständlich noch keine Verbindung zwischen dieser Tradition und dem 1500 Jahre älteren »Geschehen« am Gottesberg hergestellt. Eine Sicherheit über die topographischen Vorstellungen der biblischen Traditionen ist kaum zu gewinnen[660].

655 Siehe dazu A. H. J. Gunneweg, Geschichte Israels (Theologische Wissenschaft, 2), Stuttgart [6]1989, 31f.

656 Diese Unsicherheit wird z.B. noch einmal dokumentiert in der pauschalen Entfernungsangabe in 1 Kön 19,8, wo der Prophet Elija aus der Wüste südlich von Beerscheba vierzig Tage und vierzig Nächte braucht, um bis zum Gottesberg Horeb zu wandern.

657 In Ri 5,4 mit Seïr (//Edom), in Hab 3,3 mit Teman (//Paran).

658 Vgl. den Bericht der christlichen Nonne Etheria. Siehe dazu H. Donner, Pilgerfahrt ins Heilige Land. Stuttgart 1979, 82–94. Sie findet dort schon eine Kirche auf dem Gipfel und Mönchsbehausungen vor. Kaiser Justinian gründete dann zwischen 548 und 562 das noch heute bestehende Katharinenkloster.

659 Vgl. die nabatäischen Pilgergrafitti beim 40 km entfernten *Ǧebel Serbāl* (2060 m) aus dem 2.–3. Jh. n. Chr.

660 Vgl. die Versuche, den Gottesberg anderswo zu lokalisieren: aufgrund der »vulkanischen« Begleitumstände der Theophanie am Gottesberg (vgl. Ex 19,18) dachte man an die Region in Nordwestarabien, an den nördlichen Hejaz. Da Mose noch im Zusammenhang mit den Midianitern gesehen wird (vgl. Ex 2,15–22; 4,18f.; 18; Num 10,29), die in Nordwestarabien beheimatet sind, gewann dieser Vorschlag an Gewicht. Die Beschreibungen in Ex 19,18 sind jedoch kaum anders als traditionelle Elemente einer Theophanieschilderung zu betrachten. Auch in der Nähe der Oase von Kadesch-Barnea (*ʿĒn Qedēs* und *ʿĒn Qudērāt*) wurde der Gottesberg gesucht.

Die Frage nach dem historischen Inhalt der biblischen Berichte über die Ereignisse am Sinai (Ex 18–20; 24; 32–34) ist noch schwieriger zu beantworten. Es ist unverkennbar, daß hier unterschiedliche Traditionen aus verschiedenen Zeiten zusammengeflossen sind, die mehrere theologische Intentionen vertreten. In der uns vorliegenden Endfassung werden nacheinander die Einsetzung von Richtern (Ex 18), die Vorbereitung des Volkes auf das Bundesangebot Gottes (Ex 19,1–15), die Theophanie Gottes mit der Verkündigung des Dekalogs (Ex 19,16 – 20,21) sowie der eigentliche Bundesschluß (Ex 24) mit der Episode vom Bruch des Bundes (Verehrung des Goldenen Kalbes in Ex 32) und der Erneuerung desselben (Ex 33–34) berichtet. Dazwischen ist wichtiges Material wie die Rechtssammlung des Bundesbuches (Ex 20,22 – 23,33) sekundär eingeschoben. Die theologische Intention ist deutlich: Jahwe ist mit seinem Volk Israel am Gottesberg allein. Er vollzieht und besiegelt das Sonderverhältnis zu seinem Volk, indem dieses auf den Rechtswillen Jahwes eingeschworen wird. Welche Menschengruppe am »Gottesberg« was erlebt hat, ist historisch nicht mehr auszumachen, auf jeden Fall nicht »ganz Israel«, weil es »Israel« damals noch nicht gegeben hat. Das einzige, was man aus dieser späten Traditionsüberlieferung ableiten kann, ist, daß eine Gruppe, die später in Gesamtisrael aufgegangen ist, seine Gottesvorstellungen mit einer Gottheit an einem Berg[661] in Verbindung gebracht hat, die wahrscheinlich den Namen Jahwe[662] trug.
Das Itinerar der Wüstenwanderung selbst ist überlieferungsgeschichtlich kompliziert und nicht mehr rekonstruierbar[663]. Von den vielen Stationen sind die Wüste Paran (*wādī Ferān:* Num 10,12; 12,16) und die Oase Kadesch (*`Ēn Qedēs* und *`Ēn Qudērāt*: Num 13,26; 20,1) feste Anhaltspunkte, die Route selbst bleibt im dunkeln. Das Thema des Murrens des Volkes taucht ein paar Mal auf, Kundschafter werden ins Gelobte Land geschickt (Num 13 und 14). Jahwe befiehlt Israel, wieder zum Schilfmeer

[661] Auch in anderem Zusammenhang bringen Texte aus verschiedenen geschichtlichen Perioden Israels (Dtn 33,2; Ri 5,4 // Ps 68,8f.; Hab 3,3f.; 1 Kön 19) Jahwe in Verbindung mit einem Berg oder einer Berglandschaft.

[662] Noch nicht geklärt ist die Frage nach dem Zusammenhang des biblischen Jahwenamens mit den ägyptischen Textbelegen aus Soleb (Amenophis III.) und `Amara-West (Ramses II.), die vom »Land der Yhw3- Nomaden« oder vom »Land š3św-Yhw3« reden. Vor allem ist nicht deutlich, ob die Bezeichnung Yhw3, eine Region, einen Berg, eine Gottheit oder eine menschliche Person bezeichnet. Der Textzusammenhang (in `Amara-West die Nähe zu den š św 3 von S`rr, wahrscheinlich Seïr//Edom) bringt die Bezeichnung allerdings in Verbindung mit dem Südosten Palästinas. So kann man nicht ausschließen, daß in der ägyptischen Bezeichnung Yhw 3 aus dem 13./12. Jh. v. Chr. eine Reminiszenz an den in Israel später allgemein angenommenen Jahwe-Gottesnamen vorliegt. S. dazu E. Edel, Die Ortsnamenlisten in den Tempeln von Aksha, Amarah und Soleb im Sudan, in: BN 11 (1980) 63–79; D. B. Redford, Egypt, Canaan, and Israel in Ancient Times. Princeton, NJ 1992, 272f.; M. Görg, Die Beziehungen zwischen dem Alten Israel und Ägypten (WdF, 290), Darmstadt 1997, 54ff.

[663] Einen Versuch, alle Stationen doch noch zu rekonstruieren, machte zuletzt G. I. Davies, The Way of the Wilderness: A Geographical Study of the Wilderness Itineraries in the OT (The Society for Old Testament Study. Monograph Series, 5), Cambridge 1979.

zurückzuwandern, aber Israel folgt diesem Befehl nicht und versucht eine Schlacht bei Horma, die eine Niederlage durch die Amalekiter und Kanaaniter einbringt (Num 14 und noch einmal Num 21,1–3). Nach dem permanenten Ungehorsam und Unglauben verordnet Jahwe einen vierzigjährigen Aufenthalt in der Wüste, so daß keiner der rebellischen Auswanderer die Landnahme erleben kann. Von Kadesch aus wandert die Exodusgemeinde ins Ostjordanland. Viele Texte wirken wie Versatzstücke, die manchmal aus geographischen (Kadesch) oder aus anderen Gründen in den Komplex der Wüstenwanderung aufgenommen wurden, aber in ihrer heutigen Position im Gesamttext beliebig austauschbar scheinen. Die spätere Komposition dieser Texte hat versucht, Institutionen und Bräuche aus ihrer Zeit in die Zeit der Wüstenwanderung zurückzuprojizieren, wo sie mit der Autorität des Mose versehen einen endgültig verbindlichen Charakter bekamen. Die Episode vom Goldenen Kalb (Ex 32) ist nichts anderes als eine polemische Darstellung des Kultes im Nordreich seit Jerobeam I. von Israel (vgl. 1 Kön 12,26ff.). Ob einzelne Gruppen, die später in Gesamtisrael aufgegangen sind, aus der Wüste stammten und eigene Wüstentraditionen in die theologische Gesamttradition Israels haben einfließen lassen, ist denkbar, aber aus dem heutigen Textbestand nicht mehr sicher nachzuweisen.

Ebenso historisch unsicher sind die Berichte über die Auseinandersetzungen »Israels« im Ostjordanland. So verweigern die Edomiter dem Volk Israel den Durchzug durch ihr Territorium. Israel sieht sich gezwungen, das edomitische Gebiet zu umgehen (Num 20,14–21). Dagegen verläuft der Durchzug durch das moabitische Gebiet ohne solche Schwierigkeiten (Num 21,13–20). Mit dem amoritischen König Sihon von Heschbon kommt es zu einer militärischen Auseinandersetzung (Num 21,21–32; Jos 12,2f.). Bei der Schlacht von Jahza wird Sihon geschlagen. Israel eignet sich das Gebiet vom Arnon bis zum Jabbok an (Num 21,24.) Ähnlich verläuft die Begegnung mit dem König Og vom Baschan. In der Schlacht von Edreï[664] annektiert Israel die Gebiete zwischen dem Jabbok und dem südlichen Hermon (Num 21,33–35; Jos 12,4f.). Diesen Notizen ist nicht viel mehr zu entnehmen, als daß möglicherweise Edom und Moab schon früher als Israel zu einer Eigenstaatlichkeit gelangt waren. In der Erzählung über Sihon kann eine lokale Sage erhalten sein. In der heutigen Form wirkt der Text generalisierend und pauschalisierend[665].

Einen Brennpunkt des historischen und theologischen Interesses bildet die Gestalt des Mose. Die wichtigen Themen des Aufenthaltes Israels in Ägypten, des Exodus, der Gottesbegegnung am Berg Sinai/Horeb mit der Gesetzesverkündung sowie der Wüstenwanderung sind mit ihm verknüpft worden. Mose wurde in der biblischen Tradition zur wichtigsten Gestalt der Entstehungszeit Israels. Mit ihm sind alle fundamentalen Voraussetzungen

[664] Heute *Der`ā*, eine syrische Grenzstation zu Jordanien.
[665] Zum Lied über Heschbon s. H.-C. Schmitt, Das Hesbonlied Num. 21,27abb–30 und die Geschichte der Stadt Hesbon, in: ZDPV 104 (1988), S. 26–43.

und Bedingungen für Leben und Bestehen des Volkes Israels grundgelegt. Was ist daraus als historisch gesichert zu entnehmen? Es ist unverkennbar, daß das spätere Israel Erwartungen und Ideale in die Zeit des Mose zurückprojiziert hat. In dem Maße, als Mose zur klassischen Idealfigur der Gründungszeit wurde, zog er immer mehr verschiedenartige Traditionen an sich, die ihn als Volksführer, Gesetzesvermittler und prophetische Gestalt ausweisen. Es ist unmöglich, hinter diesen Traditionen zu einem historisch verifizierbaren Bild dieser Gestalt zu gelangen, zumal die meisten Traditionen in Form von Sagen vorliegen, die erst in einem komplizierten überlieferungs- und redaktionsgeschichtlichen Prozeß zusammengewachsen sind und mit der Person des Mose verbunden wurden. Die Gestalt des Mose ist in der biblischen Literatur in eine bunte Sammlung von Geschichten eingebunden, in der sich die Gruppe, die Gesellschaft des nachexilischen Israels wiederfinden wollte. Die traditionellen Erzählungen haben eine entscheidende Rolle in der Ausbildung und Vollendung der ethnischen Identität Israels gespielt, und sie selbst sind wiederum geschichtsmächtig geworden[666]. Allenfalls scheint seine Beziehung zu Ägypten gesichert. Denn sein Name ist unverkennbar ägyptischen Ursprungs[667]. So könnte er – oder seine Vorfahren – ein nach Ägypten eingewanderter Semit gewesen sein. Wie immer man diesen Mann einordnet und beurteilt – als Gesetzgeber, Prophet, Priester, Ahnherrn des sich formierenden Volkes oder eines seiner Bestandteile –, jede dieser Kategorien ist keine erschöpfende Charakterisierung für eine Gestalt, die Israel in seinem späteren Selbstverständnis und in seiner Vergangenheitsdeutung ins Maßlose glorifiziert hat. Historisch gesicherte Fakten sind aus dieser in die Vergangenheit projizierten und idealisierten Leitfigur nicht zu gewinnen. Auch von der überlieferungsgeschichtlichen Methode her sind kaum gesicherte Erkenntnisse über die Mosegeschichte zu erwarten[668]. Nur neue, außerbiblische Quellen könnten neues Licht in die Mosegeschichte bringen. Angesichts der für die Umwelt »Israels« doch unwichtigen Ereignisse, ist dies nicht zu erhoffen.

[666] Zu der »mosaischen Unterscheidung« zwischen wahrem (monotheistischem) und unwahrem (polytheistischem) Glauben und der traditionsgebundenen Gestalt des Mose siehe vor allem J. Assmann, Moses der Ägypter. München 1998.

[667] Der Name ist Bestandteil von zusammengesetzten, (meist) theophoren Namen – bei Mose ist das theophore Element weggebrochen – und bedeutet »(der Gott) ist geboren« bzw. »hat geboren«. Eine hebräische Volksetymologie liegt in Ex 2,10 vor (»aus dem Wasser gezogen«).

[668] Siehe dazu u.a. die unterschiedlichen Versuche von M. Noth, Überlieferungsgeschichte des Pentateuch. Stuttgart 1948, 172–191; ders., Geschichte Israels. Göttingen [6]1966, 120–130, und H. Gese, Bemerkungen zur Sinaitradition, in: ZAW 79 (1967) 137–154.

Abkürzungsverzeichnis

1. Zeitschriften

AASOR	Annual of the American Schools of Oriental Research, New Haven, NJ
ABLAK	Aufsätze zur Biblischen Landes- und Altertumskunde, Neukirchen
AcOr	Acta Orientalia, Leiden
ADAJ	The Annual of the Department of Antiquities of Jordan, Amman
ADPV	Abhandlungen des Deutschen Palästina-Vereins, Wiesbaden
AJBI	Annual of the Japanese Biblical Institute, Tokio
AnBib	Analecta Biblica, Roma
ANEP	J. B. Pritchard (Hrsg.), The Ancient Near East in Pictures. Princeton [2]1969
ANET	J. B. Pritchard (Red.), Ancient Near Eastern Texts Relating to the Old Testament. Princeton [3]1969
AnOr	Analecta Orientalia, Roma
AOAT	Alter Orient und Altes Testament, Kevelaer
AOB	H. Greßmann, Altorientalische Bilder zum Alten Testament. Berlin & Leipzig [2]1927
AOT	H. Greßmann (Hrsg.), Altorientalische Texte zum Alten Testament. Berlin & Leipzig [2]1926
APAW	Abhandlungen der Preußischen Akademie der Wissenschaften, Berlin
ARAB	D. D. Luckenbill, Ancient Records of Assyria and Babylonia. Band I/II. New York 1926/1927 (reprinted 1968)
ARE	Ancient Records of Egypt. Hrsg. von J. H. Breasted. 5 Bd. London 1988 (reprint)
ASOR	American Schools of Oriental Research, Boston, MA
ASOR DS	American Schools of Oriental Research, Dissertation Series, Winona Lake, Ind.
BA	The Biblical Archaeologist, Missoula
BAR	The Biblical Archaeology Review, Washington D.C.
BAR International Series, Oxford	
BASOR	The Bulletin of the American Schools of Oriental Research, Missoula
BBB	Bonner Biblische Beiträge, Weinheim
BHH	Biblisch-Historisches Handwörterbuch. 3 Bde. Hrsg. von B. Reicke & L. Rost, Göttingen 1962–1966
Bibl	Biblica, Roma
BiOr	Bibbia ed Oriente, Bornato
BK	Biblischer Kommentar, Neukirchen
BN	Biblische Notizen, München
BTB	Biblical Theology Bulletin, New York
BWANT	Beiträge zur Wissenschaft vom Alten und Neuen Testament, Mainz
BZ	Biblische Zeitschrift, Paderborn

BZAW	Beihefte zur ZAW, Berlin
CBQ	The Catholic Biblical Quarterly, Washington
CRAIBL	Comptes-Rendus de l'Académie des Inscriptions et Belles Lettres, Paris
DBAT	Dielheimer Blätter zur Archäologie und Textüberlieferung, Heidelberg
DisAbstracts	Dissertation Abstracts
EAEHL	Encyclopedia of Archaeological Excavations in the Holy Land. Vol. I–IV. Hrsg. von M. Avi-Yonah & E. Stern, Jerusalem & London 1976–1978
EdF	Erträge der Forschung, Darmstadt
EI	Eretz Israel, Jerusalem
ETL	Ephemerides Theologicae Lovanienses, Leuven
FAT	Forschungen zum Alten Testament, Tübingen
FRLANT	Forschungen zur Religion und Literatur des Alten und Neuen Testaments, Göttingen
HSM	Harvard Semitic Monographs, Atlanta, Georgia
HUCA	Hebrew Union College Annual, Cincinnati
IEJ	Israel Exploration Journal, Jerusalem
Interpr	Interpretation, Richmond, Virginia
JAOS	Journal of the American Oriental Society, New York
JBL	Journal of Biblical Literature, Philadelphia
JCS	Journal of Cuneiform Studies, Atlanta, Georgia
JEA	The Journal of Egyptian Archaeology, London
JEOL	Jaarbericht van het Vooraziatisch-Egyptisch Genootschap »Ex Oriente Lux«, Leiden
JNES	The Journal of Near Eastern Studies, Chicago
JPOS	Journal of the Palestine Oriental Society, London
JSOT	Journal for the Study of the Old Testament, Sheffield
JSOT, SS	JSOT, Supplement Series, Sheffield
KAI	H. Donner & W. Röllig, Kanaanäische und aramäische Inschriften. Wiesbaden, Band I ^{3}1971; Band II ^{3}1979; Band III ^{2}1969
LA	Liber Annuus. Studium Biblicum Franciscanum, Jerusalem
LdÄ	Lexikon der Ägyptologie. Hrsg. von W. Helck & E. Otto. Wiesbaden 1975ff.
MDOG	Mitteilungen der Deutschen Orient-Gesellschaft, Berlin

NBL	Neues Bibel-Lexikon. 3 Bde. Hrsg. von M. Görg & B. Lang. Zürich & Düsseldorf 1988ff.
NEB	Die Neue Echter Bibel, Würzburg
OBL	Orientalia et Biblica Lovaniensia, Leuven
OBO	Orbis Biblicus et Orientalis, Freiburg
OLZ	Orientalistische Literaturzeitung, Berlin
Or	Orientalia, Roma
OTS	Oudtestamentische Studiën, Leiden
PEQ	The Palestine Exploration Quarterly, London
PJB	Palästinajahrbuch des Deutschen Evangelischen Instituts für Altertumswissenschaft des Heiligen Landes zu Jerusalem, Berlin
RA	Revue d'Assyriologie et d'Archéologie Orientale, Paris
RB	Revue Biblique, Paris
SBL.MS	Society of Biblical Literature Monograph Series, Atlanta, Georgia
SBS	Stuttgarter Bibelstudien, Stuttgart
ScrH	Scripta Hierosolymitana, Jerusalem
SEÅ	Svensk Exegetisk Årsbok, Uppsala
SJOT	Scandinavian Journal of the Old Testament, Oslo
SSAW	Sitzungsberichte der Sächsischen Akademie der Wissenschaften zu Leipzig, Leipzig
ST	Studia Theologica, Kopenhagen
StANT	Studien zum Alten und Neuen Testament, München
StHCANET	Studies in the History and Culture of the Ancient Near East, Leiden
Syr	Syria, Paris
TAVO B	Beihefte zum Tübinger Atlas zum Vorderen Orient, Tübingen
Tel Aviv	Tel Aviv, Tel Aviv
TGI	K. Galling (Hrsg.), Textbuch zur Geschichte Israels. Tübingen ²1968
ThBü	Theologische Bücherei, München
ThLZ	Theologische Literaturzeitung, Leipzig
ThSt	Theologische Studien, Zürich
TUAT	Texte aus der Umwelt des Alten Testaments. 3 Bände. Hrsg. von O. Kaiser. Gütersloh 1982ff.
UF	Ugarit-Forschungen, Kevelaer
UTB	Urban-Taschenbücher, Tübingen
VT	Vetus Testamentum, Leiden
VTS	Supplements to Vetus Testamentum, Leiden
WMANT	Wissenschaftliche Monographien zum Alten und Neuen Testament, Neukirchen-Vluyn
WdO	Die Welt des Orients, Göttingen

ZAH	Zeitschrift für Althebraistik, Stuttgart/Berlin/Köln
ZAW	Zeitschrift für die Alttestamentliche Wissenschaft, Berlin
ZDMG	Zeitschrift der Deutschen Morgenländischen Gesellschaft, Wiesbaden
ZDPV	Zeitschrift des Deutschen Palästinavereins, Wiesbaden
ZThK	Zeitschrift für Theologie und Kirche, Tübingen

2. Häufig zitierte Werke

A. Alt, KlSchr	A. Alt, Kleine Schriften zur Geschichte des Volkes Israel. Band I–III. München [2]1968
Donner, Geschichte	H. Donner, Geschichte des Volkes Israel und seiner Nachbarn in Grundzügen, Band 1/2. ATD Ergänzungsreihe 4/ & 2. Göttingen 1984/1986
Mazar, Archaeology	A. Mazar, Archaeology and the Land of the Bible. The Anchor Bible Reference Library. New York 1990

3. Sonstige Abkürzungen

atl.	alttestamentlich
BZ	Bronzezeit
ChrG	Chronistisches Geschichtswerk
DtJes	Deutero-Jesaja
Dtr/dtr	deuteronomistisch
DtrG	Deuteronomistisches Geschichtswerk
EZ	Eisenzeit
FB	Früh-Bronzezeit
Fs.	Festschrift
LXX	Septuagint
MB	Mittel-Bronzezeit
MT	Masoretischer Text
ntl.	neutestamentlich
SB	Spät-Bronzezeit

Literaturverzeichnis

Wellhausen Julius, Geschichte Israels. Privatdruck 1880. (= Julius Wellhausen, Grundrisse zum Alten Testament. Hrsg. von Rudolf Smend. Theologische Bücherei, Band 27. München 1965, S. 13–64)

Kittel R., Geschichte der Hebräer. Gotha 1988 (^{2}1909)

Wellhausen Julius, Israelitische und Jüdische Geschichte. Berlin 1894 (Neudruck: 1914)

Weber M., Das Antike Judentum. Gesammelte Aufsätze zur Religionssoziologie, III. Tübingen 1921

Lods A., Israël des Origines au Milieu du VIIIe Siècle. Paris 1930

Ricciotti G., Storia d'Israele. 2 Bände. Torino 1932

Robinson Th. H. & Oesterley W.O. E., A History of Israel. 2 Bände. London 1932

Albright William Foxwell, From the Stone-Age to Christianity. Baltimore 1940 (^{2}1957)

Noth Martin, Geschichte Israels. Göttingen (1950) ^{6}1966

Beek Martinus Adrianus, Geschichte Israels. Von Abraham bis Bar Kochba. Urban-Taschenbücher, Band 47. Stuttgart (1961) ^{5}1883

Bruce F. F., Israel and the Nations. Exeter 1963

Metzger Martin, Grundriß der Geschichte Israels. Neukirchener Studienbücher, Band 2. Neukirchen (1963) ^{7}1988

Bright John, Geschichte Israels. Von den Anfängen bis zur Schwelle des Neuen Bundes. Düsseldorf 1966

Gunneweg A. H. J., Geschichte Israels bis Bar Kochba. Von den Anfängen bis Bar Kochba und von Theodor Herzl bis zur Gegenwart. Theologische Wissenschaft, Band 2. Stuttgart (1972), ^{6}1989

Vaux Roland de, Histoire ancienne d'Israël. Études Bibliques. Band I, Paris 1971; Band II: La Période des Juges. Paris 1973

Garelli P. – Nikiprowetzky V., Le Proche-Orient Asiatique: Les Empires Mésopotamiens; Israel. Nouvelle Clio, L' Histoire et ses Problèmes, Band 2bis. Paris 1974

Herrmann S., Geschichte Israels in alttestamentlicher Zeit. München 1973, ^{2}1980

Ben-Sasson H. H., History of the Jewish People. London/Cambridge, Mass. 1976

Fohrer Georg, Geschichte Israels. Von den Anfängen bis zur Gegenwart. Uni-Taschenbücher, Band 708. Heidelberg 1977 (^{4}1985)

Hayes John H. – Miller J. Maxwell (Hrsg.), Israelite and Judaean History. Philadelphia/London 1977

Jagersma J., Geschiedenis van Israël in het oudtestamentische tijdvak. Kampen 1979

Malamat Abram & Eph`al I. (Hrsg.), The World History of the Jewish People. First Series: Ancient Times. Vol. IV: The Age of the Monarchies. 2 Bände. Jerusalem 1979

Lemaire A., Histoire du peuple hébreu. Paris 1981

Cazelles Henri, Histoire politique d'Israël. Paris 1982

Eph`al Israel (Hrsg.), The History of Eretz Israel. I. Introduction. The Early Period. Jerusalem 1982

Michaud R., De l'Entrée en Canaan à l'Exil en Babylone. Paris 1982

Bautz Franz J. (Hrsg.), Geschichte der Juden. Von der Biblischen Zeit bis zur Gegenwart. Beck'sche Schwarze Reihe, Band 268. München 1983

Castel François, L'Histoire d'Israël et de Juda. Paris 1983.

Rendtorff Rolf, Das Alte Testament – Eine Einführung. Neunkirchen-Vluyn 1983, 6–79

Mazar Benjamin (Ed.), The World History of the Jewish People. London/Cambridge, Mass. 1964–1984

Soggin J. Alberto, Storia d' Israele. Dalle origini a Bar Kochbà. Con due appendici di Diethelm Conrad e Haim Tadmor. Biblioteca di Cultura Religiosa, 44. Brescia 1984.

Donner Herbert, Geschichte des Volkes Israel und seiner Nachbarn. Grundrisse zum Alten Testament. ATD Ergänzungsreihe Band 4/1 und 2. Göttingen, Band I 1984, Band II 1985

Grant Michael, Das Heilige Land. Geschichte des Alten Israel. Bergisch Gladbach 1985

Zeitlin I. M., Ancient Judaism. Oxford 1985

Clauss Manfred, Geschichte Israels, von der Frühzeit bis zur Zerstörung Jerusalems (587 v. Chr.). München 1986.

Miller J. Maxwell – Hayes John H., A History of Israel and Judah. Philadelphia 1986.

Garbini Giovanni, History & Ideology in Ancient Israel [Storia ed Ideologia nell'Israele Antico, Brescia 1984]. London 1988.

Lemche Niels Peter, Ancient Israel. A New History of Israelite Society. Translated from the Danish. The Biblical Seminar, 5. Sheffield 1988

Metzger M., Grundriß der Geschichte Israels. Neukirchener Studienbücher, 2. Neukirchen ^{7}1988

Bock Sebastian, Kleine Geschichte des Volkes Israel. Von den Anfängen bis in die Zeit des Neuen Testamentes. Mit einer Einleitung von Norbert Lohfink. Herder Taschenbuch 1642. Freiburg 1989

Soggin J. Alberto, Einführung in die Geschichte Israels und Judas. Von den Ursprüngen bis zum Aufstand Bar Kochbas. Darmstadt 1991

Albertz Rainer, Religionsgeschichte Israels in alttestamentlicher Zeit, Band 1: Von den Anfängen bis zum Ende der Königszeit. Band 2: Vom Exil bis zu den Makkabäern. Grundrisse zum Alten Testament. ATD Ergänzungsreihe Band 8/1 u. 2. Göttingen 1992

Davies P. R., In Search of »Ancient Israel«. JSOT, SS 148. Sheffield 1992

Ahlström Gösta W., The History of Ancient Palestine. Minneapolis ^{2}1994

Thompson T.L., Early History of the Israelite People. From the Written and Archaeological Sources. Studies in the History of the Ancient Near East, volume IV. Leiden 1994 (first published 1992)

Fritz Volkmar, Die Entstehung Israels im 12. und 11. Jahrhundert v. Chr. Biblische Enzyklopädie, Band 2. Kohlhammer Verlag, Stuttgart/Berlin/Köln 1996.

Lemche N. P., Die Vorgeschichte Israels. Von den Anfängen bis zum Ausgang des 13. Jahrhunderts v. Chr. Biblische Enzyklopädie, Band 1. Stuttgart/Berlin/Köln 1996.

Dietrich Walter, Die frühe Königszeit in Israel. 10. Jahrhundert v. Chr. Biblische Enzyklopädie, Band 3. Stuttgart/Berlin/Köln 1997.

Schoors A., Die Königreiche Israel und Juda im 8. und 7. Jahrhundert v. Chr. Die assyrische Krise. Biblische Enzyklopädie, Band 5. Stuttgart/Berlin/Köln 1998.

Thompson Thomas L., The Mythic Past. Biblical Archaeology and the Myth of Israel. London 1999.

Danksagung

Nach Abschluß meiner Arbeit an der »Geschichte Israels« habe ich zu danken. Zuerst erinnere ich mich dabei gerne an Herrn Prof. Dr. Rudolf Kilian, der in mir das Vertrauen gestärkt hat, das Unternehmen zu einem guten Ende zu bringen. Zunächst war vorgesehen, daß er als Ko-Autor an diesem Projekt mitarbeiten sollte. Soweit es seine Möglichkeiten zuließen, hat er die Arbeit betreut und mit viel Wohlwollen und Geduld begleitet. Meine »Geschichte Israels« verdankt sehr viel dem grundlegenden Werk von Herbert Donner, der in seiner zweibändigen »Geschichte des Volkes Israel und seiner Nachbarn« für mich immer den Ausgangspunkt meiner Überlegungen und die Inspirationsquelle gebildet hat.

Augsburg, den 15. Juli 2000